Volker Jung

Kirche in stürmischen Zeiten

Berichte zur Lage in Kirche und Gesellschaft
(2009–2024)

EVANGELISCHE VERLAGSANSTALT
Leipzig

Volker Jung, Dr. Dr. h.c., Jahrgang 1960, ist evangelischer Pfarrer. Er war von 2009 bis 2024 Kirchenpräsident der Evangelischen Kirche in Hessen und Nassau. Davor war er Pfarrer und Dekan im Vogelsberg (Hessen). Von 2015 bis 2024 gehörte er dem Rat der EKD an und war in der EKD in weiteren Funktionen tätig, unter anderem seit 2015 als Aufsichtsratsvorsitzender des Gemeinschaftswerkes der Evangelischen Publizistik (»Medienbischof«) und seit 2021 als Vorsitzender der Union Evangelischer Kirchen (UEK).

Die Deutsche Nationalbibliothek verzeichnet diese Publikation in der Deutschen Nationalbibliographie; detaillierte bibliographische Daten sind im Internet über http://dnb.dnb.de abrufbar.

© 2025 by Evangelische Verlagsanstalt GmbH · Blumenstr. 76 · 04155 Leipzig
Printed in Germany

Der Verlag behält sich die Verwertung des urheberrechtlich geschützten Inhalts dieses Werkes für Zwecke des Text- und Data-Minings nach § 44 b UrhG ausdrücklich vor. Jegliche unbefugte Nutzung ist hiermit ausgeschlossen.

Das Buch wurde auf alterungsbeständigem Papier gedruckt.

Bei Fragen zur Produktsicherheit wenden Sie sich bitte an info@eva-leipzig.de.

Cover: Vogelsang Design, Aachen
Autorenfoto: © EKHN / Peter Bongard
Satz: 3w+p, Rimpar
Druck und Binden: Rudolph Druck GmbH & Co. KG, Schweinfurt

ISBN 978-3-374-07815-8 // eISBN (PDF) 978-3-374-07816-5
www.eva-leipzig.de

Geleitwort

»Ich möchte als Pfarrer Kirchenpräsident werden und als Kirchenpräsident Pfarrer sein.«[1]

Mit diesen Worten schloss Volker Jung am 27. September seine Bewerbungsrede auf der 11. Tagung der 10. Kirchensynode, um zu den Synodalen gewendet anzufügen: »Ob dies so wird, entscheiden Sie. Aber wie auch immer Sie entscheiden, eines will ich tun – solang Gott will: weiterbauen!«[2] Dazu gab ihm die Synode dann Gelegenheit. Volker Jung trat an als Dekan in Oberhessen und wurde im 2. Wahlgang zum 6. Kirchenpräsidenten der EKHN gewählt. Baustellen gab es viele in den 16 Jahren seiner Amtszeit. Bereits in den neunziger Jahren hatte ein Reformprozess begonnen, es galt Strukturen zu verändern, neuen innerkirchlichen und gesellschaftlichen Bedingungen anzupassen. Mancher Prozess war schmerzhaft, Vieles war ermutigend und hoffnungsvoll. Manche Herausforderung wurde auch durch gesellschaftliche, politische und wissenschaftliche Herausforderungen an die Kirche herangetragen. So waren und sind sinkende Mitgliederzahlen, verbunden mit knapper werdenden Kassen eine bleibende und schmerzliche Herausforderung angesichts der steigenden Erwartungen an die Kirchen in einer Zeit gesellschaftlicher Umbrüche, wachsender sozialer Spannungen und wissenschaftlichen Fortschritts. Vor allem sind Volker Jungs Berichte, die nun gesammelt in einem Buch vorliegen, als »Theologische Überlegungen zur Lage in Kirche und Gesellschaft« zu lesen. Die Theologie hat sich in ihren Aussagen immer der gesellschaftlichen Wirklichkeit, den Erkenntnissen der Humanwissenschaften, vor allem der Naturwissenschaften, sowie dem Reflexionswissen der Zeit, der Philosophie, zu stellen.[3] Dabei ist die Evangelische Theologie immer auf die Heilige Schrift des Alten und Neuen Testaments als Grundlagentext verwiesen. Die biblischen Texte historisch-kritisch zu lesen und zu deuten, bleibt in der gegenwärtigen gesellschaftlichen Wirklichkeit die einzige Möglichkeit, den Herausforderungen gerecht und ernst genommen zu werden. Das gilt für den Wandel des Familienbildes in der Gesellschaft genauso wie für ihre Haltung zu sexuellen Orientierungen, zu gleichgeschlechtlichen Partnerschaften, zu Transgeschlechtlichkeit. Hier erfordern Biologie und Medizin sowie Psychologie eine neue Interpretation biblischer Aussagen und Antworten der

---

[1] Verhandlungen der Kirchensynode der EKHN. 11. Tagung. Protokoll der Verhandlungen 27. September 2008, 16.

[2] A. a. O.

[3] Vgl. WOLFHART PANNENBERG, Systematische Theologie, 3 Bde, Göttingen 1988 – 1993; vgl. vor allem das Vorwort zum 1991 erschienen 2. Bd., 11.

Theologie, die solche Menschen nicht lediglich zum Objekt der Seelsorge degradiert. Auf diesem Feld hat Volker Jung in seinen Berichten wichtige Impulse gesetzt, die in der Synode dankbar aufgenommen wurden, zu einer fruchtbaren Diskussion führten und ihr Ergebnis in der neu verabschiedeten Lebensordnung fanden, einer Gleichstellung der Segnung gleichgeschlechtlicher Paare mit einer evangelischen Trauung. Der evangelischen Norm einer Rückbindung an unseren Grundlagentext werden alle 16 Berichte durch ein vorangestelltes biblisches Wort gerecht, das im ersten Teil der Berichte theologisch reflektiert wird. Gesellschaftlicher Wandel, politische Herausforderungen, etwa durch die AfD, der Zustrom vieler Flüchtlinge und die Sorge um sie im Sinne von 3.Mose 19,33, dies waren gemeinsame Anliegen von Volker Jung und der Synode, hier wurden die Impulse des Kirchenpräsidenten dankbar aufgenommen und in einem fruchtbaren Prozess ergänzt. Dabei kam der Synode zugute, dass Volker Jung seit 2015 Mitglied des Rates der EKD ist und innerhalb der EKD vielfältige Aufgaben übernommen hat, die auf das Wirken in seiner Landeskirche rückgewirkt haben. So die Arbeit in der Kammer für Flucht und Migration, die Arbeit als Sportbeauftragter der EKD, dem Marathonläufer ein Herzensanliegen. Auch die Tätigkeit im Vorsitz des wissenschaftlichen Beirats zur Kirchenmitgliedschaftsuntersuchung sowie in weiteren Gremien gehören dazu. »Die Digitalisierung ist etwas, da kann ich nicht dafür oder dagegen sein, sie findet statt«, so Volker Jung einmal. Auch damit hat er sich in seinen Berichten auseinandergesetzt. Natürlich haben die konkreten Probleme des kirchlichen Lebens vor Ort, bis zur Pfarrstellenbemessung und Gemeindezusammenlegung, eine wichtige Rolle gespielt. Der dritte Artikel des Apostolischen Glaubensbekenntnisses, wie wir es im Gottesdienst sprechen, betrifft den »Heiligen Geist, die Heilige christliche Kirche, Gemeinschaft der Heiligen«, insofern ist es angebracht, vor einer kirchlichen Versammlung auf diese Gemeinschaft und ihre Zukunft einen besonderen Akzent zu legen.

Volker Jung wollte als Pfarrer Kirchenpräsident werden und als Kirchenpräsident Pfarrer sein. Das hat er in den Jahren seiner Amtszeit gelebt, viel in Gemeinden gepredigt und die Aufgabe wahrgenommen, die Paulus in Phil 1 an die Bischöfe und Diakone weitergibt. So ist der erste Bericht aus dem Jahre 2009 überschrieben mit dem Motto aus Lukas 8,25: *Wo ist euer Glaube?* Und der Kreis schließt sich mit Kolosser 3,17:

Alles, was ihr tut mit Worten oder mit Werken, das tut alles im Namen des Herrn Jesus und dankt Gott, dem Vater, durch ihn.

Dr. Ulrich Oelschläger   Dr. Birgit Pfeiffer
Präses der 11. und 12. Kirchensynode   Präses der 13. Kirchensynode

Vorwort

Die Kirchenordnung der EKHN sieht vor, dass die Kirchenleitung der Synode neben allgemeinen Tätigkeitsberichten und Berichten zur kirchlichen Arbeit auch über die »Gesamtlage in Kirche und Gesellschaft« berichtet. Dieser besondere Bericht zur Lage wird traditionsgemäß in der Frühjahrssynode mündlich von dem Kirchenpräsidenten bzw. der Kirchenpräsidentin vorgetragen und anschließend debattiert. Der Bericht wird vorher nicht in der Kirchenleitung abgestimmt. Ich habe deshalb diesen Bericht immer als den Ort verstanden, an dem ich zeige, wie ich das mir als Kirchenpräsident durch die Kirchenordnung zugewiesene Recht, »in eigener Verantwortung zu wesentlichen Fragen, die Kirche, Theologie und Gesellschaft betreffen, Stellung zu nehmen«, wahrnehme. Mir ging es darum, theologische und geistliche Deutungsperspektiven für die aktuellen Aufgaben in Kirche und Gesellschaft aufzuzeigen und damit auch zu orientieren. Während der sechzehn Jahre meiner beiden Amtszeiten gab es viele krisenhafte Herausforderungen. Das begann mit der weltweiten Finanzkrise in den Jahren 2008/2009 und reichte über den Umgang mit sexualisierter Gewalt, Migration, Klimawandel, Corona-Pandemie bis hin zu den Kriegen der Gegenwart und den großen Transformationsprozessen in Kirche und Gesellschaft. Besonders im Blick waren dabei immer wieder die Ökumene, das interreligiöse Gespräch und medizinethische Themen. Den Titel »Kirche in stürmischen Zeiten« habe ich deshalb gewählt, weil für mich die Geschichte von der Sturmstillung, die ich im ersten Bericht aufgreife, auch persönlich eine wegweisende und stärkende Geschichte war und ist.

Die Berichte habe ich persönlich geschrieben. Unterstützt wurde ich dabei durch sehr gute Expertise aus den inhaltlich arbeitenden Zentren der EKHN und den Referaten der Kirchenverwaltung. Ich danke allen, die mir hier zugearbeitet haben. Besonders und namentlich danke ich Pfarrer Andreas Lipsch, Pfarrer Prof. Dr. Kurt W. Schmidt und Oberkirchenrat Pfarrer Detlev Knoche, die für mich in ihren Fachgebieten Migration, Medizinethik und weltweite Ökumene sehr wichtige Gesprächspartner waren. Für Rückmeldungen und Verbesserungsvorschläge zu den Texten danke ich der Stellvertretenden Kirchenpräsidentin Ulrike Scherf, ihrer Theologischen Referentin Pfarrerin Dr. Angela Rascher, meinen persönlichen Referenten, den Pfarrern Dr. Johannes Dittmer, Volker Rahn, dann auch als Pressesprecher und in seiner jetzigen Funktion als Leiter der Öffentlichkeitsarbeit, Joachim Schauß und zuletzt der persönlichen Referentin Pfarrerin Dr. Annette Mehlhorn. Wertvolle Hinweise habe ich auch immer wieder von dem langjährigen Leiter der Öffentlichkeitsarbeit Oberkirchenrat und Pfarrer Stephan Krebs erhalten. Ein besonderer Dank gebührt Annette Schnarchendorff, die viele Texte im Entstehungsprozess Korrektur gelesen hat, und Anita Neubeck,

Kerstin Mosebach, Ingrid Mayer und Sigrid Stöckel, die in meinem Büro die Texte nicht nur in Form gebracht haben, sondern mich immer auch mit eigenen Hinweisen beraten haben. Ja, und schließlich danke ich allen Synodalen der EKHN, die mir aufmerksam zugehört, die Berichte debattiert und mich in meinem Dienst begleitet haben.

Darmstadt, im Oktober 2024

Inhalt

»Wo ist euer Glaube?«

Lukas 8,25a [2009]

Sehr geehrter Herr Präses, hohe Synode, liebe Schwestern und Brüder,

seit 113 Tagen bin ich nun im Amt des Kirchenpräsidenten unserer EKHN. Die berühmte 100-Tage-Frist ist also gerade abgelaufen. Manche sagen: »Jetzt sind die Flitterwochen rum.« Andere sagen deutlicher: »Damit ist die Schonfrist vorbei.« Journalisten denken ergebnis- und meldungsorientiert und fragen gern: »Es ist Zeit für eine erste Bilanz. Was haben Sie schon erreicht?« Das ist sehr von politischen Regierungsämtern her gedacht. Es ist auch im Grunde genommen sehr hierarchisch gedacht. Ein Kirchenpräsident der EKHN kann nicht einfach per Erlass und Unterschrift alte Verfügungen durch neue ersetzen.

Meine Arbeit war und ist zunächst: in vielen Gesprächen und bei Besuchen hinzuhören und wahrzunehmen – und da gibt es viel zu hören und wahrzunehmen. Natürlich ging es für mich auch darum, in laufende Arbeitsprozesse einzusteigen, diese mitzubegleiten, erste Impulse zu geben und Positionen zu beziehen.

Ich will Ihnen heute zu ausgewählten Themen berichten. Ausdrücklich weise ich darauf hin, dass mein – auch subjektiv geprägter – Bericht ein Teil des Berichtes der Kirchenleitung, der ihnen bereits vorliegt, ist. Meinen Bericht, den Sie nachher auch schriftlich bekommen werden, habe ich in sieben Abschnitte gegliedert.

1. Die Finanz- und Wirtschaftskrise und eine Frage an die Kirche
2. Globale Perspektiven – die zweite Partnerschaftskonsultation der EKHN
3. Konkretes Engagement
    3.1. Die Aufnahme von Irak-Flüchtlingen
    3.2. Stellungnahme zum Flughafenausbau
4. Gemeindeleben: Konfirmandenarbeit
5. Kirche gestalten – ein Blick auf die laufenden Prozesse
6. Wegweisende Erinnerung: Martin Niemöller und Barmen
7. Persönliche Worte

1. Die Finanz- und Wirtschaftskrise und eine Frage an die Kirche

Das beherrschende politische Thema ist zurzeit die Finanz- und Wirtschaftskrise. Bei der Frage nach den Ursachen scheint weitgehend Einigkeit darin zu bestehen, dass es keine einfache Erklärung gibt. Individuelles und systemisches Versagen haben zu einer Krise geführt, deren Ausmaß noch nicht abzusehen ist. Niemand weiß im Moment, ob die Konjunkturförderungsprogramme ausreichen, um die Krise zu bewältigen. Niemand weiß zum Beispiel abzuschätzen, wie sich das mit den Förderungsprogrammen zweifellos verknüpfte Inflationsrisiko auswirken wird. Zu den Gesprächen in den ersten Wochen meiner Amtszeit gehörten auch Gespräche mit Unternehmern, Bankern und Politikern. Die offenen Eingeständnisse von Spitzenbankern, sie hätten niemals mit einer solchen Krise – manchmal wurde auch von Katastrophe geredet – gerechnet, waren ehrlich und zugleich auch erschreckend.

Interessant ist, dass im Blick auf das individuelle Versagen erneut und verstärkt nach Werten gefragt wird. Hier wird auch ein Beitrag der Kirchen zur Wertedebatte geradezu eingefordert. Sehr viel weniger wird nach meinem Eindruck danach gefragt, was denn die Position der Kirchen zu den sogenannten systemischen Fragen ist. Ich sehe hier eine besondere Gefahr. Die Frage nach Werten ist notwendig. Aber sie greift zu kurz. Hinter dieser Frage steht oft die Vorstellung, dass solche Krisen vermeidbar wären, wenn die einzelnen Akteure nur wertorientiert genug handeln würden. Gerade die aktuelle Krise macht aber sehr deutlich, dass das nicht reicht, sondern dass ordnungs- und geldpolitische Fragen neu zu stellen sind, und zwar in einem globalen Maßstab. Dabei geht es auch um das Welt- und Menschenbild insgesamt. Ist ein Menschenbild tragfähig genug, das ein unbegrenztes Vertrauen in die einzelnen Individuen und die Gestaltungskraft des Marktes hat? Oder wird auch damit gerechnet, dass Menschen fehlbar und verführbar sind? Ist im Blick, dass auch das Marktgeschehen keine unsichtbar regelnde Hand ist, sondern von Menschen missbraucht und zerstört werden kann? Außerdem ist nach den Zielen des Wirtschaftens zu fragen, und zwar auch hier in einem globalen Maßstab. Der Bundespräsident hat das in seiner Berliner Rede im März dieses Jahres so gesagt, wie man es sonst fast nur in kirchlichen Papieren liest. Ich zitiere: »Es geht um unsere Verantwortung für globale Solidarität. Es geht um die unveräußerliche Würde aller Menschen. Es geht um eine Weltwirtschaft, in der Kapital den Menschen dient und nicht Herrscher über die Menschen werden kann. Begreifen wir den Kampf gegen Armut und Klimawandel als strategische Aufgabe für alle.« Der Bundespräsident sieht – trotz aller schweren Probleme, die nach seiner Einschätzung noch kommen werden – die besondere Chance in dieser Krise darin, dass sie zu einer wirtschaftspolitischen Umorientierung und ordnungspolitischen Neuorientierung führt.

Wir sind gerade in dieser Krise gefordert, unseren Beitrag zu leisten und auch wirtschaftsethische Positionen neu zu formulieren. Die EKHN hat einen Beitrag dazu bereits geleistet. Interessante Impulse hierzu gibt dankenswerterweise eine Publikation unseres Zentrums für Gesellschaftliche Verantwortung mit dem Titel »Leben in Fülle für alle – zur Krise an den Finanzmärkten«.

Zur Finanz- und Wirtschaftskrise hat für mich und viele andere in den letzten Wochen auch die Sorge um die Zukunft von Opel gehört. Ich habe bei einem Besuch des Betriebsrates und in einem Gespräch mit einem Vertreter der Geschäftsleitung versucht, mir einen persönlichen Eindruck zu verschaffen. Vieles war hier zu spüren: eine hohe Identifikation der Mitarbeiterinnen und Mitarbeiter mit ihrem Unternehmen, die Überzeugung, durch die eigene Entwicklungsarbeit – auch unter ökologischen Aspekten – gut aufgestellt zu sein, der Wunsch, endlich – nach 70 Jahren amerikanischer Führung – als eigenständiges Unternehmen eine neue, eine eigene Chance zu bekommen, und die Angst, zu einem Spielball partikularer wirtschaftlicher und politischer Interessen zu werden. Außerdem war zu spüren, dass die Kirche vor Ort – durch Kirchengemeinden und Dekanat – vor allem auch durch die Profilstelle gesellschaftliche Verantwortung sehr nah an der Situation und bei den betroffenen Menschen ist und dies als wichtige Unterstützung wahrgenommen wird. Ich hoffe sehr, dass vor allem um der Menschen willen, die mit ihrer wirtschaftlichen Existenz und oft genug mit einer langen Familiengeschichte an Opel hängen, ein guter Weg mit Zukunftsperspektiven gefunden wird. Welcher das sein könnte oder sollte, maße ich mir als Kirchenpräsident nicht an zu wissen.

Vieles ist angesichts der Wirtschafts- und Finanzkrise ungewiss. Dazu gehört auch unsere eigene finanzielle Situation. Wir planen für das laufende Jahr mit ca. 45 Millionen Euro weniger an Steuereinnahmen als im Vorjahr und für das kommende Jahr 2010 sogar mit 100 Millionen Euro weniger als in 2008. Gleichwohl erlauben es die Mehreinnahmen der letzten Jahre und die dadurch mögliche Konsolidierung und Aufstockung der Rücklagen, das Haushaltsniveau dieses und voraussichtlich des nächsten Jahres zu halten. Die unvorhergesehen eingetretene Situation sollte uns aber darin bestärken, die finanzpolitische Grundlinie der letzten Jahre nicht zu verlassen. Das bedeutet im Wesentlichen, nach strukturellen Einsparmöglichkeiten zu suchen und – wenn möglich – eine solide Rücklagenbildung zu pflegen. Zugleich sollten wir uns bemühen, auch finanziell ein gewisses Maß an Flexibilität und Innovationskraft zu erhalten. Wie wir gerade in der Krise finanz- und beschäftigungspolitisch agieren, stellt dabei unsere eigenen Ansprüche auf den Prüfstand.

Ich habe diesen Abschnitt überschrieben: »Die Finanz- und Wirtschaftskrise und eine Frage an die Kirche«. Was ist unser spezifischer Beitrag als Kirche in der Krise? Meine Antwort auf diese Frage habe ich in einer biblischen Geschichte gefunden, und dort in einer besonderen Frage.

Mir stand in den letzten Wochen, gerade in den Gesprächen über die Krise, die biblische Geschichte von der Sturmstillung vor Augen, und zwar wie der Evangelist Lukas diese erzählt. Die Geschichte ist, wenn man so will, die klassische Krisengeschichte. Jesus besteigt mit den Jüngern ein Boot am Ufer des Sees Genezareth. Sie fahren los. Niemand fragt, ob eine Gefahr droht. Jesus schläft. Dann bricht der Sturm los. Diese Krise hier hat drei Merkmale:

1. Die Krise entsteht in vermeintlicher Sicherheit.
2. In der Krise ist die Existenz bedroht, und niemand weiß, wie es ausgeht.
3. Die Frage ist präsent, ob sich derjenige, auf den man sich sonst verlassen konnte, abgewendet hat.

Sie kennen die biblische Geschichte. Die Jünger flehen Jesus an: »Meister, Meister, wir verderben!« Jesus steht auf und stillt den Sturm. Das meines Erachtens für die Botschaft der Geschichte Entscheidende geschieht dann. Jesus fragt: »Wo ist euer Glaube?« Es ist keine Frage im Rückblick. Es ist auch kein direkter Vorwurf. Es ist die Frage für die Gegenwart und die Zukunft. In der Geschichte eröffnet die Frage eine neue Christuserkenntnis. »Wer ist dieser? Auch dem Wind und dem Wasser gebietet er, und sie sind ihm gehorsam.« (Lk 8,25) Lukas hat die Geschichte wohl bewusst so erzählt, dass die Kirche sie besonders als Geschichte für Krisenzeiten liest. Und sie hat deshalb die besondere Pointe in der Frage »Wo ist euer Glaube?«

Was ist damit gesagt? Zum einen ermutigen die Frage und die darauffolgende Erkenntnis, sich diesem Christus durch alle Zeiten hindurch anzuvertrauen. Er ist gegenwärtig und versagt Hilfe nicht – auch dann, wenn er gewissermaßen »im Schlaf« auf Distanz ist. Zum anderen geht es bei der Frage nach dem Glauben, auch wenn dies hier nicht explizit erwähnt ist, um mehr als die Vertrauensfrage. Wenn man bedenkt, wie Lukas sonst vom Glauben redet, sagt die Geschichte zugleich: Es geht darum, dass wir als Christinnen und Christen im Alltag – und noch einmal besonders herausgefordert in der Krise – unseren Glauben bezeugen und in der Nachfolge Jesu Christi leben. Der Glaube ist dabei kein Instrument, um Krisen zu vermeiden oder abzuwehren, aber er kann helfen, in einer Krise zu bestehen. Gelebter Glaube schließt Anfechtungen ein. Aber wir können darauf vertrauen – auch gegen momentane Erfahrung –, von Gott gehalten zu werden.

Orientiert an dieser – hier nur grob skizzierten – Auslegung der Seesturmgeschichte bei Lukas ist auch die gegenwärtige Krise eine Situation, in der unser Glaube gefragt ist. Werft euer Vertrauen nicht weg und lebt, was ihr für diese Welt glaubt und hofft!

Was glaubt ihr und hofft ihr – für euch und diese Welt? Sehr konkret haben wir darüber im Februar nachgedacht. Damit komme ich zum zweiten Punkt.

2. Globale Perspektiven – die zweite Partnerschaftskonsultation der EKHN

In der dritten Februarwoche haben wir mit den Gästen aus unseren 19 Partnerkirchen in Arnoldshain eine Partnerschaftskonsultation veranstaltet. Die Konsultation stand unter dem Thema »Selig sind die Friedensstifter! Der Beitrag unserer Kirchen, damit Frieden wachsen kann«. Diese Konsultation hatte ihren besonderen Reiz darin, dass erstmals alle Partnerkirchen unserer EKHN in dieser Form versammelt waren – also Kirchen aus den vier Kontinenten Afrika, Asien, Amerika und Europa. Während die erste Konsultation im September 2004 eine Begegnung unserer Kirche mit den Partnerkirchen aus Afrika und Asien war, waren nun die europäischen Partner und die UCC aus Amerika beteiligt. Das hat das Spektrum der Erfahrungen und der Diskussionsbeiträge vergrößert und war für alle Beteiligten horizonterweiternd.

In der »Gemeinsamen Schlusserklärung« wurde festgehalten, dass die Teilnehmerinnen und Teilnehmer den folgenden theologischen Grundüberzeugungen zustimmen:

- Frieden (Shalom) ist im umfassenden Sinn ein Geschenk Gottes für alle Menschen. Christinnen und Christen leben darin und bezeugen ihn in Wort und Tat.
- Wer den Frieden will, muss ihn auch vorbereiten.
- Frieden ist nur nachhaltig, wenn er mit Recht, Gerechtigkeit und Bewahrung der Schöpfung verbunden ist.

In diesen Grundüberzeugungen wird ausdrücklich die Friedensdenkschrift der EKD, die im vergangenen Jahr erschienen ist, rezipiert. Wörtlich heißt es hierzu: »Aus Gottes Frieden leben, heißt zugleich für gerechten Frieden sorgen! Vorrangige Aufgabe der Kirchen ist es, sich für einen gerechten Frieden im persönlichen, sozialen und politischen Bereich einzusetzen«.

Der Erfahrungsaustausch über Initiativen und Projekte zur Gewaltprävention und Konfliktbewältigung war intensiv. Vor dem Hintergrund der Erfahrungen in den unterschiedlichen Kontexten wurde eine Reihe von Verabredungen getroffen. So heißt es unter anderem:

»Wir verpflichten uns
- zu ökologischer Nachhaltigkeit,
- Hunger und Armut zu bekämpfen
- und unseren Einsatz für eine gerechte und nachhaltige Entwicklung sowie für weltweit gerechte Handelsbeziehungen und eine Regulierung der Finanzströme und der multinationalen Konzerne fortzusetzen,
- die interreligiöse Praxis und den interreligiösen Dialog auszuweiten,
- alle unsere Einflussmöglichkeiten in unseren jeweiligen Gesellschaften zu nutzen, um für Friedenssicherung, den Abbau militärischer Potentiale und für atomwaffenfreie Zonen einzutreten,

- Sicherheitspartnerschaften zu unterstützen, den Frieden in unserem kirchlichen Leben zu bekräftigen und zu bezeugen«.

Die Schlusserklärung enthält auch die Bitte an die Partnerschaftskomitees, sich mit den Ergebnissen der Konsultation zu beschäftigen und diese in die konkrete Partnerschaftsarbeit einzubeziehen. Dabei sollten auch die Abschlussveranstaltungen für die Dekade zur Überwindung von Gewalt in den kommenden beiden Jahren im Blick sein. Entscheidend ist dabei der Vorschlag, sich stärker als bisher in den konkreten friedenspolitischen Fragen und Aktivitäten zu informieren und zu ermutigen.

Nun mag man skeptisch sein, welche Wirkung solche Aktivitäten entfalten können. Manche werden vielleicht auch fragen: Ist das nicht zu weit weg von unserem kirchlichen Alltag? Diese realitätsnahen Fragen gibt es. Die Gedanken zur Finanz- und Wirtschaftskrise mögen aber gezeigt haben, wie aktuell und brisant die Themen sind. Und es gibt auch hier die besondere Perspektive des Glaubens. »Wo ist euer Glaube?« Mich jedenfalls hat es berührt, als der indische Bischof Samantaroy aus der Diözese Amritsar – mit Humor und mit tiefer geistlicher Überzeugung – gesagt hat: »Machen wir uns klar: In unserem Glauben haben wir ein stärkeres Netzwerk als die UN.«

In der Partnerschaftskonsultation war sehr deutlich, dass dieser Glaube dabei genau das Gegenteil von »weltfremd« ist. Der Glaube wird gelebt im Gebet, in sozial-diakonischem Engagement und auch im politischen Diskurs. Von zwei Beispielen, die uns in den letzten Monaten beschäftigt haben, berichte ich nun.

3. Konkretes Engagement

3.1 Die Aufnahme von Irak-Flüchtlingen

Die Synode hat bei der letzten Tagung eine Resolution zur Aufnahme von Irak-Flüchtlingen verabschiedet. In diesem Monat sind die ersten der insgesamt 2.500 irakischen Flüchtlinge, deren Aufnahme die Bundesregierung im vergangenen Jahr beschlossen hat, in Deutschland angekommen. Die erste Familie, die nach Hessen kam, lebt heute übrigens im Wohnheim der Christlichen Flüchtlingshilfe in Egelsbach. Auch andere Einrichtungen der EKHN und des DWHN bereiten sich auf die Aufnahme der oft traumatisierten Menschen vor. Und ich möchte ausdrücklich die Kirchengemeinden, in deren Einzugsgebiet die irakischen Flüchtlinge aufgenommen werden, ermutigen, sich für ihre Integration in das Gemeinwesen zu engagieren.

Diese Aufnahme von Flüchtlingen ist ein wichtiges politisches Signal. Vor allem weil die jetzt kommenden Flüchtlinge dauerhaft in Deutschland bleiben sollen und ihre Integration vom ersten Tage an gefördert wird. Eine solche »Willkommenskultur« für Flüchtlinge haben sich viele von uns – und besonders die schon länger in der Flüchtlingsarbeit Engagierten – immer gewünscht. Ich hoffe sehr, dass damit ein Umdenken in Politik und Gesellschaft einsetzt und auch in Deutschland erkannt wird, was andere Länder, wie z. B. die USA, schon lange wissen: Wo Flüchtlinge willkommen geheißen und von Anfang an integriert werden, haben alle etwas davon, auch unsere Gesellschaft, die Zuwanderung braucht und in Zukunft noch mehr brauchen wird.

Angesichts dieser neuen »Willkommenskultur« rücken allerdings die Schicksale vieler hier schon länger lebender Flüchtlinge umso schmerzhafter in den Blick. Sie durften und dürfen sich nicht integrieren, wurden und werden von Sprachkursen ferngehalten und über Jahre hinweg lediglich geduldet. Das gilt übrigens auch für irakische Flüchtlinge in Deutschland. Während die einen herzlich willkommen geheißen werden, werden andere irakische Flüchtlinge abgeschoben, auch jetzt noch. Es ist meines Erachtens eine unserer Aufgaben, dieser Spaltung der Flüchtlinge in erwünschte und unerwünschte deutlich entgegenzutreten. Unter anderem werden wir das tun, indem wir uns für eine erweiterte Bleiberechtsregelung und die Abschaffung der sogenannten Kettenduldungen einsetzen.

Die Kirchenleitung hat die Anregung der Synode vom 20. November 2008, die Flüchtlingsaufnahme und eine zukünftige Resettlement-Politik auch mit einem eigenen Beitrag zu befördern, aufgenommen und ein umfangreiches Drei-Jahres-Programm beschlossen. Im Rahmen dieses Programms zur Unterstützung von Kirchengemeinden und Initiativen, die sich bei der Flüchtlingsaufnahme engagieren und die sich für eine veränderte Flüchtlingspolitik einsetzen, haben wir eine eigene Pfarrstelle eingerichtet und Projektmittel bereitgestellt. Mit diesem Programm beabsichtigen wir allerdings auch, christliche Gemeinden im Irak zu unterstützen, die dort unter oft widrigen Bedingungen geblieben sind und bleiben wollen.

Exemplarisch möchten wir damit deutlich machen, wozu wir auch die Politik ermutigen wollen, nämlich die Beseitigung von Fluchtursachen und eine geregelte Flüchtlingsaufnahme miteinander zu verbinden. Zwischen beides passt nur ein »und«, kein »oder«. Wir sollten im Rahmen unserer Möglichkeiten mit dafür Sorge tragen, dass Menschen vergleichbare Lebenschancen haben, überall auf der Welt, und zwar gerade jetzt und angesichts der Finanzkrise, die den armen Süden viel härter trifft als uns. Und wir müssen und können zugleich mehr tun bei der Aufnahme von Flüchtlingen. Nur ihren Tod im Mittelmeer und anderswo zu beklagen, ist zu wenig. Darum hoffe ich sehr, dass die Aufnahme von 2.500 Flüchtlingen in Deutschland nur ein erster Schritt gewesen ist, dem weitere folgen werden.

3.2 Stellungnahme zum Flughafenausbau

Anfang des Jahres ist die Auseinandersetzung um den neuerlichen Ausbau des Frankfurter Flughafens um eine vierte Bahn im Nordosten des derzeitigen Flughafengeländes in eine entscheidende Phase getreten. Der Hessische Verwaltungsgerichtshof hat Mitte Januar im Eilverfahren den Sofortvollzug des Ausbaus ermöglicht, obwohl die Hauptverfahren noch nicht einmal begonnen haben. Als Kirchenpräsident habe ich die bisherige Position der EKHN, die insbesondere durch Entscheidungen und Resolutionen der Kirchensynode geprägt sind, auch in dieser Situation öffentlich vertreten. In einem Brief an die Fraport AG und einer inhaltlich entsprechenden Pressemitteilung habe ich mich vor Beginn der Rodungsarbeiten dafür eingesetzt, die Hauptverfahren abzuwarten und nicht auf der Basis des zugestandenen Sofortvollzugs Fakten zu schaffen, die nicht mehr rückgängig zu machen sind. Diese öffentliche Stellungnahme hat unter Ausbaubefürwortern für Unmut gesorgt und unter Ausbaukritikern Dankbarkeit hervorgerufen. In der Sache hat sie nichts bewirkt. Die vorgesehenen Flächen sind gerodet worden. Die Hütten der Protestbewegung wurden entfernt. In einem persönlichen Gespräch habe ich unsere Position dem Geschäftsführer der Fraport AG auch noch einmal erläutert. Es besteht kein Zweifel, dass Fraport mit den Rodungsarbeiten aufgrund von Sonderregelungen im Luftverkehrsrecht legal gehandelt hat. Unser Anliegen war es, dem Rechtsempfinden vieler Bürger noch einmal Ausdruck zu geben, für die es schwer ist hinzunehmen, dass Bäume gefällt werden, obwohl die Klagen dagegen noch nicht abschließend verhandelt sind.

Auch wenn unsere Forderung nicht erfüllt wurde, war es richtig, die Position der EKHN noch einmal in die Öffentlichkeit zu bringen, denn diese Position ist das Ergebnis des Mediationsverfahrens. Unser gemeinsames Ziel ist es nun weiterhin, möglichst viel vom Ergebnis des Mediationsverfahrens umzusetzen. Eine zentrale Rolle spielt dabei das Nachtflugverbot. Eine Nacht mit 40 planmäßigen Flügen plus den außerplanmäßigen ist keine ruhige Nacht mehr. Zumal wenn es sich um eine künstlich definierte Mediationsnacht von 23 bis 5 Uhr handelt. Das würde im Schnitt eine planmäßige Flugbewegung alle sechs Minuten bedeuten. Da das Gericht zum Nachtflugverbot deutliche Anregungen gegeben hat, besteht die Hoffnung, dass an diesem Punkt eine Regelung gefunden wird, die dem Mediationsergebnis gerecht wird.

In meinem vierten Abschnitt möchte ich mich einem Thema unserer Kirche zuwenden, das gerade jetzt in dieser Kirchenjahreszeit in den Gemeinden besonders im Blickpunkt steht.

4. Gemeindeleben: Konfirmandenarbeit

In diesen Wochen werden in den meisten unserer Gemeinden Konfirmationen gefeiert. Sie werden oft als ein Höhepunkt im Gemeindeleben erlebt. Es geht im Kern darum, dass junge Menschen nach ihrer Konfirmandenzeit auf die Frage »Wo ist euer Glaube?« eine eigene Antwort haben. Hier erlebt und feiert Gemeinde, dass der Glaube auch ein Akt des persönlichen Bekennens ist. Auf die Konfirmandenzeit und die Gestaltung der Konfirmation wird in der Regel sehr viel Mühe und Liebe verwendet. Zugleich ist die Konfirmation auch immer von den Fragen begleitet: Was haben die Konfirmandinnen und Konfirmanden wirklich mitbekommen und mitgenommen? Viele Kirchenvorstände ringen mit der Frage: Was können wir tun, damit sich die jungen Leute dann auch stärker im Gemeindeleben engagieren?

Ich möchte Sie auf eine Studie hinweisen, die uns in der nächsten Zeit beschäftigen wird und die uns auch in diesen Fragen weiterbringen kann. Sie wurde im Auftrag der Gliedkirchen der EKD durchgeführt. Im Konfirmandenjahrgang 2008 wurden über 11.000 Konfirmanden sowie 1.500 Pfarrer und Pfarrerinnen sowie Mitarbeitende und 5.700 Eltern in 635 Kirchengemeinden befragt. Die Studie wird verantwortet vom Lehrstuhl für Evangelische Religionspädagogik an der Universität Tübingen und dem Comenius-Institut Münster.

Die Daten der Studie liegen uns – auch mit den Zahlen für die EKHN – seit einigen Wochen vor. Sie sind noch nicht ausgewertet. Aber bereits ein erster Blick darauf zeigt: Die Konfirmandenarbeit als wesentlicher Bestandteil kirchlicher Bildungsarbeit ist – was die Datenlage angeht – ein Erfolgsmodell.

Wir wissen: Die Quoten der Teilnehmenden aus den jeweiligen Jahrgängen sind seit Jahrzehnten stabil. Nun lesen wir erfreulicherweise, dass sich auch die aktuelle Bewertung der Arbeit sehen lassen kann: 90 % aller Konfirmandinnen und Konfirmanden sind mit »ihrer Konfirmandenzeit« insgesamt zufrieden. Die Eltern teilen diese Einschätzung in einem ähnlichem Umfang (86 %). Nicht nur die Zufriedenheit ist sehr groß, auch die Einstellungsveränderungen im Zeitraum von Anfang bis Ende der Konfirmandenzeit deuten darauf hin, dass die EKHN sich positiv präsentieren kann. Zwei Dritteln ist es wichtig, »zur Kirche zu gehören«, und 90 % sind davon überzeugt, »dass die Kirche viel Gutes für die Menschen tut«. Über Christsein in der Kirche wird also Positives gelernt und erfahren – und dies am genuinen Ort christlicher Praxis, der Gemeinde. Der deutlichste »Lernzuwachs« lässt sich übrigens konstatieren bei der Frage »Ich weiß, was zum christlichen Glauben gehört«. Diese Frage wird am Ende der Konfirmandenzeit in der EKHN von 66 % der Befragten bejaht. Das sind 16 % mehr als zu Beginn. Was die Arbeitsformen angeht, erhalten vor allem die Konfirmandenfreizeiten Spitzenbewertungen. Neun Zehntel (88 %) bewerten diese als positiv. Wesentliche Aspekte dieser positiven Bewertung lassen sich mit den Stichworten »Gemeinschaftserlebnis«, »Spaß« und »andere Lern- und Arbeitsformen« fassen. Auch die Beziehung der Konfirmandinnen und Konfirmanden zu den Leiterinnen und Leitern und den Mitarbeitenden in der Konfirmandenarbeit wird von vier Fünfteln (83 %) der Befragten als gut bis sehr gut bezeichnet. Dies ist angesichts der pädagogisch anspruchsvollen Situation einer gemischten Gruppe von 13- oder 14-jährigen Jugendlichen aller schulischen Bildungsgänge und gesellschaftlichen Milieus eine ausgezeichnete Rückmeldung.

Allen, die in der Konfirmandenarbeit tätig sind, gebührt an dieser Stelle unser großer Dank und Respekt für die geleistete Arbeit! Allerdings ist es mit der Konfirmandenarbeit wie mit jedem anderen »Prunkstück« – sie bedarf der dauernden und intensiven Pflege, um sie zu erhalten.

Die Studie gibt hier – auch wenn die intensive Auswertung durch eine Fachgruppe zurzeit noch nicht abgeschlossen ist – erste deutliche Hinweise, in welche Richtung es nötig ist die Konfirmandenarbeit weiterzuentwickeln.

Bedenklich stimmen die Aussagen, dass die Kirche auf viele Fragen keine Antwort habe, welche die Konfirmandinnen und Konfirmanden bewegen. Dabei ist zu beachten, dass die Zustimmung zu dieser Aussage am Ende der Konfirmandenzeit signifikant höher ist als zu Beginn. Offenbar wird an diesem Punkt eine Erwartungshaltung verfehlt. Auch die Bewertung der Gottesdienste als langweilig nimmt während der Konfirmandenzeit zu und nicht ab. In aller Deutlichkeit formuliert: Die Konfirmandinnen und Konfirmanden lehnen Gottesdienste nicht ab, weil sie diese nicht kennen, sondern je mehr sie die Gottesdienste erleben. Hiermit korrespondiert die Selbsteinschätzung der Verantwortlichen: 87 % geben an, dass die Jugendlichen jugendgemäße Gottesdienste erleben sollen. Zugleich stellen abschließend 69 % fest, dass sie dieses Ziel nicht erreicht haben. Daneben ist es eine wichtige Feststellung und ein deutlicher Hinweis, dass zwei Drittel der Konfirmandinnen und Konfirmanden die Gottesdienste als interessant erlebten, bei denen sie mitwirkten.

Wichtig ist hier nun zu fragen, ob die angezeigten Probleme spezifische Wahrnehmungen der Konfirmandinnen und Konfirmanden sind. Ich denke, nicht. Vermutlich ist dies ein Indikator für allgemeine Probleme.

Aus der Fülle der Ergebnisse der Studie möchte ich im Rahmen dieser ersten Hinweise noch ein Feld benennen. Aufgrund der methodischen Arbeitsformen (in der Regel Arbeitsblätter und Gruppenarbeit) wird die Konfirmandenarbeit vielfach als Fortsetzung des schulischen Unterrichtes erlebt. Gerade vor dem Hintergrund von G 8 gewinnt das eine zusätzliche Brisanz. Die Hälfte der befragten Konfirmandinnen und Konfirmanden besucht das Gymnasium. Der verkürzte gymnasiale Bildungsgang, kurz: G 8, hat hier zu einer deutlichen Verschärfung der Ausgangsbedingungen geführt, die auch auf die Konfirmandenarbeit durchschlägt. Die Problemanzeige, dass hier zunehmend – wegen längerer Schulzeiten – müde und überforderte Schülerinnen und Schüler zur Konfirmandenarbeit erscheinen, wird immer dringlicher. Wir haben mit den beiden Bundesländern Hessen und Rheinland-Pfalz – auch im EKD-weiten Vergleich – formal komfortable Regelungen über feste Zeitfenster für die Konfirmandenarbeit getroffen. Diese stehen politisch nicht in Frage! Insgesamt sind wir aber herausgefordert, den Konfirmandenunterricht sehr viel stärker mit »aktivierenden Lernformen« zu gestalten. Die Fortsetzung des schulischen Unterrichts im kirchlichen Kontext ist der erkannten Problemlage, ist den müden und häufig überforderten Jugendlichen nicht angemessen. Dabei sollte aber zugleich auch deutlich werden, dass gerade die Konfirmandenarbeit mit ihren besonderen Lernformen und in ihrem besonderen Kontext ein einzigartiges Bildungsangebot ist. Das steht nicht in Konkurrenz zur schulischen Bildung, sondern trägt auch zum allgemeinen Bildungsauftrag bei und hat so auch gesellschaftliche Bedeutung. Vielmehr gehört es dazu, bei der Weiterentwicklung der Konfirmandenarbeit auch die Kooperationsmöglichkeiten mit Schulen neu auszuloten.

Die Studie bietet reichhaltiges Material und stößt vieles an. Es wäre sicher lohnend, wenn wir uns hier in der Synode ausführlich damit beschäftigen würden. »Wo ist euer Glaube?« Unser Glaube, der uns lieb und wert ist, ist auch da, wo wir miteinander leben, feiern und der nächsten Generation dafür Herz und Verstand öffnen. Vermutlich wird in den noch ausstehenden Tagungen dieser Synode keine Zeit mehr sein, sich ausführlich mit der Konfirmandenarbeit zu beschäftigen. Denn es steht noch vieles an. Ich komme zum fünften Punkt.

5. Kirche gestalten – ein Blick auf die laufenden Prozesse

Wir haben uns viel vorgenommen. In dieser Synodaltagung steht Perspektive 2025 wieder auf der Tagesordnung. Die Steuerungsgruppe hat den Auftrag der Synode erfüllt und legt ein Papier zur Weiterarbeit vor. Darin werden konkrete Beschlussvorschläge genannt. Die Synode hat hier die Möglichkeit, diese zu diskutieren und über die weitere Bearbeitung zu entscheiden. Es werden andere Bereiche genannt, bei denen jetzt bereits klar ist, dass über die Legislatur dieser Synode hinaus weitergearbeitet werden muss.

Im Kooperationsprozess mit der Evangelischen Kirche von Kurhessen-Waldeck wurde ebenfalls weitergearbeitet. Hier liegt der Synode ein Sachstandsbericht vor. Dem Sachstandsbericht sind Statusdokumente aus den einzelnen Arbeitsgruppen beigefügt. Die Synode ist nun aufgefordert, sich – vor allen Dingen in den Ausschüssen – mit den Arbeitsergebnissen auseinanderzusetzen. Ein gemeinsamer synodaler Studientag mit Kurhessen-Waldeck zur weiteren Arbeit an den Kooperationsprojekten findet am 20. Juni in Marburg statt. Für die Herbstsynoden in beiden Landeskirchen sollen dann Beschlussvorschläge erarbeitet werden.

Ein bemerkenswertes Zwischenergebnis soll hier nicht unerwähnt bleiben. Am 30. März wurde in Kassel von beiden Diakonischen Werken die gemeinnützige Diakonie Hessen GmbH gegründet. Sie ist zunächst eine gemeinsame Tochtergesellschaft der beiden Diakonischen Werke – mit dem Ziel, gemeinsam und geschlossen mit einer Stimme nach außen aufzutreten und so die Position der Diakonie in der politischen Debatte zu stärken und damit – gewissermaßen indirekt – die Bedingungen für die diakonische Arbeit in professionellen und auch im gemeindlichen Bereich zu verbessern. In der gemeinsamen Gesellschaft werden nun auch die Möglichkeiten für eine Fusion der beiden Diakonischen Werke geprüft, die – wenn möglich – für 2012 angestrebt wird. Um zwei Bedenken kurz vorwegzugreifen, sage ich gleich:

1. Es wurde nicht vergessen, dass die EKHN nicht nur in einem Bundesland zuhause ist. Es wird zurzeit überlegt, wie die Diakonie in Rheinland-Pfalz zukünftig aufzustellen ist.
2. Anders als bei den Diakonischen Werken ist für die beiden Kirchen eine Fusion nicht geplant.

Neben den beiden Prozessen, die uns auch in dieser Synodaltagung beschäftigen werden, stehen noch die Lebensordnung und die Kirchenordnung an. Das ist nicht wenig.

Ich habe selbst in den vergangenen Wochen – soweit dies möglich war – an den Sitzungen der Steuerungsgruppe im Perspektivprozess 2025, an den Sitzungen der Lenkungsgruppe im Kooperationsprozess und an den Sitzungen des Kirchenordnungsausschusses teilgenommen, um mir einen Überblick zu verschaffen.

In der Tat: Wir haben uns viel vorgenommen. Und ich möchte allen danken, die sich in dieser oft sehr komplizierten Gremienarbeit engagieren. Ich danke allen, die dies ehrenamtlich tun. Und ich danke auch allen, die aus der Kirchenverwaltung oder durch andere Beauftragung diese Arbeit begleiten. Hier wird oft sehr gründlich, mit hohem Abstimmungsbedarf und deshalb auch mit viel Zeitaufwand gearbeitet. Dabei wird viel geleistet.

Aus Gemeinden und Dekanaten und in Gesprächen mit Mitarbeiterinnen und Mitarbeitern werden an mich oft Befürchtungen herangetragen, ob dies denn auch wirklich alles zu bewältigen sei. Dabei werde ich an das Bild von den vielen Baustellen in meiner Bewerbungsrede erinnert. Ich sage dazu in der Regel: Es ist vielen bewusst, dass wir uns da viel, vielleicht auch zu viel zugemutet haben. Wir werden in Zukunft sicher darauf achten müssen, dass wir uns die Komplexität und den Aufwand unserer Prozesse bewusster machen. Jetzt kommt es darauf an, die angefangenen Prozesse mit Augenmaß weiter- und zu Ende zu führen. Dazu gehört auch, hier in der Synode in aller Freiheit zu entscheiden, wann etwas noch nicht beschlussreif ist und dies dann gegebenenfalls und vertrauensvoll an die nächste Synode weiterzureichen. Ich wünsche mir jedenfalls für unsere Zusammenarbeit hierzu die nötige weltliche und geistliche Gelassenheit.

Insgesamt spüre ich in unserer Kirche schon so etwas wie eine Sehnsucht danach, in einigermaßen stabilen Verhältnissen arbeiten zu können, und zwar so, dass manches Neue sich auch entwickeln und wachsen kann. Das gilt für neu errichtete Stellen und Zentren und auch für neue Gemeinde- und Dekanats-konstellationen und an manch anderen Stellen.

In allen aktuellen Fragen ist es immer wieder nötig, sich grundsätzlich zu orientieren. Hinweise dazu möchte ich in einem 6. Abschnitt geben.

6. Wegweisende Erinnerung: Martin Niemöller und Barmen

In die ersten Wochen meiner Amtszeit fiel der 25. Todestag Martin Niemöllers. Martin Niemöller ist am 6. März 1984 in Wiesbaden im Alter von 92 Jahren gestorben. Ich habe an ihn am 6. März in einer Andacht in der Kirchenverwaltung und in einem Grußwort bei einer Gedenkveranstaltung der Hessischen Kirchengeschichtlichen Vereinigung am selben Tag erinnert. Und ich tue dies auch jetzt hier in dieser Synode, indem ich davon berichte. Martin Niemöller war von 1947 bis 1964 der erste Kirchenpräsident der EKHN, und er hat unsere Kirche nachhaltig geprägt. Er hat meinungs- und bekenntnisstark vertreten, was er als Christ meinte vertreten zu müssen. Er hat es damit sich selbst und vielen anderen – auch der Synode – nicht leicht gemacht. Er war jemand, der sich nach seinem Glauben fragen ließ und der sich in seinem Glauben gefragt wusste. In diesem Sinn war und ist er jemand, an dem man sich bei aller nötigen Distanz und Kritik, auch immer wieder orientieren kann. Die Erinnerung an Martin Niemöller möchte ich mit einer Anregung verbinden. Es ist eine Anregung an Sie, liebe Schwestern und Brüder hier in der Synode, und an unsere Gemeinden und Einrichtungen. Es ist die Anregung, sich mit dem theologischen Text auseinanderzusetzen, den der Kirchenhistoriker Martin Greschat einmal als die »Summe der Theologie Martin Niemöllers« bezeichnet hat. Der Text stammt nicht von ihm, wenngleich er den Weg zu diesem Text mit eröffnet hat. Ich rede von der »Barmer Theologischen Erklärung«. Vor 75 Jahren, unter der Bedrängnis der nationalsozialistischen Terrorherrschaft, stand die Frage Jesu an seine Jünger »Wo ist euer Glaube?« in höchster Dringlichkeit im Raum. Vom 29. bis 31. Mai tagte die Bekenntnissynode der Deutschen Evangelischen Kirche in Barmen. Das 75-jährige Jubiläum der Verabschiedung der »Barmer Theologischen Erklärung« fällt in diesem Jahr auf den Pfingstsonntag. Die EKHN gehört zu den Landeskirchen, die in ihrer Kirchenordnung auf die Barmer Theologische Erklärung Bezug nehmen. In unserem Grundartikel heißt es: »Als Kirche Jesu Christi hat sie ihr Bekenntnis jederzeit in gehorsamer Prüfung an der Heiligen Schrift und im Hören auf die Schwestern und Brüder neu zu bezeugen. In diesem Sinne bekennt sie sich zu der Theologischen Erklärung von Barmen.«

Die etwas distanzierte Formulierung vermeidet die Barmer Theologische Erklärung den übrigen Bekenntnissen gleichzustellen. Dazu war der Text konfessionell – insbesondere von lutherischer Seite – zu umstritten. Sie hebt aber die enorme Bedeutung der Erklärung als eine im gemeinsamen Hören auf die Heilige Schrift entstandene Aktualisierung des Bekenntnisses hervor. Und sie unterstreicht, dass das aktualisierende Bezeugen des Glaubens eine andauernde kirchliche Aufgabe ist. Genau betrachtet ist dies der Kern dessen, was »geistliche Leitung« ist. Allein um sich diese Aufgabe zu vergegenwärtigen, ist die Erinnerung an Barmen und die Auseinandersetzung mit der Theologischen Erklärung sinnvoll. Wer sich der Theologischen Erklärung zuwendet, wird in den knappen und präzisen Formulierungen eine ungeheure Konzentration auf das Wesentliche spüren. Diese Konzentration war in der Kampfsituation 1934 nötig. Deutlich wurde gesehen, dass sich im Heils- und Machtanspruch der nationalsozialistischen Ideologie, der von den Deutschen Christen in die Kirche hineingetragen wurde, ein fremder Geist der Kirche bemächtigen wollte. Demgegenüber wurde die alleinige Orientierung an Jesus Christus als das eine Wort Gottes, in dem die Kirche gründet, proklamiert. In der 6. Barmer These wurde dann mit Blick auf den Auftrag der Kirche ausgeführt, dass dieser »Auftrag, in welchem ihre Freiheit gründet, darin besteht, an Christi Statt und also im Dienst seines eigenen Wortes und Werkes durch Predigt und Sakrament die Botschaft von der freien Gnade Gottes auszurichten an alles Volk«. Verworfen wird dann »die falsche Lehre, als könne die Kirche in menschlicher Selbstherrlichkeit das Wort und Werk des Herrn in den Dienst irgendwelcher eigenmächtig gewählter Wünsche, Zwecke und Pläne stellen.«

Es gibt an der Barmer Theologischen Erklärung einige Kritikpunkte. Und es ist nötig, gerade in der historischen Betrachtung auch die Grenzen und Schwächen zu erkennen. Gleichwohl hat der Text große historische und aktuelle Bedeutung. Er hat die theologische Begründung dafür formuliert, der irregeleiteten Obrigkeit den Gehorsam zu verweigern, Widerstand zu leisten und sich in neuen Bekenntnisgemeinden zu organisieren. Er hat dazu beigetragen, den innerprotestantischen Konfessionalismus in seiner kirchentrennenden Kraft zu überwinden. Der Text ist bestens dazu geeignet, neu nach dem Grund und Auftrag der Kirche zu fragen und damit auch in unseren Debatten eine Ortsbestimmung des Glaubens vorzunehmen. Die kritische Frage, ob wir bei der Sache des Evangeliums sind, oder ob wir fremdgeleitet Zielvorstellungen und Strukturen entwickeln, muss stets unsere Arbeit begleiten.

7. Persönliche Worte

Ich möchte meinen Bericht mit persönlichen Worten schließen. 113 Tage im Amt des Kirchenpräsidenten haben mir bereits viele neue Begegnungen, Erfahrungen und Einblicke in unsere Kirche geschenkt. Für dieses erste Jahr sind noch viele Antrittsbesuche, aber auch sonstige Besuche, Gespräche und zum Glück auch

Gottesdienste geplant. Ich habe sehr viele Einladungen erhalten. Ich bin dankbar für das große Interesse und bitte doch gleichzeitig um Verständnis dafür, dass ich viele davon in dieser ersten Zeit absagen muss.

Ich danke auch allen, die mir auf unterschiedlichste Weise gratuliert haben, mir Mut und Segensworte zugesprochen haben. Es gab viele, die mir gesagt haben: »Sie haben nach der Wahl gesagt: Beten Sie für mich! – Wir machen das. Verlassen Sie sich drauf.« Herzlichen Dank – Sie glauben gar nicht, wie wichtig das für mich ist. Ich danke auch allen, die mir den Weg in das Amt erleichtert haben, die mich unterstützt haben und unterstützen – im Büro, in der Kirchenverwaltung, die Mitglieder des KSV, des LGA und der Kirchenleitung. Peter Steinacker hat mir manche seiner Erfahrungen weitergegeben und ist immer ansprechbar für mich. Für ihn und für mich war der Gottesdienst am 15. Februar zur Verabschiedung und zur Einführung ein besonderes Erlebnis. Ich danke – auch ausdrücklich mit Grüßen von Peter Steinacker – allen, die den Gottesdienst ermöglicht, mitvorbereitet, mitgestaltet und mitgefeiert haben. Dieser Gottesdienst war für mich ein ganz wichtiger geistlicher Schritt auf dem Weg, den ich jetzt gehe und den ich gerne gehe.

Damit schließe ich den ersten Bericht und danke für Ihre Aufmerksamkeit!

»Ihr seid das Licht der Welt.«

Matthäus 5,14 a [2010]

Sehr geehrter Herr Präses, hohe Synode, liebe Schwestern und Brüder!

Ich beginne mit persönlichen Eindrücken und Wahrnehmungen aus der letzten Zeit.

Seit Januar dieses Jahres gibt es das Dekanat Vorderer Odenwald. Es ist entstanden aus der Fusion der beiden Dekanate Reinheim und Groß-Umstadt. Auf dem Weg zur Fusion haben die beiden Synodalvorstände nicht einfach nur Strukturfragen geklärt. Sie haben sich von einem biblischen Motto aus der Bergpredigt leiten lassen. Jesus Christus spricht: »Ihr seid das Salz der Erde. Ihr seid das Licht der Welt.« Die beiden Dekanate haben bewusst danach gefragt, wie sie das kirchliche Leben in der Region gestalten können, um dem gerecht zu werden. Sie haben dabei Leitbilder der Kirche aufgegriffen, die der Theologische Ausschuss der achten Kirchensynode ausgearbeitet hatte. Das Dekanat Vorderer Odenwald hat für sich aus dem biblischen Lichtgedanken den Slogan entwickelt: »In Gottes Namen bekennen wir Farbe.«

Ein zweiter Eindruck: Unsere Landeskirche ist bei der Landesgartenschau – gemeinsam mit der Evangelischen Kirche von Kurhessen-Waldeck (EKKW) – mit einer LichtKirche vertreten. In den Gottesdiensten, die dort gefeiert werden, stehen immer wieder die Worte Jesu im Mittelpunkt: »Ihr seid das Licht der Welt.« Die LichtKirche ist ein besonderer Anziehungspunkt auf dem Gelände der Landesgartenschau. Bereits in den ersten Wochen haben viele gesagt:

»Es ist gut, dass ihr als Kirche hier seid.« Viele bedanken sich für die LichtKirche und die Menschen, die dort für sie da sind.

Mich haben die Mitwirkung am Festgottesdienst des neuen Dekanates Vorderer Odenwald und der Eröffnungsgottesdienst bei der Landesgartenschau, zusammen mit dem Besuch der LichtKirche, veranlasst, in den letzten Wochen immer wieder über den Satz Jesu nachzudenken: »Ihr seid das Licht der Welt!« Nicht zuletzt deshalb, weil in den vergangenen Monaten viele immer wieder auf die Kirchen geschaut haben.

Da stand am Anfang der Satz Margot Käßmanns in ihrer Predigt zum Jahreswechsel: »Nichts ist gut in Afghanistan.« Der Satz hat viel ausgelöst – viel

Zustimmung, viel Ablehnung. Viele Reaktionen – bis hin zu einem Dank des Bundespräsidenten. Wenige Wochen später stand Margot Käßmann selbst als Person im Mittelpunkt des öffentlichen Interesses. Aus der Strafanzeige gegen sie wegen Trunkenheit am Steuer hat sie sehr schnell in einer persönlichen Entscheidung die Konsequenz gezogen. Sie ist von ihren Ämtern als Landesbischöfin und als Ratsvorsitzende zurückgetreten. Das hat ihr großen Respekt eingebracht. Sie hielt nicht an ihren Ämtern fest, weil sie meinte, nach ihrem Fehlverhalten die Ämter nicht mehr mit der nötigen Autorität und inneren Freiheit führen zu können, die es gerade in kontroversen Debatten braucht.

Dann hat das Thema »sexueller Missbrauch« die öffentliche Diskussion bestimmt. Es richteten sich viele Fragen und Anklagen vor allem an die katholische Kirche und von ihr verantwortete Einrichtungen. Aber auch an andere. Betroffen war und ist die Odenwaldschule. Auch bei unserer Kirche meldeten sich einige Menschen, die von Missbrauch durch Menschen in unserer Kirche betroffen waren. Wie sehr das Thema bedrängt, wurde unter anderem auf dem Ökumenischen Kirchentag deutlich. Besonders aus der Politik wurde angemahnt, sich konsequent dem Thema zu stellen. Nicht zuletzt deshalb, weil man von den Kirchen viel für diese Gesellschaft erwartet – gerade auch in nach wie vor wirtschaftlich sehr schwierigen Zeiten, in denen Menschen nach Orientierung suchen.

»Ihr seid das Licht der Welt«, hat Jesus gesagt. Mich hat dieses Bibelwort gerade vor dem Hintergrund der geschilderten Eindrücke und Wahrnehmungen herausgefordert. Herausgefordert zu Fragen wie diesen: Werden wir diesem Anspruch gerecht? Wie können wir das glaubwürdig sein? Ich habe deshalb meinen diesjährigen Bericht unter dieses Leitwort gestellt: »Ihr seid das Licht der Welt.«

Der Bericht hat drei Teile:
1. Was uns orientiert: eine biblische Betrachtung
2. Was uns bewegt: aktuelle Themen in Kirche und Gesellschaft
3. Was vor uns liegt: Aufgaben für Gemeinden, Dekanate, Kirchenleitung und Kirchensynode

1. Was uns orientiert: eine biblische Betrachtung

Wenn man Orientierung sucht, beginnt man – gut protestantisch – am besten mit einer Bibelarbeit. Sie kann im Rahmen dieses Berichtes nur knapp sein. Aber ein wenig Zeit dafür muss sein. »Ihr seid das Licht der Welt.« – Diese Worte folgen unmittelbar auf die Seligpreisungen, mit denen Matthäus die Bergpredigt Jesu beginnen lässt. Als »selig« werden von Jesus diejenigen gepriesen, die »geistlich arm« sind, die »Leid tragen«, die »sanftmütig« sind, »die nach der Gerechtigkeit hungert und dürstet«, »die Barmherzigen«, »die reinen Herzens sind«, »die Friedensstifter«, »die um der Gerechtigkeit willen verfolgt werden«, und schließlich »ihr«. »Selig seid ihr, wenn euch die Menschen um meinetwillen schmähen und verfolgen und reden allerlei Übles gegen euch, wenn sie damit lügen.« (Mt 5,11) Denen, die aus den Seligpreisungen heraus mit »ihr« angeredet werden, wird dann gesagt:

> Ihr seid das Licht der Welt. Es kann die Stadt, die auf einem Berge liegt, nicht verborgen sein. Man zündet auch nicht ein Licht an und setzt es unter einen Scheffel, sondern auf einen Leuchter; so leuchtet es allen, die im Hause sind. So lasst euer Licht leuchten vor den Leuten, damit sie eure guten Werke sehen und euren Vater im Himmel preisen. (Mt 5,14–16)

Wen redet Jesus da an? Wen meint er mit »ihr«?

Es sind die Jünger und das Volk, das heißt alle, die ihm zuhören. So richtig klar wird dies beim Lesen des Matthäus-Evangeliums erst am Ende der Bergpredigt. Dort heißt es dann nämlich: »Und es begab sich, als Jesus diese Rede vollendet hatte, dass sich das Volk entsetzte über seine Lehre.« (Mt 7,29)

Alle fühlten sich angesprochen, und alle waren angesprochen. Es ist das Volk, das zuhört, und damit alles Volk, dem in Zukunft diese Worte verkündigt werden. Genauer muss man sagen: Es sind diejenigen, die sich von seinen Worten ansprechen lassen und ihm nachfolgen. Als solche verstehen auch wir uns, wenn wir Kirche Jesu Christi sein wollen.

Und es ist sicher gut, wenn wir beim Hören dieser Worte auch etwas von dem Entsetzen spüren, von dem Matthäus am Ende der Bergpredigt berichtet.

»Ihr seid das Licht der Welt!« Was ist das für ein Anspruch! Wir spüren doch auf Schritt und Tritt, dass wir diesem Anspruch nicht gerecht werden können. Wir können es als Einzelne nicht, und wir können es als Kirche nicht. Das erkennen wir immer wieder.

Allerdings: Wir würden die Worte Jesu nicht richtig hören, wenn wir sie als unerfüllbaren Anspruch hören würden. Ein unerfüllbarer Anspruch wäre es, wenn Jesus gesagt hätte: »Ihr sollt das Licht der Welt sein!« Dann läge es allein an uns, Licht in diese Welt hineinzubringen. Aber Matthäus meint es anders. Das macht er im Vorspann zur Bergpredigt deutlich. Im vierten Kapitel, also gewissermaßen bei der Hinführung zur Bergpredigt, beschreibt er den Beginn des öffentlichen Wirkens Jesu mit folgenden Worten:

> Und er verließ Nazareth, kam und wohnte in Kapernaum, das am See liegt im Gebiet von Sebulon und Naftali, damit erfüllt würde, was gesagt ist durch den Propheten Jesaja, der da spricht (Jes 8,23;9,1): »Das Land Sebulon und das Land Naftali, das Land

am Meer, das Land jenseits des Jordans, das heidnische Galiläa, das Volk, das in Finsternis saß, hat ein großes Licht gesehen; und denen, die saßen am Ort und im Schatten des Todes, ist ein Licht aufgegangen.« (Mt 4,13–16)

Dies bedeutet: Wenn Jesus sagt, »Ihr seid das Licht der Welt!«, dann ist dies zunächst ein Zuspruch. Der Sache nach ist im Matthäus-Evangelium auch gesagt, was Jesus dann im Johannes-Evangelium selbst mit den Worten ausspricht: »Ich bin das Licht der Welt. Wer mir nachfolgt, wird nicht in der Finsternis wandeln, sondern wird das Licht des Lebens haben.« (Joh 8,12)

Das Licht bringen nicht diejenigen hervor, die ihm nachfolgen. Das Licht kommt von ihm, von Jesus her.

Der Heidelberger Neutestamentler Gerd Theißen hat es so gesagt: »Bevor uns gesagt wird: Ihr seid das Licht der Welt, hören wir die Verheißung: Das Licht ist aufgegangen. Wir müssen es nicht schaffen. Wir müssen es nicht in die Welt hineinbringen. Das Licht bricht in diese Welt hinein wie durch finstere Wolken. An einer Stelle findet es für alle einen Durchbruch: in Jesus, seinen Worten und Taten. In ihm leuchtet ein Licht auf, das von Anfang an strahlt, das jeden Menschen erleuchtet, der in die Welt gekommen ist. Er ist das Licht Gottes. Gott selbst ist Licht.« [1]

Dieser Zuspruch verbietet nun denen, die Jesus Christus folgen, jede Form von Selbstprädikation. Das heißt: Einzelne können nicht sagen: »Ich bin das Licht der Welt.« Auch eine Gemeinschaft oder eine Kirche kann nicht sagen: »Wir sind das Licht der Welt.« Warum geht das nicht? – Weil sie das Licht nicht selbst hervorbringt, sondern von dem Licht lebt, das von Gott herkommt. Kirche ist und bleibt Teil dieser Welt, und sie ist wie diese immer wieder darauf angewiesen, dass Gottes Licht sie selbst und diese Welt erhellt.

Dieser Zuspruch steht gegen jeden falschen und damit überzogenen Selbstanspruch und gegen jede Selbstüberhöhung. Er ist aber zugleich auch Anspruch, und zwar ein Anspruch, dem gerecht zu werden, was man empfangen hat und immer wieder neu empfängt. Es geht darum, das angezündete Licht weiterzugeben. Dieses Licht gehört auf einen Leuchter, nicht unter einen Scheffel – wo es nicht nur verborgen wäre, sondern auch verlöschen würde. Dietrich Bonhoeffer hat dies so gedeutet: »Flucht in die Unsichtbarkeit ist Verleugnung des Rufes. Gemeinde Jesu, die unsichtbare Gemeinde sein will, ist keine nachfolgende Gemeinde mehr.«[2]

Und wie leuchtet dieses Licht? Es leuchtet in den Menschen, in ihrem Glauben und in ihrem Tun – in den guten Werken, die es zu tun gilt. Die Seligpreisungen sagen, worum es geht. Es geht darum, Leidtragende zu trösten, Sanftmut statt Gewalt, Barmherzigkeit und nicht Rache zu leben, Gerechtigkeit

---

[1]   Gerd Theißen, Lichtspuren, Gütersloh 1994, 87.
[2]   Dietrich Bonhoeffer, Nachfolge, München 1982, 13. Aufl., 93.

zu erstreben, Frieden zu stiften. Der weitere Gang der Bergpredigt führt das dann auch noch sehr konkret aus.

Wenn wir von guten Werken reden, dann ist man – besonders in lutherischer Tradition – geneigt, sofort an Selbstrechtfertigung oder Werkgerechtigkeit zu denken. Darum geht es gerade hier nicht. Es geht nicht um irgendeine Form der Selbstdarstellung vor Gott. Es geht darum, Gottes Licht zu bezeugen – durch Wort und Tat. Wobei hier bei Matthäus deutlich der Akzent auf die Werke gesetzt wird. Durch die selbst erfahrenen guten Werke anderer sollen Menschen angeregt werden, Gott zu preisen. In diesem Sinn haben »die Werke der Christen missionarische Funktion«.[3]

Den Christinnen und Christen selbst wird damit das Licht zugesprochen, aber es gibt ihrer Person keine gänzlich neue Qualität. Das Licht leuchtet in ihren guten Werken. Sie selber bleiben darin nach wie vor diejenigen, die in der Dunkelheit sind, die geistlich arm sind, die Leid tragen, die hungert und dürstet nach Gerechtigkeit. Sie bleiben auch verführbare Menschen, die auch darin versagen können, das empfangene Licht weiterzugeben. Es bleibt die Aufforderung, dem zu entsprechen, was man durch Christus empfängt. Der Epheserbrief formuliert deshalb sehr prägnant: »Lebt als Kinder des Lichts.« (Eph 5,8)

Diese Beobachtungen am biblischen Text möchte ich mit einem letzten Gedanken abschließen, der zugleich die Brücke zu den folgenden Teilen dieses Berichtes schlägt. Die Bergpredigt macht deutlich, wer angesprochen ist. Das Volk ist angesprochen und damit die Gemeinde Jesu Christi. Es wird nicht zu einzelnen Personen gesagt: »Du bist das Licht der Welt!« Jesus sagt: »Ihr seid das Licht der Welt.« Natürlich ist jede und jeder Einzelne als Person gemeint, aber eben als Teil der Gemeinschaft. Niemand kann allein diesen Anspruch leben. Ob wir es als Kirche können und tun, das werden wir zu Recht gefragt. Und wir müssen uns dieser Frage stellen. Dazu möchte ich anregen, indem ich jetzt einige konkrete Themen anspreche, die uns zurzeit besonders bewegen.

2. Was uns bewegt: aktuelle Themen in Kirche und Gesellschaft

2.1 Sexueller Missbrauch

Das Thema »sexueller Missbrauch«[4] hat in den letzten Wochen und Monaten viele Menschen sehr bewegt. Es ist ein gesamtgesellschaftliches Thema. Die Kirchen

---

[3] ULRICH LUZ, Das Evangelium nach Matthäus, Evangelisch-Katholischer Kommentar, Bd. I/1, Neukirchen-Vluyn 2002, 5., völlig neu bearb. Aufl., 301.

[4] Terminologisch wäre es besser, von »sexualisierter Gewalt« zu reden, da »Missbrauch« auch die Möglichkeit des »Gebrauchs« impliziert. Das ist unangemessen. Wenn hier

stehen dabei besonders im Blickpunkt. Es ist sicher so, dass die römisch-katholische Kirche noch einmal in anderer Weise und deutlich intensiver von dem Thema betroffen ist als die evangelische Kirche. Trotzdem hat es auch in unserer Kirche Menschen gegeben, die sich gemeldet haben, weil sie Opfer von Missbrauch auch in ihr gewesen sind – manche vor vielen Jahren. Missbrauch im kirchlichen Milieu wiegt besonders schwer. Und das hat etwas mit dem Zuspruch und dem Anspruch zu tun, mit dem wir und unter dem wir leben. Wenn von Menschen, von denen man Licht erhofft und erwartet, Dunkelheit ausgeht, steht mehr auf dem Spiel als die Glaubwürdigkeit einer Institution. Missbrauch erschüttert nicht nur das Vertrauen in Menschen, sondern es kann auch das Vertrauen in Gott zutiefst zerstören. Wenn geschwiegen und verschwiegen wird, wird in einem umfassenden Sinn die Frage nach Recht und Gerechtigkeit gestellt. Dass den Opfern von Missbrauch Gehör geschenkt wird, ist deshalb das Erste und Wichtigste, was geschehen muss und geschieht. Danach sind, wenn sie, die Betroffenen, bereit dazu sind, unverzüglich entsprechende strafrechtliche und disziplinarrechtliche Schritte gegen die mutmaßlichen Täter einzuleiten.

Was haben wir bisher getan?

1. Mit Oberkirchenrätin Dr. Petra Knötzele und Kirchenrätin Maren Cirkel stehen in der Kirchenverwaltung zwei Ansprechpartnerinnen zur Verfügung. Wir haben den Dekanaten, Kirchengemeinden und Einrichtungen empfohlen, bei Hinweisen, Verdacht oder auch Unsicherheit unbedingt sofort Kontakt mit den Ansprechpartnerinnen in der Kirchenverwaltung aufzunehmen, um das weitere Verfahren abzuklären. Wir haben dabei zugleich auf den seit dem Jahr 1997 in der EKHN geltenden Verhaltenskodex hingewiesen.

2. Die Kirchenleitung hat in ihrer Sitzung am 18. März 2010 beschlossen, mit dem Diakonischen Werk in Hessen und Nassau (DWHN) eine gemeinsame Kommission »Missbrauch in der EKHN« einzusetzen. Diese Kommission soll so schnell wie möglich folgende Aufträge erfüllen:

    a. eine systematische Erfassung der bekannten Fälle und Vorwürfe von sexueller Übergriffigkeit in der Vergangenheit

    b. eine systematische Erfassung der bekannten aktuellen Fälle und Vorwürfe von sexueller Übergriffigkeit

    c. Zusammenstellung der möglichen Maßnahmen gegenüber Opfern und Tätern

    d. einen Vorschlag für eventuell nötige Maßnahmen zur Prävention für die Zukunft.

Die Kommission hat unter dem Vorsitz von Pröpstin Scherle bisher zweimal getagt. Nach einem ersten Zwischenbericht der Kommission wurde mit dem

---

trotzdem von »Missbrauch« geredet wird, folge ich der juristisch einschlägigen und zurzeit gängigen Terminologie.

Theologen und Diplom-Psychologen Wolfgang Kinzinger eine weitere – männliche – Ansprechperson benannt. Außerdem wurde festgehalten, dass bei der Pressearbeit neben dem Aspekt der offenen Information auch der Schutz der Mitarbeitenden und deren Familien zu berücksichtigen ist. Verdachtsfälle werden daher nur anonymisiert weitergegeben. Geprüft wird derzeit noch, wie eine Kontaktstelle für Personen geschaffen werden kann, die befürchten, zu Tätern zu werden.

3. Seit dem 1. Mai 2010 eröffnet § 30 a des Bundeszentralregistergesetzes (in Verbindung mit § 72 a SGB VIII) die Möglichkeit, ein erweitertes Führungszeugnis zu beantragen. Das erweiterte Führungszeugnis beinhaltet gegenüber dem einfachen Führungszeugnis Angaben über Verurteilungen, die unterhalb eines bestimmten Strafmaßes liegen. Es enthält also alle einschlägigen Eintragungen. Mit dem Führungszeugnis stellt der Gesetzgeber einen Baustein zur Verfügung, mit dem der Schutz von Kindern und Jugendlichen verbessert werden kann. Der Gesetzgeber will damit ausschließen, dass bereits einschlägig vorbestrafte Personen weiter beruflichen Kontakt zu Kindern und Jugendlichen haben. Es ist klar, dass das erweiterte Führungszeugnis allein keinen Schutz bietet. Wir sehen bei den Opfern, dass die Erfahrungen so leidvoll waren, dass sie über Jahre oder gar Jahrzehnte verdrängt wurden. Mit unseren Bemühungen um Prävention ist die Absicht verbunden, das »Schweigegebot« zu brechen, potenziell Betroffenen den Weg zum Nein zu erleichtern und möglichen Tätern zu zeigen, dass sich das Risiko, entdeckt zu werden, erhöht. Für Träger und Mitarbeitende ist es unerlässlich, sich mit dem Thema Kinderschutz und Kindeswohlgefährdung zu beschäftigen. Dies kann geschehen, indem ein Schutzkonzept erarbeitet wird, Vertrauenspersonen benannt werden oder Verhaltensregeln formuliert werden.

Die Kirchenleitung hat in ihrer Sitzung am 20. Mai 2010 beschlossen, den Kirchengemeinden, Dekanaten und Einrichtungen, die Mitarbeitende im kinder- beziehungsweise jugendnahen Bereich beschäftigen, zu empfehlen, als Voraussetzung für die Beschäftigung die Vorlage eines erweiterten Führungszeugnisses zu verlangen. In bestimmten, begrenzten Fällen wird empfohlen, das erweiterte Führungszeugnis auch von Ehrenamtlichen zu verlangen, etwa wenn diese in der Gemeinde gänzlich unbekannt sind. In gesamtkirchlichen Arbeitsfeldern, in denen Kinder und Jugendliche betreut, beaufsichtigt, ausgebildet oder erzogen werden beziehungsweise Kontakt mit Kindern und Jugendlichen aufgenommen werden kann, wird die Begründung eines Arbeitsverhältnisses von der Vorlage eines erweiterten Führungszeugnisses abhängig gemacht. Das betrifft selbstverständlich auch den Pfarrdienst.

Das Thema »sexueller Missbrauch« wiegt schwer. Wir wollen von unserer Seite alles dafür tun, Opfern zu helfen, wo auch immer ihnen Leid zugefügt wurde. Wir wollen uns nach Kräften bemühen, präventiv alles zu tun, was möglich ist. In unserer Kirche soll Menschen keine sexualisierte Gewalt und keine andere Form von Gewalt und Leid zugefügt werden. Wir wollen Menschen stärken. Wir wollen glaubwürdig das weitergeben, was uns anvertraut ist. Wir wollen Licht der Welt sein. In den letzten Wochen und Monaten haben sich in unserer Kirche und für unsere Kirche viele diesem Thema gestellt – in der Seelsorge und Beratung, in der Kirchenverwaltung, in der Öffentlichkeitsarbeit. Es waren große zusätzliche Belastungen. Ich danke ihnen sehr. Ich danke ebenfalls allen, die den Mut und das Vertrauen hatten, sich an uns zu wenden. Und ich möchte ihnen versichern, dass wir erkennen wollen, wo wir als Kirche in unseren Arbeitsstrukturen oder auch durch Menschen, die uns vertreten haben, versagt haben. Wo wir Schuld auf uns geladen haben, bitten wir die betroffenen Menschen und Gott um Vergebung.

2.2 Afghanistan

Auch hier geht es nun darum, das zu tun, was Licht in diese Welt bringt, konkret: was Frieden stiftet.

Der Einsatz der Bundeswehr in Afghanistan beschäftigt zu Recht die Menschen in unserem Land. Ich bin sehr froh, dass durch Margot Käßmanns Predigt zum Jahreswechsel eine öffentliche Debatte darüber in Gang gekommen ist. Wenngleich auch zu fragen ist, ob diese Debatte wirklich noch intensiv genug geführt wird.

Die Formulierung »Nichts ist gut in Afghanistan« war in einem guten Sinn anstößig. In ihrer Predigt hat Margot Käßmann sie einer naiven Weltbetrachtung entgegengesetzt, die alle Probleme mit einem »Alles wird gut!« übertüncht. Und hier, in diesem Kontext, hat der Satz auch mit Blick auf Afghanistan seine volle Berechtigung. Wer meint, im Sinne eines »Alles wird gut!« oder »Alles ist gut!« vorhandene Probleme mit einer kritiklosen Bejahung des Einsatzes kleinreden zu müssen, und wer dies für die einzig mögliche Unterstützung der Soldatinnen und Soldaten hält, der muss sich ein energisches »Nichts ist gut!« entgegenhalten lassen.

Klar ist auch, dass weder das eine noch das andere für eine differenzierte Beurteilung der hochkomplizierten Lage in Afghanistan taugt. Das hat Margot Käßmann übrigens selbst in einer Stellungnahme zum Ausdruck gebracht, die sie noch in ihrer Zeit als Ratsvorsitzende gemeinsam mit ihrem Stellvertreter Nikolaus Schneider, dem Friedensbeauftragten der Evangelischen Kirche in Deutschland, Renke Brahms, und Militärbischof Martin Dutzmann veröffentlicht hat. Was jetzt, gerade um der Soldatinnen und Soldaten in Afghanistan willen gebraucht wird, das ist eine kritische Begleitung des Einsatzes. Die Stel lungnahme der EKD macht deutlich, dass die ethische Perspektive aus evangelischer Sicht eine friedensethische Perspektive ist.

Wörtlich heißt es in dieser Erklärung: »Frieden muss ›gestiftet‹, also gemacht werden. Wir bekunden allen, die in Afghanistan für den Frieden arbeiten – den Mitarbeitenden der zivilen Aufbauhilfe, dem diplomatischen Dienst, den Repräsentanten der Vereinten Nationen, den Angehörigen der Bundeswehr und anderer internationaler Streitkräfte –, unseren Respekt und unsere Dankbarkeit. Wir beten für den Frieden in Afghanistan und das friedliche Zusammenleben der verschiedenen Volksgruppen in diesem Land. In unsere Fürbitte beziehen wir die Mitglieder des Deutschen Bundestages und der Bundesregierung ein. Wir wissen um die Last, die sie zu tragen, und die Verantwortung, welche sie wahrzunehmen haben. Die evangelische Kirche beteiligt sich mit Hilfsorganisationen am zivilen Aufbau des Landes und begleitet Soldatinnen und Soldaten der Bundeswehr durch ihre Militärseelsorge.«

All dies steht unter dem Vorzeichen »Frieden muss gestiftet werden«. Ich möchte daran erinnern, dass die Friedensdenkschrift der EKD aus dem Jahr 2007 konsequent von der Leitidee des gerechten Friedens her denkt. Militärischer Gewaltgebrauch wird ausschließlich von dieser Leitidee her legitimiert, und zwar im Sinne eines »rechtserhaltenden militärischen Gewaltgebrauchs«.

Für internationale bewaffnete Friedensmissionen werden klare Grenzen benannt. Das bewaffnete Eingreifen gilt als »äußerstes Mittel«! Es wird hervorgehoben, dass »die militärische Komponente jedoch strikt auf die Funktion der zeitlich limitierten Sicherung der äußeren Rahmenbedingungen für einen eigenständigen politischen Friedensprozess vor Ort zu begrenzen« ist. Die Denkschrift hält fest: »Militärische Maßnahmen müssen Bestandteil einer kohärenten Friedenspolitik unter dem Primat des Zivilen bleiben.«[5]

Dies zu gewährleisten und damit eine »Aussicht auf Erfolg« zu haben, »erfordert es eine präziseDefinition des Auftrags, die Verfügbarkeit darauf abgestimmter Fähigkeiten, eine sorgfältige Koordination der verschiedenen nationalen und internationalen, militärischen und zivilen Akteure untereinander, eine realistische Abschätzung des für die politische, wirtschaftliche und kulturelle Konsolidierung notwendigen Zeithorizonts (einschließlich der Festlegung von ›Exit‹-Kriterien)«. Und schließlich – auch dies zitiere ich noch einmal wörtlich:

»Ferner müssen die persönlichen Belastungen und Risiken für Soldatinnen und Soldaten sowie ihre Angehörigen verantwortbar bleiben.«[6] Anhand dieser Kriterien muss – wie in der Entwicklungspolitik üblich – der Einsatz durch unabhängige Instanzen begleitend evaluiert werden.

---

[5] Aus Gottes Frieden leben – für gerechten Frieden sorgen. Eine Denkschrift des Rates der Evangelischen Kirche in Deutschland. Gütersloh 2007, 78.

[6] A. a. O., 79.

Ich denke, dass es nötig ist, den Einsatz in Afghanistan anhand dieser Kriterien zu prüfen. In Afghanistan herrscht Krieg, und es ist keineswegs klar, ob eine wirkliche Erfolgsaussicht im Sinne einer wirklichen Friedensmission besteht. Genau das aber ist zu prüfen. Deshalb fordere ich von allen politisch Verantwortlichen: Prüfen Sie die Ziele des Einsatzes in Afghanistan, legen Sie einen Zeitplan und Kriterien für das Ende des Einsatzes fest!

2.3 Flüchtlingsaufnahme, Resettlement, Abschiebungshaft

Zu den besonderen Anliegen unserer Kirche gehört, dass wir uns dafür einsetzen, die Integration von Menschen fremder Herkunft in unserer Gesellschaft zu fördern, und dass die Rechte von Flüchtlingen gewahrt bleiben. Die Konferenz Europäischer Kirchen und die Kommission der Kirchen für Migrantinnen und Migranten in Europa haben Kirchen und Gemeinden dazu aufgerufen, sich in diesem Jahr besonders des Themas »Migration« anzunehmen. Das Jahr 2010 wurde zum »Jahr der Migration« erklärt.

Zwei Bereiche unseres Engagements für Flüchtlinge und Migranten möchte ich in diesem Bericht besonders ansprechen:

a) Flüchtlingsaufnahme und Resettlement

Im April sind die letzten der 2.500 irakischen Flüchtlinge, die im Rahmen des im März 2009 angelaufenen Resettlement-Programms des UN-Flüchtlingshochkommissariats aufgenommen werden sollten, aus Syrien und Jordanien eingetroffen. Etwa 180 von ihnen befinden sich in Hessen, 120 in Rheinland-Pfalz. Resettlement ist ein Programm der Hilfe für jene Flüchtlinge, die in einem Drittland eine erste Zuflucht gefunden haben und absehbar nicht in ihre Heimat zurückkehren können. Besonders schutzbedürftigen Menschen soll auf diesem Weg eine neue Perspektive zukommen.

Zu Beginn ihres Aufenthalts erhielten die Iraker eine zweijährige Aufenthaltserlaubnis und einen Integrationskurs, bei dem auch das zügige Erlernen der deutschen Sprache gefördert wurde. Mit dieser Bleiberechtsperspektive und der Möglichkeit eines schnellen Zugangs zum Arbeitsmarkt sind die Voraussetzungen für eine Integration dieser Menschen weitaus günstiger als bei anderen Flüchtlingen und Geduldeten in Deutschland. In der Betreuung der irakischen Flüchtlinge waren im Gebiet der EKHN und der EKKW sowohl staatliche und kommunale als auch Einrichtungen der Wohlfahrtsverbände sowie vereinzelt auch Kirchengemeinden tätig.

Die Synode des EKHN hatte sich bereits im November 2008 in einer Resolution an die Innenministerkonferenz für die Aufnahme dieser Flüchtlinge und die dauerhafte Beteiligung Deutschlands an einem solchen Programm des UNHCR ausgesprochen. Seit dem 1. Oktober 2009 unterstützt die Landeskirche dieses Programm durch eine dreijährige Projektstelle im DWHN, die Pfarrerin Dr. Ursula Schoen innehat. Außerdem wurden von der Synode Mittel zur Unterstützung von Projekten im Irak bereitgestellt, deren Umsetzung jetzt anläuft.

Die Bundesregierung will zurzeit nicht zu einer dauerhaften Beteiligung an einem solchen Programm Stellung nehmen. Dagegen fordern Menschenrechtsorganisationen, Wohlfahrtsverbände und die EKD weiterhin ein dauerhaftes Resettlement-Engagement Deutschlands. Auch wir als EKHN unterstützen diese Forderung. Damit wäre ein Zeichen der Solidarität gegenüber jenen Drittstaaten gesetzt, die unvergleichbar stärker von dem Weltflüchtlingsproblem betroffen sind als Europa. Auf diese Weise könnte auch schutzbedürftigen Personen geholfen und die Arbeit von Schlepperorganisationen unterlaufen werden.

Ich empfehle der Synode, das Thema im Herbst – gegebenenfalls mit einer neuen Resolution – aufzugreifen.

b) Abschiebungshaft

Die Nöte von Abschiebungshäftlingen und damit verbunden die Belastungen für unsere kirchlichen Mitarbeiterinnen und Mitarbeiter in Abschiebungshaftanstalten habe ich im Januar 2010 in Mainz deutlich gehört und gespürt. Dort fand die dritte bundesweite Fachtagung für haupt- und ehrenamtliche Seelsorgerinnen und Seelsorger sowie Beraterinnen und Berater in Abschiebungshaftanstalten statt. In unserem Kirchengebiet gibt es übrigens zwei Abschiebungshaftanstalten – in Offenbach und in Ingelheim.

Ein zentrales Thema der Tagung war die Umsetzung der Europäischen Rückführungsrichtlinie, die bis Ende Dezember 2010 erfolgen muss. Sie eröffnet Chancen, die Situation von Menschen in Abschiebungshaft zu verbessern. So macht die Richtlinie deutlich, dass sich die Haftbedingungen in Abschiebungshaft deutlich von denen des Strafvollzugs unterscheiden müssen. Abzuschiebende sollen getrennt von Strafhäftlingen untergebracht werden. Die Richtlinie sieht weiterhin einen kostenlosen Zugang zu Rechtsberatung und Rechtsvertretung vor. Dies ist bisher nicht gewährleistet, für die betroffenen Menschen aber sehr wichtig, weil sie in der Regel weder über die Rechts- noch über die Sprachkenntnisse verfügen, um ihre Interessen im Verfahren angemessen zu vertreten. Die Haupt- und Ehrenamtlichen von Kirche und Diakonie, die Menschen im Abschiebungsprozess begleiten und beraten, sind mit viel Dunklem, mit Leid und Verzweiflung konfrontiert. Mit den Abschiebeentscheidungen der staatlichen Stellen sind sie oft nicht einverstanden. Dennoch ist es ihre und auch unsere Aufgabe, da zu sein und hinzusehen. Als Christinnen und Christen sind wir Zeugen – durchaus im doppelten Sinne. Wir legen Zeugnis ab, dass jeder Mensch, ungeachtet seines Glaubens, seiner Herkunft, seines Aufenthaltsstatus als Ebenbild Gottes geschaffen ist. Und wir sind Zeugen, indem wir an Orten sind, die der Öffentlichkeit nicht zugänglich sind. Das macht die Arbeit der

Seelsorgerinnen und Seelsorger, der Beraterinnen und Berater in Abschiebungshaftanstalten so wichtig. Und das ist auch der Grund, warum sich die EKHN und die EKD auf Bundesebene für das Modell eines effektiven und unabhängigen Beobachtungssystems bei Abschiebungen an Flughäfen einsetzen. Beispielhaft ist hier die Arbeit der beiden Abschiebungsbeobachterinnen am Flughafen in Frankfurt zu nennen. Sie sind angestellt beim Evangelischen Regionalverband und beim Caritasverband für die Diözese Limburg. Die EKHN setzt sich dafür ein, dass dieses europaweit beachtete Modell langfristig etabliert wird.

Ich danke allen, die hier den Auftrag wahrnehmen, Licht zu sein. Sie brauchen unsere Unterstützung und unser Gebet.

2.4 Palliativmedizin

Kirche hat eine ihrer Aufgaben stets darin gesehen, Kranke und Sterbende zu begleiten. Jeder Mensch stirbt seinen eigenen Tod. Jeder Einzelne muss sich der Herausforderung stellen, die Endlichkeit des irdischen Lebens zu begreifen. Und weil wir als Kirche an dieser Stelle etwas zu sagen haben, ist die Begleitung von Kranken, von Sterbenden und ihren Angehörigen eine wichtige Aufgabe. Gemeindepfarrer und Gemeindepfarrerinnen, Ehrenamtliche in Besuchsdiensten, Seelsorgerinnen und Seelsorger in Krankenhäusern leisten hier im Namen unserer Kirche unverzichtbare Dienste.

Trotz der enormen Erfolge der modernen Medizin im 20. Jahrhundert, der viele von uns heute ihr Leben verdanken, hat auch bei Ärzten und Pflegekräften eine kritische Reflexion eingesetzt. Es wurde im letzten Jahrhundert deutlich, dass gerade für Menschen mit schweren Erkrankungen, die sterben werden, mehr und anderes getan werden muss. Die Schmerzbehandlung war nicht ausreichend, die mitmenschliche und spirituelle Begleitung fehlte häufig. An vielen Stellen haben einzelne Menschen das gesehen und wollten etwas verändern. Beeindruckend ist, wie sich auch hier und jetzt in Deutschland Ehrenamtliche gefunden haben, um Sterbende zu begleiten. Die Hospizbewegung kann heute als »die« Bürgerbewegung bezeichnet werden. Sie ist nicht von der Kirche gegründet worden, sondern von Bürgerinnen und Bürgern unterschiedlicher Herkunft, von Christen und kirchenfernen Menschen, die etwas verändern wollten. Auch wenn sich Hospizgruppen in Gemeindehäusern getroffen und Pfarrer und Pfarrerinnen diese Arbeit unterstützt haben, so müssen wir als Kirche rückblickend kritisch festhalten, dass die Hospizarbeit sich zu Beginn auch gegen Widerstände bei staatlichen und kirchlichen Stellen durchsetzen musste. Die Hospizgruppen haben uns als Kirche auch an etwas erinnern müssen. Sie haben etwas von uns eingefordert und das mit Erfolg. Ein Beispiel dafür sind die Arnoldshainer Hospiztage, die 1991 zum ersten Mal im Martin-Niemöller-Haus stattfanden. Im

Februar dieses Jahres feierten die Hospiztage in Arnoldshain ihr 20-jähriges Jubiläum. Es waren die ersten Hospiztage in Deutschland überhaupt (!), und von ihnen gingen viele wichtige Impulse aus. So hat der Arbeitskreis Hospiz der EKHN Ende 1999 verschiedene Anregungen und Anfragen an die Sterbebegleitung in den Gemeinden aufgenommen und im Jahr 2002 ein Praxisbuch speziell für die Gemeinde herausgegeben, das es so vorher noch nicht gab.[7] Ebenfalls im Jahr 2002 wurde eine Pfarrstelle für Hospizarbeit in Rüdesheim mit Pfarrerin Jung-Henkel besetzt. Es war die erste Pfarrstelle dieser Art nicht nur in der EKHN, sondern in der EKD.

Mittlerweile hat eine neue Phase begonnen. Nach den ersten zögerlichen Gründungen von Palliativstationen tut sich derzeit sehr viel, um die Situation von Schwerstkranken und Sterbenden zu verbessern. Dies hat unterschiedliche Gründe. So werden bestimmte Leistungen jetzt von den Krankenkassen übernommen. Und auch wenn hier manches noch offen ist (zum Beispiel die Vergütung der Hausärzte bei der häuslichen Versorgung von Schwerkranken), so sind wir hier doch auf einem guten Weg. Bei einem Besuch im April auf der Palliativstation im Markus-Krankenhaus in Frankfurt habe ich mir im Gespräch mit den dort tätigen Mitarbeiterinnen und Mitarbeitern davon ein Bild machen können, wie es aussehen kann, wenn ein Patient ohne Aussicht auf Heilung nun auf einer Palliativstation versorgt werden kann; wie mit ihm und seinen Angehörigen besprochen werden kann, was jetzt notwendig ist, welche Sorgen und Ängste bestehen und wie diese Sorgen gelindert werden können.

Palliativmedizin kommt vom Lateinischen »pallium« (Mantel). Bildlich gesprochen legt die betreuende Person schützend den Mantel um den Patienten und verringert sein Leiden. Während also die übliche »kurative« Medizin versucht, die Erkrankung des Patienten zu heilen, widmet sich die »palliative« Medizin der Behandlung und Begleitung von Patienten mit einer nicht mehr heilbaren, sondern fortschreitenden Erkrankung mit begrenzter Lebenserwartung. Das Leiden des Patienten, besonders seine Schmerzen, wird behandelt. Es geht um »Symptomkontrolle«.

Wie auch andere Landeskirchen unterstützt die EKHN diese Palliativbewegung. In Frankfurt hat der Evangelische Regionalverband im Jahr 1996 das Hospital für palliative Medizin mit engagierten Ärzten und Pflegekräften ins Leben gerufen; vor wenigen Monaten ist dies zum Evangelischen Hospiz umgebaut worden und ein Teil des früheren Palliativteams hat im Markus-Krankenhaus die Palliativstation eröffnet. Sie bietet stationäre und ambulante Versorgung an. Es ist wichtig, dass stationäre und ambulante Versorgung ineinandergreifen, weil die meisten Menschen zu Hause in ihrer gewohnten Umgebung sterben möchten. Es ist gut zu sehen, dass an dieser Stelle Politik, Ärzteschaft, Pflegedienste, Kran-

---

[7] VOLKER LÄPPLE und FRIEDRICH MENZEL (Hrsg.), Sterbende und ihre Angehörige begleiten. Ein Praxisbuch für die Gemeinden. Frankfurt am Main 2002.

kenkassen den Patienten mit seinen Bedürfnissen im Blick haben und nach Verbesserungen suchen. Vieles ist bereits auf den Weg gebracht, vieles gibt es noch zu tun. Die Landesärztekammern bieten seit vielen Jahren Weiterbildungen zur Palliativmedizin an, die Politik unterstützt die Bemühungen. Wir müssen heute niemanden mehr davon überzeugen, dass Schmerzbehandlung und palliativmedizinische Versorgung wichtig sind, dass geistliche Begleitung notwendig ist. Jetzt geht es um die flächendeckende Umsetzung. In Hessen haben sich bis heute 19 palliative Einsatzteams (Palliative Care Teams) gebildet (zum Teil sind sie noch ganz am Anfang), insgesamt sind wohl 24 Teams erforderlich.

An vielen Orten in unserem Kirchengebiet engagieren sich Menschen für diese Arbeit. In den evangelischen Krankenhäusern wie dem Markus-Krankenhaus in Frankfurt und dem Evangelischen Elisabethenstift in Darmstadt sind Palliativstationen entstanden beziehungsweise werden ausgebaut, und ambulante Palliativteams unterstützen die Hausärzte bei der Versorgung zu Hause. Dabei hat das Evangelische Elisabethenstift ein Netzwerk auch mit den ehrenamtlich Tätigen im Blick. Im Jahr 2011 wird in Darmstadt der erste Südhessische Hospiz- und Palliativtag stattfinden, der auch durch die EKHN unterstützt wird.

Als Kirche wollen wir dazu beitragen, dass jeder Mensch als Individuum wahrgenommen wird, dass wir jeden Kranken und Sterbenden mit seinen individuellen Bedürfnissen wahrnehmen. Und auch wenn die meisten Menschen zu Hause sterben wollen, so trifft dies eben nicht für alle zu. Manche Patienten entscheiden sich bewusst für ein Hospiz, für manche ist es entlastend, auf einer Palliativstation versorgt zu werden, weil sie wissen, dass dies auch ihre Angehörigen entlastet. Jeder Mensch ist anders, es gilt danach zu fragen, was hier und jetzt gut ist. Wir unterstützen als Kirche deshalb alle Bemühungen der Hospiz- und Palliativversorgung, dem sterbenden Menschen seine Würde zu belassen. Er oder sie soll sich nicht als »Last für andere« empfinden müssen, der Schwerstkranke soll sich nicht gedrängt fühlen, nach aktiver Sterbehilfe zu rufen. Die Palliativmedizin ist auch eine bewusste Gegenreaktion auf den Ruf nach aktiver Sterbehilfe. Es gilt, die Rahmenbedingungen so zu gestalten, dass Schwerstkranke nicht aufgrund ihrer Schmerzen nur noch den Ausweg sehen, ihr Leben beenden zu wollen. Theologisch gesprochen »muss« der Mensch nicht leben. Theologisch gesprochen wünschen wir jedem Menschen, dass er bis zuletzt sagen kann: »Ja, ich darf leben« (Karl Barth). Das Motiv vieler Hospizgruppen spiegelt sich hierin wider: »Nicht dem Leben mehr Tage geben, sondern den Tagen mehr Leben.«

3. Was vor uns liegt: Aufgaben für Gemeinden, Dekanate, Kirchenleitung und Kirchensynode

In einem dritten und letzten Kapitel möchte ich einige Aufgaben benennen, die vor uns liegen.

Mit dem gestrigen Tag hat sich die 11. Kirchensynode der EKHN konstituiert. Dem sind die Kirchenvorstandswahlen im vergangenen Jahr und die Bildung der Dekanatssynoden vorangegangen. Die Wahlbeteiligung bei der Kirchenvorstandswahl war um 1,5 Prozent höher als bei der Wahl im Jahr 2003. Genauere Daten finden Sie im Tätigkeitsbericht der Kirchenleitung, der Ihnen schriftlich vorliegt. Insgesamt wurden 10.837 Kirchenvorsteherinnen und Kirchenvorsteher gewählt. Ihnen und den mittlerweile berufenen Mitgliedern der Kirchenvorstände danke ich sehr, dass sie sich in der Leitung ihrer Kirchengemeinde engagieren. Wir können, was uns zugesprochen und aufgetragen ist, nur leben, wenn wir dies gemeinsam tun. Wie stark der Wunsch ist, das Gemeindeleben ideen- und geistreich zu gestalten, hat der gut besuchte Ideenkongress »Lust auf Gemeinde« am 19. September 2009 gezeigt. Die Kirchenleitung hat übrigens beschlossen, im Jahr 2012 wieder einen solchen Kongress zu veranstalten. Wie ausgeprägt der Wunsch ist, die Aufgabe der Gemeindeleitung kenntnisreich und kompetent wahrzunehmen, zeigt die hohe Akzeptanz der Angebote der Ehrenamtsakademie. Wir alle wissen, dass unsere Kirche vom ehrenamtlichen Engagement lebt – in der Gemeindeleitung und auch in den vielen anderen Gruppen und Kreisen und Arbeitsbereichen unserer Kirche. Wir danken allen, die sich in unserer Kirche und für unsere Kirche engagieren.

3.1 Nachwuchssituation für das Pfarramt

Bei aller Hoch- und Wertschätzung des Ehrenamtes und der hauptamtlichen Dienste in Kirche und Diakonie wurde in der letzten Synode auch angemahnt, die Zukunft des Pfarrdienstes im Blick zu behalten, denn die Zahlen bei den Studierenden der Theologie waren jahrelang gesunken. Ich möchte deshalb die neue Synode über den derzeitigen Stand informieren. Die Zahl der Theologiestudierenden steigt wieder deutlich. Im Sommersemester 2010 hat sie wieder das Niveau der 90er-Jahre erreicht. 13.400 junge Menschen studieren zurzeit an deutschen Fakultäten »Evangelische Theologie«, davon sind in Frankfurt 1.119 und in Mainz 671 eingeschrieben. Ein Unterschied ist allerdings markant. Während in den 80er- und 90er-Jahren die meisten Theologiestudierenden das Pfarramt anstrebten, ist heute das Lehramt an den Schulen im Blickpunkt der Studierenden. Nur 35 Prozent der eingeschriebenen Theologiestudierenden geben als Berufsziel Pfarrerin oder Pfarrer an.

Mittelfristig deutet sich für einige Gliedkirchen der EKD ein Pfarrermangel an. Zum einen können wir uns darüber freuen, dass sich wieder deutlich mehr junge Menschen auf unserer Liste der Theologiestudierenden für das Pfarramt eintragen. Gegenüber den Vorjahren hat sich die Zahl der Theologiestudierenden sogar verdoppelt. Denn während wir noch vor zehn Jahren durchschnittlich nur 18 neue Theologiestudierende aufnehmen konnten, sind es seit einigen Jahren durchschnittlich 37. Unsere Liste umfasst zurzeit 238 Personen, davon sind 63 Prozent Frauen und 37 Prozent Männer.

Zum anderen müssen wir aber auch feststellen, dass die gestiegenen Zahlen nicht ausreichen werden, um den zukünftigen Bedarf zu decken. Wer heute mit dem Studium beginnt, wird erst in acht Jahren in den Pfarrberuf kommen. Nach dem Studium, für das zwölf Semester zu veranschlagen sind, folgt noch das zweijährige Vikariat. Und ab 2017 gehen jährlich 70 bis 90 Pfarrer und Pfarrerinnen in den Ruhestand. Es lohnt sich also heute, jungen Menschen das Theologiestudium und speziell das Pfarramt ans Herz zu legen.

Die Kirchenverwaltung hat dafür einen ersten Anlauf unternommen. Seit zwei Jahren gibt es– gemeinsam mit der EKKW – eine Broschüre, die auch auf Ihren Plätzen ausliegt, die das Theologiestudium vorstellt. Wir sind dankbar, dass dieses Heft häufig in der Kirchenverwaltung nachgefragt und in den Schulen und Gemeinden verteilt wird. Neben der Broschüre gibt es jetzt auch eine Homepage für Studierende, um den Kontakt schneller aufzubauen und die Informationen aktuell zu halten. Die neue Internetadresse finden sie als Aufkleber auf der Broschüre. Im Eingangsbereich können Sie Standplakate sehen, die auf das Studium hinweisen. Diese gehören zu einem Stand, mit dem die EKHN und andere EKD-Gliedkirchen schon seit einigen Jahren auf Kirchentagen mit jungen Menschen ins Gespräch kommen. Es geschieht einiges, um auf das Studium hinzuweisen. Damit aber die Informationen ankommen, bitte ich Sie, liebe Synodale, sich daran zu beteiligen, junge Menschen für das Theologiestudium und das Pfarramt zu gewinnen. Pfarrerinnen und Pfarrer, Lehrer und Lehrerinnen, Kirchenvorsteherinnen und Kirchenvorsteher und die zahlreichen Ehrenamtlichen unserer Kirche sollten nach jungen Menschen in Gemeinde und Schule Ausschau halten, für die das Theologiestudium interessant sein könnte und von denen sie denken, dass der Beruf des Pfarrers oder der Pfarrerin für sie zur Berufung werden könnte. Aus meiner Erfahrung und persönlichen Überzeugung kann ich sagen: Der Pfarrberuf ist anspruchsvoll, weil er den Menschen in Freud und Leid zugewandt ist. Und der Pfarrberuf ist ein schöner Beruf, weil er es mit der wertvollsten Botschaft zu tun hat, die es für diese Welt gibt.

3.2 Künftige Aufgaben

Liebe Synodale, Sie haben sich in diese Kirchensynode wählen beziehungsweise berufen lassen. Dafür danke ich Ihnen. Sie haben eine für unsere Kirche sehr wichtige Aufgabe übernommen.

»Die Kirchensynode ist das maßgebliche Organ der geistlichen und rechtlichen Leitung der Gesamtkirche.«[8] So sagt es unsere Kirchenordnung. Die Kirchenordnung sagt weiter, dass die Kirchensynode gemeinsam mit der Kirchenleitung und dem Kirchenpräsidenten die Aufgabe hat, die Kirche zu leiten und in der jeweiligen Funktion im gesamten öffentlichen Leben zu repräsentieren. »In der Wahrnehmung ihrer Aufgaben werden sie unterstützt von den Pröpstinnen und Pröpsten und von der Kirchenverwaltung.«[9]

Vor uns liegen viele Aufgaben. Wir werden in vielen Gesetzgebungsverfahren den rechtlichen Rahmen für Kirche und Diakonie abzustecken haben. Wir werden dabei sicher auch oft abzuwägen haben, welcher rechtlichen Regelungen es wirklich bedarf. An vielen Stellen wurde in der Vergangenheit eine Tendenz zur Überregulierung beklagt. Es braucht Sicherheit und Verlässlichkeit, und es braucht auch Gestaltungsfreiheit.

Wir werden schon sehr bald über die Neufassung der Lebensordnung beraten. Nach einem ersten Entwurf in der letzten Synode, der auch in vielen Gemeinden beraten wurde, liegt mittlerweile eine gründlich überarbeitete Fassung vor.

Wir werden Jahr für Jahr sorgfältig und gründlich, sparsam und effektiv den Einsatz der uns anvertrauten finanziellen Mittel zu beschließen haben. Unsere Aufgabe beginnen wir in politisch und vor allem in wirtschaftlich stürmischer Zeit. Die Finanzmärkte sind äußerst nervös, der Euro, immerhin die zweitwichtigste Währung der Welt, gilt als angeschlagen. Niemand kann im Moment verlässlich sagen, wie sich die Dinge weiter entwickeln werden, ob die Wirtschafts- und Finanzsysteme stabil genug sind. Als Kirche sind wir mit unseren Finanzen Teil dieses Systems. Wir wirtschaften darin und wir haben unsere Rücklagen darin deponiert. Die unsichere Lage wird uns weiter beschäftigen. Und ich vermute, dass sie uns in unserem Sparkurs bestätigen wird. Auch wenn wir in den letzten Jahren viel über Strukturfragen geredet haben und es eine gewisse Sehnsucht gibt, die Debatten über Strukturen abzuschließen, wird das nicht möglich sein – auch aus finanziellen Gründen. Es ist richtig: Strukturfragen dürfen uns nicht beherrschen. Aber unsere Strukturen dürfen uns auch nicht lähmen. Wir werden deshalb auch weiter an unseren Strukturen arbeiten müssen, um unserem Auftrag gerecht zu werden. Die ins Stocken geratene Debatte um die Schaffung eines Frankfurter Stadtdekanates aus den derzeit vier Deka-

---

[8] Ordnung der Evangelischen Kirche in Hessen und Nassau (KO), Art. 31 Abs. 1.

[9] KO, Art. 30 Abs. 2.

naten, die einstweilen geplatzte Reform der Gemeinden in Offenbach zeigen, wie schwer wir uns mit Veränderungen tun.[10] Sicher, wir können nicht sagen, ob Veränderungen immer zum Positiven sind. Aber es gibt gute Beispiele, dass Veränderungen innovative Kräfte freisetzen. Das Dekanat Vorderer Odenwald, von dem ich am Anfang berichtet habe, ist hierfür ein gutes Beispiel.

In diesem Zusammenhang steht auch der Kooperationsprozess mit unserer Nachbarkirche, der Evangelischen Kirche von Kurhessen-Waldeck. Wir wollen ihn weiterführen, weil wir uns davon versprechen, Kräfte bündeln zu können und gute Arbeit weiterführen und weiterentwickeln zu können. Erläuterungen zum Stand des Kooperationsprozesses finden Sie ebenfalls im Tätigkeitsbericht der Kirchenleitung. Bischof Martin Hein danke ich herzlich für sein Grußwort am heutigen Tag.

Außer den hier genannten Aufgaben wird es noch viele weitere Aufgaben geben. Dabei sollten wir gemeinsam darauf achten, unsere Kräfte gut einzuschätzen. Die letzte Synode hat sehr viel erarbeitet und auf den Weg gebracht. Sie hat dabei aber auch die Erfahrung gemacht, dass es schwierig ist, wenn zu viele Dinge auf einmal angepackt werden.

Ich halte es für sehr wichtig, dass wir hier aufeinander achten. Und dass wir darauf achten, unserem Auftrag gerecht zu werden, bei dem es darum geht, »Licht dieser Welt« zu sein, also nach außen zu wirken.

3.3 Demokratie in der Kirche

Liebe Synodale, Sie bringen Ihre Erfahrungen mit – aus Ihren Gemeinden und Dekanaten und aus Ihrem jeweils eigenen Berufs- und Lebenszusammenhang. Es ist eine große Fülle von Gaben und Begabungen, Kenntnissen, Fähigkeiten und auch Interessen, die mit Ihnen allen hier im Raum versammelt ist. Es ist unsere gemeinsame Aufgabe – als Kirchensynode, als Kirchenleitung und als Kirchenverwaltung – das Ganze der Kirche in den Blick zu nehmen und zu gestalten. Wir arbeiten dazu in parlamentsähnlicher Struktur und nach demokratischen Prinzipien. Das wird manchmal mühsam und kontrovers sein. Aber das ist sehr gut. Wir sind dabei von dem Vertrauen und der geistlichen Überzeugung geleitet, dass Gott mit uns und durch uns – gerade durch unsere Vielfalt – unsere Kirche leitet. Es setzt freilich voraus, dass wir gemeinsam nach seinem Auftrag und nach seinem Weg für unsere Kirche fragen. Wir leben aus seinem Zuspruch: »Ihr seid das Licht der Welt.« Wir hören bewusst, dass Jesus gesagt hat: »ihr«! Wir lassen uns von diesem Zuspruch ermutigen. Wir wissen, dass wir nicht frei sind von

---

[10]   Nach dem Vortrag des Berichtes teilten mir Synodale aus dem Dekanat Offenbach mit, dass ein vorgeschlagenes Konzept abgelehnt wurde, der Prozess aber weitergeführt werde.

Fehlern und Schwächen, von Versagen und Schuld. Wir wissen: Auch Kirchen-präsidenten und Synoden können irren! Die Kirchenleitung und die Kirchen-verwaltung natürlich auch! Wir wissen, dass wir darauf angewiesen sind, dass der Zuspruch Gottes auch unsere Fehler trägt. Das soll uns nicht leichtfertig und unkritisch machen, aber in einem guten Sinn und an den richtigen Stellen barmherzig – auch und gerade mit uns selbst.

»Ihr seid das Licht der Welt!«

Ich wünsche mir sehr, dass wir aus dem Zuspruch heraus leben, um gemeinsam dem Anspruch gerecht zu werden, und wir als Kirche über uns selbst hinaus-weisen.

Von Nikolaus Graf Zinzendorf stammen die Worte:

»Mach uns zu deiner treuen Schar und lass die Welt erkennen, dass wir uns doch nicht ganz und gar zu Unrecht Christen nennen.«

Ich danke Ihnen für Ihre Aufmerksamkeit.

»Ihr seid zur Freiheit berufen.«
Galater 5,13 [2011]

Sehr geehrter Herr Präses, hohe Synode, liebe Schwestern und Brüder!

Die evangelische Kirche feiert im Jahr 2017 den 500. Jahrestag der 95 Thesen von Martin Luther. Ihr Anschlag an die Schlosskirche von Wittenberg gilt als Beginn der Reformation. Die Evangelische Kirche in Deutschland hat deshalb eine »Reformationsdekade« ausgerufen. Bis zum Jahr 2017 ist jedem Jahr ein besonderes Thema zugeordnet. Das Thema für das Jahr 2011 heißt »Freiheit«. Das ist nicht originell, aber originär. Es führt an den Ursprung der Reformation, nämlich Luthers Entdeckung der Freiheit eines Christenmenschen. Freiheit ist zugleich ein großes Menschheitsthema: Über dieses Thema kann man und muss man immer reden. Gleichwohl können wir zurzeit in ganz unterschiedlichen Zusammenhängen sehen, wie aktuell das Thema ist.

In Nordafrika und im Nahen Osten erleben wir, ausgehend von den Aufständen in Ägypten zu Beginn dieses Jahres, einen nicht für möglich gehaltenen Widerstand gegen diktatorische Regime. Unklar ist allerdings, wie sich alles weiterentwickeln wird. Was wird kommen? Freiheit oder neue Abhängigkeit?

Wissenschaft und Technik haben der Menschheit ungeahnte Möglichkeiten eröffnet – durch den freien Geist der Forschung. In Deutschland wird zur gleichen Zeit darüber diskutiert, ob Präimplantationsdiagnostik (PID) zugelassen werden soll und ob beziehungsweise wie aus der Atomenergie ausgestiegen werden kann. Auch diese Fragen sind Variationen des Themas Freiheit. Genauso – auch wenn es in dieser Abfolge etwas bizarr anmuten mag – wie die Frage, ob das Tanzverbot am Karfreitag noch zeitgemäß ist.

Das Zusammentreffen des Dekadethemas Freiheit mit hochaktuellen gegenwärtigen Fragen haben mich veranlasst, den diesjährigen Bericht zur Lage in Kirche und Gesellschaft unter ein Leitwort aus dem Galaterbrief zu stellen: »Ihr seid zur Freiheit berufen«.

Der Bericht hat drei große Abschnitte:
1. Geschenkte Freiheit: das christliche Freiheitsverständnis
2. Geglaubte Freiheit: Kirche der Freiheit
3. Gestaltete Freiheit: Freiheit in Gesellschaft und Welt

1. Geschenkte Freiheit: das christliche Freiheitsverständnis

Um das christliche Freiheitsverständnis zu betrachten, mute ich Ihnen zunächst einige Überlegungen zum Verständnis des Apostels Paulus zu. Dann – geradezu unvermeidlich – ein Blick darauf, wie Luther diese Gedanken aufgenommen hat. Ein dritter, kleiner Abschnitt leitet zu den folgenden Berichtsteilen über.

1.1 Paulus

>»Ihr seid zur Freiheit berufen.«

Das ist nach Paulus die Grundbestimmung der Christinnen und Christen. Dabei setzt er voraus: Ihr seid nicht einfach dadurch frei, dass ihr Menschen seid. Als Menschen seid ihr in vielfältiger Weise geknechtet. Ihr seid gefangen in euch selbst – in Wünschen und Ansprüchen, die ihr an euch selbst und die andere an euch stellen. Ihr seid gefangen, weil ihr immer wieder daran scheitert, gut und gerecht zusammenzuleben. Ihr seid gefangen in tiefgreifenden Schuldzusammenhängen. Und ihr seid letztlich Gefangene des Todes. Paulus deutet dabei die Situation des Menschen, indem er auf die großen biblischen Ursprungsgeschichten zurückgreift: den Sündenfall und die Vertreibung aus dem Paradies. Der Mensch ist in vielfältiger Weise »geknechtet«, weil er sich von Gott abgewendet hat, um letztlich selbst wie Gott zu sein. Dieser Knechtschaft stellt er nun entgegen: »Ihr seid zur Freiheit berufen!« Damit fordert er nicht auf, sich diese Freiheit zu erkämpfen. Genau dies nicht. Es ist die Aufforderung anzuerkennen, dass es eine letzte Freiheit nicht in uns selbst und aus uns selbst geben kann. Paulus denkt so: Freiheit in einem tiefen Sinn, die auch Freiheit vom Tod bedeutet, können wir uns so wenig geben, wie wir uns das Leben selbst geben konnten.

Der Satz »Ihr seid zur Freiheit berufen« setzt voraus, dass wir bereits befreite Menschen sind. Und dies ist, so wie Paulus es beschreibt, durch Christus geschehen: »Zur Freiheit hat uns Christus befreit!« (Gal 5,1) In ihm ist die Gemeinschaft mit Gott, dem Schöpfer, erschlossen. In ihm ist die von Gott trennende Schuld aufgehoben und die Herrschaft des Todes besiegt. Jesus Christus hat Gott als den liebenden Schöpfer des Lebens, der die Freiheit seiner Geschöpfe will, nicht nur nahegebracht in dem, was er verkündigt und gelebt hat. In seiner Person hat sich Gott als der liebende Schöpfer des Lebens, der Leben über den Tod hinaus will, offenbart. Der Kern der Freiheit liegt deshalb darin, Gott als den anzuerkennen, der allein wirklich frei ist und befreien kann. Damit ist verbunden, das eigene Leben als Geschenk der freien und liebenden Gnade Gottes zu verstehen. Dies aber ist gerade kein Verhältnis von Abhängigkeit, so als wollte der machtvolle Schöpfer die demütige Unterwerfung des Geschöpfs. Das eigene Leben als Geschenk des Schöpfers zu begreifen heißt zu erkennen, wozu Gott seine Geschöpfe geschaffen hat, nämlich zu einem Leben in der »herrlichen Freiheit der Kinder Gottes«. (Röm 8,21)

Wenn Paulus im Galaterbrief schreibt »Ihr seid zur Freiheit berufen!«, erinnert er besonders daran, dass es die von Gott geschenkte Freiheit nicht zu verspielen gilt. Sie wird dort verspielt, wo Menschen – in der Sprache des Paulus – dem »Fleisch« Raum geben. Dies geschieht vorzugsweise dann, wenn Menschen in ihrem Handeln ganz davon bestimmt sind, eigene Interessen machtvoll durchzusetzen, und dabei neue Abhängigkeiten erzeugen. Paulus ist hier drastisch, ja sogar sarkastisch:

»Wenn ihr euch aber untereinander beißt und fresst, so seht zu, dass ihr nicht einer vom anderen aufgefressen werdet.« (Gal 5,15) Paulus sieht es so, dass Menschen andauernd in der Gefahr sind, sich in neue Abhängigkeiten zu begeben, auch dann, wenn sie vermeintlich Freiheit anstreben. Freiheit kann deshalb auch kein Libertinismus sein, der sich am eigenen Lustgewinn orientiert. Es ist die Freiheit, die das eigene Leben und das Leben der Mitmenschen als unverdientes Geschenk sieht und sich deshalb am Gebot der Liebe orientiert, an das Paulus in diesem Zusammenhang erinnert: »Denn das ganze Gesetz ist in einem Wort erfüllt: ›Liebe deinen Nächsten wie dich selbst.‹« (Gal 5,14)

1.2 Martin Luther

Martin Luther hat diese Gedanken des Paulus interpretiert, als er im Jahr 1520 sein Buch »Von der Freiheit eines Christenmenschen« schrieb. Das Buch beginnt mit den beiden klassischen Sätzen: »Ein Christenmensch ist ein freier Herr über alle Dinge und niemand untertan. Ein Christenmensch ist ein dienstbarer Knecht aller Dinge und jedermann untertan.«[1]

Das erscheint auf den ersten Blick paradox. Es gewinnt aber Sinn dadurch, dass die Freiheit des Christenmenschen nicht im Menschen selbst begründet ist. Der Grund seiner Freiheit und der Garant seiner Freiheit ist Christus und damit Gott selbst. Luthers große reformatorische Erkenntnis war, dass der Mensch an diesen Ort der Freiheit nicht durch eigene Anstrengung und fromme Werke gelangen kann. In diesen Ort der Freiheit wird der Mensch gewissermaßen durch den Zuspruch der Gnade Gottes – grundlegend in der Taufe – hineinversetzt. Und Glauben ist dann, dies für sich wahr sein zu lassen. Dabei bleibt es aber nicht. Die so erschlossene Freiheit macht frei, für andere da zu sein. In der Zusammenfassung Luthers klingt das so: »Ein Christenmensch lebt nicht in sich selbst,

---

[1] MARTIN LUTHER, Von der Freiheit eines Christenmenschen (1520), in: Luther deutsch – Die Werke Luthers in Auswahl, hg. von KURT ALAND, Bd. 2, Göttingen 1981, 251.

sondern in Christus und seinem Nächsten, in Christus durch den Glauben, im Nächsten durch die Liebe. Durch den Glauben fähret er über sich in Gott, aus Gott fähret er wieder unter sich durch die Liebe und bleibet doch immer in Gott und göttlicher Liebe.«[2]

Nun kann man fragen: Ist das wirklich Freiheit? Sind das nicht neue Abhängigkeiten von Gott und vom Nächsten? In der Tat: Auch die Gottesliebe und die Nächstenliebe stehen in der Gefahr, benutzt zu werden, um Abhängigkeiten zu schaffen. Dies geschieht dann, wenn sie von außen moralisch eingefordert werden. Also wenn gesagt wird: Du bist nur Mensch, wenn du Gott und den Nächsten liebst. Oder es geschieht, wenn sie von innen beansprucht werden, das eigene Selbstwertgefühl zu begründen. Also wenn jemand sagt: Auf meinen Glauben oder meine guten Taten kann ich mich verlassen. Dadurch bin ich, was ich bin. Beides ist keine Freiheit. Freiheit in einem tiefsten und letzten Sinn ist etwas anderes. Sie ereignet sich im Loslassen, im Vertrauen auf Gottes Gnade, und darin, sich von Gott zu Taten der Liebe bewegen zu lassen. Das ist der Verzicht auf jede Selbstbegründung und Selbstdefinition. Gerade darin liegt Freiheit. Der Theologe Eberhard Jüngel hat dazu einmal gesagt: »Von allen Tyrannen ist unser eigenes Ich der mächtigste und listenreichste.«[3] ... »Glaubend und liebend ist der Mensch außer sich. Und gerade darin unüberbietbar frei.«[4] Diese Freiheit hat Jüngel dann »wohltuende Selbstvergessenheit«[5] genannt – wohl wissend, dass diese uns oft fehlt, dass sie aber Freiheitsgewinn wäre und uns »wohltuen« würde – uns selbst und den anderen.

1.3 Orientierungen

Ich halte es für wichtig, dass wir uns diese Höhen- und Tiefendimension des christlichen Freiheitsverständnisses bewusst machen. Christliches Freiheitsverständnis denkt Freiheit von der Freiheit der einzelnen Person her. Christliches Freiheitsverständnis bürdet uns Menschen damit aber keine Last auf. Wir müssen unsere Freiheit nicht selbst begründen. Christliche Freiheit lässt uns vielmehr zuversichtlich leben – als Individuen eingebunden in Gemeinschaft. Freiheit heißt, das Leben als Geschenk anzunehmen und zu gestalten – hoffnungsfroh, getrost und anderen zugewandt.

Freiheit ist für viele Menschen heute ein ständig neu zu realisierender Anspruch an das Leben. Freiheit ist damit zugleich eine große Lebenslast. In einem

---

[2]   A. a. O., 273.

[3]   EBERHARD JÜNGEL, Befreiende Freiheit – als Merkmal christlicher Existenz, in: ders., Anfänger. Herkunft und Zukunft christlicher Existenz. Zwei Texte, Stuttgart 2003, 26.

[4]   A. a. O., 35.

[5]   A. a. O.

Gespräch mit einem unserer Vikarskurse in Herborn wurde ich auf die Version des Rappers Curse zum Song »Freiheit« von Marius Müller-Westernhagen aufmerksam gemacht. Darin beschreibt Curse diese Lebenslast so: »Weil das Album eben ›Freiheit‹ heißt, werden mich viele fragen, was für mich Freiheit heißt. Was für ein großes Gefühl. Was für große Erwartungen, die ich fühl. Was für große Verantwortung, was für eine große Bürde. Zu beschreiben, was für mich die Freiheit heißt, was für eine große Bürde.«[6] Im weiteren Text des Liedes wird deutlich, dass die Bürde nicht nur darin besteht, die Freiheit zu beschreiben, sondern diese auch gewissermaßen für sich selbst jeden Tag neu kreieren zu müssen.

Das christliche Freiheitsverständnis hat große Sympathie für einen individuellen und kollektiven Drang nach Freiheit. Die Reformation hat gerade dadurch, dass sie Freiheit als zentrales Thema des Glaubens wiederentdeckt hat, einen wesentlichen Beitrag zur geistesgeschichtlichen und politischen Entwicklung der Moderne geleistet. Das christliche Freiheitsverständnis hat aber auch, in der Orientierung an Gott und dem Nächsten, ein kritisches Potenzial in sich, das einem überhöhten Freiheitspathos entgegentritt. Von einem solchen überhöhten Freiheitspathos singt Curse im Refrain des Liedes. Der lautet: »Freiheit, Freiheit – ist das Einzige, was zählt.« Das kritische Potenzial, das Freiheit zwischen Gottesliebe und Nächstenliebe betrachtet, hat dabei nicht das Interesse, Freiheit zu begrenzen, sondern wahre Freiheit zu erschließen. Deshalb ist meines Erachtens zu sagen: Ja, Freiheit zählt. Es zählen aber auch Gottesliebe und Nächstenliebe. Erst so erschließt sich wahre Freiheit.

2. Geglaubte Freiheit: Kirche der Freiheit

Der zweite Abschnitt hat zwei Teile:
1. Evangelische Freiheit und
2. Freiheit zur Ökumene.

2.1 Evangelische Freiheit

Das neu gewonnene Freiheitsverständnis der Reformation hat auch zur konfessionellen Spaltung der Kirche mit vielen Folgen geführt. Es war ein langer und leidvoller Weg, bis in Europa ein friedliches Nebeneinander verschiedener Konfessionen möglich wurde. Kirche ist immer Kirche in der Zeit und immer anfällig dafür, in Abhängigkeiten zu geraten oder Abhängigkeiten zu erzeugen.

---

[6] Curse (MICHAEL SEBASTIAN KURTH), Lied »Freiheit«, veröffentlicht am 26. 09. 2008, zitiert nach https://www.musixmatch.com/lyrics/Curse/Freiheit, abgerufen am 24. 09. 2024.

Die Ermahnung des Paulus »Ihr seid zur Freiheit berufen!« war und ist bis heute ein aktueller Aufruf an die einzelnen Christinnen und Christen und an die Gemeinden, sich immer am Maßstab der Freiheit, zu der Christus befreit hat, zu prüfen.

So verstehe ich auch den Reformprozess in der Evangelischen Kirche in Deutschland (EKD), der im Jahr 2006 angestoßen wurde – mit dem Impulspapier des Rates der EKD »Kirche der Freiheit. Perspektiven für die evangelische Kirche im 21. Jahrhundert«. Zu dem Impulspapier ist vieles gesagt worden. Es hat viel Zustimmung gegeben, aber auch viel Kritik. Ich halte das Anliegen des Impulspapiers für richtig, und zwar in doppelter Hinsicht. Zum einen: Es geht darum, zu fragen und zu prüfen – bis in die Strukturfragen hinein –, inwieweit wir die Freiheit leben, zu der wir befreit sind, oder ob wir uns so eingerichtet haben, dass Neues nicht mehr möglich ist. Zum anderen: Es geht darum, sich ermutigen zu lassen, dem Geist der Freiheit etwas zuzutrauen.

Ich glaube, dass viele Gemeindeglieder genau dies auch von uns erwarten – bewusst »Kirche der Freiheit« zu sein. Dazu zwei Stimmen von Gemeindegliedern aus dem Dekanat Bergstraße. Hier wurden Menschen in einem Projekt der regionalen Öffentlichkeitsarbeit gefragt, was sie von der evangelischen Kirche erwarten. Ihre Aussagen werden ab Sommer auf Plakaten und in einer Ausstellung veröffentlicht.

»Ich schätze die Vielfalt in der evangelischen Kirche. Ich habe die große Freiheit, meinen Glauben auszuleben. Niemand schreibt mir vor, wie ich zu glauben habe. Ich darf auch zweifeln. Ich bin nicht so starken Zwängen unterworfen und kann das einbringen, was mir wichtig ist. Das ist vor allem die Arbeit mit Jugendlichen beim Konfirmandenunterricht, bei Konfi-Freizeiten oder Mitarbeiter-Schulungen. Ich möchte ihnen zeigen, wie Glaube gelebt werden kann und dass Kirche nicht trocken und langweilig sein muss. Kirche kann beten, singen, spielen und lachen bedeuten. Ich erlebe immer wieder, wie viel Spaß wir gemeinsam haben können. Ich selbst habe drei Kinder und weiß, dass Jugendliche nach Halt suchen. Ich möchte ihnen zeigen, dass sie im Glauben Halt finden können. Auf diesem Weg möchte ich sie ein Stück begleiten.«
Margrit Hechler, Konfirmanden- und Jugendarbeit, Schwanheim

»Demokratie und Freiheit gehören für mich ganz wesentlich zu meinem Verständnis von evangelischer Kirche. Ich habe die Freiheit, das auszuleben, was ich glaube. Ich kenne keine andere Glaubensrichtung, die so demokratisch ist wie der Protestantismus. Wenn wir in meiner Kirchengemeinde Abendmahl feiern, werden dazu zum Beispiel alle Gottesdienstbesucher ganz gleich welcher Glaubensrichtung ausdrücklich eingeladen. Diese Offenheit ist mir wichtig.«
Thomas Büchner, Unternehmer, Alsbach

Beide sagen sehr deutlich, dass für sie Freiheit ein Wesensmerkmal der Kirche ist. Freiheit ist aber nicht Beliebigkeit. Sie wissen, dass sie in einer Gemeinschaft von

Menschen sind, die gemeinsam Gottesdienst feiert und die gemeinsam nach dem Weg des Glaubens fragt. Die Gemeinschaft versucht Freiheit zu leben. Niemand wird vereinnahmt. Sie ist offen und lädt ein. Sie bietet Raum für persönliche Fragen und Zweifel und für persönliches Engagement. Diese Erwartungen kann eine Kirche, diese Erwartungen können Kirchengemeinden allerdings nur erfüllen, wenn sie sich im Kern gewiss sind, was sie glauben. Es genügt nicht zu sagen: Bei uns gibt es keinen Papst, keine Dogmen, keine Vorschriften – das ist evangelische Freiheit! Es geht darum, eine Grundverständigung darüber zu haben, wovon wir befreit sind und wozu wir befreit sind. Und dass wir als Gemeinde deshalb immer wieder Gottesdienst feiern, weil wir dauerhaft darauf angewiesen sind, in dieser Freiheit und zu dieser Freiheit bestärkt zu werden.

Um in diesem Sinn die Bildung evangelischer Identität zu fördern, hat die EKD im Rahmen des Reformprozesses das Projekt »Erwachsen glauben« konzipiert. Die Evangelische Kirche in Hessen und Nassau (EKHN) beteiligt sich an diesem Projekt. Es wird vom Zentrum Verkündigung durch Pfarrer Dr. Klaus Douglass begleitet. Sie finden hierzu auch Informationen im schriftlich vorgelegten Kirchenleitungsbericht. Es geht bei diesem Projekt, zu dem alle Gemeinden Informationsmaterial erhalten haben, darum, dass in möglichst allen Dekanaten unserer Kirche Glaubenskurse angeboten werden. In etlichen Gemeinden gibt es dieses Angebot bereits seit vielen Jahren. Nicht jede Gemeinde wird einen Glaubenskurs anbieten wollen oder können. In vielen Dekanaten bieten sich Kooperationen in kleineren Regionen an. Dazu möchte ich ausdrücklich ermutigen. Das vorbereitete Material stellt unterschiedliche Modelle von Glaubenskursen vor, sowohl in der Konzeption als auch in der theologischen Ausrichtung, sodass jeweils geprüft werden kann, welches Modell wo am besten passt. Auch darin zeigt sich evangelische Freiheit.

Das Projekt »Erwachsen glauben« ist ein missionarisches Bildungsprojekt. Es richtet sich an Menschen, die für sich mehr Klarheit gewinnen wollen, was christlicher Glaube bedeutet. Und es richtet sich an Menschen, die den christlichen Glauben für sich prüfen wollen oder die einfach nur interessiert, was Christen glauben. Ich würde mich sehr darüber freuen, wenn durch die Glaubenskurse Menschen der christliche Glaube neu lieb wird. Die Glaubenskurse setzen auch ein deutliches Signal, dass Christinnen und Christen mit den Fragen des Glaubens nie fertig sind – auch und schon gar nicht mit dem Ja bei der Konfirmation. Denn es geht ja gerade nicht darum, einfach irgendwelche biblischen oder theologischen Sätze für wahr und richtig zu halten. Christlicher Glaube ist fragender und denkender Glaube und so gebildeter Glaube. Es geht im Glauben immer wieder darum, in jeder Lebenssituation neu zu entdecken, was es heißt: »Ihr seid zur Freiheit berufen!«

2.2 Freiheit zur Ökumene

Vom 22. bis 25. September kommt Papst Benedikt XVI. nach Deutschland. Es ist der dritte Besuch des Papstes aus Bayern in seinem Heimatland Deutschland (Weltjugendtag Köln 2005, Bayern 2006), zugleich aber auch der erste Staatsbesuch. Der Papst wird auch auf Einladung des Bundestagspräsidenten eine Rede im deutschen Bundestag halten. In einem Brief an den Ratsvorsitzenden der Evangelischen Kirche in Deutschland, Präses Nikolaus Schneider, wünschte der Papst, dass es einen ökumenischen Schwerpunkt geben solle. Deshalb wurde das Programm noch einmal umgestellt. Die Vertreter der evangelischen Kirche werden den Papst in Erfurt im Augustinerkloster am 23. September treffen, dort ein gemeinsames Gespräch haben und eine liturgische Feier begehen.

Ich wünsche mir, dass mit dem Treffen nicht nur ein ökumenischer Schwerpunkt gesetzt wird, sondern deutliche ökumenische Zeichen. Das müsste möglich sein, weil es gerade im Hinblick darauf, dass uns Christus zur Freiheit befreit hat und wir in ihm über alles Trennende hinweg verbunden sind, einen fundamentalen Konsens gibt. Das will ich begründen.

Am 29. April 2007 wurde die Magdeburger Erklärung zur Taufe sowohl von der römisch-katholischen Kirche als auch von der Evangelischen Kirche in Deutschland unterzeichnet. In ihr erkennen beide Kirchen gemeinsam mit neun weiteren Kirchen die mit Wasser im Namen des dreieinigen Gottes vollzogenen Taufen als gültig an.

Nach den Worten der Magdeburger Erklärung herrscht zwischen der evangelischen Kirche und der römisch-katholischen Kirche ein »Grundeinverständnis«. Diese Erklärung zur Anerkennung der einen Taufe macht deutlich, dass die ökumenische Gemeinschaft der Kirchen im Heilshandeln Gottes in Jesus Christus gründet. Der entscheidende Hinweis findet sich im ersten Absatz der Erklärung: »Wer dieses Sakrament empfängt und im Glauben Gottes Liebe bejaht, wird mit Christus und zugleich mit seinem Volk aller Zeiten und Orte vereint.«

Zwei Aspekte sind hier aufs Engste miteinander verbunden und müssen zugleich unterschieden werden. An erster Stelle stehen die »Teilhabe am Geheimnis von Christi Tod und Auferstehung« und dadurch die »Neugeburt« der Getauften. Dies gilt für jede Getaufte und jeden Getauften einzeln. Zugleich sind sie durch die Taufe vereint mit allen Getauften, die zusammen in Christus das Volk Gottes »aller Zeiten und Orte« bilden. Die Taufe ist also nicht nur ein individuelles Geschehen, sondern sie gliedert die Getauften in eine umfassende Gemeinschaft ein, die nicht durch Raum und Zeit begrenzt ist. Die Einheit dieser Gemeinschaft hängt nicht vom Willen der Glieder oder von der Qualität ihrer Beziehungen ab. Sie gründet im Handeln Gottes selbst. Der eine Leib Jesu Christi wird zum Ursprung des einen Leibes der Kirche. Daher kann die Taufe als das »grundlegende Band der Einheit« bezeichnet werden.

Wenn also die Taufe die Getauften in den Leib Christi einfügt und dies im Abendmahl jeweils neu vergewissert und gefeiert wird, folgt daraus aus meiner Sicht: Nicht die Zulassung getaufter Christen zum gemeinsamen Abendmahl ist begründungsbedürftig, sondern deren Verweigerung. Wenn die Taufe so fundamental ist, können unterschiedliche Vorstellungen von der kirchlichen Bezeugung und der verbindlichen Auslegung des gemeinsamen Glaubens an Jesus Christus als Heil der Welt nicht mehr kirchentrennend sein.

Ich bin mir bewusst, dass die römisch-katholische Kirche gewichtige Gründe in ihrem Verständnis von Kirche und Kircheneinheit hat, die eine andere Sicht markieren. Trotzdem wünsche ich mir, dass der Papstbesuch gerade auf der Grundlage der Magdeburger Erklärung einen Weg eröffnet, der zumindest den konfessionsverbindenden Ehepaaren den gemeinsamen Empfang der Eucharistie beziehungsweise die gemeinsame Teilnahme am Abendmahl ermöglicht.

Ein weiterer Wunsch wäre eine positive Würdigung der Reformation und ihrer Anliegen. Der Besuch ist eine gute Gelegenheit, um deutlich zu machen, dass katholische und evangelische Kirche aus einer Wurzel kommen und dass es Martin Luther nicht darum ging, die Kirche aus einem eigenen Interesse heraus zu reformieren, sondern dass er sich von der in Christus geschenkten Freiheit dazu bewegt sah.

3. Gestaltete Freiheit: Freiheit in Gesellschaft und Welt

»Das Christentum ist als Religion der Freiheit eine Religion der Aufklärung und der Vernunft, des freien Dienstes am Nächsten und der politischen Mitverantwortung.«[7] So hat Wolfgang Huber beim Zukunftskongress der EKD im Januar 2007 programmatisch beschrieben, dass die Kirche der Freiheit nicht bei sich selbst bleibt, sondern Mitverantwortung dafür übernimmt, dass Freiheit in der geistigen und politischen Kultur erfahrbar und in den Lebensverhältnissen gestaltet wird. Ich halte es für wichtig, dass wir dabei als Kirche keinen für alle verbindlichen Wahrheitsanspruch reklamieren, sondern uns selbst als eine Stimme in einer freiheitlich-demokratischen Gesellschaft begreifen. Uns sollte dabei selbstkritisch bewusst sein, dass es auch für das Christentum ein Lernprozess war, das theologische Verständnis der Freiheit mit dem Freiheitsverständnis der Aufklärung zu verbinden. In den gesellschaftlichen Debatten sind wir deshalb in erster Linie argumentativ und nicht autoritativ gefordert. In diesem Sinne stehen wir vor aktuellen Herausforderungen. Einige greife ich auf.

---

[7] Wolfgang Huber, Im Geist der Freiheit, Freiburg im Breisgau 2007, 168.

3.1 Freiheit des Feiertages: Tanzverbot am Karfreitag

In diesem Jahr gab es nicht nur in Frankfurt heftige Debatten um das Tanzverbot am Karfreitag. Das Tanzverbot am Karfreitag ist im Feiertagsgesetz aus dem Jahr 1952 verankert. Von Politikern, vielen jungen Menschen und Discotheken-Besitzern wurde argumentiert, dass dies nicht mehr zeitgemäß sei. Ich will die Argumentation hier nicht im Einzelnen referieren. Es wurde auf die veränderte religiöse Situation in Deutschland hingewiesen, es wurde aber auch immer wieder gesagt, dass hier das individuelle Freiheitsrecht, diesen Tag nach eigenen Vorstellungen zu gestalten, auf unzulässige Weise eingeschränkt werde.

Dass die Frage um die Bedeutung des Karfreitages so hohe Wellen schlägt und eine breite Diskussion entfacht hat, zeigt mir: Es handelt sich nicht um ein religiöses Spezialproblem. Es ist ein Thema, das mitten hinein in die grundsätzliche Frage nach der Feiertagskultur unserer Gesellschaft führt und damit mitten hinein in die Frage, was unsere Gesellschaft verbindet. Wir haben hier als Kirche viel zu bieten. Es ist deshalb wichtig, dass wir unsere Feiertage selbstbewusst feiern und gestalten, damit sie in ihrer Bedeutung auch im gesellschaftlichen Bewusstsein verankert bleiben. Wir prüfen zurzeit, wie dies im nächsten Jahr für den Karfreitag aussehen kann. Die Diskussionen um den Karfreitag gehen zurzeit weiter. Sie sind eine gute Gelegenheit darzustellen, was dieser und andere Feiertage für uns bedeuten.

Ich vertrete mit Blick auf den Karfreitag folgende Position: Der Karfreitag wird für Christinnen und Christen immer ein besonderer, ein stiller Tag sein. Offen ist allerdings, ob es auch in Zukunft ein allgemeiner, gesetzlich geschützter und arbeitsfreier Tag sein wird. Die Frage, ob das Tanzverbot am Karfreitag sinnvoll ist, rührt meines Erachtens an die weitergehende Frage, ob der Karfreitag überhaupt als gesetzlich geschützter Feiertag in unserer Gesellschaft konsensfähig ist. Wenn der Karfreitag als Feiertag gewollt ist, dann ist zu fragen, ob er in bestimmter Weise, nämlich dem Charakter des Tages angemessen, gestaltet werden kann. Der Karfreitag als Tag der Erinnerung an das Sterben und den Tod Jesu ist ein Tag der Auseinandersetzung mit Grundfragen menschlichen Lebens – mit den Fragen von Unrecht, Gewalt und Schuld und den Fragen der Endlichkeit menschlichen Lebens. Wenn eine Gesellschaft sich darauf verständigt, dass dieser Tag allgemeiner Feiertag ist, sollte auch eine Verständigung darüber möglich sein, wie der Tag gestaltet wird. Als Kirche können wir meines Erachtens mit guten Gründen unserer Gesellschaft empfehlen, diesen Tag als gesetzlich geschützten Feiertag zu erhalten und ihn mit dem Tanzverbot als besonderen Tag zu kennzeichnen. Zu prüfen ist in der Tat, was dies für andere Programmangebote dieses Tages bedeutet, also ob nicht sogar weitergehende Regelungen gut wären. Ein Tanzverbot ist dem Charakter des Karfreitages angemessen. (Aus dem Charakter der Tage nicht zu begründen ist übrigens das Tanzverbot an Ostern. Ich halte es nicht für nötig.) Die Leitfrage unter dem Aspekt der Freiheit ist für mich nicht, ob individuelle Freiheit eingeschränkt wird. Die Leitfrage ist für mich: Hat eine Gesellschaft die Freiheit, sich einen solchen Tag wie den Karfreitag zu gönnen? Gibt es damit eine innere gesellschaftliche Freiheit, diesen Tag in besonderer Weise zu gestalten?

Das ist für mich auch die entscheidende Freiheitsfrage zum Sonntagsschutz: Ist unsere Gesellschaft wirklich frei, den Sonntag als arbeitsfreien Tag zu erhalten? Und sind nicht alle Argumente für die Liberalisierung des Sonntages Zeichen für eine ökonomische Fremdbestimmung und damit von Knechtschaft und nicht von Freiheit?

3.2 Freiheit des Gewissens: Präimplantationsdiagnostik

Die Freiheit der Forschung hat eine moderne Medizin hervorgebracht, die ein großer Segen für die Menschheit ist. Viele von uns verdanken auch dem medizinischen Wissen und Können ihr Leben. Die moderne Medizin hat aber auch Möglichkeiten entwickelt, die immer wieder zu der Frage führen, was ethisch vertretbar ist. Für mich sind dabei aus christlicher Sicht – vereinfacht gesagt – immer zwei Grundfragen zu bedenken. Zum einen: Was entspricht dem Verständnis des Lebens als Geschenk aus der Hand des Schöpfers? Zum anderen: Wie sieht das, was zu regeln ist, aus der Sicht betroffener Menschen aus? Sie erkennen in diesen beiden Fragen die im ersten Abschnitt beschriebenen Grundrichtungen der Orientierung an Gott und dem Nächsten. Der Ort der Entscheidung ist auch hier ein Ort der Freiheit, nämlich der Freiheit des Gewissens. Dabei kann es durchaus sein, dass Christenmenschen in ihrer Gewissensentscheidung zu unterschiedlichen Auffassungen kommen. Das sehen wir zurzeit bei den Diskussionen zur Präimplantationsdiagnostik (PID).

Worum geht es bei der Präimplantationsdiagnostik? – Unter PID versteht man die Untersuchung von Embryonen, die durch künstliche Befruchtung entstanden sind, auf Veränderungen des Erbmaterials, die eine schwere Erkrankung zur Folge haben können. Diese Untersuchung erfolgt noch *vor* der Übertragung des Embryos in die Gebärmutter, das heißt vor der Einnistung und dem Beginn einer Schwangerschaft. Die Methode der PID ist außerhalb Deutschlands seit etwa 20 Jahren etabliert. In Deutschland war das Verfahren aufgrund des strengen Embryonenschutzgesetzes verboten. Diese Auffassung hat der Bundesgerichtshof (BGH) in einer Entscheidung vom 6. Juli 2010 jedoch korrigiert und die PID unter bestimmten Voraussetzungen für zulässig erklärt. Vorausgegangen war, dass ein Berliner Arzt in drei Fällen eine PID durchgeführt und anschließend Selbstanzeige erstattet hatte. Die Entscheidung des BGH hat nun dazu geführt, dass sich der Deutsche Bundestag mit drei Gesetzentwürfen befasst, um dieses Verfahren gesetzlich zu regeln.

Wie auch in anderen medizinethischen Debatten wurde von vielen gesagt, dass die bisherigen Debatten zur PID zu den Sternstunden der Demokratie gehören. Die Abgeordneten sind vom Fraktionszwang befreit und letztlich nur ihrem Gewissen verpflichtet. Aus evangelischer Sicht kann man eine Debattenkultur, die von einem ernsthaften Ringen um eine gute Entscheidung in gegenseitigem persönlichem Respekt geprägt ist, als Ausdruck verantwortungsbewusster Freiheit nur begrüßen.

Auch der Rat der EKD hat in der Frage der PID erkennbar um eine Position gerungen. Die Stellungnahme des Rates der EKD zur PID beeindruckt zuerst einmal durch den Respekt, den sie den betroffenen Eltern zollt, die in einer derart belastenden Situation sind, dass sie sich ein Kind wünschen, aber befürchten müssen, dass es aufgrund der familiären Veranlagung an einer schweren Erbkrankheit leiden wird. Der Rat der EKD hat auch das medizinische Personal im Blick, das die Eltern in diesen komplizierten und belastenden Situationen berät und begleitet. Gleichwohl spricht sich der Rat für ein grundsätzliches Verbot der PID aus. Entscheidend dafür ist, dass mit der PID die Möglichkeit eröffnet wird, zwischen vermeintlich lebenswertem und lebensunwertem Leben auszuwählen. Der Mensch ist damit in der Versuchung, nach eigenen Maßstäben als Schöpfer des Lebens zu agieren. Unterschiedliche Meinungen gab es im Rat selbst hinsichtlich der Situationen, bei denen es nicht darum geht, zwischen»behinderten« oder »nicht behinderten« Embryonen zu unterscheiden, sondern darum, zu diagnostizieren, ob Embryonen lebensfähig oder lebensunfähig sind. In diesen Fällen würde es also darum gehen, mittels der PID Leben zu ermöglichen.

Ich halte es für ethisch vertretbar, für solche Situationen Ausnahmeregelungen mit einem klar geregelten Verfahren zu treffen. Liegt bei den Eltern eine genetische Veranlagung vor, die mit hoher Wahrscheinlichkeit zum Absterben des Embryos während der Schwangerschaft führt, sollte die Möglichkeit der PID eingeräumt werden. Hier ist für mich die Perspektive der betroffenen Eltern wesentlich. Ihnen würde bei einer künstlichen Befruchtung verboten, eine PID durchführen zu lassen. Sie dürften jedoch während der Schwangerschaft eine Pränataldiagnostik durchführen lassen, die eventuell zu einer Abtreibung führt. Mir ist dabei durchaus bewusst, dass eine Vielzahl ethischer Folgeprobleme bestehen bleiben, etwa wie eng oder wie weit Ausnahmeregelungen zu definieren sind. Ich halte diese Regelung jedoch in Abwägung der beiden eingangs beschriebenen Grundfragen, die nach Gott und der besonderen Situation von betroffenen Menschen fragen, für verantwortbar.

3.3 Gefährdete Freiheit: das Atomunglück in Japan

Vor über zwei Jahrhunderten hat der Theologe Friedrich Schleiermacher wie viele andere darauf gehofft, dass der technische Fortschritt den Menschen von vielen

Lasten befreit und ihm neue Freiheit bringt. Er schrieb: »Das hoffen wir von der Vollendung der Wissenschaften und Künste, dass sie uns diese toten Kräfte werde dienstbar machen, dass sie die körperliche Welt und alles von der geistigen, was sich regieren lässt, in einen Feenpalast verwandeln werde, wo der Gott der Erde nur eine Feder zu drücken braucht, wenn geschehen soll, was er gebeut.«[8]

Wissenschaft und Technik haben zweifellos die Menschheit von manchen Lasten befreit. Die technologische Weiterentwicklung hat Gestaltungsmöglichkeiten eröffnet, aber auch die Risiken, und zwar global, erhöht. Ein Feenpalast, ein irdisches Paradies auf Knopfdruck, ist aus dieser Welt nicht geworden. Vor wenigen Wochen verwandelte sich dieser menschliche Traum in einen Albtraum. Aus dem erhofften Feenpalast, der dem Menschen Erleichterung und neue Freiheiten bringen sollte, wurde eine irdische Hölle, die die menschliche Begrenztheit unbarmherzig aufzeigte. Der Atomunfall von Fukushima hat einen radikalen Wandel im Denken eingeleitet. Die Gewissheit, dass Kernenergie eine sichere und günstige Energie ist, mit der ein Großteil unseres Energiebedarfes gedeckt werden kann, ist für viele mit dem Erdbeben und dem Tsunami in Japan zerstört worden.

Zwei Dinge wurden bei der großen Katastrophe in Japan in besonderem Maß deutlich. Erstens: Der Mensch ist und bleibt fehlbar, und die Gewalten der Natur sind nicht beherrschbar. Zweitens: Die Folgen der Havarie der Atomkraftwerke für die betroffenen Menschen sind unübersehbar.

Theologisch gesprochen geht es auch hier wieder um die beiden Grundfragen der ethischen Reflexion, die sich aus dem christlichen Freiheitsverständnis ergeben. Es geht darum, dass Menschen die von Gott gesetzten Grenzen erkennen und anerkennen. Und es geht darum, dass Menschen die Folgen ihres Handelns im Hinblick auf die von diesen Folgen betroffenen Menschen bedenken, und zwar in dieser Generation und in zukünftigen Generationen. Dabei gehen wir auch hier davon aus, dass diese Reflexion aus falschen Abhängigkeiten befreit und eine dem Menschen gemäße Freiheit eröffnet.

Durch die Katastrophe in Japan hat sich ein neues Bewusstsein für die Grenzen einer falsch verstandenen Freiheit entwickelt. Es wird deshalb meines Erachtens zu Recht nach einer grundlegenden und schnellen Umorientierung in der Energiepolitik gefragt. Diese Frage allein greift allerdings zu kurz, wenn nicht auch danach gefragt wird, was sich in unserer Wirtschaft und in unserem Lebensstil ändern muss, wenn wir mit den uns anvertrauten endlichen Ressourcen sorgsam umgehen wollen. Auch hier geht es nicht darum, schlicht und einfach einer neuen Verzichtsethik das Wort zu reden, sondern es sollte vor allem darum gehen, durch andere Formen des Wirtschaftens Lebensqualität, Wohlstand und Freiheit zu sichern, vielleicht sogar zu steigern.

---

[8] FRIEDRICH SCHLEIERMACHER, Über die Religion. Reden an die gebildeten unter ihren Verächtern (1799), Hamburg 1958, 128.

Ich bin dankbar dafür, dass der Ausschuss für Gerechtigkeit, Frieden und Bewahrung der Schöpfung dieser Synode eine Resolution zum Thema Kernenergie zur Beratung vorgelegt hat. Deshalb verzichte ich im Rahmen dieses Berichtes darauf, einzelne Konsequenzen aus meiner Argumentation aufzuzeigen. Sie wären ohnehin weitgehend identisch mit dem, was die Resolution benennt und fordert.

3.4 Kampf um die Freiheit: Befreiungsbewegungen

Fasziniert und voller Sympathie verfolgen wir seit Wochen die Freiheitsbewegungen in der arabischen Welt und in Nordafrika. So unterschiedlich und schwer einschätzbar die Lagen in den verschiedenen Ländern auch sind, eines ist doch deutlich: Nicht Islamisten sind es, die hier aufbegehren, sondern vor allem junge Menschen, die ganz offenbar keine Gottesstaaten anstreben, sondern freiheitliche demokratische Gesellschaftssysteme. Man könnte stolz sein in Europa, das auf den Freiheitsrechten, der Gleichheitsidee und den unverfügbaren Menschenrechten gründet. Denn es sind die europäischen Werte, die Werte der Aufklärung, die Folgen der großen Umwälzungen durch die Französische Revolution, die die Menschen in Kairo, Tunis, Damaskus und anderswo einfordern.

Auf der anderen Seite wird jetzt aber auch offenbar, dass die Rede von den Werten und der Identität Europas seitens europäischer Regierungen oft nur Lippenbekenntnisse waren. Denn sie waren es, die lange gemeinsame Sache mit Despoten und Diktatoren in der arabischen Welt und in Nordafrika gemacht haben, nicht zuletzt, damit diese ihnen die Flüchtlinge aus Afrika und der arabischen Welt vom Leib halten. Beinahe das Erste, was Europa angesichts der Demokratiebewegung in Tunesien diskutierte, war die Flüchtlingsabwehr. Mehr Grenzschutz, mehr Frontex. Soll das tatsächlich die einzige Antwort Europas auf die neuen Freiheitsbewegungen bleiben? – Das wäre ein Ausdruck von Angst, Unsicherheit und Kleingläubigkeit und eigentlich zum Schämen.

Die Europäische Union hat sich selbst als »Raum der Freiheit, der Sicherheit und des Rechts« definiert. Die nach außen ausstrahlende Freiheit wird mittlerweile allerdings sehr klein geschrieben. Dabei macht doch gerade sie die »Seele« Europas aus. Vor gut zwanzig Jahren war es die Anziehungskraft dieses europäischen Raumes der Freiheit, die Mauern mitten in Europa zum Einsturz brachte. Das scheint vergessen zu sein. Heute mauert Europa sich selber ein und schottet sich ab.

Dabei ginge es doch auch ganz anders. Ein Europa, das seine Werte und Freiheitstraditionen wirklich ernst nimmt, würde in Zukunft eben nicht mehr Diktatoren hofieren, die genau die Freiheit, für die Europa einsteht, Flüchtlingen verweigert. Im europäischen »Raum der Freiheit, der Sicherheit und des Rechts« würden Flüchtlinge aus Somalia, Eritrea und Äthiopien, die in Libyen gestrandet waren und nun versuchen, sich in Europa in Sicherheit zu bringen, nicht abgedrängt und ferngehalten, sondern in Sicherheit gebracht, und ihr Asylbegehren würde fair geprüft.

Im gemeinsamen Haus Europa würde es solidarischer zugehen als heutzutage: Sollten vermehrt Schutzsuchende aus afrikanischen Ländern in Südeuropa ankommen, würden angemessene Instrumente zur Umverteilung innerhalb Europas gefunden. Die südlichen Länder würden mit der Aufnahme und Asylprüfung nicht alleine gelassen. Und: Die Freiheitsbewegungen in den Ländern würden unterstützt, damit die Menschen Freiheit zu Hause finden und nicht nur in Europa.

In einem Europa, das sich auch global für seine Werte verantwortlich weiß, würde es ein umfassendes Resettlement-Programm geben, mit dessen Hilfe Flüchtlinge, die nicht in ihre Herkunftsländer zurückkehren können und dort, wo sie vorübergehend gestrandet sind, nicht bleiben können, dauerhaft aufgenommen werden. In Deutschland haben wir mit der Aufnahme von 2.500 irakischen Flüchtlingen gute Erfahrungen gemacht. Wir haben uns als EKHN hier engagiert, weil wir glauben, dass uns eine besondere Sorge um die Not derer anvertraut ist, die ansonsten wenig Fürsprecher haben. Das Resettlement-Programm könnte als Auftakt verstanden werden für ein dauerhaftes, geregeltes Aufnahmeprogramm in Deutschland. Damit könnte unsere Gesellschaft zeigen, was ihr Freiheit und Menschenrechte wert sind. Es würde deutlich werden, dass Europa nicht nur eine Wirtschafts-, sondern auch eine Wertegemeinschaft ist und eine Seele hat.

3.5 Eingeschränkte Freiheit: Religionsfreiheit

Zu den wichtigsten Errungenschaften Europas gehört auch die Religionsfreiheit. Sie ist in vielen Ländern der Erde bedroht oder nicht existent. Wir müssen uns zugleich klar darüber sein, dass die Religionsfreiheit auch bei uns nicht einfach vom Himmel gefallen ist. Nicht zuletzt die konfessionellen Spaltungen innerhalb des Christentums haben mit zu verheerenden Kriegen, wie dem Dreißigjährigen Krieg, geführt. Es war ein leidvoller Weg, bis sich der Gedanke der Religionsfreiheit in Europa durchsetzte. Es ist wichtig, dass wir diesen Erfahrungsschatz weitergeben und damit die Religionsfreiheit stark machen.

Das Menschenrecht auf Religionsfreiheit ist heute universal. Es gilt prinzipiell für jeden Menschen in jedem kulturellen Kontext. Dazu gehört, dass Menschen im privaten und öffentlichen Raum ihren Glauben frei leben können. Dazu gehört aber auch, dass sie mit Respekt gegenüber anderen Religionen und Kulturen für ihren eigenen Glauben werben dürfen. Wir wissen, dass das in vielen Ländern nicht möglich ist. Als Christinnen und Christen haben wir die Aufgabe, auf die bedrohliche Situation öffentlich hinzuweisen.

Vor allem in vielen Ländern des Nahen und Mittleren Ostens wird die Religionsfreiheit missachtet. Selbst wo Christinnen und Christen von Rechts wegen ihren Glauben privat in Form von Gottesdiensten leben dürfen, gibt es immer wieder gewaltsame Übergriffe auf christliche Kirchen und Institutionen. Wir haben das auf tragische Weise in Ägypten gesehen. Bei dem islamistischen Anschlag auf eine koptische Kirche in Alexandria sind in der Silvesternacht über 20 Menschen ums Leben gekommen. Im Irak ist die Situation besonders bedrohlich. Gottesdienste müssen immer wieder abgesagt werden, weil Gemeinden gewaltsame Angriffe fürchten müssen. Viele Christinnen und Christen sind zu Glaubensflüchtlingen geworden und wandern aus. Inzwischen hat sich die Zahl der Christinnen und Christen im Irak – einem einstigen Kernland des Christentums – Schätzungen zufolge halbiert. Leider ist zu beobachten, dass Christenverfolgungen oder Benachteiligungen gerade im Nahen Osten häufig dann auftreten, wenn es in christlich geprägten westlichen Ländern zu Ereignissen kam, die als Bedrohung muslimischer Identität verstanden werden. Die christlichen Kirchen, die schon seit Jahrhunderten im Nahen und Mittleren Osten leben, sind oft die Adressaten von Ressentiments, die Menschen in den islamischen Ländern eigentlich gegenüber den Regierungen des Westens hegen.

In dieser Situation ist es zum einen nötig, von den Regierungen islamischer Länder unmissverständlich den Schutz religiöser Minderheiten und damit Religionsfreiheit einzufordern. Und es ist zum anderen nötig, in den westlichen Ländern Religionsfreiheit überzeugend zu leben und sie keinesfalls als Reaktion auf nicht gewährte Religionsfreiheit in islamischen Ländern infrage zu stellen.

3.6 Schlussbemerkung

»Ihr seid zur Freiheit berufen!« Von diesem Leitwort ausgehend habe ich mit diesem Bericht versucht, uns die Grundlagen des christlichen Verständnisses in Erinnerung zu rufen und auf aktuelle Fragen in Kirche und Welt zu beziehen.

Wir sind dazu berufen, die uns in Christus geschenkte Freiheit als Kirche im Glauben zur ergreifen und so im Geist der Freiheit unsere Gesellschaft und diese Welt mit zu gestalten. Das können wir nicht aus uns selbst. Deshalb bitten wir Gott:

>»Erhalt uns in der Wahrheit, gib ewigliche Freiheit, zu preisen deinen Namen durch Jesus Christus. Amen.« (EG 320,8)

Ich danke Ihnen für Ihre Aufmerksamkeit.

»Das Wort vom Kreuz ist eine Gotteskraft.«

1. Korinther 1,18 [2012]

Sehr geehrter Herr Präses, hohe Synode, liebe Schwestern und Brüder!

»Was glauben die Hessen?« Unter diesem Titel hat der Hessische Rundfunk im Januar dieses Jahres die Ergebnisse einer Untersuchung veröffentlicht. Die Studie hatte das Zentrum für Kirchliche Sozialforschung an der Katholischen Hochschule Freiburg unter Leitung des Religionssoziologen Professor Michael Ebertz durchgeführt. Anlass war die 1000. Ausgabe der TV-Sendung »horizonte« im Hessischen Rundfunk, die sich religiösen Fragen widmet.

Leider kann ich uns jetzt nicht damit beruhigen, dass die Umfrage nur in Hessen durchgeführt wurde und nicht auch in Rheinland-Pfalz. Die Hoffnung, dass dann die Ergebnisse besser wären, lässt sich leider nicht aufrechterhalten. Fast durchgängig sind die Ergebnisse so wie bei vergleichbaren Untersuchungen, die nicht auf Hessen beschränkt waren. Dazu gehört auch die Untersuchung, die wir im Zusammenhang der Evaluation unserer Mitglieder-Zeitschrift »Echt« durchgeführt haben.

Die Ergebnisse der Untersuchung müssen uns beschäftigen. Deshalb beginne ich den diesjährigen Bericht mit einem Blick auf die Studie, um dann einen theologischen Kontrapunkt zu setzen, den ich anhand von vier aktuellen Themen entfalten möchte. Am Ende kehre ich zur Studie zurück und markiere, wozu wir meines Erachtens herausgefordert sind.

1. Ergebnisse der Studie »Was glauben die Hessen?«

Zunächst ein Blick auf die Studie des Hessischen Rundfunks. Die höchsten Zustimmungswerte haben danach folgende Aussagen:

> Über Dreiviertel (76 Prozent) der Befragten »finden es gut, dass es die Kirchen gibt«. 72 Prozent stimmen dem Satz zu, »dass die Kirchen auf die Fragen, die sie wirklich bewegen, keine Antwort haben«.

80 Prozent der Befragten – das ist der höchste Zustimmungswert in der Studie – bejahen die Aussage, dass »das Leben nur dann einen Sinn hat, wenn man ihm selber einen Sinn gibt«.

Allein aus diesen drei Werten wird deutlich: Die Kirchen haben eine hohe allgemeine Akzeptanz. Sie werden in ihrer Arbeit und damit auch in ihrem Wert für die Gesellschaft durchaus geschätzt. Zugleich aber erwarten viele von den Kirchen im Hinblick auf ihre persönlichen Lebens- und Glaubensfragen nichts mehr.

Dabei ist es keineswegs so, dass die Befragten von sich sagen, sie seien religiös nicht interessiert oder glaubten gar nichts. Gut zwei Drittel (70 Prozent) – das ist übrigens ein Wert, der über dem Bundesdurchschnitt liegt – gehen davon aus, dass »jede Religion einen wahren Kern« hat. Noch etwas mehr (73 Prozent) glauben daran, »dass es hinter oder über unserem Leben ein Geheimnis« gibt. Dies ist nicht nur eine theoretische Überzeugung. Es kann auch mit dem persönlichen Leben verknüpft werden: 66,9 Prozent sind überzeugt, »dass Gebete etwas bewirken«, und noch mehr (69,7 Prozent) glauben, »dass es Wunder gibt«. Man kann also nicht sagen, dass die Hessen religiös »unmusikalisch« seien. Die Hessen glauben etwas. Sie sind dabei auch offen, sich »selbst an verschiedenen religiösen Traditionen zu orientieren«. 40 Prozent sagen dies, und das ist beinahe doppelt so viel wie in Gesamtdeutschland. Die Auswertung der Studie nennt das »synkretismusfreudiger«; die Mehrheit der Befragten hat also Freude daran, verschiedenste Glaubensüberzeugungen miteinander zu kombinieren.

Zugleich stellt die Studie fest, dass »die meisten Hessen weder Missionare noch Fundamentalisten in Sachen Religion sind«. Diese Offenheit hat ja durchaus auch eine sympathische Seite, sie muss aber ins Nachdenken führen, weil sie mit einer begrenzten Akzeptanz des personalen Gottesbildes der jüdisch-christlichen Tradition korrespondiert. Nicht einmal jeder zweite der Befragten stimmt den Aussagen zu, dass »Gott die Welt erschaffen hat« (46 Prozent) oder dass »es einen Gott gibt, der sich mit jedem Menschen persönlich befasst« (41,3 Prozent). Der Aussage »es gibt einen Gott, der sich in Jesus zu erkennen gegeben hat« stimmt knapp die Hälfte (48,3 Prozent) zu.

Wenn man nun, wie in der Studie geschehen, die Zustimmung zu mehreren Fragen zum Kriterium dafür macht, wer ein Christ ist, dann ergibt sich folgendes Bild. Ich zitiere wörtlich aus der Auswertung: »›Christen‹ sind diejenigen, die von der Existenz eines Gottes überzeugt sind und davon, dass es einen personalen bzw. personorientierten Gott gibt, der sich in Jesus gezeigt hat, und die den Glauben an mehrere Götter ablehnen. ›Christen‹ stellen mit einem Anteil von 24 Prozent der Befragten eine Minderheit in der hessischen Bevölkerung.« Und zugespitzt heißt dies, noch einmal im Zitat: »Ein Christentum ohne Christen ist bereits Realität in den hessischen Kirchen. Und ›Christen‹ sind auch außerhalb der Kirchen zu finden.«[1] Ich will die Ergebnisse dieser Studie und damit auch uns, die wir gemeinsam in kirchenleitender Verantwortung sind, mit einem theologischen Kontrapunkt konfrontieren.

2. Das Wort vom Kreuz

In seinem ersten Brief an die junge christliche Gemeinde in Korinth antwortet Paulus auf Auseinandersetzungen in der Gemeinde. Ich vermute: Hätte es damals schon Umfragen zur Religiosität gegeben, wären sie wahrscheinlich sogar noch bunter ausgefallen als die des Hessischen Rundfunks. Es geht in der griechischen Handelsstadt um verschiedene Gruppierungen in der Gemeinde, und es geht um verschiedene Glaubensfragen und -vorstellungen. Und es geht um praktische Fragen. Paulus markiert einen Standpunkt, von dem aus er denkt und den er für unaufgebbar hält. Eindringlich unterstreicht er, wen er predigt, nämlich den »gekreuzigten Christus« (1Kor 1,22), und das tut er deshalb, weil er davon überzeugt ist: »Das Wort vom Kreuz ist eine Gotteskraft!« (1Kor 1,18)

Das ist deshalb ein kräftiger Kontrapunkt, weil es hier nicht um eine allgemeine Gottesvorstellung geht, sondern um einen sehr konkreten Ort der Gotteserkenntnis, verbunden mit einer sehr konkreten Person: Jesus Christus.

Um es gleich vorab zu sagen: Ich halte diese Konzentration ebenfalls für unaufgebbar. Was dies bedeutet, möchte ich in vier aktuellen Zusammenhängen entfalten:
- Der Feiertag und das Kreuz: Karfreitagsaktion
- Der Geist und das Kreuz: ein Blick nach Afrika
- Der Lärm und das Kreuz: Flughafen Frankfurt
- Die Musik und das Kreuz: Jahr der Kirchenmusik

2.1 Der Feiertag und das Kreuz: Karfreitagsaktion

An keinem anderen Tag im kirchlichen Festkalender ist der Blick so sehr auf das Kreuz gerichtet wie am Karfreitag. Es ist der Tag des Gedenkens an die Hinrichtung Jesu am Kreuz auf Golgatha.

Der Karfreitag ist in Deutschland ein gesetzlich geschützter arbeitsfreier Feiertag. Er zählt zu den stillen Feiertagen, für die es besondere Regelungen gibt. Nach den Feiertagsgesetzen in Hessen und Rheinland-Pfalz gelten für den Karfreitag unter anderem ein Tanzverbot und ein Verbot für öffentliche Sportver-

---

[1]   MICHAEL N. EBERTZ u. a.: Was glauben die Hessen? Zusammenfassung zentraler Ergebnisse einer Untersuchung im Auftrag des Hessischen Rundfunks, Freiburg 2012, unveröff. Manuskript, 6.

anstaltungen. Im letzten Jahr wurde insbesondere das Tanzverbot infrage gestellt. Die Proteste fanden ihren Höhepunkt in einem von der Grünen Jugend Hessen initiierten Flashmob auf dem Frankfurter Römer. Die Diskussionen konzentrierten sich dabei hauptsächlich auf die Fragen, ob das Tanzverbot noch zeitgemäß sei und ob eine religiös begründete Verhaltensnorm in einem weltanschaulich neutralen Staat für alle verbindlich sein könne. Auffällig wenig wurde über den Inhalt des Karfreitags geredet.

Der Kirchenleitung war klar, dass auch in diesem Jahr das Tanzverbot wieder Thema sein würde. Diesmal wollten wir aber eine inhaltliche Diskussion über den Karfreitag anstoßen. Wir lagen richtig. Die Debatte wurde in diesem Jahr noch zusätzlich von der Piratenpartei angeheizt, die in Gießen und Frankfurt Tanzdemos veranstalten wollte. Sie wurden verboten.

Um die inhaltliche Diskussion zu befördern, führten wir eine Aktion mit Bannern an Kirchen, der Plakatierung von Litfaßsäulen sowie Plakaten und Flyern durch. Auf den Bannern und Plakaten war eine Hand mit Kreuzigungsstigma, Victory-Zeichen und der Aufschrift »Opfer?« vor einem bewölkten Himmel zu sehen. Zur Aktion gehörte auch ein Internetauftritt, ein kostenfreier Telefonservice, ein theologisches Begleitheft und für die religionspädagogische Arbeit ein Schönberger Heft. Ich bin sicher: Auf irgendeine Weise sind auch Sie der Aktion begegnet.

Wie wurde das Material genutzt? Das Banner hing an 61 Kirchen, 204 Kirchengemeinden der EKHN haben zusätzliches Material bestellt, dazu zirka 20 Gemeinden aus anderen Landeskirchen. Das Info-Telefon wurde nur ein paar Mal am Tag angewählt. Die Internet-Seite allerdings wurde von 13.000 Interessierten besucht. Sie haben insgesamt 233.000 Unterseiten der Aktionswebsite angeklickt – also sich sehr intensiv mit dem Thema beschäftigt.

Überrascht hat uns die mediale Aufmerksamkeit. Sie war außerordentlich hoch. Auch hier war übrigens an den zahlreichen Interviewanfragen aus dem ganzen Bundesgebiet und darüber hinaus zu erkennen, dass die Debatte um den Karfreitag vielerorts geführt wird. Das hängt damit zusammen, dass sehr grundsätzliche Fragen berührt werden. Darauf werde ich gleich zu sprechen kommen.

Zuvor will ich allerdings noch darüber berichten, wie auf unseren Impuls reagiert wurde. Das Motiv, das der Darmstädter Künstler Ralf Kopp gestaltet hatte, war ja durchaus provokant. Mit diesem Motiv wollten wir eine kontroverse Debatte anstoßen, und wir können sagen: Wir haben eine kontroverse Debatte angestoßen – sowohl innerkirchlich als auch im öffentlichen Raum. Interessant war dabei, dass man Zustimmung und Ablehnung nicht zuordnen konnte – weder nach Generationen noch nach theologischer Prägung oder nach Verbundenheit oder Nicht-Verbundenheit zur Kirche.

Es gab viele positive Reaktionen: Dank dafür, dass wir offensiv agieren und uns nicht scheuen, die schwierigen Fragen des Verständnisses des Kreuzes öffentlich anzugehen. Es gab natürlich auch etliche negative Reaktionen. Die reichten von der Kritik an der Ästhetik des Motivs – es wurde von manchen schlicht als abstoßend empfunden –, über die Verwendung des Victory-Zeichens, das zu sehr an die Pose des Chefs der Deutschen Bank erinnerte, bis hin zum Vorwurf, eine gewaltvolle Opfertheologie zu propagieren. Neben der Kritik am Motiv gab es die Kritik an der Grundhaltung zum Karfreitag, die bis zum Vorwurf reichte, es ginge lediglich darum, kirchlichen Einfluss und Macht in der Gesellschaft zu sichern. Nebenbei sei gesagt, dass es uns an Grenzen geführt hat, die eingegangenen Briefe und Mails angemessen zu beantworten. Nicht zuletzt wegen dieser Aktion habe ich als theologisches Thema für diesen Bericht den Satz des Paulus gewählt: »Das Wort vom Kreuz ist eine Gotteskraft.«

Angesichts der religiösen Situation, die uns mit der Studie »Was glauben die Hessen?« erneut vor Augen geführt wurde, ist die Kreuzestheologie in der Tat eine besondere Provokation. Das hat sich in unserer Aktion bestätigt. Mir ist dabei folgende theologische Perspektive wichtig, die ich gerne beschreiben möchte.

Das Kreuz ist von Anfang an eine große Provokation gewesen. Wenn Paulus im ersten Korintherbrief davon redet, dass das Kreuz den Juden ein »Ärgernis«, wörtlich ein »skandalon«, und den Griechen eine »Torheit« ist (1 Kor 1,23), dann redet er genau hiervon. Am Kreuz kann man eigentlich nur Anstoß nehmen. Mit dem Kreuz sind eine Fülle von Fragen verbunden: Warum hat Jesus dieses Ende nicht verhindert, wenn er der Messias war? Warum hat Gott dieses Ende nicht verhindert, wenn er allmächtig ist? Hat er es gar so gewollt und selbst herbeigeführt? Ist Jesus mit dem, was er wollte, lebte, predigte, nicht letztlich gescheitert? Kann Jesus überhaupt Gottes Sohn sein, wenn er leidet und stirbt wie ein Mensch? Ist das nicht mit der Größe Gottes unvereinbar? So lauteten einige der Fragen von Anfang an, Fragen vor dem Hintergrund jüdischer Theologie und griechischer Philosophie, wie sie in der Gemeinde in Korinth gestellt wurden.

Diese Fragen fügen sich ein in die theologische Aufgabe, die allen, die an Jesus glaubten, gestellt war. Sie mussten dabei eine Menge Dinge in Gedanken zusammenbringen. Auf der einen Seite die Erfahrungen und Erlebnisse mit Jesus. Dazu gehört natürlich das, was er als Jude gesagt, gelebt und geglaubt hat. Und auf der anderen Seite die Erfahrung seines Todes, wie er scheinbar wehrlos ein Opfer von Intrigen und Gewalt religiös und politisch Mächtiger wurde. Dazu gehört dann die Erfahrung, dass dies nicht das Ende war, sondern er ihnen als der Auferstandene neu begegnete. Der Auferstandene war aber nicht einfach ein wiederbelebter Toter, sondern derjenige, an dem die Wundmale zu erkennen waren. Von der Erfahrung der Auferstehung ging der Impuls aus, das Kreuz als etwas zu verstehen, durch das hindurch sich eine neue Perspektive der Hoffnung und des Lebens *für* jeden Menschen eröffnet hat. Die theologische Aufgabe war nun, all dies zusammenzudenken. Alle Schriften des Neuen Testaments, die Evangelien, die Apostelgeschichte, die Briefe des Paulus, des Petrus und anderer, selbst die Offenbarung des Johannes gehen nun auf durchaus sehr unterschiedliche Weise diese Aufgabe an – als Erzählungen, in Begriffen, in Bildern. Bei dieser Aufgabe, das Geschehene zu deuten, greifen sie auf ganz unterschiedliche Weise auf das zurück, was ihnen aus den Schriften des Alten Testaments bekannt ist.

Mit dem, was hier über Gott gesagt und gedacht wird, deuten sie das, was sie mit Jesus erlebt haben – eben und in ganz besonderer Weise auch das Kreuz. Das Alte Testament ist in diesem Sinn der »Wahrheitsraum« (Frank Crüsemann) des Neuen.[2] Wenn man sich diesen Vorgang so bewusst macht, wird auch verständlich, dass es natürlich unterschiedliche Herangehensweisen gibt. Es gibt im Neuen Testament nicht »die« Erklärung des Kreuzes. Es gibt unterschiedliche Vorstellungen: Versöhnung, Opfer, Lösegeld, stellvertretendes Leiden und andere. Jede Vorstellung, jeder Gedanke hat Erschließungskraft und hat auch Grenzen. Es ist wichtig, dies zu sehen, gerade um der Vielfalt des biblischen Zeugnisses gerecht zu werden. Manche Vorstellungen sind dann in der späteren Theologie – auch mitunter in problematischer Weise – weiterentwickelt worden. Dazu gehört die Ausprägung einer Opfertheologie, die Leiden und Tod als von Gott geforderte Opferleistung versteht – und damit missversteht.

Paulus macht nun den Gedanken stark, dass das Kreuz eine Gotteskraft ist. Er setzt es damit übrigens mit dem Evangelium gleich. Im Römerbrief sagt er nämlich: »Das Evangelium ist eine Gotteskraft.« Was bedeutet nun für ihn diese Gotteskraft? Das Kreuz ist für Paulus der Ort, an dem Gott in seinem Sohn Jesus Christus, menschliche Schwäche und menschlichen Schmerz teilt. Aber gerade in dieser Ohnmacht erweist er sich als der Mächtige, der menschliche Schuld und den Tod überwindet. Das kann Paulus dann sehr konkret auf seine eigenen Schwächen und seine eigene Schwäche beziehen. Im Glauben sieht er sich mit Christus selbst verbunden. Deshalb gilt ihm der Zuspruch: »Meine Kraft ist in den Schwachen mächtig.« (2Kor 12,9). Und er verbindet mit seiner Hinfälligkeit zugleich die Hoffnung auf ein Leben, das über den Tod hinausgeht: »Wir tragen allezeit das Sterben Jesu an unserem Leibe, damit auch das Leben Jesu an unserem Leib offenbar werde.« (2Kor 4,10) Das kann man auch so sagen: Das Kreuz ist eine Gotteskraft, weil mit dem Blick auf das Kreuz die schweren Lebenserfahrungen nicht ausgeblendet werden. Es ist nicht gut, wenn übergangen wird, dass Leben auch Leiden, Sterben und Tod bedeutet. Besonders gilt das auch für die Erfahrung, dass nach wie vor Menschen unschuldig zu Opfern von Gewalt und todbringender Macht werden. Das Kreuz wird aber besonders dadurch zur Gotteskraft, weil im Blick auf das Kreuz zu erkennen ist, dass Gottes Sohn und damit Gott selbst das Unerträgliche erträgt. Mit dem Leiden am Kreuz wird Gott selbst zum Opfer und tritt auf die Seite der Opfer. Zugleich eröffnet das Kreuz eine Hoffnungsperspektive für Täter und Opfer, weil Gott dem Tod in der Auf-

---

[2]   FRANK CRÜSEMANN, Das Alte Testament als Wahrheitsraum des Neuen. Die neue Sicht der christlichen Bibel, Gütersloh 2011.

erstehung seines Sohnes nicht das letzte Wort lässt. Es ist eine Hoffnungsperspektive, die Menschen – so wie Paulus – hilft, eigenes Leiden zu ertragen, auch dann, wenn ein Mensch – aus welchen Gründen auch immer – Opfer wird. Und es ist eine Hoffnungsperspektive, die hilft, allem entgegenzutreten, was Menschen zu Opfern macht.

Diesen und noch manchen anderen Gedanken gibt der Karfreitag in besonderer Weise Raum und Zeit. Der Karfreitag muss übrigens nicht notwendigerweise ein arbeitsfreier Tag sein. Das zeigt ein Blick in andere christlich geprägte Länder wie Österreich. Wenn er aber ein arbeitsfreier Tag ist, so wie bei uns in Deutschland, sehe ich darin ein starkes Zeichen dafür, dass dem Tag mit seinem Inhalt in der Feiertagskultur ein besonderes Gewicht gegeben wird. Ich halte dies für einen Gewinn – auch für eine plurale Gesellschaft –, gerade weil die angesprochenen schwierigen Fragen nach dem Leid im Leben oft übergangen werden.

Wenn man diesen Tag als arbeitsfreien Feiertag würdigt, ist es auch angemessen, ihn als stillen Tag besonders zu gestalten. In diese Zusammenhänge müssen die Fragen um die Gestaltung des Karfreitags eingeordnet werden. Es geht nicht um den Einfluss oder die Macht der Kirchen, es geht auch nicht um religiöse Bevormundung. Es geht um unsere Feiertagskultur. Wir Christinnen und Christen sind als Bürgerinnen und Bürger herausgefordert zu sagen, warum wir diesen Tag für einen wichtigen Tag halten. Dazu müssen wir inhaltlich argumentieren. Wir haben das in diesem Jahr getan. Und wir werden das weiter tun.

Die Debatte um den Karfreitag zeigt exemplarisch, dass wir gerade angesichts der religiösen Diffusität herausgefordert sind, den Sinn der Feiertage herauszustellen. Sie sind wichtig, um den Alltag zu unterbrechen und auszuruhen. Und sie sind auch wichtig, weil sie als religiös geprägte Feiertage allen wesentlichen Lebensthemen Raum geben. Feiertage vertiefen das Leben und tun deshalb allen gut.

Ich möchte an dieser Stelle allen herzlich danken, die in der Arbeitsgruppe unter der Leitung von Oberkirchenrätin Christine Noschka, Pressesprecher Stephan Krebs und Geschäftsführer Rüdiger Kohl die Aktion zu Karfreitag vorbereitet und durchgeführt haben. Und ich danke allen Gemeinden, Dekanaten und Einrichtungen und auch Einzelpersonen, die sich beteiligt haben.

2.2 Der Geist und das Kreuz: ein Blick nach Afrika

»Das Wort vom Kreuz ist eine Gotteskraft.« Mit dieser Aussage antwortet Paulus also auf Streit in der Gemeinde in Korinth. In der Gemeinde hatten sich unterschiedliche Gruppierungen gebildet. Darunter auch solche, die ein besonderes geistliches Selbstbewusstsein entwickelt hatten, weil sie sich unmittelbar durch den Heiligen Geist begabt sahen. Paulus bestreitet dabei keineswegs, dass es sehr unterschiedliche Geistesgaben gibt, etwa die prophetische Rede oder die Gabe, Geister zu unterscheiden, oder die Zungenrede oder die Gabe, andere zu heilen. Er kritisiert aber diejenigen, die ihre Gaben und Begabungen nutzen, sich über andere zu erheben. Und das entscheidende Argument ist für ihn hierbei das Kreuz. Auch die geistliche Stärke wird darauf zurückverwiesen, dass Christus am Kreuz die Schwäche geteilt hat und darin Erlösung geschehen ist. Dies verbietet jedes geistliche Überlegenheitspathos gegenüber anderen.

Die Kraft des Geistes – darum ging es auch beim Besuch einer kleinen EKHN-Delegation bei unseren Partnerkirchen in Tansania im Oktober vergangenen Jahres. Dort, in Arusha, hatten wir zu einer dreitägigen Konsultation eingeladen. Daran haben die Bischöfe unserer tansanischen Partnerkirchen teilgenommen und Vertreterinnen und Vertreter unserer Partnerkirchen aus Ghana und Südafrika. Ich habe das Treffen nicht nur als Impuls für mich genutzt, sondern auch, um mich bei unseren afrikanischen Partnern vorzustellen. Das Thema der Konsultation lautete: »Die charismatische Herausforderung für ökumenische Partnerschaften. Innenansichten aus verschiedenen Kontexten und Kirchen«.

Wir haben das Thema deshalb gewählt, weil zurzeit weltweit innerhalb des Christentums charismatische bzw. pfingstliche Kirchen am stärksten wachsen und auch innerhalb vieler traditionell geprägter Kirchen charismatische Strömungen an Bedeutung gewinnen. Da ist Deutschland eher eine Ausnahme. Während in den achtziger und neunziger Jahren auch in Deutschland ein enormer Aufbruch zu verzeichnen war, gibt es im Moment bei den Pfingstkirchen eher eine Stagnation. Das wurde uns auch von unseren Gesprächspartnern bestätigt. Während die Welt also geradezu »geistbesessen« ist, scheinen wir in Mitteleuropa doch ein wenig »geistvergessen« zu sein.

Es war für uns deshalb sehr spannend zu hören, wie sich unsere Partnerkirchen zur charismatischen Bewegung verhalten. Die Partnerdiözesen in Tansania grenzen sich sehr deutlich von den charismatischen Gemeinden ab. An vielen Orten sehen sie sich in direkter Konkurrenz. Ein Standardvorwurf war, dass die charismatischen Gemeinden bereits bekehrte Christen abwerben. Sie betreiben »fishing« from the boat«, sie holen die schon gefangenen Fische vom Boot. Ekklesiologisch wird kritisiert, dass sie auf unüberschaubare Weise Ämter und Titel kreieren und die charismatischen Prediger oft ihren eigenen Profit im Sinn hätten. Theologisch wird kritisiert, dass vielfach missioniert wird, indem Heilung und Wohlstand versprochen werden.

Ähnlich kritisch, aber erheblich gemäßigter waren die Einschätzungen und Berichte aus Südafrika. Durchaus positiv wurde uns hierbei das auch sozial-diakonische Engagement der charismatischen Christinnen und Christen in Stadtbezirken geschildert, in die sich sonst niemand wagt. Wenn man die Kommentare aus Tansania auf der einen Seite einer Einschätzungsskala einordnet und Südafrika etwa in der Mitte, dann gelangt man mit den Berichten aus Ghana auf die andere

Seite der Skala. Ich habe unsere Partner aus Ghana dabei als Repräsentanten einer Kirche wahrgenommen, die sich der charismatischen Bewegung sehr weit geöffnet hat. Aus Ghana ist nicht nur von guter Kooperation mit charismatischen und pfingstlerischen Kirchen zu hören, sondern auch von wesentlichen Impulsen für die eigene Kirche: für die lebendige Gestaltung der Gottesdienste, für das intensivere Beten, für eine mitreißende moderne, geistliche Musik und auch – für uns sehr befremdlich – für die Durchführung von Dämonenaustreibungen und Heilungen. Und schließlich auch für eine Theologie, die das Wirken des Heiligen Geistes stark gewichtet.

Was war am Ende der Ertrag dieser Reise und der Konsultation über die Kraft des Heiligen Geistes?

Die Konsultation war in dieser erstmals so durchgeführten Art für alle Beteiligten ein Gewinn. Wir haben uns gegenseitig erzählt, miteinander intensiv nachgedacht und auch kontrovers diskutiert. Wir waren uns sehr einig darin, dass wir in unseren Partnerschaften solche Gesprächszusammenhänge brauchen, um miteinander theologisch in die Diskussion zu kommen. Dass dies dringend nötig ist, haben wir etwa im Blick auf die sehr kontroverse Beurteilung der Homosexualität gesehen. Uns wurde gesagt:»In unseren Ländern wird Homosexualität strafrechtlich verfolgt, und als Kirchen stehen wir unter staatlicher Beobachtung. Auch deshalb haben wir eine solch distanzierte Haltung.« Soweit die Begründung.

Natürlich haben wir auch danach gefragt, was die Synodalbeschlüsse aus Tansania und Ghana bedeuten, die unsere Position zur Homosexualität scharf zurückweisen. Uns wurde gesagt, dass sie nicht zum Abbruch der Partnerschaften führen sollen, dass wir aber bitte ihre Position respektieren mögen. Wir machten deutlich, dass wir das gleiche Verständnis für unsere Position erbitten und – unabhängig vom theologischen Urteil – erwarten, dass unsere Partner sich zumindest dafür einsetzen, dass homosexuell lebende Menschen nicht verfolgt werden. Zweifellos stehen wir hier erst am Anfang eines Gespräches. Aber wir müssen und wollen es führen. Unsere Partnerschaften nach Afrika sind die Brücke zu diesem Gespräch.

Im Hinblick auf die pfingstlich-charismatische Bewegung hat die Konsultation gezeigt, dass eine differenzierte Wahrnehmung gefragt ist. Die pfingstlich-charismatische Bewegung entstammt in ihren Ursprüngen der afrikanischen Kultur und ist auf dem Umweg über die USA nach Europa und Asien und dann auch wieder nach Afrika zurückgekommen. Vielleicht ist das ein Grund, warum 25 Prozent der Christinnen und Christen in Afrika heute eine pfingstlich-charismatische Prägung haben und man davon ausgeht, dass diese Zahl in den nächsten 20 Jahren auf über 50 Prozent ansteigen wird. Uns Europäern liegt diese oft sehr emotional ansetzende Spiritualität nicht so sehr. Gleichwohl ist es sicher auch Ausdruck ungeistlicher Überheblichkeit, wenn wir die charismatischen Erfahrungen – und dazu gehören auch die Heilungserfahrungen – in unserer doch sehr stark rational geprägten Glaubenswelt völlig ausblenden.

Gleichzeitig bietet gerade die Kreuzestheologie des Paulus hier – recht verstanden – wertvolle Orientierung. Mit der Kreuzestheologie sind allen falschen Heilsversprechungen, die mit dem Glauben in einer Art Heilsautomatismus Wohlstand und Heilung versprechen, klare Absagen zu erteilen. Dies gilt auch, wenn geistliche Gaben zur Abgrenzung von anderen genutzt werden. Wenn sie zum Beispiel dazu dienen, herauszustellen, wer den tieferen Glauben oder die stärkere Beziehung zu Gott hat. Andererseits ist das Wort vom Kreuz keine bloße rationale Information, sondern es ist eine Kraft Gottes, die das Leben verändern und gestalten kann.

Das haben uns auch die Partnerdiözesen in Tansania eindrücklich vor Augen geführt. Wir haben Gemeinden in den beiden Diözesen Karagwe und Nord-West der Evangelisch-Lutherischen Kirche Tansanias besucht. Eine Direktpartnerschaft besteht zu den Dekanaten Nassau und Selters, die zum Beispiel in Mabira eine Mühle für die ganze Dorfgemeinschaft mitfinanziert haben. Eine andere Partnerschaft hat das Dekanat Gladenbach, das eine Krankenstation bei Ngara unterstützt. Weitere Direktpartnerschaften gibt es noch mit den Dekanaten Herborn und Biedenkopf.

Mit ihren Gesundheitsprogrammen, ihren Schulen und ihrer tiefen Frömmigkeit führten uns die Christinnen und Christen in Tansania Gottes kraftvolles Wirken vor Augen. Damit treten sie in Afrika für den Glauben an den Gekreuzigten ein und beteiligen sich gleichzeitig an der Weiterentwicklung des Landes. Bildung und medizinische Betreuung sind ihr Zeugnis dafür. Für mich stellt sich nach diesen Erfahrungen in Afrika auch die Frage: Wo sind wir in unserem Land als Christinnen und Christen besonders herausgefordert?

Es geht sicher auch darum, unsere Gottesdienste in der Spannung von Emotionalität und Reflexion lebendig zu gestalten. Unsere Mentalität ist nicht afrikanisch, und man kann nicht einfach imitieren. Aber ob Menschen sich angesprochen fühlen, hängt sicher auch sehr davon ab, ob sie emotional berührt werden. Und natürlich sind – wie auch in Tansania – das diakonische und das sozial- und bildungspolitische Engagement wesentlich für einen überzeugend gelebten Glauben. Die Christinnen und Christen in Tansania wollen ihr Land aus der Kraft ihres Glaubens mitgestalten. Das müssen wir auch tun. Dies ist zugleich die Überleitung zum nächsten Punkt, bei dem es genau darum geht.

2.3 Der Lärm und das Kreuz: Flughafen Frankfurt

Mit dem 21. Oktober 2011 hat sich für viele Menschen in unserem Kirchengebiet etwas grundlegend geändert, was andere zum Teil schon länger erfahren: Mit der Eröffnung der neuen Landebahn des Frankfurter Flughafens sind sie einer

Beeinträchtigung ausgesetzt, die »vom Himmel her« auf sie herabkommt. Je nach Wetterlage überfliegen Flugzeuge von Westen oder Osten in geringer Höhe im Abstand von wenigen Minuten die Häuser der Menschen. Besonders betroffen sind davon die Bewohnerinnen und Bewohner etwa in Flörsheim und dem Frankfurter Süden. Aber auch andere Orte wie Mainz oder Hochheim oder Offenbach sind durch neue An- und Abflugrouten betroffen. Sie sollen den Lärm besser verteilen, setzen dadurch aber noch mehr Menschen Fluglärm aus.

Ich habe mich zuletzt intensiv mit den Folgen der neuen Landebahn beschäftigt. Gemeinsam mit Kardinal Karl Lehmann habe ich mit dem Vorstandsvorsitzenden der Fraport AG Dr. Stefan Schulte gesprochen. Zudem habe ich ein intensives Gespräch mit Minister Dieter Posch geführt. In Raunheim und Frankfurt-Süd habe ich mich vor Ort über die aktuelle Situation informiert. Bei unserem Flughafengespräch in der vergangenen Woche habe ich mit Vertreterinnen und Vertretern weiterer betroffener Gemeinden und Dekanate und auch der Bürgerinitiativen etwa aus Offenbach intensiv gesprochen.

Ich habe dabei bei den Betroffenen zum Teil große Verzweiflung gespürt, und ich habe auch bei Fraport-Chef Dr. Schulte und Minister Posch Dialogbereitschaft erfahren und die ernsthafte Suche nach Lösungen, die die Situation verbessern. Trotzdem stehen natürlich die Interessen hart gegeneinander. Ich habe sehr viel Verständnis für die Proteste in den letzten Monaten, und ich bin dankbar, dass das Thema mit einem Entwurf für eine Resolution erneut auf der Tagesordnung unserer Synode steht. Die Synode, die Kirchenleitung und unsere Fachleute haben sich immer wieder mit den Fragen des Flughafenausbaus beschäftigt. Dabei haben wir lange auf der Einhaltung des Mediationsergebnisses beharrt mit den Eckpfeilern Optimierung des vorhandenen Bahnensystems, Nachtflugverbot, Anti-Lärm-Pakt und Weiterführung des Regionalen Dialogforums (RDF) als Voraussetzungen für die Kapazitätserweiterung durch den Ausbau.

Als mit dem Planfeststellungsbeschluss des Hessischen Ministeriums für Wirtschaft, Verkehr und Landesentwicklung am 18. Dezember 2007 dennoch 17 Nachtflüge zugelassen werden sollten, hat die Synode dies als Bruch des Mediationsergebnisses gewertet und im April 2008 den Ausbau des Frankfurter Flughafens grundsätzlich abgelehnt.

In der Synodaltagung vor einem Jahr in Weilburg wurde dieses Votum erneut aufgegriffen, verstärkt und weitergeführt: Orientiert am Leitbild einer Zukunft, die Gerechtigkeit, Frieden und Bewahrung der Schöpfung erreichen will, hat die Synode festgestellt, dass der nach herkömmlichen Wirtschafts- und Mobilitätsmustern erfolgte Flughafenausbau die erforderliche Nachhaltigkeit für das 21. Jahrhundert verfehlt und die Belastbarkeit von Mensch und Natur im Ballungsraum Rhein-Main erschöpft ist. Vor diesem Hintergrund wurde unter anderem die Erwartung ausgesprochen, dass es ein striktes Flugverbot in der gesetzlichen Nacht von 22 bis 6 Uhr geben soll, nicht nur in der sogenannten »Mediationsnacht« zwischen 23 und 5 Uhr.

In der Zwischenzeit hat das Bundesverwaltungsgericht in Leipzig ein Urteil gesprochen, das in einer Pressemitteilung auf der Homepage des Gerichtes vorgestellt wird, dessen ausführliche Begründung jedoch noch nicht vorliegt. Dieses Urteil vom 4. April ist für mich ein wichtiger Schritt auf dem Weg, die Bürgerinnen und Bürger stärker vor Lärm zu schützen. Mit dem Urteil wird zwar zum einen festgestellt, dass der Ausbau des Flughafens rechtens ist, zum anderen wird aber das Land Hessen in die Pflicht genommen, das in der Mediation vereinbarte Nachtflugverbot zwischen 23 und 5 Uhr als absolutes Nachtflugverbot für planmäßige Flüge umzusetzen. Darüber hinaus wurden die sogenannten Nachtrandstunden zwischen 22 und 23 Uhr sowie zwischen 5 und 6 Uhr in den Blick genommen. Die Zahl der Flugbewegungen in diesen Zeiten ist pro Tag im Jahresdurchschnitt auf 133 zu begrenzen. Genehmigt im Planfeststellungsbeschluss waren 150 Flugbewegungen. Das ist nicht das, was meines Erachtens wünschenswert wäre und was die Synode in der Weilburger Resolution gefordert hatte. Auch das Umweltbundesamt fordert ein Flugverbot in der gesetzlichen Nacht nicht nur für den Frankfurter Flughafen, sondern generell für stadtnahe Flughäfen. An diese Forderung erinnere ich hier und unterstütze sie ausdrücklich.

In den vergangenen Wochen haben sich Kirchengemeinden zu Wort gemeldet, die sich durch den Fluglärm in ihrer ungestörten Religionsausübung eingeschränkt fühlen. Der Lärm startender und landender Flugzeuge behindere die gottesdienstliche und seelsorgliche Arbeit erheblich. Sie haben die Kirchenleitung deshalb gebeten, vor dem Hintergrund von Artikel 4 Absatz 2 des Grundgesetzes, nach dem die ungestörte Religionsausübung gewährleistet wird, ein Klageverfahren zu erwägen. Die Kirchenleitung will dies sorgfältig im Hinblick auf die theologischen, juristischen und politischen Fragen prüfen. Sie hat deshalb das Kirchenrechtliche Institut der EKD in Göttingen beauftragt, ein Gutachten zu erstellen. Das Gutachten soll im Herbst vorliegen.

Wie soll es nun weitergehen? Ich sehe eine Reihe sehr konkreter Forderungen, die sich aus unserer bisherigen Position ergeben:

1. Ein Nachtflugverbot in der Zeit von 22 bis 6 Uhr ist nach wie vor um der Gesundheit der Menschen willen erstrebenswert und notwendig. Das ist unbedingt weiter zu betonen – gerade angesichts der Brüsseler Diskussionen um eine EU-Verordnung zum Fluglärm, die möglicherweise ein Nachtflugverbot aushebeln könnte.

2. Maßnahmen zur Reduzierung des Fluglärms, wie sie beispielsweise schon im Anti-Lärm-Pakt beschrieben wurden, müssen konsequent, viel schneller als bisher und angepasst an neueste wissenschaftliche Erkenntnisse umgesetzt werden. Dazu gehören der aktive und der passive Schallschutz, angefangen von lärmmindernden An- und Abflugverfahren über die Schalldämmung von Häusern und Wohnungen bis zu besonderen Maßnahmen für Krankenhäuser, Altenheime, Schulen, Kindertagesstätten.

3. Es ist meines Erachtens dringend erforderlich, insbesondere im Hinblick auf die bleibenden und zunehmenden Belastungen am Tag Lärmobergrenzen und höhere Überflughöhen festzulegen und in einem neu zu fassenden Lärmschutzkonzept für den Flughafen Frankfurt zu verankern. Auch ein bundesweites nachhaltiges Luftfahrtkonzept sollte diskutiert und erarbeitet werden.

Über diese konkreten Perspektiven hinaus ist es nötig, sehr viel weitergehende Fragen zu thematisieren. Gerade dazu fordert uns das Kreuz Christi heraus. Das will ich knapp begründen. Einige der Demonstrantinnen und Demonstranten am Frankfurter Flughafen haben das Plakat unserer Karfreitagsaktion benutzt. Sie haben damit thematisiert, dass vom Fluglärm Betroffene »Opfer« sind. Das war ganz im Sinn der Überlegungen, die wir anstoßen wollten. So wie Jesus das Opfer von Menschen geworden ist, werden Menschen immer wieder zu Opfern von Menschen. Diejenigen, die unter Fluglärm und verstärkten Schadstoffemissionen leiden, sind Opfer. Sie sind Opfer des Fluglärms, des alten Fluglärms und des neuen Fluglärms. Sie sind damit Opfer all derer, die diesen verursachen. Als Verursacher, als Täter könnte man jetzt hier die Fraport oder die Fluggesellschaften nennen. Aber das greift zu kurz. »Täter« in einem weiteren Sinn ist eine Gesellschaft, die Formen des Lebens und des Wirtschaftens entwickelt hat, die eine Expansion des Flugverkehrs fördern. Mit dieser Aussage gehe ich von eher strukturellen zu individuellen Ursachen über: So sind wir in einem gewissen Sinn immer Täter und Opfer zugleich. Fraport-Chef Dr. Stefan Schulte hat, so war es am Wochenende in einem Zeitungsbericht zu lesen, gesagt: »Für Kurzurlaube, Verwandtschaftsbesuche oder Kulturreisen wird das Flugzeug eine immer größere Rolle spielen.«[3] Das ist für ihn eine Begründung für den Ausbau. Aus meiner Sicht beschreibt er damit einen Teil des Problems. Es ist dringend erforderlich, viel stärker als bisher, im Zusammenhang mit der Flughafenthematik die Fragen des eigenen Lebensstils und insbesondere des eigenen Mobilitätsverhaltens zu thematisieren. Das Kreuz stellt eben auch die unangenehme Frage, wo wir selbst Teil dessen sind, was Menschen zu Opfern macht.

Ich gehe an dieser Stelle noch einen Schritt weiter. Für Paulus ist mit dem Kreuz Christi auch verbunden, vermeintliche Selbstverständlichkeiten infrage zu stellen. In seinem Brief an die Gemeinde in Korinth relativiert er etwa die Bedeutung der Weisheit und ein damit verbundenes Bildungsverständnis, das zur statusbewussten Überheblichkeit führt. Michael Wolter, Professor für Neues Testament in Bonn, hat dies so gesagt: »Die Art und Weise, wie Paulus das »Wort vom Kreuz« mit Bezug auf die Konflikte in Korinth und in Galatien zur Sprache bringt, will den Gemeinden hier wie dort zu verstehen geben, dass christlicher Glaube und christliches Ethos sich niemals und unter keinen Umständen von

---

[3] Darmstädter Echo, 21.04.2012, 18.

einem bestimmten kulturellen und gesellschaftlichen Kontext mit seinen Normen und Werten abhängig machen oder sich ihm ausliefern dürfen.«[4]

Das Kreuz hat eine kritische Funktion. An der Frage des Flughafens erkennen wir mehr als deutlich, wie nötig es ist, bestimmte ökonomische Grundannahmen infrage zu stellen. Es ist hochproblematisch, auf permanente Expansion zu setzen. Man muss sich ja verdeutlichen: Mit dem Ausbau des Flughafens wurde die genehmigte Kapazität der möglichen Flugbewegungen ja noch nicht ausgeschöpft. Hier stehen wir erst am Anfang. Ich sehe das mit großer Sorge. Es ist um der Menschen und dieser Welt willen nötig, Grenzen zu erkennen und anzuerkennen. Das gilt für den Flughafen und in einem weiterreichenden Sinn für viele weitere Fragen. Es wäre gut, wenn uns das Kreuz Christi dabei zur Gotteskraft wird, notwendige Veränderungen vorzunehmen, die dem Wohl der Menschen und dem schonenden Umgang mit den uns anvertrauten Ressourcen Vorrang einräumt.

2.4 Die Musik und das Kreuz: Jahr der Kirchenmusik

Der nun folgende Themenwechsel ist nicht ohne Risiko: vom Fluglärm zur Kirchenmusik; gewissermaßen vom Krach zum Klang. Der äußere Anlass, in diesem Bericht auf die Kirchenmusik einzugehen, ist das Jahr der Kirchenmusik. Kirchenmusik ist das diesjährige Jahresthema der Reformationsdekade, und wir haben es uns in der EKHN unter dem Motto »Kirche macht Musik – Musik macht Kirche« zu eigen gemacht. Neben dem äußeren Anlass ist auch eine innere Bewegung, die dem Thema meines Berichtes folgt, aufschlussreich. Ich will deshalb versuchen, beides miteinander zu verknüpfen: die Musik und das Kreuz. Sehr oberflächlich betrachtet, könnte man sagen: Das Kreuz führt zunächst zum Schweigen. Und die Stille des Karfreitags steht exemplarisch für diese Seite. Es ist aber gerade Paulus, der deutlich macht, dass das Kreuz nicht das Ende ist. Aus dem Kreuz wird das Wort vom Kreuz. Und das Wort vom Kreuz, das Weitersagen, von dem was an Karfreitag und Ostern geschehen ist, die Verkündigung, wird zur Gotteskraft. Es wird zur Gotteskraft, die Menschen beten und singen lässt. Deshalb schreibt Paulus – übrigens auch im ersten Korintherbrief:»Ich will beten mit dem Geist und will auch beten mit dem Verstand; ich will Psalmen singen mit dem Geist und will auch Psalmen singen mit dem Verstand.« (1Kor 14,15) Unter dem Kreuz singen mit Geist und Verstand! Hier hat unsere Kirchenmusik ihre tiefe geistliche Verankerung!

Wie kaum ein anderer hat Martin Luther, der ja die Theologie des Kreuzes stark gemacht hat, dies so gesehen. Weil die Betrachtung des Kreuzes die Wirklichkeit ernst nimmt und sie zugleich himmlisch öffnet, deshalb entfaltet sich darin Gotteskraft, die tröstet und fröhlich macht. Martin Luther wörtlich:

---

[4]   MICHAEL WOLTER, Paulus. Ein Grundriss seiner Theologie, Neukirchen-Vluyn 2011, 127.

»dem bösen Geist ist nicht wohl dabei, wenn man Gottes Wort im rechten Glauben singt oder predigt ... und kann nicht bleiben, wo ein Herz geistlich fröhlich ist«.[5] Auch in unserer, wie wir gesehen haben, religiös so vielfältigen Zeit, ist davon offenbar noch etwas präsent. Die Passionszeit ist eine »Hoch-Zeit« kirchenmusikalischer Veranstaltungen. Besonders die Passionen von Johann Sebastian Bach sorgen für volle Kirchen. Hierher kommen auch Menschen in Scharen, die wir in den Gottesdiensten selten erreichen. Zweifellos hat hier auch die Musik einen Überschuss über das Wort. Denn gerade die Texte aus dem 17. Jahrhundert haben doch einen weiten Abstand zu unserem heutigen Lebensgefühl und auch zu unseren heutigen Versuchen, das Kreuz theologisch zu deuten. Bei der Musik ist das offenbar anders. Sie spricht für viele auch direkt verständlich und passend in die heutige Zeit. Gerade weil sich aber so viele ansprechen lassen, gibt es sicher hier auch Chancen, theologische Reflexion anzustoßen, und zwar in der Zusammenarbeit von Kirchenmusikerinnen und Kirchenmusikern mit Pfarrerinnen und Pfarrern.

Aber Kirchenmusik ist ja nicht nur Bach. Die Kirchenmusik in der EKHN ist vielfältig. Und sie bietet dadurch viele Chancen. Sie ist generationenübergreifend. In der Kirchenmusik werden alle Lebensalter vereint: Im Posaunenchor spielt die Oma neben dem Enkel, in der Kirchenband sitzt der Vater am Keyboard neben der Saxophon spielenden Tochter. Kirchenmusik ist außerdem nicht auf eine gesellschaftliche Gruppierung beschränkt. In der Kantorei singt der Ingenieur neben der Schülerin, die Firmenchefin neben dem jugendlichen russlanddeutschen Aussiedler.

»Das Wort vom Kreuz ist eine Gotteskraft.« Wenn wir von diesem geistlichen Ursprung her die Kirchenmusik betrachten, dann sehen wir, wie diese Gotteskraft in und durch die Kirchenmusik wirksam wird. Für viele, die singen und musizieren, wird die Musik zur persönlichen Kraftquelle. Gerade weil – und das höre ich immer wieder von Chormitgliedern – die Themen nicht oberflächlich sind, sondern es um existentielle Fragen und die Verbindung zu Gott geht. Die Musik wird aber auch dadurch zur Kraftquelle, dass sie unterschiedlichste Menschen zusammenführt und sie aneinander Anteil nehmen lässt. Es ist eine Kraft, die Grenzen überwindet, die nach innen und nach außen wirkt. Kirchenmusik ist Bildung, Seelsorge, Diakonie, Verkündigung und sicher noch manches mehr.

Ich will an dieser Stelle allen herzlich danken, die sich im Jahr der Kirchenmusik besonders engagieren – den vielen hauptamtlichen, nebenamtlichen und ehrenamtlichen Kirchenmusikerinnen und Kirchenmusikern, allen, die in unseren Gemeinden und Dekanaten in Gottesdiensten und Konzerten musizieren. Ich danke insbesondere dem Team der Propsteikantoren und dem Zentrum

---

[5]   Zitiert nach: Lutherlexikon. Hg. K. Aland. Luther Deutsch Ergänzungsband, 2. Aufl., Göttingen 1957, 302 f.

Verkündigung mit unserer Landeskirchenmusikdirektorin Christa Kirschbaum für den großartigen Einsatz in diesem Jahr der Kirchenmusik.

Und das Engagement trägt erste Früchte. Das Jahr der Kirchenmusik genießt eine hohe mediale Aufmerksamkeit. In vielen Dekanaten, so wird mir berichtet, wird die Lust zur Zusammenarbeit entdeckt. So kooperierten viele haupt- und ehrenamtliche Kirchenmusiker und Kirchenmusikerinnen sehr erfolgreich in der Beteiligung an der EKD-weiten Stafette »366+1 klingt« in den Propsteien Nord-Nassau und Oberhessen. Schließlich wurde durch das Jahr der Kirchenmusik die Nachwuchsförderung neu in den Blick genommen. In vielen Gemeinden fehlen Organistinnen und Organisten, bundesweit gingen die Studierendenzahlen für das kirchenmusikalische Hauptamt in den Keller. Wir müssen uns sehr anstrengen, um den kirchenmusikalischen Dienst in Haupt- und Nebenamt für die kommenden Jahrzehnte zu sichern. Hier sind wir als Kirchenleitung und Synode gefragt, die Weichen richtig zu stellen. Die Kirchenmusik ist ein großer Schatz unserer Kirche.

3. Herausforderungen

Von der Musik möchte ich zum Schluss noch einmal an den Anfang meines Berichtes zurückkommen: den Folgerungen der Studie »Was glauben die Hessen?«

Wir haben gesehen: Das Wort vom Kreuz, die Deutung des Kreuzes im Licht von Ostern, ist der Anfangs- und Fixpunkt des christlichen Glaubens. Paulus macht das im Gespräch mit den ersten Gemeinden in seinen Briefen immer wieder deutlich. Das Wort vom Kreuz ist keine leicht eingängige Botschaft. Es ist bis heute anstößig, weil es zwingt, der Härte und dem Schmerz des Lebens bis in die tiefsten Abgründe hinein nicht auszuweichen. Es ist auch deshalb keine einfache Botschaft, weil sie die Menschen, die auf sie hören, immer wieder infrage stellt und zur Umkehr ruft. Zugleich eröffnet sie in dem Gekreuzigten, der Leiden und Tod überwindet, Halt, Orientierung und Hoffnung. Genau in dieser Spannung wird das wirksam, was Paulus Gotteskraft nennt. Der christliche Glaube steht so für ein vom Kreuz geprägtes Verständnis Gottes, der Welt und der Menschen. Was dies konkret bedeuten kann, habe ich in diesem Bericht anhand von vier Themen ausgeführt, die uns zurzeit besonders beschäftigen. Es geht darum, das Wort vom Kreuz, das Evangelium, so weiterzusagen, dass Menschen durch die lebensdeutende Kraft bewegt werden, sich und ihr Leben von Gottes Liebe her zu deuten und zu gestalten. Natürlich muss dabei jede und jeder für sich herausfinden, was der Sinn des Lebens ist. Sinnfindung vollzieht sich immer im Prozess individueller Aneignung. Gerade das ist zu unterstützen. Mich beunruhigt nicht, dass Menschen dies als ihre persönliche Aufgabe sehen. Wir erheben – wie im Kirchenbild der Studie zum Teil unterstellt – nicht den Anspruch, als Institution einzelne Menschen bestimmen zu wollen. Wir wünschen uns ja gerade Menschen, die selbstbewusst, aktiv und kritisch ihre Kirche mit gestalten. Mich beunruhigt aber sehr wohl, wenn Menschen Kirche nicht mehr als Institution sehen, in der es um Gott und die wichtigen Lebensfragen geht und die über einen Schatz an hilfreichen Deutungen und Ritualen verfügt. Mich beunruhigt, wenn unsere Sprache nicht verstanden wird und wenn Menschen denken, dass ihre Lebenserfahrungen für unsere Kirche nicht von Belang sind.

Hier liegen die Herausforderungen, wenn wir auf dem Markt der vielen religiösen und säkularen Sinnangebote das Wort vom Kreuz als Gotteskraft überzeugend verkündigen und leben wollen. Es geht darum, die Botschaft von dem Gott, der nahe bei den Menschen ist und uns vom Kreuz her jeden Tag neue Kraft schenkt, noch besser zu den Menschen zu bringen. Ich denke nun nicht nur an Kanzel und Konzertsaal. Auch in der Kindertagesstätte, auf der Konfirmandenfreizeit, in der Einflugschneise des Flughafens und in den politischen Debatten geht es um Fragen der Orientierung. Das muss unser Angebot an die Menschen und die Gesellschaft sein. Wir sind herausgefordert, intensiv auf das zu hören, was Menschen bewegt. Wir sind herausgefordert, den vielfältiger lebenden und denkenden Menschen vielfältige Angebote zu machen. Wir sind herausgefordert, klar, überzeugend und mitunter laut unsere theologisch begründete Sicht darzustellen. Dazu brauchen wir mehr öffentliche Theologie. Öffentliche Theologie, das ist eine Theologie, die die Lebenssituation der Menschen wahrnimmt und ernst nimmt. Öffentliche Theologie, das ist eine Theologie, die Alltagspragmatik und Prophetie miteinander vereint und deshalb die Debatten und damit auch den Widerspruch nicht scheut. Öffentliche Theologie, das ist eine Theologie, die in einer demokratischen Zivilgesellschaft nötig ist, weil sie Menschen Orientierung gibt und Anstöße, wie die Gesellschaft auf gute Weise weiterentwickelt werden kann. Und schließlich: Öffentliche Theologie ist Theologie, die die Sprache dieser Welt spricht und im biblischen Zeugnis begründet ist.

Orientieren können wir uns dabei durchaus auch an dem Dichter und Philosophen Christian Fürchtegott Gellert. Mit seinen Worten aus einem Passionschoral möchte ich schließen: »Seh' ich dein Kreuz den Klugen dieser Erden ein Ärgernis und eine Torheit werden: so sei's doch mir, trotz allen frechen Spottes, die Weisheit Gottes.« [6]

Ich danke Ihnen für Ihre Aufmerksamkeit.

---

[6]   EG 91,5.

»Friede denen in der Ferne und denen in der Nähe«

Jesaja 57,19 [2013]
Zum Themenjahr »Reformation und Toleranz«

Sehr geehrter Herr Präses, hohe Synode, liebe Schwestern und Brüder!

Am 31. Oktober 2012 haben wir in Worms gemeinsam mit der Botschafterin für das Reformationsjubiläum Margot Käßmann den Gottesdienst zum Reformationstag gefeiert. Die Evangelische Kirche in Deutschland hat mit diesem Gottesdienst und dem anschließenden Vortrag von Bundesinnenminister Hans-Peter Friedrich das Themenjahr »Reformation und Toleranz« zur Reformationsdekade eröffnet. Am vergangenen Wochenende fanden in Worms als eine der zentralen Veranstaltungen dieses Themenjahres die »Wormser Religionsgespräche« statt. Unter dem mit Fragezeichen versehenen Titel »Dulden oder verstehen?« gab es in Zusammenarbeit mit der Stadt Worms und dem Dekanat Worms-Wonnegau zahlreiche Veranstaltungen – unter anderem einen Vortrag von Bundestagspräsident Norbert Lammert und eine interreligiöse und interdisziplinäre Podiumsdiskussion. Dass die Stadt Worms eine bedeutende Stadt ist, wissen wir – zumindest in der EKHN – schon länger. Dass das Thema »Toleranz« eine zentrale Bedeutung für unsere Gegenwart hat, wird durch das Themenjahr »Reformation und Toleranz« eindrücklich unterstrichen.

Deshalb greife ich das Thema gerne für meinen diesjährigen »Bericht zur Lage in Kirche und Gesellschaft« auf. Es geht bei dem Thema »Toleranz« darum, wie wir in Kirche und Gesellschaft Vielfalt bewältigen. Der Tübinger Professor für Systematische Theologie Christoph Schwöbel hat die Situation in einer globalisierten Welt vor kurzem so beschrieben: Menschen aus unterschiedlichstem religiösen und kulturellen Kontext treffen immer öfter unvermittelt aufeinander. Die Folge ist, dass Fremde plötzlich zu Nachbarn werden. Schwöbel schreibt wörtlich: »Man muss sich freilich deutlich machen, dass das uns so vertraute Eigene für den Anderen genau dieselbe Fremdheit hat. In der pluralistischen Gesellschaft sind wir immer beides: vertraut und fremd zugleich.«[1] Das ist eine große Herausforderung.

---

[1] CHRISTOPH SCHWÖBEL, Evangelische Pointe, in: zeitzeichen 4/2013, 27–29, 27.

Wenn wir über Toleranz nachdenken, geht es um eine Verhältnisbestimmung. Es geht um die Frage: In welchem Verhältnis stehen wir zu anderen, die uns vertraut und fremd zugleich sind? Das ist aber niemals eine bloß theoretische Aussage. Verhältnis heißt hier natürlich immer auch: Wie verhalten wir uns gegenüber den anderen?

Ich habe mir vorgenommen, im diesjährigen Bericht über unser Verhältnis zu anderen zu berichten und dabei Verhältnisbestimmungen vorzunehmen. Was verbindet, was trennt, was ist nötig, wenn wir Toleranz leben wollen? Diesen Verhältnisbestimmungen stelle ich einige grundsätzliche Gedanken zum Toleranzverständnis voran.

Grundsätzliches zum Toleranzverständnis

Toleranz kommt von dem lateinischen Wort »tolerare«. Und das bedeutet zunächst einmal: »erdulden, ertragen.« Wir sind uns vermutlich schnell einig, dass ohne die Fähigkeit, einander zu »erdulden und zu ertragen« unser Zusammenleben nicht funktionieren würde. Wir würden nicht einen Synodentag erfolgreich bestehen können. Es ist insofern auch folgerichtig, dass die »Befähigung zur Toleranz« ein Bildungsziel ist. Wir können sogar von einem grundlegenden gesellschaftlichen Konsens sprechen. Dabei geht es auch darum, nicht nur seltsame Gewohnheiten anderer Menschen zu ertragen, sondern auch andere Meinungen, andere Weltanschauungen und andere Religionen. Wir sind uns vermutlich auch schnell einig, dass ohne diese Toleranz nicht nur das persönliche Miteinander, sondern auch unsere Gesellschaft nicht funktionieren würde. Das Bundesverfassungsgericht spricht sogar von einem »grundgesetzlichen Gebot der Toleranz«.[2] Es ist dabei auch klar, dass mit diesem Gebot der Toleranz nicht alles geduldet werden kann und muss. Die vielfach gebrauchte Formel lautet hier: »Keine Toleranz für Intoleranz.« Gemeint ist damit, dass eine freiheitliche Gesellschaft das nicht zulassen kann, was diese Freiheit und die grundlegenden Werte dieser Gesellschaft in Frage stellt oder gar beseitigen möchte. Was dies im Einzelfall bedeutet, ist dann aber auch immer wieder durchaus strittig. Ich nenne nur das Stichwort »NPD-Verbot«.

Der Weg zu diesem modernen Verständnis von Toleranz war lang und leidvoll. Geistesgeschichtlich betrachtet hat die Reformation zweifellos dazu beigetragen, das moderne Toleranzverständnis zu entwickeln. Martin Luther hat für sich selbst das Recht zur abweichenden Meinung reklamiert, indem er sich auf sein an die Schrift gebundenes Gewissen berufen hat. Luther hat ebenso deut-

---

2   Hans Michael Heinig, Bürgertugend, nicht Staatspflicht, in: Schatten der Reformation. Das Magazin zum Themenjahr 2013. Reformation und Toleranz. Hg. v. Kirchenamt der EKD, 8–11, 11.

lich markiert, dass der Glaube keinen Zwang verträgt. Der Glaube kann nicht verordnet werden, weil der Glaube sich dem freien Wirken des Geistes und so Gott selbst verdankt. Zugleich war damit aber auch eine erhebliche Intoleranz gegenüber denen verbunden, die sich von ihm inspirieren ließen, aber dann abweichende Positionen vertraten. Das waren die sogenannten Täufer und Schwärmer. Und dazu gehörte leider auch eine für uns heute unerträgliche Intoleranz gegenüber dem Judentum und dem Islam. Hierzu später mehr. Das Themenjahr regt an, sich mit diesen »Schatten der Reformation«[3] auseinanderzusetzen. Das bedeutet auch, die Konfessionskriege in der Folge der Reformation in den Blick zu nehmen. Es ist eben keine ungebrochene Linie, die sich von der Reformation zu unserem modernen Verständnis von Toleranz ziehen lässt. Es ist eine Linie des langsamen Lernens von Toleranz.

Staatsrechtlich gesehen ist der Toleranzgedanke ein Ertrag der Konfliktregelungen, genauer der Friedensregelungen nach den Konfessionskriegen der Frühen Neuzeit. Toleranz bedeutet zunächst schlicht, dass Minderheiten geduldet werden. Dieses Toleranz-Verständnis hat in sich ein deutliches Machtgefälle. Der große Philosoph der Aufklärung Immanuel Kant hat deshalb vom »hochmütigen Namen der Toleranz« geredet.[4] Er hat damit gemeint, dass ein Fürst, der Toleranz so denkt, es nicht verdient »aufgeklärt« genannt zu werden. »Unser Goethe« – und hier in Frankfurt darf man das so sagen – hat ins gleiche Horn geblasen, indem er sagte: »Toleranz sollte eigentlich nur eine vorübergehende Gesinnung sein. Sie muss zur Anerkennung führen. Dulden heißt beleidigen.«[5]

Beiden ist gemeinsam, dass sie sagen: Toleranz muss mehr sein als bloßes Dulden. Denn »dulden« bedeutet, sich über andere zu stellen und deren Position für minderwertig zu halten. Dies ist ein wichtiger Gesichtspunkt, um das eigene Toleranzverständnis zu prüfen. Es ist also offenbar leicht, sich auf ein Toleranzverständnis im Sinn eines »Ertragens« und »Erduldens«, und zwar im persönlichen, rechtlichen oder politisch-pragmatischen Sinn zu verständigen. Aber können wir auch weitergehen? Kann Toleranz eine Haltung sein, eine Tugend, ein Wert, der Respekt oder gar Anerkennung der anderen einschließt? Diese Frage beinhaltet, dass mir in dem, was der andere vertritt, eine mir fremde Position gegenübertritt, deren Geltungsanspruch ich nicht teile. Eine Definition von Toleranz, die ignoriert, dass unterschiedliche Geltungs- bzw. Wahrheitsansprüche bleibend gegeneinander stehen, wäre verfehlt. Wir neigen dazu, mit dem Begriff der Toleranz sehr schnell zu verbinden, dass Vielfalt bereichernd ist. Das kann so sein, aber Vielfalt ist auch anstrengend und Last. Und Vielfalt kann auch ge-

---

[3]   So der Titel des Magazins zum Themenjahr. S. Anm. 2.

[4]   IMMANUEL KANT, Was ist Aufklärung? Werke in 10 Bänden, Hg. v. WILHELM WEISCHEDEL, Bd. 9, Darmstadt 1970, 60.

[5]   JOHANN WOLFGANG VON GOETHE, Maximen und Reflexionen, Nr. 151, Werke. Hamburger Ausgabe, Bd. 12, München 1982, 385.

fährlich werden, wenn es nicht gelingt, das Leben in Vielfalt zu gestalten. Genau hier liegt die Herausforderung. Denn Vielfalt kann auch nicht heißen, dass alles gleichgültig und alles erlaubt ist.

Theologisch bedeutet dies, dass wir fragen müssen, wie sich unser Wahrheitsanspruch zu den Wahrheitsansprüchen anderer verhält. Nehmen wir exklusiv in Anspruch, dass nur in unserem Glauben Menschen Gott begegnen können? Oder gestehen wir dies anderen auch zu? Wenn wir Toleranz im Sinn von Respekt und Akzeptanz verstehen wollen, was bedeutet dies dann im Hinblick auf die Gotteserfahrungen anderer? Diese theologische Frage ist umso bedeutsamer, je stärker gerade von Atheisten der alte Vorwurf erhoben wird, dass Religion eher dazu führt, Intoleranz und damit Hass und Gewalt zu fördern als Toleranz und Frieden. Dass ich diese Auffassung nicht teile, zeigt das biblische Motto an, das ich über diesen Bericht stelle. Ich habe einen Gedanken aus dem Buch des Propheten Jesaja ausgewählt. Dort heißt es in Kapitel 57 Vers 19: »Friede denen in der Ferne und denen in der Nähe, spricht der HERR.« Diese Worte drücken für mich ganz konzentriert aus, was Gott uns als sein Wesen und seinen Willen offenbart hat. Mit diesem Motto soll aber nicht ausgeblendet werden, dass die biblische Tradition – wie nahezu jede religiöse Tradition – Potentiale der Intoleranz in sich trägt. Meine These ist allerdings: Weil Gott sich, so wie durch Jesaja gesagt, als ein Gott des Friedens offenbart, sind wir auf den Weg der Toleranz gewiesen. Und es ist die Frage an uns gestellt, ob es uns gelingt, in Vielfalt friedlich mit anderen zu leben. Das möchte ich nun berichtend und fragend erkunden. In Umkehrung des biblischen Mottos beginne ich bei den Nahen. »Bei den Nahen« bedeutet: im Protestantismus.

Protestantismus

Der äußere Anlass, so zu beginnen, sind zwei Jubiläen. Diese verweisen auf die eigene Toleranz- bzw. Intoleranz-Geschichte und auf aktuelle Herausforderungen. Vor wenigen Wochen, am 16. März, jährte sich zum 40. Mal der Tag, an dem die Leuenberger Konkordie verabschiedet wurde. Die Leuenberger Konkordie ist das wohl wichtigste Dokument innerprotestantischer Ökumene des 20. Jahrhunderts. Mit ihr wurde der Bruch zwischen lutherischen und reformierten Kirchen weithin überwunden. Er hatte sich seit dem 16. Jahrhundert im Wesentlichen in der Frage nach der Gegenwart Christi im Abendmahl aufgetan. Ein wichtiges Vorläuferdokument sind die Arnoldshainer Abendmahlsthesen aus dem Jahr 1957. Mittlerweile haben über 100 protestantische Kirchen die Konkordie unterzeichnet und sind der Gemeinschaft Evangelischer Kirchen in Europa (GEKE), wie die Leuenberger Kirchengemeinschaft seit 2001 heißt, beigetreten.

Die zustimmenden lutherischen, reformierten und unierten Kirchen, zu denen auch die frühreformatorischen Kirchen der Böhmischen Brüder und der Waldenser und seit 1997 die methodistische Kirche gehören, erklären miteinander Kirchengemeinschaft. Diese Kirchengemeinschaft beinhaltet Kanzel- und Abendmahlsgemeinschaft und eine gegenseitige Anerkennung der Ordination. Sie gründet im »gemeinsamen Verständnis des Evangeliums« von der Rechtfertigung allein aus Gnaden, allein durch den Glauben. Das Besondere und ökumenisch Neue der Leuenberger Konkordie besteht darin, dass Kirchengemeinschaft erklärt wurde trotz weiter bestehender verschiedener Bekenntnisse, die auch in Geltung bleiben. Es wird allerdings erklärt, dass die gegenseitigen Verwerfungen aus der Reformationszeit den gegenwärtigen Stand der Lehre nicht mehr betreffen. Die Kirchen der GEKE verstehen ihre Kirchengemeinschaft darum als »Einheit in versöhnter Verschiedenheit«. Es geht nicht darum, eine protestantische Einheitskonfession oder Einheitskirche zu etablieren. Die Leuenberger Konkordie versteht sich ausdrücklich nicht als neues Bekenntnis. Sie beinhaltet aber die Selbstverpflichtung zur Gemeinsamkeit in Zeugnis und Dienst und zur theologischen Weiterarbeit. So soll die Kirchengemeinschaft mit Leben erfüllt und weiterentwickelt werden, und zwar auf der Grundlage bestehender Bekenntnistraditionen.

Auf eine dieser Bekenntnistraditionen verweist das zweite Jubiläum, das insbesondere für die reformierten Gemeinden auch in unserer Kirche eine große Bedeutung hat. Die wichtigste Bekenntnisschrift für die deutsche reformierte Kirche, der Heidelberger Katechismus, ist vor 450 Jahren erschienen. Als ein Mitverfasser wird übrigens neben dem Heidelberger Theologieprofessor Zacharias Ursinus der damals in Herborn wirkende Kaspar Olevian genannt. Der Heidelberger Katechismus wurde für die reformierte Kurpfalz verfasst und hatte sich das Ziel gesetzt, die unterschiedlichen reformatorischen Richtungen zu integrieren. Dies ist an der entschiedenen Ablehnung der lutherischen Seite gescheitert. Heute muss man und kann man mit Dankbarkeit sagen, dass der Heidelberger Katechismus zusammen mit Martin Luthers Kleinem Katechismus weltweit die wohl wirkungsmächtigste und am weitesten verbreitete Zusammenfassung reformatorischen Glaubens ist. Der Heidelberger Katechismus ist sicher kein Dokument der religiösen Toleranz, aber ein Dokument, das um die Klärung und Vermittlung der eigenen Position in versöhnlicher Perspektive ringt. Und es ist ein Dokument, das bis heute mit großem Gewinn gelesen und gelernt werden kann.

Die Hinweise auf die Jubiläen der Leuenberger Konkordie und des Heidelberger Katechismus sollen verdeutlichen: Die Reformation hat nicht nur die Trennung von der römisch-katholischen Kirche gebracht, sie hat auch innerhalb des Protestantismus zu konfessionellen Differenzierungen geführt. Manche sprechen übrigens nicht von *der* Reformation, sondern von einer Vielzahl von »Reformationen«. Und es hat wahrlich lange gedauert, bis es gelungen ist, zu einem guten Miteinander zu finden – über 400 Jahre! Sich dies bewusst zu machen, mag einerseits vor jeder Art protestantischer Überheblichkeit in Sachen Toleranz bewahren. Es kann aber andererseits auch verdeutlichen, dass es gelingen kann, Trennungen zu überwinden, ohne dabei eigene Positionen und Traditionen aufzugeben. Ich halte das Modell »Einheit in versöhnter Verschiedenheit« nach wie vor für zukunftsweisend. Ich halte es darüber hinaus auch für biblisch und dem Evangelium angemessen, weil die Schriften des neutestamentlichen Kanons bereits Einheit und innere Differenzierung und Akzentuierung erkennen lassen.

Ich sehe zurzeit drei Aufgaben für gelebte Toleranz innerhalb des Protestantismus.

1. Innerhalb der EKD muss die Zusammenarbeit der sogenannten konfessionellen Bünde weiterentwickelt werden. Wir sind als EKHN im Jahr 2006 der Union Evangelischer Kirchen (UEK) beigetreten, die aus dem Zusammenschluss der ehemaligen Evangelischen Kirche der Union (EKU) und der Kirchen der Arnoldshainer Konferenz entstanden ist. Der UEK ist auch der Reformierte Bund assoziiert. Die lutherischen Kirchen sind in der Vereinigten Evangelisch Lutherischen Kirche in Deutschland (VELKD) miteinander verbunden. Im sogenannten Verbindungsmodell tagen die Synode der VELKD und die Vollversammlung der UEK parallel im Zusammenhang der EKD-Synode. Ich bin sehr dankbar, dass während der Herbsttagungen im letzten Jahr sowohl in der Synode der VELKD als auch in der Vollversammlung der UEK und dann zusammengeführt in der EKD-Synode die Initiative ergriffen wurde, das Zusammenspiel von UEK, VELKD und EKD weiterzuentwickeln. Nach meinem Eindruck zeichnet sich ein Konsens darüber ab, dass die konfessionellen Bünde nicht in die EKD hinein aufgelöst werden sollen. Es soll aber noch mehr Gemeinsamkeit geben. Damit geht einher, dass die konfessionellen Bünde ihre wesentliche Aufgabe darin sehen, in der theologischen Arbeit ihre konfessionellen Traditionen zu pflegen, und zwar nicht in rückwärtsgewandter Traditionspflege, sondern um sie für aktuelle theologische Debatten fruchtbar zu machen. Die EKD muss dabei nicht die Rolle einer protestantischen Einheitskirche bekommen. Sie kann aber meines Erachtens sehr wohl auf Grundlage der mit der Leuenberger Konkordie vereinbarten Kirchengemeinschaft als Kirche verstanden werden, in der die Bekenntnisvielfalt der Gliedkirchen beibehalten wird. Die Leuenberger Konkordie muss dabei nicht in den Rang eines Bekenntnisses erhoben werden.

2. Gelebte Toleranz im Protestantismus fordert dazu heraus, das Verhältnis zu den Freikirchen und Charismatikern gut zu gestalten. Die verfolgten Täufer und Spiritualisten der Reformationszeit sind meist nicht die direkten Vorfahren der heutigen Freikirchen, aber sehr wohl ihre Väter und Mütter im Glauben. Es sind nicht zuletzt die Verfolgten der Reformationszeit und ihre

Nachkommen, die den Weg zu dem geebnet haben, was wir heute unter Religionsfreiheit verstehen. Sie verweisen darauf, sich die eigene Geschichte bewusst zu machen, sie aufzuarbeiten und auch Versöhnungsprozesse zu initiieren. Das Schuldbekenntnis und die Erklärung der eucharistischen Gastbereitschaft mit den Mennoniten ist ein Beispiel für die notwendige »Heilung der Erinnerungen«. Die Freikirchen sind meines Erachtens unbedingt in die Vorbereitungen des Reformationsjubiläums einzubeziehen. Eine wichtige Rolle spielt in diesem Zusammenhang die Arbeitsgemeinschaft christlicher Kirchen (ACK). Ich selbst habe, wie im vergangenen Jahr in meinem Bericht angekündigt, Kontakt zu Vertretern charismatischer Gemeinden im Rhein-Main-Gebiet aufgenommen. Die Kontaktaufnahme wurde sehr begrüßt, eine Fortsetzung des Gesprächs ausdrücklich gewünscht. Gerade in solchen Gesprächen ist außerordentlich wichtig, sich gegenseitig in den unterschiedlichen Glaubenserfahrungen zu respektieren und anzuerkennen. Dies schließt ein, Gemeinsames zu bekennen und auch Trennendes deutlich zu benennen.

3. Die weltweite Vielfalt des Protestantismus begegnet uns nicht zuletzt in den sogenannten »Gemeinden anderer Sprache und Herkunft«. Diese fordern uns heraus, der gesellschaftlichen Wirklichkeit der Migration in unserer Kirche Raum zu geben und die Pluralität protestantischen Lebens und Bekennens auch in kultureller Hinsicht zu verwirklichen.

Ökumene

Ökumene verstanden als weltweite Christenheit umfasst neben den bereits genannten vielfältigen innerprotestantischen Beziehungen auch die Beziehungen zur römisch-katholischen Kirche und den orthodoxen Kirchen. Vertreter der Orthodoxie arbeiten in der ACK mit. Die Kontakte sind sehr geschwisterlich und freundschaftlich. Für mich war es ein schönes Erlebnis, im vergangenen Herbst erstmals den von der ACK initiierten »Tag der Schöpfung« in der Grube Messel gemeinsam mit Generalvikar Dietmar Giebelmann vom Bistum Mainz, dem methodistischen Superintendenten Carl Hecker und Archimandrit Athenagoras Ziliaskopoulos von der Griechisch-Orthodoxen Metropolie Frankfurt zu feiern. Darüber hinaus sind wir sehr froh, die Arbeit der griechisch-orthodoxen Gemeinde in Frankfurt gemeinsam mit dem Evangelischen Regionalverband mit der Einrichtung einer muttersprachlichen Beratungsstelle für Migrantinnen und Migranten aus Griechenland unterstützen zu können. Angesichts der Not in Griechenland ist dies auch ein Beitrag europäischer christlicher Solidarität.

Viele Menschen beschäftigt zurzeit die Frage, wie es denn in der Ökumene weitergehen wird. Und gemeint ist dabei zuallererst die Beziehung zur römisch-katholischen Kirche. Diese Beziehung ist insbesondere für uns in Deutschland von großer Bedeutung, zumal damit für nicht wenige Menschen auch persönliche leidvolle Konflikterfahrungen verbunden sind, insbesondere in gemischt konfessionellen Ehen. Wie sind nun aber die jüngsten Entwicklungen in der römisch-katholischen Kirche einzuschätzen?

Der Rücktritt von Papst Benedikt XVI. hat weltweit überrascht und ihm noch einmal großen Respekt eingebracht. Manche meinen, dass der Rücktritt als solcher eine Innovation für die katholische Kirche darstellt, die in ihren Auswirkungen noch gar nicht abzusehen ist. Kardinal Lehmann hat in seiner Würdigung dem Rücktritt sogar eine ökumenische Bedeutung beigemessen. Er sagte wörtlich: »Die Auswirkung dieses Rücktrittes bezieht sich aber auch auf das Verständnis des geistlichen Amtes und besonders auch des Papsttums selbst [...]. Es ist für viele Menschen wohltuend, wenn wir auch in der Kirche bekennen, dass wir angesichts der verfügbaren Kräfte einem Dienst nicht mehr voll entsprechen können. Vielleicht bekommt dadurch das Papsttum ein menschlicheres Gesicht. Dies könnte auch bisher wenig geahnte Folgen haben für das ökumenische Gespräch über die Rolle und Struktur des Papsttums. Es unterstreicht die Demut, die zugleich in diesem Amt liegt und ganz besonders in Benedikt XVI. überzeugend zum Ausdruck kommt.«[6]

Nur kurze Zeit nach dem Vollzug des Rücktritts wählte das Konklave am 13. März Kardinal Jorge Mario Bergoglio zum neuen Papst. Die Wahl setzte neue Akzente: erstmals ein Papst aus Lateinamerika, erstmals ein Jesuit. Und der gewählte Papst setzte ebenfalls sofort neue Akzente: Er wählte als erster Papst den Namen Franziskus und deutete nicht nur durch die Wahl des Namens, sondern auch durch seine ersten Auftritte einen neuen Stil an. Der bescheiden und menschlich auftretende Papst sprach von sich selbst und seinem Vorgänger vom »Bischof von Rom«, ohne das Wort Papst zu erwähnen und bat für den »Weg von Bischof und Volk« zuerst um ein Gebet der Menschen auf dem Petersplatz und verneigte sich vor ihnen. In seiner ersten Predigt nach seiner Wahl mit den Kardinälen in der Sixtinischen Kapelle sagte er: »Wenn wir ohne das Kreuz gehen, wenn wir ohne das Kreuz aufbauen und Christus ohne das Kreuz bekennen, sind wir nicht Jünger des Herrn: Wir sind weltlich, wir sind Bischöfe, Priester, Kardinäle, aber nicht Jünger des Herrn.«[7] Er plädiert damit für eine Kirche, die nicht selbstverliebt und selbstbezogen ist, sondern mit Jesus Christus nach außen geht. Über seine Erwartungen an den neuen Papst hat er im Vorkonklave, ohne zu wissen, dass er es selbst sein würde, gesagt: »Er soll ein Mann sein, der aus der Betrachtung Jesu Christi und aus der Anbetung Jesu Christi der Kirche hilft, an

---

[6]   Karl Kardinal Lehmann, Hirtenwort des Bischofs von Mainz zur Österlichen Bußzeit 2013, 12.

[7]   http://de.radiovaticana.va/news/2013/03/14/die_predigt_des_neuen_papstes_im_volltext/ted-673516, abgerufen am 20.04.2013.

die existenziellen Enden der Erde zu gehen, der ihr hilft, die fruchtbare Mutter zu sein, die aus der ›süßen und tröstenden Freude der Verkündigung lebt‹.«[8]

Ohne die Erwartungen zu hoch zu stecken, stimmen mich diese Töne und auch die bisherigen Signale hoffnungsvoll. Es ist zu erwarten, dass der neue Papst sich wichtiger globaler Themen wie der Armutsfrage annimmt. Es ist auch eine deutliche Konzentration auf Christus zu hören, die dem Verständnis der Kirche übergeordnet wird. Aus evangelischer Sicht sage ich: Dieser Ansatz bietet Chancen. Denn was uns verbindet, ist die geglaubte Gemeinschaft in Christus. Was uns trennt, ist ein unterschiedliches Verständnis der Heilsbedeutung der Kirche als Institution. Wir glauben, dass uns Einheit in Christus geschenkt wird und dass es diese Einheit verträgt, in verschieden gestalteten Kirchen gelebt zu werden. Die sichtbare Einheit ist nach unserem Verständnis die in der Feier von Wort und Sakrament empfangene Einheit, die Menschen stärkt und sendet zum Dienst in der Welt und an der Welt.

Ich wünsche mir, dass es uns gelingt, das Reformationsjubiläum 2017 nicht als Fest der Lutherverehrung oder als selbstverliebtes Fest protestantischer Kirchwerdung zu feiern, sondern als Fest der Christus-Begegnung und der Christus-Gemeinschaft. Es wäre schön, wenn die katholische Kirche dieses Fest so mitfeiern könnte, dass es uns der gefeierten Einheit in Christus näherbringt. Und ich wünsche mir, dass unsere Gemeinden nicht nachlassen, mit den katholischen Geschwistern Ökumene vor Ort zu suchen und zu leben.

Judentum

Wenn man das Christus-Bekenntnis stark macht, könnte dies zugleich als eine Abgrenzung vom Judentum verstanden werden. Hierzu ist zu sagen: Es ist ein verhängnisvoller Irrweg der christlichen Theologie gewesen, das Judentum als »Vorläuferreligion« des Christentums zu verstehen, die durch das Christentum überboten werde und ihre Berechtigung verloren habe. In diesem Zusammenhang gehören die unsäglichen Äußerungen Martin Luthers in seiner Schrift »Von den Juden und ihren Lügen« aus dem Jahr 1543. Hier empfahl er geradezu, jüdisches Leben in Deutschland auszulöschen, indem Synagogen verbrannt und Häuser zerstört werden, indem Rabbinern verboten wird zu lehren und jüdische Schriften eingezogen werden. Gerade diese Äußerungen gehören zu den sehr dunklen Schattenseiten der Reformation. Diese Äußerungen sind nicht zu begreifen, zumal Luther in seiner Schrift »Dass Jesus Christus ein geborener Jude sei« aus dem Jahr 1523 einen anderen Weg eingeschlagen hatte. In dieser Schrift

---

[8] http://blog.radiovatikan.de/die-kirche-die-sich-um-sich-selber-dreht-theologischer-narzissmus, abgerufen am 20.04.2013.

empfahl er – entgegen dem Trend seiner Zeit –, den Juden gegenüber freundlich zu sein und sich vom Evangelium leiten zu lassen.

Erst das Erschrecken über das Ausmaß der Schoa führte in der Nachkriegszeit zu einem Umdenken in der christlichen Theologie. Ein Ergebnis war die Erweiterung des Grundartikels der EKHN im Jahr 1991. Unser Grundartikel enthält nun ein Schuldbekenntnis und zeigt theologisches Umdenken. Im Verweis auf die »bleibende Erwählung der Juden und Gottes Bund mit ihnen« erkennen wir an, dass das Judentum, um mit Paulus zu sprechen, die Wurzel ist, die das Christentum trägt (Röm 11,18). Es ist völlig unangemessen, von einer Überbietung des Judentums durch das Christentum zu reden, denn durch Jesus Christus wurde den Völkern der Zugang zu dem Gott Israels erschlossen und zu dem Heil, das er seinem Volk verheißen hat. Man kann deshalb auch sagen: Das Christus-Bekenntnis trennt uns insofern vom Judentum, als wir in Christus den verheißenen Messias sehen und das Judentum dies nicht tut. Das Christus-Bekenntnis verbindet uns aber zugleich mit dem Judentum, weil der Gott, zu dem uns Christus führt, kein anderer ist als der Gott Abrahams, Isaaks und Jakobs. Gottes Weg mit Israel wird durch das Bekenntnis zu Christus nicht in Frage gestellt, sondern bleibt der Weg seiner Verheißungen und der Unbegreiflichkeit seiner Wege (Röm 11,33). Jede Form von Judenmission ist deshalb abzulehnen.

Weil wir so mit dem Judentum verbunden sind, ist uns in der EKHN sehr an einem guten Verhältnis zu Jüdinnen und Juden gelegen. Die EKHN beteiligt sich deshalb seit langem auf vielen Ebenen engagiert am jüdisch-christlichen Dialog. Dazu zählen Bildungs- und Begegnungsprojekte des Arbeitskreises »Im Dialog«, des Zentrums Ökumene, der Evangelischen Akademie, interreligiöse Gespräche und Gedenkprojekte in Dekanaten und Gemeinden und in den Gesellschaften für christlich-jüdische Zusammenarbeit. Es ist schön, dass im Zentrum Ökumene zwei Mal jährlich ein runder Tisch mit Vertreterinnen und Vertretern der jüdischen Gemeinden tagt. Wir sind dankbar dafür, dass auch bei uns die jüdischen Gemeinden wachsen. Wir pflegen freundschaftliche und nachbarschaftliche Kontakte. Präses Oelschläger war bei der Einführung von Rabbiner Julian-Chaim Soussan in Mainz, ich habe den Rabbiner vor wenigen Wochen besucht und in sehr vertrauensvoller Atmosphäre mit ihm geredet. Ich bin sehr froh, dass in der Politik nach dem Beschneidungsurteil des Kölner Landgerichtes im vergangenen Sommer schnell ein Weg gefunden wurde, Rechtssicherheit herzustellen. Bei aller Berechtigung der Abwägung von Rechtsgütern war das Urteil von mangelnder religiöser Sensibilität gekennzeichnet. Ein Verbot der Beschneidung hätte vor allem für Juden, aber auch für Muslime bedeutet, dass die volle Ausübung ihrer Religion in Deutschland nicht möglich gewesen wäre. Erschreckend war für mich, dass die Diskussion neben der zum Teil auch sehr guten sachlichen Auseinandersetzung von antijüdischen, antisemitischen, antimuslimischen und antireligiösen Ressentiments geprägt war.

Wir sind aufgrund unserer Geschichte dem Judentum und auch dem Staat Israel gegenüber in einer besonderen Situation. Das Existenzrecht Israels darf in keiner Weise in Frage gestellt werden. Im christlich-jüdischen Gespräch haben wir in unserer Kirche auch gelernt, dass für sehr viele Jüdinnen und Juden die Beziehung zum »Land Israel« (Eretz Israel) ein zentrales Thema ist. Die Diskussion darüber, wie wir die theologische Bedeutung dieses Bezugs zum Land Israel verstehen und würdigen können, ist bei uns noch nicht abgeschlossen. Wir sind uns aber einig, dass Bibeltexte nicht missbraucht werden dürfen, um einseitige Grenzziehungen zu legitimieren. Mit Sorge sehen wir auf die vielen ungelösten Fragen im Nahostkonflikt. Wir wünschen als Kirche ein friedliches und gerechtes Zusammenleben von Menschen aller Kulturen und Religionen. Politisch halten wir nach wie vor eine gerechte Zwei-Staaten-Lösung für Israel und Palästina für erforderlich. Diese scheint jedoch offenbar in weiter Ferne zu sein.

So jedenfalls haben Präses Oelschläger und ich es mit denen, die uns begleiteten, bei einer Reise nach Israel und Palästina im Oktober letzten Jahres erlebt. Über das Zentrum Ökumene und den »Arbeitskreis für das christlich-jüdische Gespräch in Hessen und Nassau, Im Dialog« verfügen wir über vielfältige Kontakte. Diese haben wir bei unserem Besuch genutzt. Mit jüdischen Freundinnen und Freunden haben wir in Jerusalem Schabbat gefeiert, mit arabischen christlichen Geschwistern in Beit Jala den Sonntagsgottesdienst. Es war eine irritierende Reise. Wir haben einerseits eindrückliche Schilderungen über die prekäre Sicherheitslage Israels gehört und andererseits die bedrückenden Folgen der israelischen Besatzungspolitik etwa bei der Begehung der Sperranlagen in Beit Jala hautnah erleben können. Von den politischen Gesprächspartnern in Israel haben wir gehört, dass in den letzten Jahren die Freundschaft zwischen Israel und Deutschland gewachsen sei und dass diese vertiefte Freundschaft auch Kritik zuließe. Bei den Gesprächspartnern auf palästinensischer Seite war große Hoffnungslosigkeit, bisweilen tiefe Resignation zu spüren. Begegnungen mit Menschenrechtsgruppen wie den Rabbinern für Menschenrechte und israelisch-palästinensischen Versöhnungsinitiativen wie die Combatants for Peace waren wirkliche Hoffnungszeichen. In Beit Jala haben wir einige Jugendliche getroffen, die an der vom Dekanat St. Goarshausen vor zwei Jahren initiierten und veranstalteten Jugendbegegnung zwischen israelischen, palästinensischen und deutschen Jugendlichen beteiligt waren und die uns noch einmal versicherten, wie wertvoll und ermutigend diese Begegnung für sie war.

Was nehmen wir mit, und was können wir tun? Dokumentiert durch einen Besuch der Holocaust-Gedenkstätte Yad Vashem, in der Präses Oelschläger und ich gemeinsam einen Kranz unserer Kirche niedergelegt haben, sehen wir die klare Verpflichtung, unaufhörlich an der Versöhnung mit Jüdinnen und Juden weiterzuarbeiten – ohne jedes Wenn und Aber. Wir sehen uns zugleich verpflichtet, alle Schritte zu unterstützen, die um des Friedens und der Gerechtigkeit willen auf eine wirksame Verständigung von Israelis und Palästinensern zielen.

Wir leiden mit den bedrückten Menschen unter der Besatzung und andauernder Bedrohung. Wir können und sollen unsere Stimme für sie erheben, auch in der Kritik einseitiger politischer Entscheidungen und nicht hinnehmbarer Gewalt. Wir hoffen und beten, dass ein Ausweg aus der gegenwärtigen Sackgasse im Nahen Osten gefunden wird. Und wir unterstützen und fördern insbesondere Projekte in Israel und Palästina, die der Begegnung und der Versöhnung dienen. Dazu gehört auch die Förderung des Projektes Cinema Jenin gemeinsam mit dem Auswärtigen Amt und anderen Kooperationspartnern. An die EU als Mitglied des Nahost-Quartetts appelliere ich, alles daran zu setzen, dass die Gespräche zwischen Israel und Palästina wieder in Gang kommen. Es darf keine Zeit verloren werden, weil die Eskalation von Gewalt droht.

Am Ende dieses Abschnitts soll aber noch eine Forderung stehen, die an uns selbst gerichtet ist: Es stünde uns als Evangelische Kirche in Deutschland gut an, uns auf dem Weg zum Reformationsjubiläum durch eine offizielle Bekundung deutlich von Luthers antijüdischen Äußerungen zu distanzieren.

Islam

Kaum ein religiöses Thema hat die Gemüter der Menschen in unserem Land in den letzten Jahren mehr bewegt als die Frage nach der Einschätzung des Islam. Dabei darf nicht übersehen werden, dass damit auch immer die Wahrnehmung kultureller und sozialer Unterschiede einhergeht, die mit der Religion verbunden werden. Immer wieder erhalte ich Zuschriften von Kirchenmitgliedern, die mir vorhalten, dass die evangelische Kirche dem Islam gegenüber viel zu tolerant sei. Hier sei etwas anderes geboten. Gelegentlich wird dabei auch auf Martin Luther und seine Haltung zu den Muslimen verwiesen, an der wir uns doch orientieren sollten.

In der Tat sind bei dem Reformator sehr scharfe und auch gewaltvolle Äußerungen gegenüber dem Islam zu finden. Hier muss ich allerdings gleich präzisieren. Es sind in der Regel keine Äußerungen gegen den Islam generell, sondern gegen die »Türken«, weil der Expansionsdrang des Osmanischen Reiches damals als die große politisch-militärische Bedrohung galt. Sicher gehören diese Äußerungen Luthers zu den »Schatten der Reformation«. Sie verdienen es aber auch, genau in ihrem historischen Zusammenhang betrachtet zu werden. Das kann und will ich hier nicht leisten. Nur so viel: Sie sind zum einen eng verbunden mit dem Versuch, den eigenen Glauben zu verteidigen. Und sie sind zum anderen eingebunden in ein apokalyptisches Weltverständnis, das mit einem bevorstehenden Weltuntergang rechnete und in das Luther die osmanische Expansion als Angriff des Satans einordnete.

Neben dieser Sichtweise finden sich bei Luther aber auch ganz andere Gedanken. Er lobt – ich zitiere wörtlich – »die Religion der Türken bzw. Mohammeds«, die »durch die Zeremonien, fast würde ich sagen durch die Sitten, um vieles wohlgestalteter ist als die Religion der Unseren«.[9] Luther befördert die Herausgabe des Korans und empfiehlt diesen vor allem den Gelehrten zum Studium. Während etliche dies für gefährlich halten, ist er der Überzeugung, dass nichts besser sei als die Auseinandersetzung mit der Quelle selbst. Er vertraut dabei freilich darauf, dass sich in dieser Auseinandersetzung die Irrtümer bzw. die Irrlehren – wie Luther denkt – des Islam zeigen würden. Und er unterstellt dabei, dass es sich bei der Religion der Muslime um eine christliche Irrlehre handelt. Diese Auffassung prägt übrigens auch die Aussagen in den reformatorischen Bekenntnissen. Das ist bemerkenswert. Denn damit ist einerseits gesagt, dass sich der Glaube der Muslime auf den einen und einzigen und damit gemeinsamen Gott bezieht, auch wenn dieser nach Auffassung Luthers falsch beschrieben und verehrt wird. Und es wird zugleich andererseits – aus heutiger Sicht gesehen – dem Islam die Anerkennung als eigenständige Religion versagt.

Wir stehen heute in einer anderen Situation. Was Luther über den Islam wusste, war literarisch und durch mündliche Berichte vermittelt. Luther hat vermutlich niemals selbst mit einem Muslim gesprochen und natürlich nie eine Moschee betreten. Heute leben wir mit Muslimen zusammen. Musliminnen und Muslime leben in Deutschland. Sie gehören zu Deutschland, und mit ihnen gehört auch der Islam zu Deutschland. Unser Bild wird davon bestimmt, was wir über die Situation in muslimisch geprägten Ländern erfahren und durch unsere Begegnungen und unser Zusammenleben mit Muslimen in unserem gewiss nach wie vor christlich geprägten Land. Wenn wir genau hinschauen, entdecken wir das, was der damalige Bundespräsident Johannes Rau beim Festakt zum 275. Geburtstag von Gotthold Ephraim Lessing im Jahr 2004 in Wolfenbüttel gesagt hat: »Uns sollte immer bewusst sein, dass es **das** Judentum so wenig gibt wie **den** Islam und so wenig wie **das** Christentum oder **die** westliche Welt.«[10] Wer genau hinschaut, wird auch erkennen, dass jede Religion Potentiale zur Toleranz und zur Intoleranz in sich trägt. Es wäre völlig unangemessen, den Islam als Religion der Intoleranz und das Christentum als Religion der Toleranz einander gegenüberzustellen. So findet sich etwa Luthers Aussage, dass es in der Religion keinen Zwang geben darf, wortwörtlich im Koran: »Es gibt keinen Zwang im Glauben.« (Sure 2,256) Oder die Mahnung zum Respekt vor dem Glauben anderer:

»Ihr Gläubigen, wenn ihr auf dem Weg Gottes wandert, sammelt erst einmal genug Wissen, und sagt zu keinem, der euch friedlich grüßt: ›Du bist kein

---

[9]   Martin Luther, Vorwort zum Libellus de ritu et moribus Turcorum (1530). Zitiert nach Athina Lexutt/Detlef Metz (Hg.), Christentum – Islam, Köln u.a. 2009, 175.

[10] http://www.bundespraesident.de/SharedDocs/Reden/DE/Johannes-Rau/Reden/2004/ 01/20040122_Rede.html, abgerufen am 20.04.2013.

Glaubender‹.« (Sure 4,94)[11] Selbstverständlich finden sich in den jeweiligen Traditionen auch völlig gegenläufige Aussagen. Entscheidend ist doch immer, wie diese Aussagen gewichtet werden und wie die jeweilige Religion gelebt wird. Und hier kann ein Dialog dazu führen, wenn er von Vertrauen und Respekt geprägt ist, sich auch gegenseitig auf der Grundlage der je eigenen Ansprüche zu befragen. Da mögen Christen Muslime fragen, was es für sie bedeutet, Andersgläubige zu respektieren. Und es mögen Muslime Christen fragen, was für sie das Gebot der Nächstenliebe und der Feindesliebe bedeutet. Als EKHN fördern und begrüßen wir alle Aktivitäten in unserer Kirche und in unseren Gemeinden, die Begegnungen und Gespräche ermöglichen. Einige Projekte möchte ich kurz beschreiben:

Seit einigen Jahren gibt es den »Tag des Dialogs«, an dem wir gemeinsam mit der Evangelischen Kirche von Kurhessen-Waldeck Gespräche mit Vertretern muslimischer Verbände führen. Bei der letzten Begegnung mit Vertretern der Türkisch-Islamischen Union der Anstalt für Religion (DITIB), der Islamischen Religionsgemeinschaft Hessen (IRH) und des Verbandes der Islamischen Kulturzentren (VIKZ) haben wir uns unter anderem mit den Aussagen Luthers über den Islam beschäftigt und unseren muslimischen Gesprächspartnern den historischen Zusammenhang und die Bedeutung dieser Aussagen heute erläutert. Im Blick auf aktuelle Fragen waren wir uns sehr einig, dass Aktivitäten und Positionen salafistischer Muslime in verschiedenen hessischen Städten nicht mit unserem gemeinsamen Verständnis von Toleranz zu vereinbaren sind. Unsere Gesprächspartner wiesen deutlich darauf hin, dass diese nicht in Übereinstimmung mit ihrem Verständnis des Islam sind.

In diesem Jahr hat der Runde Tisch deutscher und türkischer Medien im Rhein-Main-Gebiet sein fünfjähriges Bestehen gefeiert. Zusammen mit dem Bistum Limburg und der Quandt-Stiftung ist das Zentrum Ökumene Träger dieses Runden Tisches, der zu einem Dialog zwischen deutschen und türkischen Medien und zu einer kompetenten und sachlichen Berichterstattung beitragen möchte. Diese Form des Dialoges wurde in den letzten Jahren von der Hessischen Landesregierung als wichtiger Beitrag zum friedlichen Miteinander der Religionsgemeinschaften in unserer Gesellschaft sehr geschätzt. Nicht nur auf muslimischer Seite gerieten fundamentalistische Gruppen in die Schlagzeilen. Die Aufklärung der NSU-Morde hat gezeigt, wie tief der Rassismus gegenüber anderen Religionen und Kulturen noch immer in der deutschen Gesellschaft präsent ist und dass er zu radikalen Gewalttaten führen kann. Um dem entgegenzuwirken, fördern wir den christlich-islamischen Dialog auf allen Ebenen.

Mittlerweile ist durch die Arbeit des Zentrums Ökumene, durch die Arbeit der Fach- und Profilstellen für Ökumene mit interreligiösem Schwerpunkt, durch

---

[11]   Beide Koran-Zitate nach Rabeya Müller, Toleranz und Fundamentalismus aus muslimischer Perspektive, in: ZGP 31 (2013), 17–19.

die Konferenz für Islamfragen in der EKHN und manch andere Gremien ein Netzwerk von kompetenten Ansprechpartnern entstanden. Deren Kompetenz im interreligiösen Dialog wird inzwischen auch gerne außerhalb der Kirche von Nichtregierungsorganisationen, der Bundespolizei, Sozialämtern, Kommunen und Landesregierungen in Anspruch genommen.

Beim Dialog geht es vielfach nicht um theologische Theoriegespräche, sondern um Fragen des Zusammenlebens. Im Zentrum Ökumene wurde deshalb eine Orientierungshilfe für das Feiern gemeinsamer Feste, für die Praxis christlich-muslimischer Trauungen oder Beerdigungen erarbeitet. Diese Orientierungshilfe ist ein erster Versuch, theologisch und seelsorgerlich verantwortet auf Anfragen und Anforderungen aus Gemeinden heraus zu reagieren. Unterstützend sind wir als EKHN tätig bei der Ausbildung von muslimischen Krankenhaus- und Notfallseelsorgern. Hier kooperieren wir mit dem muslimischen Hilfswerk »Grüner Halbmond« in Frankfurt.

Wir begrüßen die Einführung des Islamischen Religionsunterrichtes an hessischen Schulen, und sind in Hessen und in Rheinland-Pfalz bereit, unter fachdidaktischen Gesichtspunkten beratend und unterstützend bei der Entwicklung der Curricula mitzuwirken. Bekenntnisorientierter Islamischer Religionsunterricht an den Schulen, der analog zu unserem Religionsunterricht gestaltet wird, wird mittel- und langfristig die Chance bieten, interreligiöse Begegnung und interreligiösen Dialog in bestimmten Phasen des Unterrichts an den Schulen einzuüben. Wir sehen darin eine große Chance, wirkliche religiöse Toleranz in unserer Gesellschaft zu fördern. Der Abschnitt über das Verhältnis zum Islam wäre unvollständig, wenn ich nicht zumindest darauf hinweisen würde, dass wir sehr genau die schwierige Situation der Christinnen und Christen in den Ländern des sogenannten arabischen Frühlings verfolgen. Mit großer Sorge sehen wir, dass und wie sich die Situation in Ägypten und vor allem im Kriegsland Syrien für Christen verschlechtert hat. In Ägypten stehen wir vor allem mit der Nil-Synode, einer evangelisch-reformierten Kirche, in Kontakt. Wir bezuschussen verschiedene christlich-islamische Dialogprojekte der Nil-Synode. Mit den Christinnen und Christen im Nahen Osten sind wir insbesondere über die Near East School of Theology in Beirut verbunden. An dieser ältesten evangelischen theologischen Hochschule im Nahen Osten wird für den Pfarrdienst in evangelischen Gemeinden in Syrien, im Libanon, in Jordanien, Palästina und im Irak ausgebildet. Da auch immer wieder Pfarrerinnen und Pfarrer aus der EKHN dort ihren Studienurlaub verbringen, sind zahlreiche Kontakte entstanden, über die es auch konkrete Unterstützung in Einzelfällen gibt. Die Situation in Ägypten und in Syrien wirkt hinein in den christlich-islamischen Dialog bei uns. Immer wieder erleben es Organisatoren von Dialogveranstaltungen, dass syrische und koptische Christen die Veranstaltungen sprengen oder bei Medienauftritten vor dem Islam warnen und sogar Koalitionen mit rechtsradikalen Gruppierungen eingehen. Wir sehen uns in zweifacher Weise herausgefordert: zum einen zur Solidarität mit den christlichen Schwestern und

Brüdern im Nahen Osten und zum anderen zur Förderung des friedlichen Zusammenlebens von Christen und Muslimen hier bei uns und im Nahen Osten.

Plurale Gesellschaft

Ich bin bewusst gedanklich – bezogen auf Konfessionen und Religionen – einen Weg von innen nach außen gegangen, um es anders zu sagen: von den Nahen zu den Fernen. Und es ist klar, dass damit hinsichtlich unserer Gesellschaft die Kreise noch nicht zu Ende gezogen sind. Es gibt neben dem Islam noch weitere Religionen und Weltanschauungsgemeinschaften in unserer Gesellschaft, und es gibt diejenigen, die von sich selbst sagen, sie seien Agnostiker oder Atheisten.

Zum Abschluss kehre ich zurück zu meinen einleitenden Gedanken. Ich denke, dass nach christlichem Verständnis Toleranz mehr sein sollte als ein bloßes Dulden oder Ertragen anderer Meinungen. Ein solches Dulden und Ertragen wäre letztlich bestimmt von dem Grundgedanken einer eigenen Überlegenheit. Und es würde Menschen anderer Konfession, anderer Religion, anderer Weltanschauungen den Respekt und auch das Recht auf die Anerkennung ihres persönlichen Bekenntnisses verweigern. Das ist etwas, was wir von anderen im Hinblick auf uns sicher in Anspruch nehmen würden. Ich will betonen: Respekt und Anerkennung bedeuten nicht Gleichmacherei, sondern sie halten gerade bleibende Unterschiede und Fremdheit aus.

Toleranz so zu verstehen, ist gut in dem begründet, was wir glauben. Wir glauben, dass der Gott, der sich für uns in Jesus Christus offenbart hat und der uns die Gewissheit unseres Glaubens geschenkt hat, der Schöpfer aller Menschen ist. Und wir glauben, dass sich sein Heilswillen und seine Liebe auf alle Menschen erstrecken. Wir glauben auch – und das ist die entscheidende reformatorische Einsicht gewesen –, dass der Glaube, durch den wir vor Gott gerecht sind, nicht Ergebnis unserer Entscheidung oder unserer Leistung ist. Dieser Glaube wurde und wird uns allein aus Gnade geschenkt durch das für uns unverfügbare Wirken des Heiligen Geistes. Gerechtfertigt wird der Mensch »nicht *auf Grund* des Glaubens, sondern *durch* den Glauben«.[12] Wenn dies so ist, dann bleibt es allein in der Verfügung Gottes, wie er seinen Heilswillen an allen anderen Menschen realisiert. Wir sind gefordert, das zu bezeugen und zu leben, was **wir** glauben. Dazu gehört der Glaube, dass wir unter dem Zuspruch und dem Anspruch der Wahrheit Gottes stehen. Wir müssen uns aber davor hüten, das, was wir über diese Wahrheit sagen und denken, mit dem Anspruch der Absolutheit als **seine** Wahrheit auszugeben. Und dazu gehört vor allem, allen unseren Mitmenschen –

---

[12]   REINHOLD BERNHARDT, Wahrheit in Offenheit. Der christliche Glaube und die Religionen. SEK Position 8. Hg. v. Schweizerischen Evangelischen Kirchenbund. o. O. 2007, 37.

auch und gerade mit ihren abweichenden Überzeugungen – so zu begegnen, wie wir sie im Lichte Gottes sehen. Das heißt, dass wir auch sie als seine geliebten Kinder sehen, die getragen werden von seiner Güte und Liebe und bestimmt sind zu seinem Heil. Das ist die Wahrheit, die für uns Christus ist, und auf deren Weg, diese Wahrheit in Nächsten- und Feindesliebe zu leben, er uns gewiesen hat.[13]

Durch unseren Glauben sind wir gestärkt und herausgefordert, mit diesem Verständnis von Toleranz unsere Gesellschaft mitzugestalten – wohl wissend, dass in einer pluralen Gesellschaft bestimmt nicht alle dieses Verständnis teilen. Deshalb geht es in einer pluralen Gesellschaft darum, immer eine Mehrheit zu finden, die akzeptiert, dass alle Menschen die gleiche Würde und das gleiche Recht auf Teilhabe am Leben haben. Das bedeutet zugleich: Wir brauchen einen Konsens darüber, dass nicht toleriert werden kann, wo dies angegriffen wird. Um der Toleranz willen kann nicht toleriert werden, wenn Menschen aufgrund ihrer Herkunft, ihrer Religion, ihrer Weltanschauung oder aus irgendeinem anderen Grund das Lebensrecht oder das Recht auf Teilhabe an einer Gesellschaft bestritten wird. Ein solcher Konsens ist das Grundgesetz und die darin enthaltene Verpflichtung, die Menschenwürde und die Menschenrechte zu wahren. Diesen Konsens gilt es immer wieder neu zu bewahren und zu bewähren. Daran wollen wir mitwirken.

In einer pluralen, multireligiösen Gesellschaft braucht es gute Formen des Miteinanders der Religionen und des interreligiösen Gesprächs. Ein »Rat der Religionen«, wie wir ihn in Frankfurt haben, ist ein wichtiger Beitrag, um gemeinsam Gesellschaft zu gestalten. Der Direktor des Berliner Missionswerkes Roland Herpich hat treffend formuliert: »Interreligiöses Gespräch ist mehr als das Gespräch der ›Dialogiker‹ aller Völker und Religionen, die sich ohnehin verstehen und in Kreisen Gleichgesinnter sammeln und verständigen. Interreligiöses Gespräch ist ein Beitrag der Glaubenden aller Religionen für die Liebe Gottes, für eine Welt in Frieden und Gerechtigkeit. Hier gilt es, einander ernst zu nehmen, ohne Zwang, ohne Vorurteile, ohne Bekehrungsabsichten.«[14]

Zu dem Beitrag, den wir leisten können, gehört deshalb auch, dass wir uns selbst darum mühen, Toleranz so zu leben, wie wir es für gut halten – das gilt auch innerchristlich im Verhältnis der unterschiedlichen Bekenntnisorientierungen und Konfessionen, aber auch in unserer Kirche und in unseren Gemeinden. Eine große, sehr konkrete Herausforderung, die uns in nächster Zeit intensiver beschäftigen wird, ist die Frage, ob wir uns vorstellen können, Menschen anderer Konfessionen, Religionen und Weltanschauungen zur Mitarbeit in unserer Kirche und unserer Diakonie einzuladen. Können wir uns vorstellen, nicht nur *Kirche*

---

[13]   In diesem Sinn ist meines Erachtens Joh 14,6 zu verstehen und nicht als erkenntnistheoretische Begründung einer absoluten Wahrheit.

[14]   Roland Herpich, Den Toleranzbegriff entwickeln und leben. Toleranz und Mission im interreligiösen Dialog, ZGP 31 (2013), 12–15, 15.

für andere zu sein, sondern auch *Kirche mit anderen?* Dulden und Ertragen wir dies nur, wenn es keine anderen Möglichkeiten gibt? Oder können wir es auch wollen und akzeptieren? Das Thema interkulturelle und interreligiöse Öffnung in den Arbeitsverhältnissen ist ein Prüfstein für unser Verständnis von Toleranz. Ich weiß: Hier ist manches rechtlich und theologisch zu bedenken. Aber ich sage auch: gerade aus unserem Glauben heraus sollten wir mehr Mut und Gestaltungskraft haben und nicht warten, bis wir von außen gedrängt werden, das zu tun, was wir anderen unter den Stichwörtern Toleranz und Integration nahelegen. Und wäre es nicht auch theologisch ein wichtiges Zeichen, in den eigenen Strukturen und Arbeitsverhältnissen etwas von Gottes Einladung an alle Menschen abzubilden und erfahrbar zu machen?

Ich habe in diesem Jahr – ohne es exegetisch zu vertiefen – für meinen Bericht das Motto gewählt: »Friede denen in der Ferne und denen in der Nähe«. Dies habe ich in dem Glauben getan, dass unser Gott ein Gott des Friedens ist – des Friedens für alle Menschen. Und deshalb schließe ich diesmal mit der Bitte aus dem Lobgesang des Zacharias: »Richte unsere Füße auf den Weg des Friedens.« (Lk 1,79)

Ich danke Ihnen für Ihre Aufmerksamkeit

»Gebt dem Kaiser, was des Kaisers ist, und Gott, was Gottes ist!«

Markus 12,17 [2014]
Zum Themenjahr »Reformation und Politik«

Sehr geehrter Herr Präses, hohe Synode!

Für meinen Bericht greife ich in diesem Jahr wiederum das Thema der Reformationsdekade auf. Das Thema dieses Jahres ist »Reformation und Politik«. Es ist für mich der Impuls zu einer aktuellen Standortbestimmung. Ich frage: Wie ist das Verhältnis unserer evangelischen Kirche zur Politik heute in Deutschland?

Eine Standortbestimmung im Jahr 2014 ist mit dem Blick auf wichtige Ereignisse verbunden: Vor 100 Jahren begann der 1. Weltkrieg, vor 75 Jahren der 2. Weltkrieg, vor 25 Jahren erlebten wir die friedliche Revolution, die zum Fall der Mauer führte. Mit der Erinnerung an diese Ereignisse ist zugleich der Blick auf unterschiedliche politische Systeme verbunden und damit eben auch auf höchst unterschiedliche Bedingungen für die Kirchen.

Ich beginne deshalb mit einer biblisch-theologischen und historisch-theologischen Betrachtung zu den Grundfragen des Verhältnisses von Kirche und Politik. Dann folgen drei Abschnitte, in denen es erstens um das derzeitige grundsätzliche Ja zur freiheitlich-demokratischen Grundordnung und zur sozialen Marktwirtschaft geht, zweitens um die Frage, wie wir als Kirche in diesen Ordnungen agieren, und drittens, welche Inhalte uns zurzeit besonders beschäftigen.

Einführung: Biblisch-theologische und historisch-theologische Standortbestimmung

Am Anfang steht eine Szene aus dem Neuen Testament: »Und sie kamen und sprachen zu ihm: Meister, wir wissen, dass du wahrhaftig bist und fragst nach niemand; denn du achtest nicht das Ansehen der Menschen, sondern du lehrst den Weg Gottes recht. Ist's recht, dass man dem Kaiser Steuern zahlt oder nicht? Sollen wir sie zahlen oder nicht zahlen? Er aber merkte ihre Heuchelei und sprach zu ihnen: Was versucht ihr mich? Bringt mir einen Silbergroschen, dass ich ihn sehe! Und sie brachten einen. Da sprach er: Wessen Bild und Aufschrift ist das?

Sie sprachen zu ihm: Des Kaisers. Da sprach Jesus zu ihnen: So gebt dem Kaiser, was des Kaisers ist, und Gott, was Gottes ist! Und sie wunderten sich über ihn.«[1]

Die Szene führt mitten hinein in – wie wir heute zu sagen pflegen – »vermintes Gelände«. Es geht um Politik, und wo es um Politik geht, geht es auch immer um Geld. Die Frage zielt darauf, das Verhältnis Jesu zur Macht zu enttarnen. Die Frage ist so gestellt, dass man sie mit einem klaren Ja oder einem klaren Nein beantworten kann. Beide Antworten sind allerdings in der damaligen Situation problematisch. Das klare Ja bedeutet ein uneingeschränktes Ja zur römischen Besatzungsmacht. Es würde nicht nur auffordern, die römische Besatzungsmacht anzuerkennen, sondern auch den göttlichen Machtanspruch ihres Kaisers. Die Aufschrift auf dem Silbergroschen jener Tage, den auf der einen Seite das Porträt des Kaisers Tiberius ziert, lautet:»Kaiser Tiberius, des göttlichen Augustus anbetungswürdiger Sohn«. Auf der anderen Seite war die Kaiserinmutter Livia zu sehen. Die Aufschrift wird dort mit den Worten weitergeführt: »Oberster Priester«.[2] Das klare Nein ist ebenso problematisch. Es wäre gleichbedeutend mit dem Aufruf zur Revolution. Jesus sagt an anderer Stelle: »Eure Rede aber sei: Ja, ja; nein, nein. Was darüber ist, ist vom Übel.«[3] Aber hier verweigert er das klare Ja oder Nein. Was macht er stattdessen? Er stellt einfach fest, was Sache ist. Es gibt einen Anspruch der weltlichen Macht, und es gibt den Anspruch Gottes. Beides ist anzuerkennen. Mit der Antwort grenzt er sich aber zugleich zweifach ab. Jesus macht damit deutlich, dass sein »Programm« nicht das Programm einer theokratischen Weltgestaltung ist, das heißt der unmittelbaren Umsetzung göttlichen Willens in weltliche Macht. Und er bestreitet der weltlichen Macht, sich selbst als göttlich ausgeben zu dürfen. Es bleibt eine Spannung, die implizit allerdings einen Letztgehorsam gegenüber Gott kennt, der über weltlicher Macht steht. »Man muss Gott mehr gehorchen als den Menschen«, heißt es dann in der Apostelgeschichte.[4] Abstrakter ausgedrückt kann gesagt werden: Mit seiner Antwort vermeidet Jesus, Religiöses zu politisieren, und bestreitet eine religiöse Überhöhung des Politischen.

Der deutsche Historiker Heinrich August Winkler hält diese Szene für eine Schlüsselszene in der Geschichte der westlichen Welt:»Die Gegenüberstellung von Gott und Kaiser lief nicht auf Äquidistanz, also auf gleichen Abstand zu beiden hinaus, ebensowenig auf Gleichrangigkeit. Der absolute Vorrang Gottes stand für den Antwortenden außer Frage. Seine Replik schloss aber eine Absage an jede Art von Theokratie oder Priesterherrschaft ein. Die Ausdifferenzierung von göttlicher und irdischer Herrschaft bedeutete die Begrenzung *und* Bestäti-

---

[1] Markus 12,14–17.

[2] JOACHIM GNILKA, Das Evangelium nach Markus 2. Teilband. Mk 8,27–16,20, EKK II,2, Zürich u.a., 1979, 153.

[3] Matthäus 5,37.

[4] Apostelgeschichte 5,29.

gung der letzteren: Begrenzung, da ihr keine Verfügung über die Sphäre des Religiösen zugestanden wird; Bestätigung, da der weltlichen Gewalt Eigenständigkeit zukommt. Das war noch nicht die Trennung von geistlicher und weltlicher Gewalt; diese wurde erst rund tausend Jahre später vollzogen. Aber die Antwort auf die Fangfrage war doch die Verkündigung eines Prinzips, in dessen Logik die Trennung lag.«[5]

Bis zur Trennung war es in der Tat ein langer Weg. Für das Mittelalter sei hier nur das Ringen zwischen Kaiser und Papst im sogenannten Investiturstreit genannt. Die Reformation positionierte sich mit der Unterscheidung der zwei Regierweisen Gottes deutlich. Luther unterschied zwischen dem weltlichen Regiment und dem geistlichen Regiment. Das weltliche Regiment führte die weltliche Obrigkeit, das geistliche Regiment die Kirche. Das weltliche Regiment hatte für Ordnung und Frieden zu sorgen, das geistliche Regiment hatte das Evangelium zu verkündigen und die Sakramente zu verwalten. Was hier von Luther und auch anderen Reformatoren unterschieden war, war gleichwohl im praktischen Vollzug nicht getrennt. Die Landesherren waren zugleich oberste Herren der Kirche in ihrem Herrschaftsbereich. Klar war dabei allerdings, dass sie in dieser bischöflichen Funktion und in ihrer weltlichen Funktion Gott verantwortlich waren. Das sogenannte landesherrliche Kirchenregiment prägte die Situation in Deutschland bis zum Ende des 1. Weltkrieges – die Kirchen waren gleichsam Staatskirchen. Und wenn wir in diesem Jahr an den Ausbruch des 1. Weltkrieges erinnern, dann sehen wir zugleich, wie sehr die Kirchen geradezu blind und ohne jede kritische Distanz zum Staat in das allgemeine Kriegsgeschrei einstimmten und die Waffen segneten. Besonders abschreckend ist etwa eine Äußerung wie die des Berliner Theologieprofessors Reinhold Seeberg, der bis 1918 die These vertrat, wer im Zuge der Verteidigung des Vaterlandes einen belgischen Soldaten erschießt, vollstrecke an ihm das Werk der Nächstenliebe Christi.[6] Die Niederlage und die Neuorientierung wurden im Protestantismus weitgehend als Katastrophe erlebt. In den Jahren der Weimarer Republik wurde deutlich, dass ein großer Teil des deutschen Protestantismus der Demokratie kritisch bis ablehnend gegenüberstand. Die verfassungsrechtlichen Entscheidungen jedoch, die damals mit der Weimarer Reichsverfassung getroffen wurden, prägen das Verhältnis zum Staat bis heute. Es gilt die Trennung von Kirche und Staat und die Absage an eine Staatskirche. Zugleich wurde den Kirchen der Status von Körperschaften des öffentlichen Rechtes eingeräumt und ihnen zugestanden, ihre Angelegenheiten in den Schranken des geltenden Rechtes eigenständig zu regeln. Sie erhielten das Recht, Steuern zu erheben, alte Rechtsansprüche wurden in den sogenannten

---

[5]   Heinrich August Winkler, Geschichte des Westens. Von den Anfängen in der Antike bis zum 20. Jahrhundert, München 2009, 34–35.

[6]   Der Hinweis stammt von Christoph Markschies. S. hierzu: http://www.ekbo.de/nach richten/1089825, abgerufen am 05.05.2014.

Staatsleistungen fixiert, von denen es freilich in der Verfassung heißt, dass sie abzulösen sind. Die Regelung der Sonn- und Feiertage wurden erhalten. Der Religionsunterricht und die Theologie an den Hochschulen gehören zu den gemeinsamen Aufgaben *(res mixtae)*.

Eine neue Situation entstand mit der Machtübernahme der Nationalsozialisten und dem totalitären Zugriff auf alle Lebensbereiche. Der Versuch, diesem Zugriff theologisch entgegenzutreten, jährt sich in diesem Jahr zum 80. Mal. In der Barmer Theologischen Erklärung wurde deutlich formuliert, dass einerseits die Obrigkeit in ihrer Funktion zu akzeptieren, zugleich aber der totalitäre Anspruch zurückzuweisen sei. Der Staat darf sich nicht an die Stelle Gottes setzen, und die Kirche darf nicht – wie in der sogenannten Gleichschaltung intendiert – zu einem Organ des Staates werden.[7]

Nach 1945 wurden die staatskirchenrechtlichen Grundsätze der Weimarer Verfassung in das Grundgesetz übernommen. Das Verhältnis der Kirchen zur Demokratie änderte sich. Hierzu gleich mehr im nächsten Abschnitt.

Bevor ich aber mit dem nächsten Abschnitt beginne, ein kleiner Hinweis zum Gliederungsprinzip der folgenden Abschnitte. Um das gegenwärtige Verhältnis von Kirche und Politik differenziert zu betrachten, orientiere ich mich an einer Aufgliederung des Politikbegriffs, der aus der angelsächsischen Politikwissenschaft stammt und mittlerweile Standard ist. Hier wird unterschieden zwischen *polity* – das sind die rechtlichen Rahmenbedingungen, *politics* – das sind die Entscheidungsprozesse, und *policy* – das sind die Inhalte.

---

[7] Die einschlägige 5. Barmer These lautet wörtlich: »Fürchtet Gott, ehrt den König. (1. Petr 2,17)
Die Schrift sagt uns, daß der Staat nach göttlicher Anordnung die Aufgabe hat, in der noch nicht erlösten Welt, in der auch die Kirche steht, nach dem Maß menschlicher Einsicht und menschlichen Vermögens unter Androhung und Ausübung von Gewalt für Recht und Frieden zu sorgen. Die Kirche erkennt in Dank und Ehrfurcht gegen Gott die Wohltat dieser seiner Anordnung an. Sie erinnert an Gottes Reich, an Gottes Gebot und Gerechtigkeit und damit an die Verantwortung der Regierenden und Regierten. Sie vertraut und gehorcht der Kraft des Wortes, durch das Gott alle Dinge trägt. Wir verwerfen die falsche Lehre, als solle und könne der Staat über seinen besonderen Auftrag hinaus die einzige und totale Ordnung menschlichen Lebens werden und also auch die Bestimmung der Kirche erfüllen. Wir verwerfen die falsche Lehre, als solle und könne sich die Kirche über ihren besonderen Auftrag hinaus staatliche Art, staatliche Aufgaben und staatliche Würde aneignen und damit selbst zu einem Organ des Staates werden.«

1. Ein grundsätzliches Ja zum Ordnungs- und Wirtschaftsgefüge (Polity)

1.1 Freiheitlich-demokratische Grundordnung

Dass die Kirchen in Deutschland grundsätzlich Ja zur freiheitlich-demokratischen Grundordnung sagen, klingt in unseren Ohren wie eine Selbstverständlichkeit, die eigentlich nicht besonders erwähnt werden muss. Das Ja hat allerdings auch seine Zeit gebraucht. Das macht gerade in diesem Jahr die Erinnerung an den 1. Weltkrieg und den daran anschließenden Umbruch deutlich. Die evangelische Kirche hat kein Lehramt. Deshalb dürfen auch die Denkschriften der EKD in dieser Hinsicht nicht überbewertet werden. Es sei trotzdem daran erinnert, dass das Ja zur Demokratie in dieser Kategorie von Texten erstmals 1985 in der sogenannten Demokratiedenkschrift ausgesprochen wurde. Dort heißt es:»Als evangelische Christen stimmen wir der Demokratie als einer Verfassungsform zu, die die unantastbare Würde der Person als Grundlage anerkennt und achtet. Den demokratischen Staat begreifen wir als Angebot und Aufgabe für die politische Verantwortung aller Bürger und so auch für evangelische Christen. In der Demokratie haben sie den von Gott dem Staat gegebenen Auftrag wahrzunehmen und zu gestalten.

Die evangelische Kirche vertritt aus Gründen des Glaubens heute so wenig, wie sie das in der Geschichte getan hat, eine abstrakte, allgemeine Staatstheorie. Als in besondere Verantwortung gestellte Glieder der Kirche treten wir aber dafür ein, unsere demokratische Staatsform als ein Angebot an die politische Verantwortung anzunehmen. Wir wollen daran mitwirken, daß der Staat nach menschlicher Einsicht und menschlichem Vermögen auf demokratische Weise dem gerecht wird, was ihm nach Gottes Willen aufgegeben ist.«[8]

Der innere Bezug der evangelischen Kirche zur Demokratie hatte sich allerdings längst weiterentwickelt. In der evangelischen Kirche selbst wurden – insbesondere auch durch die synodale Arbeit – demokratische Entscheidungsstrukturen gepflegt. Eine besondere Bedeutung gewann dies in der ehemaligen DDR. Nicht wenige sagen, dass es gerade die evangelische Kirche war, in der sie Demokratie lernten. Die Kirche hat damit und durch die Förderung vieler Initiativen in der Vorwendezeit einiges dazu beigetragen, dass wir in diesem Jahr an den Fall der Mauer vor 25 Jahren erinnern können. Es sei bereits darauf hingewiesen, dass im kommenden Jahr, zum 25-jährigen Jubiläum der Wiedervereinigung, die zentrale Feier hier in Frankfurt stattfinden wird. Dazu wird auch ein ökumenischer Gottesdienst gehören.

---

[8] Kirchenamt der EKD (Hg.), Evangelische Kirche und freiheitliche Demokratie. Der Staat des Grundgesetzes als Angebot und Aufgabe. Eine Denkschrift der Evangelischen Kirche in Deutschland, Gütersloh 1985, 12.

Die besondere Rolle, die die Kirche in der ehemaligen DDR hatte, macht deutlich, wie wichtig es ist, dass sie sich nicht ins unpolitische Privat-Persönliche zurückzieht. Auch wenn sich die Hoffnung vielfach nicht erfüllt hat, dass dies eine besondere Bindung an die Kirche bewirken würde. Gerade im Verhältnis zum Staat gilt, dass die Kirche unabhängig von möglichen institutionellen Folgen ihrem Auftrag treu bleibt und sich daran orientiert, was dem Evangelium gemäß ist. Das Gegenüber zum Staat geht in der parlamentarischen Demokratie einher mit einer grundsätzlichen Akzeptanz der Demokratie, deren Prinzipien in der evangelischen Kirche auch für ihre eigenen Entscheidungsprozesse gelten. Damit Demokratie weiter akzeptiert wird, muss sie nicht nur überzeugend gestaltet und gelebt, sondern auch weiterentwickelt werden.

Ich sehe dabei zurzeit als wichtige Aufgabe in Staat und Kirche, Beteiligungsprozesse besser zu gestalten und diese mit den Regelstrukturen zu verknüpfen. Der Wunsch vieler nach Beteiligung an grundlegenden Entscheidungen muss aufgegriffen werden. Zugleich wissen wir, dass Beteiligungsprozesse nicht unbegrenzt möglich sind, wenn Ergebnisse erzielt werden sollen.

Ein Beispiel, das uns unmittelbar betrifft: Nach der Entscheidung über unsere Lebensordnung wurde in manchem kritischen Brief noch weitere Beteiligung angemahnt. Dies wäre aber nicht angemessen gewesen, denn Beteiligung war zuvor über viele Jahre hinweg möglich.

Auf staatlicher Seite besteht – neben der wirkungsvollen Gestaltung von Beteiligungsprozessen etwa bei Großprojekten – eine besondere Aufgabe darin, Demokratie in Europa weiterzuentwickeln. Ich habe den Eindruck, dass vielen zu wenig bewusst ist, dass es der europäische Gedanke war, der den Frieden in Europa gesichert hat und wirtschaftlichen und sozialen Fortschritt gebracht hat. Deshalb muss Europa meines Erachtens demokratisch gestärkt werden. Ein wichtiger Schritt dazu ist es, das Wahlrecht bei der anstehenden Europawahl auch auszuüben. Ich bitte unsere Kirchenmitglieder: Nehmen Sie dieses Wahlrecht in christlicher Verantwortung wahr!

Gerade aus einer europäisch geweiteten Perspektive heraus fällt mir immer wieder auf, dass sich die Grundstrukturen des Staatskirchenrechtes – und heute müsste man pluralistisch geöffnet besser von Religionsverfassungsrecht sprechen – in unserem Land bewährt haben. Staat und Kirchen sind seit 1918 getrennt, und das ist gut so. Sie sind aber in bestimmter Weise aufeinander bezogen. Nicht als gleichberechtigte Kooperationspartner – wie das noch bis in die 1960er Jahre hinein gelehrt wurde. Nein, sie sind in ganz qualifizierter Weise aufeinander bezogen. Die Kirchen sind freiheitsberechtigte Akteure innerhalb der demokratischen Verfassungsordnung. Diese Stellung ermöglicht es Kirchen und anderen Religionsgemeinschaften, den in ihrem Selbstverständnis begründeten Verkündigungsauftrag öffentlich in Wort und Tat zu erfüllen und zugleich die Gesellschaft mitzugestalten. Sie sind unverzichtbarer Teil einer demokratischen Gesellschaft, die geistige, weltanschauliche, soziale und organisatorische Pluralität als Reichtum und als notwendige Ressource ansieht. Damit erkennt der Staat an, dass er von Voraussetzungen lebt, die er selbst nicht schaffen kann. Mehr noch: Ein demokratischer Staat, der Pluralität schätzt und schützt, ist darauf angewiesen, dass um der Freiheit der pluralen Lebensgestaltung willen von Kirchen und anderen Trägern subsidiär Aufgaben übernommen werden.

Ein solches Verständnis findet sich nahezu gleichlautend im Koalitionsvertrag der neuen Bundesregierung und der neuen Hessischen Landesregierung. Um der Ausgewogenheit willen wären beide es wert, zitiert zu werden. Ich beschränke mich auf ein Zitat aus dem hessischen Koalitionsvertrag. Den Text aus dem Koalitionsvertrag der Bundesregierung finden Sie aber zum Nachlesen in den Anmerkungen der schriftlichen Fassung dieses Berichts. Im aktuellen hessischen Koalitionsvertrag heißt es: »Kirchen, Religionsgemeinschaften und religiöse Vereinigungen bieten den Menschen Orientierung und bereichern das gesellschaftliche Leben und den Zusammenhalt unserer Gesellschaft. [...] Die christlichen Kirchen und ihre Wohlfahrtsverbände leisten einen unverzichtbaren sozialen und kulturellen Beitrag zum Gemeinwesen. Sie prägen aus ihrem Fundament heraus ethisches Empfinden und Bewerten in unserer Gesellschaft und tragen dazu bei, dass Menschen Orientierung finden. Sie entlasten den Staat in seinen sozialstaatlichen Aufgaben durch die Motivation und Begleitung freiwillig engagierter Menschen sowie durch erhebliche Eigenmittel. [...] Wir vertrauen darauf, dass die christlichen Kirchen Partner und kritische Mahner zugleich bleiben. Gesellschaftliche Debatten über die besondere Stellung der Kirchen in unserem Land werden wir ebenfalls im vertrauensvollen Dialog mit den Kirchen erörtern.«[9]

---

[9] Verlässlich gestalten – Perspektiven eröffnen. Hessen 2014 bis 2019. Koalitionsvertrag zwischen der CDU Hessen und Bündnis 90/Die Grünen Hessen für die 19. Wahlperiode des Hessischen Landtages 2014–2019, 98 f.

Die einschlägige Passage im Koalitionsvertrag der Bundesregierung lautet:

»Wir werden den Dialog mit den christlichen Kirchen, Religionsgemeinschaften und religiösen Vereinigungen sowie den freien Weltanschauungsgemeinschaften intensiv pflegen. Sie bereichern das gesellschaftliche Leben und vermitteln Werte, die zum Zusammenhalt unserer Gesellschaft beitragen. Wir bekennen uns zum Respekt vor jeder Glaubensüberzeugung. Auf der Basis der christlichen Prägung unseres Landes setzen wir uns für ein gleichberechtigtes gesellschaftliches Miteinander in Vielfalt ein. Die christlichen Kirchen und ihre Wohlfahrtsverbände sind in vielen Bereichen unserer Gesellschaft unverzichtbar, nicht zuletzt im Bildungs-, Gesundheits- und Sozialbereich, bei der Betreuung, Pflege und Beratung von Menschen sowie in der Kultur. Zahlreiche Leistungen kirchlicher Einrichtungen für die Bürgerinnen und Bürger sind nur möglich, weil die Kirchen im erheblichen Umfang eigene Mittel beisteuern und Kirchenmitglieder sich ehrenamtlich engagieren. Wir halten daher auch am System der Kirchensteuern fest, damit die Kirchen Planungssicherheit haben. Nur so können sie die eigenfinan-

Ich freue mich über diese Positionierung. Unsere Kirche wird darin als verlässliche Kooperationspartnerin und als kritische Mahnerin anerkannt und geschätzt. Das entspricht unserem Selbstverständnis. Wir werden alles dransetzen, diese Erwartungen nicht zu enttäuschen.

1.2 Soziale Marktwirtschaft

Das viel beachtete ökumenische Sozialwort »Für eine Zukunft in Solidarität und Gerechtigkeit« aus dem Jahr 1997 erinnert an das grundsätzliche Ja zur freiheitlich-demokratischen Grundordnung und verknüpft es mit dem Ja zur Sozialen Marktwirtschaft. Die aktuelle ökumenische Sozialinitiative schließt daran an. Sie unterstreicht allerdings deutlich, dass die Soziale Marktwirtschaft weiterentwickelt werden muss, und zwar in dreifacher Hinsicht: sozial, global und ökologisch.

Die neue Sozialinitiative ist ein wichtiges ökumenisches Signal in die Gesellschaft hinein. Sie ist kein neues Sozialwort. Je nach Standpunkt gilt sie den einen als zu wirtschaftsfeindlich, den anderen als zu wirtschaftsfreundlich. Sie ist bewusst darauf angelegt, jetzt weiter diskutiert zu werden. Ich ermutige ausdrücklich dazu.

Im vergangenen Jahr wurde insbesondere der evangelischen Kirche eine latente Wirtschaftsfeindlichkeit unterstellt. Wer das meinte, musste überrascht feststellen, dass Papst Franziskus die evangelische Wirtschaftskritik links überholte, indem er markant formulierte: »Diese Wirtschaft tötet.«[10] Auf diese Äußerung des Papstes wird nun auch gerne von denen verwiesen, die von der ökumenischen Sozialinitiative in Deutschland eine fundamentale Systemkritik erwartet hatten.

Ich persönlich teile die Einschätzung der Sozialinitiative, die besagt: »Nur eine verantwortlich gestaltete Marktwirtschaft ist geeignet, den Wohlstand hervorzubringen, der erforderlich ist, um für alle Menschen ein Leben in Gerechtigkeit,

---

zierten Leistungen zum Wohle der Bürgerinnen und Bürger unseres Landes weiter sicherstellen. Zugleich wollen wir die kirchlichen Dienste weiter unterstützen. Dabei achten wir die kirchliche Prägung der entsprechenden Einrichtungen. ... Eine offene Gesellschaft bietet im Rahmen der Verfassungsordnung allen Religionen den Freiraum zur Entfaltung ihres Glaubens. Das bewährte Staatskirchenrecht in unserem Land ist eine geeignete Grundlage für eine partnerschaftliche Zusammenarbeit mit den Religionsgemeinschaften.«
Deutschlands Zukunft gestalten. Koalitionsvertrag zwischen CDU, CSU und SPD. 18. Legislaturperiode, 79–80.

[10]   PAPST FRANZISKUS, Die Freude des Evangeliums. Das Apostolische Schreiben »Evangelii gaudium« über die Verkündigung des Evangeliums in der Welt heute, Freiburg 2013, 95.

Frieden und Freiheit zu ermöglichen.«[11] Das ist die Aufforderung zu einer realistischen Einschätzung. Es geht weder darum, die Soziale Marktwirtschaft mit religiösen Heilserwartungen zu überlasten, noch kann es darum gehen, den völligen Rückzug der Kirche aus unserem Wirtschaftssystem zu fordern. Kirchen sind Teil des Systems und müssen zugleich kritisches Gegenüber sein. Weder Entweltlichung noch Verweltlichung sind der richtige Weg. Deshalb ist es nötig, immer wieder selbstkritisch die eigene Rolle zu betrachten. Und es ist nötig, die Grundfragen zu stellen, die helfen, dass die Wirtschaft nicht Selbstzweck wird, sondern den Menschen dient. Das greife ich im dritten Abschnitt auf, in dem ich dann auch sage, was meines Erachtens inhaltlich in der Sozialinitiative zu schwach ausgeprägt ist.

2. Mitwirken in Entscheidungsprozessen (Politics)

Jede und jeder von uns gestaltet unser Gemeinwesen mit – durch das, was wir tun, und durch das, was wir nicht tun. Die freiheitlich-demokratische Grundordnung lebt davon, dass Menschen sie mit ihren Wahlentscheidungen ausgestalten. Und sie lebt auch vom besonderen Engagement derer, die bereit sind, sich ehrenamtlich oder auch hauptamtlich politisch zu engagieren. Nicht wenige Politikerinnen und Politiker tun dies mit christlicher Motivation und mit christlicher Überzeugung. Sie tun dies in unterschiedlichen Parteien. Und man kann sicher nur unterstreichen, dass dies gut so ist, weil es in vielen Fragen nicht die christliche Politik gibt, sondern es durchaus unterschiedliche, christlich verantwortete Handlungsoptionen geben kann. Dabei ist nicht alles möglich. Für nicht vereinbar mit dem christlichen Glauben halte ich Parteiprogramme, die Menschen rassistisch oder in anderer Weise diskriminieren. Dies ist meines Erachtens bei der NPD der Fall.

Durch Menschen, die sich selbst als Christinnen und Christen verstehen, wird unsere Gesellschaft christlich mitgestaltet. Ich wünsche mir, dass wir sie und alle anderen, die politisch tätig sind, und vor allem diejenigen, die in Ämtern in Regierung und Opposition Verantwortung tragen, auch mit unseren Gebeten begleiten. Das »Gebet für die Obrigkeit« ist tief verankert in der christlichen Tradition, und es kann in der freiheitlich-demokratischen Grundordnung nicht nur das Gebet für die Regierenden sein, sondern eben für alle, die sich politisch engagieren. Ich weiß, dass dies in vielen unserer Gemeinden zur guten Tradition gehört, und bin froh darum. Was hier über diejenigen gesagt ist, die Politik

---

[11]   Evangelische Kirche in Deutschland / Sekretariat der Deutschen Bischofskonferenz (Hg.), Gemeinsame Verantwortung für eine gerechte Gesellschaft. Initiative des Rates der Evangelischen Kirche in Deutschland und der Deutschen Bischofskonferenz für eine erneuerte Wirtschafts- und Sozialordnung, Hannover/Bonn 2014, 17.

machen, gilt natürlich für alle anderen auch, die unsere Gesellschaft in der Wirtschaft, in den Medien, der Justiz, der Wissenschaft, im Gesundheitswesen, in Bildung und Erziehung und in vielen anderen Bereichen mitgestalten. Es gehört auch zum Erbe der Reformation, dies als weltliches Geschäft zu sehen, es aber zugleich auch als Gottesdienst und als Dienst an den Menschen zu begreifen – sehr wohl wissend, dass wir alles, was wir tun, vor Gott zu verantworten haben. In diesem Sinn der Begleitung pflegen wir als EKHN unterschiedliche Gesprächskontakte zu Politikerinnen und Politikern, zu den Gewerkschaften und zu den Unternehmerverbänden, zur Polizei und zur Bundeswehr, zu den Sportverbänden und vielen anderen staatlichen Institutionen und zivilgesellschaftlichen Akteuren. Dies geschieht auf gesamtkirchlicher Ebene, aber auch in den Dekanaten und Gemeinden.

Ich habe nun kurz eine gewissermaßen individuelle Form der Beteiligung am politischen Geschehen dargestellt: Menschen, die sich oft aus christlicher Motivation heraus in wichtigen Bereichen unserer Gesellschaft engagieren. Im nächsten Schritt geht es mir jetzt um die Frage der institutionellen Beteiligung der Kirche im politischen Geschehen. Hier möchte ich zwischen zwei Gesichtspunkten unterscheiden. Zum einen: Wir haben als Kirchen Aufgaben übernommen. Wir sind inhaltlich für den Religionsunterricht verantwortlich und stehen ein für die Bekenntnisorientierung der Theologie an den Hochschulen. In der Evangelischen Hochschule Darmstadt qualifizieren wir für verschiedene soziale Berufe. Unsere Schulen sind regional dort, wo sie Lücken füllen. In Bad Marienberg, wo in unserem Gymnasium vor wenigen Wochen die ersten Abiturientinnen und Abiturienten verabschiedet wurden, konnte in der Region durch unsere Schule die Zahl der Schülerinnen und Schüler, die ein Gymnasium besuchen, deutlich gesteigert werden. Das ist ein Beitrag zu mehr Bildungsgerechtigkeit. Unsere Gemeinden und Dekanate sind Träger von Kindertagesstätten und anderen Einrichtungen (Beratungsstellen, Qualifizierungseinrichtungen). Manches geschieht hier in enger Kooperation mit der Diakonie. Die regionalen diakonischen Werke und die Familienbildungsstätten tragen mit ihrer Beratungsarbeit in vielfältiger Weise zur Daseinsvorsorge bei. Die großen diakonischen Träger betreiben Krankenhäuser und Pflegeeinrichtungen. Realisiert wird hier das bereits erwähnte, für die Gestaltung unseres Gemeinwesens so wichtige Subsidiaritätsprinzip. Es ist zwar als solches nicht explizit in der Verfassung verankert, aber es ist einer der Grundgedanken unseres Sozialstaates. Der Staat überlässt, sofern er kann, anderen, freien Trägern die Daseinsvorsorge und finanziert deren Arbeit. Damit sichert er die Vielfalt der Angebote.

Ich zähle das hier deshalb auf, weil dies im vergangenen Jahr viele Debatten um die Kirchenfinanzen infrage gestellt haben. Wie bei anderen freien Trägern auch wird vieles davon aus Steuermitteln finanziert. Manche sehen dies als Privilegierung der Kirchen. Das ist nicht so. Wir sehen es als besondere Verpflichtung, die aber dem entspricht, was uns am Herzen liegt, nämlich diese Gesellschaft mitzugestalten.

Und selbstverständlich treten wir in den Arbeitsfeldern, in denen wir besonders engagiert sind, auch als Sachwalter unserer Interessen sowie der Interessen der Menschen, für die wir uns einsetzen, auf und konfrontieren die Politik deshalb mit Forderungen. Eine wichtige Rolle spielen dabei die Vertretungen bei den Landesregierungen in Wiesbaden und Mainz. In diesen Stellen arbeiten wir sehr konstruktiv mit unseren benachbarten Landeskirchen zusammen: Kurhessen-Waldeck und Rheinland in Hessen, Pfalz und Rheinland in Rheinland-Pfalz. Sie vertreten unsere Interessen und vermitteln darüber hinaus aber auch grundsätzliche kirchliche Perspektiven in die Politik hinein.

Daran wird deutlich: Wir agieren zum anderen auch inhaltlich. Wir beteiligen uns an den Entscheidungsprozessen in unserer Gesellschaft, indem wir inhaltlich argumentieren. Das geschieht unter anderem durch die synodalen Verlautbarungen, aber auch durch Stellungnahmen des Kirchenpräsidenten oder seiner Stellvertreterin, des Vorsitzenden des Diakonischen Werkes, durch Diskussionsbeiträge aus den Zentren und Arbeitsstellen sowie aus Dekanaten und Gemeinden. Selbstverständlich äußern wir uns, wenn wir von der Politik darum gebeten werden, etwa bei den Anhörungsverfahren und Stellungnahmen zu Gesetzesvorhaben. Es ist außerordentlich wichtig, dass wir dabei sachkompetent agieren und zugleich die besondere theologische Sichtweise einbringen. Wir nehmen damit unsere Rollen, um noch einmal auf die Koalitionsverträge zu verweisen, als Partnerin und kritisches Gegenüber wahr.

Gelegentlich wird dies in der kirchlichen Selbstverständigung in Anknüpfung an die prophetische Tradition als »Wächteramt« verstanden.[12] Das muss erklärt werden. »Wächteramt« bedeutet nicht, von der Warte einer höheren Sitte und Moral aus zu agieren – vielleicht gar mit einem Absolutheitsanspruch. Manchmal wird uns das unterstellt. Ein religiöses »Wächteramt« in diesem Sinn hätte einen verdeckten theokratischen Anspruch. Das kann und darf nicht unser Anspruch sein, zumal es in einer religiös-pluralen Gesellschaft kein religiöses Wächteramt in diesem Sinne geben kann. Was wir tun, hatte ich im vorletzten Jahr in meinem Bericht als »Öffentliche Theologie« bezeichnet. Hier geht es darum, dass wir uns öffentlich zu Wort melden und einen Beitrag zur Entscheidungsfindung in unserer pluralen Gesellschaft leisten und auch im Sinne einer prophetischen Wachsamkeit auf mögliche Fehlentwicklungen hinweisen.

Dabei halte ich es für erforderlich, dass unsere öffentliche politische Äußerung nicht parteipolitisch argumentiert, sondern an der Sache orientiert bleibt, in einem theologischen Begründungshorizont steht und über das politische Tagesgeschäft hinausweist. Zudem ist aufzuzeigen, warum wir unsere Position in einer pluralen Gesellschaft für anschlussfähig für diejenigen halten, die unsere

---

[12] S. Jesaja 62,6.

theologischen Begründungen nicht teilen. So ist für uns etwa beim Sonntags-schutz die Begründung im biblischen Feiertagsgebot zentral. Wir können aber nicht erwarten, dass diese Begründung von allen anderen geteilt wird. Deshalb ist es wichtig, zugleich den Inhalt des Gebotes in seiner allgemein anthropolo-gischen Bedeutung zu erläutern.

Die beiden Rollen – die Übernahme von Aufgaben und die inhaltliche Posi-tionierung aus dem Evangelium heraus – sind miteinander verknüpft. Von außen wird mit Recht gefragt, ob wir die inhaltlichen Forderungen im eigenen Handeln auch einlösen. In diesem Zusammenhang ist das Thema Kirche und Geld im letzten Jahr höchst virulent gewesen. Demokratische Entscheidungsstrukturen und Transparenz sind für uns außerordentlich wichtig. Für die Geldanlage ha-ben wir ethische Leitlinien definiert. Unsere Ausgaben werden demokratisch durch den Finanzausschuss der Synode und sachlich durch das unabhängige Rechnungsprüfungsamt kontrolliert. Dabei wissen wir genau, dass wir nicht vor Fehlern und Fehlverhalten geschützt sind. Was wir tun können, um sie zu ver-meiden, versuchen wir zu tun.

Dass wir uns darum mühen sollen, ja müssen, unseren Ansprüchen gerecht zu werden, steht für mich außer Frage. Zugleich gilt aber auch – und das ist eine tiefe theologische Einsicht –, dass wir in allem, was wir tun, Menschen sind und darum immer wieder auf Vergebung angewiesen sind. Damit möchte ich nicht unzulängliche Anstrengung rechtfertigen, wohl aber überhöhten moralischen Anspruch dämpfen – überhöhten moralischen Anspruch, den wir an uns selbst stellen, und überhöhten moralischen Anspruch, der von außen an uns heran-getragen wird.

In diesem Zusammenhang ist das kirchliche Arbeitsrecht nach wie vor ein schwieriges Thema. Hier ist zweifellos manches weiterzuentwickeln. Ich nenne das Stichwort »interkulturelle Öffnung«. Ungerechtfertigt sind allerdings pau-schale Angriffe auf die Praxis des Dritten Weges, wie wir sie im vergangenen Jahr öfters zu hören bekamen. Der Dritte Weg ist der Versuch einer kirchengemäßen, fairen und paritätischen Entscheidungsfindung mit dem Verzicht auf die Mittel des Arbeitskampfes, nämlich Streik und Aussperrung. Wie in allem, ist natürlich auch hier immer wieder zu fragen, ob wir dem eigenen Anspruch gerecht werden.

3. Inhaltliche Fragen (Policy)

Wenn sich die Kirche inhaltlich zu gesellschaftspolitischen Fragen äußert, so steht sie in besonderer Weise in der prophetischen Tradition. Die Gesellschaftskritik der alttestamentlichen Propheten wie Amos, Micha, Jesaja und Jeremia zielte darauf, dass die Orientierung an Gottes Geboten bedeutet, dass in einer Gesellschaft Recht gewahrt und Gerechtigkeit erstrebt wird. Besonders scharf wurde die Kritik dann, wenn Kult praktiziert wurde, dies aber keinerlei Konsequenz für das alltägliche

Leben hatte oder der Kult sogar zu einer Art Gewissensberuhigung für im Alltag praktiziertes Unrecht wurde. In der alttestamentlichen Prophetie sind dabei besonders diejenigen im Blick, die in der Gesellschaft in einer schwachen Position waren: die Witwen, die Waisen und die Fremden. Im Wirken und in der Verkündigung Jesu wird dies aufgegriffen. Kritisiert und aufgedeckt wird eine heuchlerische Frömmigkeit, die die Not der Nächsten nicht wahrnimmt. Besonders eindrücklich ist die Kritik im Gleichnis vom barmherzigen Samariter. Gerade derjenige, der außerhalb der eigenen Glaubensgemeinschaft steht, lebt das, was von Gott geboten ist: Barmherzigkeit. Die Orientierung an denen, die zu den Schwachen gehören, geht bis hin zur Selbstidentifikation Jesu mit deren Leid. Deshalb sagt er: »Was ihr für eines dieser meiner geringsten Geschwister getan habt, habt ihr für mich getan.«[13] An ihm und seinem Wirken wird deutlich, dass sich Gottes Heilswillen auf alle Menschen richtet. Dabei wird durch die gelebte Barmherzigkeit die Frage nach der Gerechtigkeit nicht überflüssig. Dies wird besonders am Matthäus-Evangelium deutlich, wo der Weg Jesu als der Weg der Gerechtigkeit beschrieben wird.

Was ich hier nur in Umrissen und bewusst auch ein wenig holzschnittartig charakterisiert habe, hat meines Erachtens zwei Konsequenzen: Der Kirche Jesu Christi ist der Blick von den Schwachen her aufgetragen, von denen her, die am Rand der Gesellschaft stehen. Sie hat ihre Stimme vor allem für die zu erheben, die selbst keine Stimme haben. Dies hat die Vollversammlung des Ökumenischen Rates der Kirchen im vergangenen November in der südkoreanischen Stadt Busan erneut formuliert.

Die Kirche Jesu Christi sieht alle Menschen als Kinder Gottes – modern gesprochen mit gleicher Würde und gleichem Recht. Sie kann und darf nicht die Zugehörigkeit zu einer Nation oder einer Glaubensgemeinschaft so verstehen, als sei damit eine unterschiedliche Wertigkeit begründet. Das gleiche gilt auch für das Geschlecht, die Herkunft und auch die sexuelle Prägung.

Entscheidende Orientierungspunkte sind für mich dabei zwei Sätze Jesu. Da ist zum einen das sogenannte Doppelgebot der Liebe, das eigentlich ein Dreifachgebot ist: »Du sollst Gott lieben von ganzem Herzen und von ganzer Seele und deinen Nächsten wie dich selbst.«[14] Und da ist zum anderen die Goldene Regel: »Alles nun, was ihr wollt, das euch die Leute tun sollen, das tut ihnen auch.«[15] Dies sind im Übrigen die einzigen beiden Stellen im Neuen Testament, von denen es heißt: »Das ist das Gesetz und die Propheten«. Sie sind also so etwas wie ein ethischer Kanon im Kanon. Die Pointe ist dabei, dass der und die Nächste in die Beziehung zu Gott miteinbezogen werden, und zwar so, dass man sich selbst mit

---

[13] Matthäus 25,40b (nach Bibel in gerechter Sprache).
[14] Lukas 10,27.
[15] Matthäus 7,12.

ihrer Situation identifiziert. Identifikation bedeutet, sich selbst und den Nächsten als von Gott geliebten und vor Gott der Liebe bedürftigen Menschen zu erkennen.

Was dies konkret bedeutet, beschreibe ich nun exemplarisch an fünf Fragen, die uns in der EKHN und in der EKD seit der letzten Frühjahrssynode beschäftigt haben.

3.1 Flüchtlinge

Ich beginne bei der Gruppe von Menschen, die wirklich zu den Schwächsten zählt. Weltweit sind 45 Millionen Menschen auf der Flucht. Die allermeisten von ihnen fliehen vor Krieg und Gewalt in ihren Herkunftsländern. Das ist auch bei den Flüchtlingen so, die zurzeit aus Afrika oder über Afrika nach Europa kommen.

Wir haben in der letzten Synode beschlossen, eine Million Euro für die Flüchtlingshilfe bereitzustellen. 500.000 Euro für die Direkthilfe vor Ort, 500.000 für die Arbeit in unserer Kirche. Davon gehen 300.000 in die Asylverfahrensberatung und 200.000 in die Arbeit der Gemeinden und Dekanate. Besuche in den Aufnahme-Einrichtungen in Gießen und Ingelheim haben mir gezeigt, wie wichtig und gut diese Arbeit ist. Aus den Gemeinden und Dekanaten sind viele Anfragen eingegangen. Das zeigt ein erfreulich hohes Engagement. Dafür danke ich ausdrücklich.

Wir wollen mit dazu beitragen, dass es auch eine Willkommenskultur für Flüchtlinge in unserem Land gibt. Leider sind nach wie vor große Defizite in der europäischen Flüchtlingspolitik zu beklagen. Flüchtlinge werden zurzeit öfter aus Seenot gerettet, was wiederum dazu führt, dass sich mehr Schutzsuchende mit Hilfe von Schleusern aufs Meer begeben und ihr Leben riskieren. Es ist dringend erforderlich, dass eine verbesserte legale Einreise für Flüchtlinge ermöglicht wird. Außerdem muss das Dublin-System revidiert werden. Die Dublin-III-Verordnung besagt, dass die jeweiligen Erstaufnahmeländer für die Asylverfahren zuständig sind und Flüchtlinge aus anderen EU-Staaten dorthin zurückkehren müssen. Für viele bedeutet dies, dass sie nach ihrer Flucht dann in Europa nochmal eine regelrechte anschließende Odyssee erleben. Auf einer Weihnachtskarte sah ich eine Ikone. Sie zeigt die Flucht von Maria und Josef mit dem Jesuskind nach Ägypten. In seiner Nachfolge steht unser Einsatz für Flüchtlinge unter der Verheißung: »Ich bin ein Fremder gewesen und ihr habt mich aufgenommen.«[16]

---

[16]   Matthäus 25, 35c.

3.2 Wirtschafts- und Sozialpolitik

Auf die ökumenische Sozialinitiative hatte ich bereits hingewiesen. Hier werden richtige und wichtige Dinge bekräftigt, die bisherige Stellungnahmen anmahnen.

Es geht darum, die Soziale Marktwirtschaft sozial, global und ökologisch weiterzuentwickeln. Soziale Weiterentwicklung bedeutet vor allem, dass Armut in unserem Land bekämpft werden muss. Eine zunehmende Kluft zwischen Arm und Reich gefährdet den sozialen Frieden. Wir werden uns auf dieser Synode mit dem Thema Armut beschäftigen, und wir werden auch mit dem Projekt »DRIN« zur Gemeinwesenarbeit einen Vorschlag machen, wie sich Gemeinden stärker engagieren können. Die ökumenische Sozialinitiative umgeht in diesem Zusammenhang leider die Frage der Vermögensverteilung. Außerdem wird die Hartz-Gesetzgebung meines Erachtens deutlich zu positiv gesehen. Es hat einen Grund, warum seitdem die Zahl der Tafeln, Sozialkaufhäuser und Einrichtungen für die Obdachlosenspeisung gestiegen ist.

Die Option für die Armen – und an dieser Stelle bin ich mit Papst Franziskus einig –, die Option für die Armen ist eine Perspektive, die unserer Gesellschaft gut tut.

Globale Weiterentwicklung der Sozialen Marktwirtschaft bedeutet auch, dass wir die Wirtschaft in unserem Land nicht isoliert betrachten dürfen. Viel stärker als bisher muss in den Blick genommen werden, was unsere Wirtschaftskraft für andere Menschen in ärmeren Ländern bedeutet. Außerdem braucht es wirksame globale Mechanismen, um ein funktionierendes und stabiles Finanzmarktsystem zu etablieren. Ich bin froh, dass wir hierfür in Politik-, Wirtschafts- und Finanzkreisen immer mehr nachdenkliche Gesprächspartner finden.

Insbesondere die globale Perspektive führt unmittelbar und direkt zur Forderung nach ökologischer Weiterentwicklung der Sozialen Marktwirtschaft. Es geht um die Frage des schonenden Umgangs mit den Ressourcen und um die Milderung der Folgen des Klimawandels, der auf eine Erderwärmung um maximal zwei Grad beschränkt werden muss. Es geht damit auch um die Bewahrung der Schöpfung.

Das Zentrum Gesellschaftliche Verantwortung widmet sich in einer ganzen Reihe von Veranstaltungen in diesem Jahr diesen Themen. Die Impulse stehen unter dem Motto »Auf geht's. Den Wandel gestalten« und behandeln Fragen notwendiger Transformation. Wichtig scheint mir dabei, dass der Zusammenhang der globalen Fragen mit den lokalen Herausforderungen gesehen wird. Dazu gehören die Folgen des demographischen Wandels ebenso wie die Problematik der Lärmbelastung durch Flug- und Bahnverkehr. Transformation bedeutet dabei auch, die Herausforderungen zu erkennen, die sich dadurch stellen, dass wir längst eine Zuwanderungsgesellschaft sind.

3.3 Familienpolitik

Selten hat ein von der EKD herausgegebener Text so viele Diskussionen ausgelöst wie die im vergangenen Sommer erschienene Orientierungshilfe mit dem
Titel »Zwischen Autonomie und Angewiesenheit. Familien als verlässliche Gemeinschaft stärken«. Da ich Mitglied der Ad-hoc-Kommission war, die den Text
erarbeitet hat, hat mich die Diskussion sehr beschäftigt. Ich war zu etlichen
Vortrags- und Diskussionsveranstaltungen eingeladen. Das Thema hat viele
Menschen bewegt, weil Familie ein Thema ist, das alle betrifft, und zwar sehr
persönlich und zumeist auch sehr emotional. Und es hat damit zu tun, dass
Familien sich verändert haben und wir – das ist meine These – gerade dabei sind,
gesamtgesellschaftlich diesen Veränderungsprozess zu bearbeiten. In dieser
Situation hat der EKD-Text den Nerv der Zeit berührt und gereizt.

Zum Text und zur Debatte einige Bemerkungen: Nach wie vor bin ich
überzeugt, dass der Text auch theologisch einen guten Weg geht und die Theologie des Textes keineswegs »zu dünn« ist. Eine Theologie, die – wie in anderen
Texten dieser Art auch – bei der Beschreibung der Wirklichkeit ansetzt und von
dort aus nach theologischer Orientierung fragt, ist keineswegs notwendig dem
Zeitgeist verfallen, sondern zunächst am Leben der Menschen interessiert. Das ist
die theologisch angemessene Voraussetzung für ein prophetisches Reden in biblischer Tradition.

Für viele war das Eheverständnis des Textes der Stein des Anstoßes. Die
durch die Ehe konstituierte Familie wird darin nicht als die gleichsam mit der
Schöpfung gesetzte Ordnung verstanden. Familienbilder sind auch innerhalb
der Bibel einem Wandel unterworfen. Es wird deshalb in der Orientierungshilfe
nicht nach der Begründung der Institution gefragt, sondern nach den Werten, die
Familie als verlässliche Gemeinschaft auszeichnen, und der theologischen Bedeutung des Segens, der menschliche Gemeinschaft trägt. Sicher wäre es gut
gewesen, diesen Zusammenhang ausführlicher darzulegen. Plädiert wird für
das Leitbild der Familie, die verlässlich, verbindlich, verantwortungsbewusst,
partnerschaftlich und gerecht zusammenlebt. Damit wird nicht einfach alles für
beliebig erklärt. Aber es wird klargestellt, dass, ganz im Sinne des Wortes Jesu
zum Sabbat[17], die Institution um der Menschen willen da ist und nicht der Mensch
um einer Institution willen.

Besonders für Diskussionen hat gesorgt – und dies traf dann zusammen mit
unserem Beschluss zur Segnung gleichgeschlechtlicher Paare im Rahmen unserer Lebensordnung –, dass die Orientierungshilfe in dieses Verständnis von
Familie auch die gleichgeschlechtlichen Paare und ihre Kinder einbezieht. Zu
diesem Punkt erhielt ich auch die meisten kritischen Briefe, überwiegend übri-

---

[17]   Markus 2,27.

gens von älteren Männern. Leider ist über den Diskussionen zu diesem Punkt die eigentliche Zielsetzung des Textes aus dem Blick geraten.

Das eigentliche Ziel des Textes ist zu überlegen, was denn politisch in unserer Gesellschaft und in Kirche und Diakonie geschehen muss, um Menschen zu ermutigen, im oben genannten Sinn Familie zu leben. Hierin steckt freilich eine weitere, für viele ungewohnte Herausforderung. Der Familientext geht von Folgendem aus: Menschen werden zum Zusammenleben in der Familie nicht durch kirchlich-moralische Appelle gestärkt, sondern durch eine hilfreiche Gestaltung von Lebensbedingungen. Es geht eben darum zu fragen, was getan werden muss, damit Familie und Beruf besser vereinbart werden können. Es geht darum zu fragen, wie die in der Familie erbrachten Sorgeleistungen in der Erziehung und in der Pflege gesellschaftlich anerkannt werden – ideell und materiell, zum Beispiel auch steuer- und versorgungsrechtlich. Für viele ist es ungewohnt, Familie so von den ökonomischen Bedingungen her zu denken. Das ist aber unabdingbar, um unsere Gesellschaft gerechter zu gestalten.

Ich greife an dieser Stelle einen konkreten Punkt heraus, der uns auch in der EKHN seit längerem beschäftigt. Wir treten für den besonderen Schutz der Sonn- und Feiertage ein. Dies ist gesellschaftlich unter anderem deshalb wichtig, weil gerade Familien gemeinsame Zeit füreinander brauchen. Oft ist es gerade der ökonomische Druck, der Familien die Zeit füreinander nimmt. Sonn- und Feiertage sind eine gute und heilsame Unterbrechung. Sie verweisen darauf, dass alles Wirtschaften dem Leben dient und nicht alles Leben dem Wirtschaften. Ich danke der »Allianz für den freien Sonntag«, den Dekanaten Bergstraße, Darmstadt-Stadt und Vorderer Odenwald, die sich das Thema besonders zu eigen gemacht haben. Um einen Überblick zu gewinnen, wie es um den freien Sonntag bestellt ist, haben wir bei den Landesregierungen angeregt, Sonntagsschutzberichte zu erstellen. An diesem Punkt wird besonders deutlich: Es geht beim Sonntagsschutz nicht nur um das institutionelle Eigeninteresse – etwa den Schutz der Gottesdienste –, sondern es geht darum, etwas zu schützen, was allen Menschen gut tut, insbesondere den Familien. Der Sonntagsschutz ist auch mit dem Sozialstaatsprinzip verbunden.

In der EKD-Orientierungshilfe wird der Politik vorgeschlagen, Familienpolitik nicht als »Anhängsel der Sozialpolitik«, sondern als »tragende Säule der Sozialpolitik«[18] zu begreifen. Das heißt vor allem, die in den Familien – in der Vielfalt ihrer Formen – geleistete Sorge-Arbeit anzuerkennen und in die Weiterentwicklung des Sozialstaates einzubeziehen. Die Bedeutung der Familie für die Gesellschaft darf eben nicht nur behauptet, sondern sie muss auch politisch gestaltet werden. Ausdrücklich hält die Orientierungshilfe fest: »Der Familie als

---

[18] Kirchenamt der EKD (Hg.), Zwischen Autonomie und Angewiesenheit. Familie als verlässliche Gemeinschaft stärken. Eine Orientierungshilfe des Rates der Evangelischen Kirche in Deutschland, Gütersloh 2013, 128.

gesellschaftlicher Institution kommt dabei für die Weitergabe des Lebens und den sozialen Zusammenhalt nach wie vor eine zentrale und unverzichtbare Rolle zu.«[19]

In Kirche und Diakonie sind wir herausgefordert, dem Anspruch, familienfreundlich zu sein, als Arbeitgeberin gerecht zu werden. Zugleich geht es auch darum zu überlegen, was wir in unseren Gemeinden und Einrichtungen tun können, um Familien in ihren vielfältigen Formen angemessen wahrzunehmen und zu unterstützen. Das »Netzwerk Familie«, das es seit September 2012 in unserer Kirche gibt, arbeitet zurzeit an Vorschlägen, wie eine Initiative in unserer Kirche aussehen kann, die die Anregungen der Orientierungshilfe umsetzt. Die Orientierungshilfe wurde von vielen, die in der praktischen Arbeit mit Familien tätig sind – wie etwa unsere Familienbildungsstätten – begrüßt und als ermutigend und wegweisend für die eigene Arbeit angesehen.

Mit den Ausführungen zur Debatte um die Orientierungshilfe verbinde ich in diesem Jahr einen kleinen Blick auf die Situation in der katholisch-evangelischen Ökumene. Gegen den Familientext wurde immer wieder ins Feld geführt, er gefährde die Ökumene. Sicher – die ersten Reaktionen von katholischer Seite waren heftig. In weiteren Gesprächen hat sich die Debatte aber versachlicht. Ich teile die Einschätzung von Kardinal Lehmann, dass es der Ökumene gut tut, wenn auch über die ethischen Fragen intensiver debattiert wird und nicht stillschweigend vorausgesetzt wird, dass wir uns doch im Wesentlichen einig sind. Wie sehr das Thema Familie auch die römisch-katholische Kirche beschäftigt, zeigen der Fragebogen des neuen Papstes und seine Absicht, dieses Thema weiter zu bearbeiten. Wer sich den Fragebogen anschaut, wird in der Tat eine andere Herangehensweise feststellen. Anders als auf dem in der Orientierungshilfe gewählten Weg geht es hier von der Lehre zur Wirklichkeit. Die Rückmeldungen aus den Diözesen zeigen hier, dass es offenbar einen großen Abstand gibt zwischen dem, was Menschen leben, und dem, was die Kirche lehrt. Ich bin auf die weitere Entwicklung sehr gespannt. Schade fände ich, wenn das Familienthema in der katholischen Kirche auf die Frage der Zulassung Geschiedener zur Eucharistie reduziert wird. Es gibt Äußerungen von Papst Franziskus, die mehr erwarten lassen. So hat er etwa in dem Interview, das sein Ordensbruder Antonio Spadaro mit ihm führte, gesagt: »Wann also ist ein Denkausdruck nicht gültig? Wenn ein Gedanke das Humanum aus den Augen verliert oder wenn er das Humanum gar fürchtet oder wenn er sich über sich selbst täuschen lässt. Das Denken der Kirche muss immer besser begreifen, wie der Mensch sich heute versteht, um so die eigene Lehre besser zu entwickeln und zu vertiefen.«[20] Das lässt protestantische Ohren aufhorchen.

---

[19]   A. a. O., 125.
[20]   ANTONIO SPADARO SJ, Das Interview mit Papst Franziskus, Freiburg 2013, 74.

3.4 Friedens- und Sicherheitspolitik

Bundespräsident Joachim Gauck hat auf der Sicherheitskonferenz in München in diesem Jahr ein verstärktes internationales Engagement Deutschlands gefordert. Er hatte dabei sicher auch die Bereitschaft für Militäreinsätze der Bundeswehr im Blick. Bundesaußenminister Frank-Walter Steinmeier hat dies begrüßt und zugleich unterstrichen, dass stärkeres sicherheitspolitisches Engagement nicht zwangsläufig mehr militärisches Engagement bedeutet. Anfang des Jahres hat die EKD einen Text veröffentlicht, der den Afghanistan-Einsatz der Bundeswehr bewertet.[21] Der Text argumentiert differenziert und zeigt, dass es in der Kammer für öffentliche Verantwortung unterschiedliche Einschätzungen gab. In der Gesamtbewertung wird allerdings auch konstatiert, dass es grundlegende Anfragen an den Einsatz gibt, wenn man die friedenspolitischen Grundsätze der EKD-Denkschrift »Aus Gottes Frieden leben – für gerechten Frieden sorgen« von 2007 als Maßstab nimmt. Während des Einsatzes sind aber auch Fragen aufgetaucht, die in der Friedensdenkschrift noch nicht ausreichend im Blick waren – etwa der hochproblematische Einsatz von Drohnen.

Ich kann die Forderung nach einem größeren Engagement Deutschlands in der Welt nur bejahen, wenn ein absoluter Vorrang der zivilen Mittel vor den militärischen gewahrt bleibt und wenn die militärischen Einsätze konsequent an friedensethischen Grundsätzen gemessen werden und deshalb nur *ultima ratio* sein können. Zu diesen Grundsätzen gehören etwa klare Zieldefinitionen und auch vorher geklärte Ausstiegsstrategien. Das sage ich auch mit Blick auf bürgerkriegsgeplagte Länder wie die zentralafrikanische Republik oder den Südsudan. Gerade im Sudankonflikt hat sich die EKD mit einem eigenen Sudan-Beauftragten seit Jahren engagiert. Anfang der Woche war eine Delegation des Ökumenischen Rates der Kirchen im Südsudan. Wir hören von Hass- und Tötungsaufrufen entlang ethnischer Zugehörigkeiten. Das erinnert fatal an die Situation kurz vor dem Völkermord in Ruanda vor fast genau zwanzig Jahren, an den in diesen Tagen in vielen Gottesdiensten gedacht wird. Nicht noch einmal dürfen die Vereinten Nationen versagen, rechtzeitig humanitär zu helfen, nachdrücklich alle Möglichkeiten gewaltfreier Konfliktlösung zu nutzen und notfalls auch bewaffnet die Bevölkerung vor einem Völkermord zu schützen.

In unserem jährlichen Gespräch mit der Bundeswehr haben wir diese Fragen thematisiert. Nach der Auflösung des Wehrbereichskommandos II in Mainz und die Übertragung der Aufgabe an die Landeskommandos in Hessen und Rheinland-Pfalz waren unsere Gesprächspartner Brigadegeneral Eckart Klink und Oberst Erwin Mattes. Beide haben uns verdeutlicht, dass sie die friedensethische

---

[21] Kirchenamt der EKD (Hg.), »Selig sind die Friedfertigen«. Der Einsatz in Afghanistan: Aufgaben evangelischer Friedensethik. Eine Stellungnahme der Kammer für öffentliche Verantwortung, EKD-Text 116, 2013.

Perspektive der Kirche sehr schätzen. Sie haben uns ermutigt, diese kritische Perspektive immer wieder zu thematisieren und der Politik zu verdeutlichen, welche enorme Verantwortung insbesondere bei Auslandseinsätzen der Bundeswehr auf ihr liegt. Problematisch sei es besonders dann, wenn aus Aktualitäten heraus kurzschlüssig reagiert werde. An dieser Stelle wird von uns als Kirche sozusagen eine prophetische Wachsamkeit geradezu eingefordert.

Ich darf Sie im Zusammenhang der friedens- und sicherheitspolitischen Fragen auf eine Stellungnahme des Zentrums Ökumene zur aktuellen Situation in der Ukraine aufmerksam machen. Sie ist vor allem als Aufforderung an die Politik zu verstehen, alles Menschenmögliche zu tun, um die hochangespannte Situation friedlich zu lösen. Und sie bittet darum, in unseren Gottesdiensten im Gebet um Frieden nicht nachzulassen.

Um die vielfältigen Möglichkeiten und Erfolgsaussichten ziviler Konfliktlösungen stärker ins Bewusstsein zu rücken, wird das Zentrum Ökumene Ende 2014 eine Wanderausstellung zur Verfügung stellen. Diese Ausstellung wird ganz unterschiedliche Beispiele nicht militärischer Vermeidung und Beendigung von kriegerischen Auseinandersetzungen vorstellen, die in den vergangenen Jahrzehnten erfolgreich waren.

Nicht um das Militärische zu stärken, sondern die kirchliche und damit friedensethische Perspektive in der Bundeswehr, hat sich die EKD entschlossen, das Amt des Militärbischofs erstmals hauptamtlich zu besetzen. Sie haben es sicher alle bereits erfahren, dass für dieses Amt Propst Sigurd Rink ausgewählt wurde. Er tritt am 15. Juli das Amt des Militärbischofs an. Ihn begleiten unsere herzlichen Glück- und Segenswünsche.

3.5 Sterbehilfe

Ein Thema, das zurzeit viele Menschen bewegt, und auch in diesem Jahr noch in ein Gesetzgebungsverfahren münden soll, ist das Thema Sterbehilfe. Immer mehr Menschen fordern eine gesetzliche Regelung, die es ermöglicht, dass sie aktive medizinische Hilfe bekommen, wenn sie ihr Leben in einer aussichtslosen Situation beenden möchten. So verständlich der Wunsch sein mag, so problematisch ist eine entsprechende für alle geltende gesetzliche Regelung. Vor allem zum Schutz vor einem möglichen Missbrauch lehne ich eine gesetzliche Öffnung in Richtung der aktiven Sterbehilfe ab. Es geht insbesondere darum zu verhindern, dass Menschen manipulativ in eine Situation gebracht werden, für sich oder andere zu entscheiden, das Leben aktiv zu beenden. Theologisch ist zu sagen, dass das Leben ein unverfügbares Geschenk ist und höchsten Respekt verdient – das eigene Leben und das Leben aller anderen. Zugleich kann gesagt werden, dass der Tod seinen Schrecken verloren hat, so dass nicht um jeden Tag und um jede Stunde gekämpft werden muss. Es geht deshalb darum, Menschen gerade im

Prozess des Sterbens mit Würde und Respekt zu begleiten. Dabei sollten alle palliativ-medizinischen Möglichkeiten genutzt werden, um unnötiges Leiden zu verhindern. Würdige und respektvolle Sterbebegleitung ist eine persönliche Herausforderung und zugleich gesamtgesellschaftliche Aufgabe, die nicht zuletzt auch dafür ausgebildete Menschen und Ressourcen für flächendeckende palliativ-medizinische Versorgung und Einrichtung von Hospizen verlangt. Aus guten Glaubensgründen engagieren wir uns hier als EKHN.

Trotzdem gibt es schreckliche Grenzsituationen, in denen Menschen um ärztliche Unterstützung ihres Suizides bitten. In der Tradition evangelischer Ethik bin ich überzeugt: Die Antwort kann nicht durch gesetzliche Verankerung, sondern nur durch persönliche Verantwortung gegeben werden.

Ich habe in diesem Jahr versucht, eine Standortbestimmung im schwierigen Feld Kirche und Politik vorzunehmen. Bei den konkreten Themen sind manche wichtigen Bereiche wie etwa das Feld der Bildung, des Gesundheitswesens, der Pflege oder die großen Herausforderungen des demographischen Wandels und der digitalen Welt dieses Mal nur berührt worden oder außen vor geblieben. Dafür bitte ich um Verständnis. Sie müssen und werden uns gewiss noch weiter beschäftigen.

Mit den Worten Jesu »Gebt dem Kaiser, was des Kaisers ist, und Gott, was Gottes ist« sind wir auf einen Weg gewiesen, der das Politische nicht religiös überhöht und das Religiöse nicht politisiert. Dazu gehört auch zu erkennen, dass es nicht für alle Fragen die eine und einzige christliche Antwort gibt. Hier ist ein Spannungsfeld eröffnet. Es ist allerdings ein Spannungsfeld, dem sich niemand durch Rückzug in Innerlichkeit entziehen kann. Es ist ein Spannungsfeld der Verantwortung vor Gott und den Menschen. In diesem Sinn ist Christsein und unser Weg als Kirche immer politisch, weil uns als Menschheit diese Welt anvertraut ist und wir dazu bestimmt sind, in Gemeinschaft miteinander aus der Kraft des Friedens Gottes und auf seinen Frieden hin zu leben. Mir persönlich hilft in diesem Spannungsfeld immer wieder ein Gebet:

»Hilf, dass ich rede stets, womit ich kann bestehen; lass kein unnützlich Wort aus meinem Munde gehen; und wenn in meinem Amt ich reden soll und muss, so gib den Worten Kraft und Nachdruck ohn Verdruss.«[22]

Ich danke Ihnen für Ihre Aufmerksamkeit!

---

[22] JOHANN HEERMANN, EG 495, 3.

Lucas Cranach d. Ä., Altar der Evangelischen Stadtkirchengemeinde Wittenberg
(Aufnahme: epd-bild/Jens Schlueter / Mit freundlicher Genehmigung der Evangelischen
Stadtkirchengemeinde Wittenberg)

»So kommt der Glaube aus der Predigt, das Predigen aber durch das Wort Christi.«

Römer 10,17 [2015] – Zum Themenjahr »Reformation – Bild und Bibel«

Sehr geehrter Herr Präses, hohe Synode, liebe Schwestern und Brüder!

Das diesjährige Thema der Reformationsdekade lautet »Bild und Bibel«. Ich beginne deshalb meinen Bericht mit dem Blick auf ein Bild und führe Sie damit sowohl bildlich und geographisch als auch inhaltlich in das Zentrum der Reformation.

1. Reformation und Kommunikation

1.1 Der Wittenberger Altar und die Vermittlung des Glaubens

Die Wittenberger Stadtkirche St. Marien war die Predigtkirche Martin Luthers. In dieser Kirche steht ein Altar, der von Lucas Cranach dem Älteren gestaltet und in seiner Werkstatt gefertigt wurde. Die Altarbilder waren ein Jahr nach Luthers Tod fertig. Sie wurden der Gemeinde am 24. April 1547 übergeben.

Die oberen Tafeln stellen Taufe, Abendmahl und Beichte dar. Die sogenannte »Predella«, das Sockelbild, zeigt Martin Luther auf der Kanzel, ihm gegenüber die versammelte Gemeinde, zu der auch seine Familie und auch der Künstler Lucas Cranach gehören. Zwischen Prediger und Gemeinde ist der gekreuzigte Christus. Ihn verkündigt Luther, indem er die aufgeschlagene Bibel auslegt. Bildlich dargestellt wird so das reformatorische Kirchenverständnis. Das besagt, dass die »heilige christliche Kirche ... die Versammlung aller Gläubigen ist, bei denen das Evangelium rein gepredigt und die heiligen Sakramente laut dem Evangelium gereicht werden«. So hat es Melanchthon, der übrigens auf dem Bild tauft, im 7. Artikel des Augsburger Bekenntnisses formuliert.[1] Das dargestellte Kirchen-

---

[1] Der vollständige Text von CA 7 lautet: »Es wird gelehrt, dass allezeit eine heilige christliche Kirche sein muss, die die Versammlung aller Gläubigen ist, bei denen das Evangelium rein gepredigt und die heiligen Sakramente laut dem Evangelium gereicht werden. Denn das genügt zur wahren Einheit der christlichen Kirche, dass das Evan-

verständnis bringt zum Ausdruck, dass der Glaube auf mehrfache Weise »vermittelt« wird. Er braucht also Medien – nicht im technisch verengten Sinne, in dem dieses Wort heute meistens verstanden wird, sondern in einem theologischen Sinn. Medium ist zunächst Christus selbst. In ihm wird Gott Mensch und begegnet Menschen »von Mensch zu Mensch«. Diejenigen, die Christus nicht selbst begegnet sind, erfahren von ihm durch andere Menschen, zunächst von denen, die das, was sie gesehen und gehört haben, aufgeschrieben haben. Deren aufgeschriebene Zeugnisse werden zusammen mit den Zeugnissen der Christus vorangegangenen Offenbarung zur Bibel, zur Heiligen Schrift. Diese wird wiederum von Menschen vorgelesen und ausgelegt. So wird Christus verkündigt. Eine besondere Form der Verkündigung sind die Sakramente. In ihnen wird das Wort mit sichtbaren Zeichen (Wasser bei der Taufe, Brot und Wein beim Abendmahl) verbunden. Die Theologie hat gesagt: Wort und Sakramente sind »Heilsmittel« – lateinisch: *media salutis*. Die Gesamtaussage des Altarbildes ist also: Glaube und mit dem Glauben Kirche entstehen »medial«, das heißt: durch das Wort – durch Christus selbst als das zentrale Wort Gottes und durch die Worte, die Christus verkündigen – in der Predigt und den Sakramenten.

Konzentriert ist dies in der Bibelstelle gesagt, die ich als Leitwort für diesen Bericht gewählt habe: »So kommt der Glaube aus der Predigt, das Predigen aber durch das Wort Christi.« (Röm 10,17)

Mit dem Kirchenverständnis der Reformation ist eine zweifache Abgrenzung verbunden. Zum einen wird die Kirche als Institution nicht als exklusive Vermittlerin des Heils verstanden, die etwa dem Wort vorgeordnet wäre. Nein, sie ist »nur« Versammlung der Gläubigen, in der das Evangelium verkündigt wird und die Sakramente gereicht werden, und als solche selbst »Geschöpf des Wortes«. Dieses Verständnis richtet sich gegen das römisch-katholische Kirchenverständnis. Zum anderen wird festgehalten, dass der Glaube nicht durch unmittelbares Wirken des Heiligen Geistes in einzelnen Personen entsteht und damit losgelöst von Christus und den Worten, die ihn bezeugen. Dieses Verständnis richtet sich gegen die sogenannten Schwärmer oder Spiritualisten. Sehr konsequent wurde aufgrund dieses Kirchenverständnisses all das gestärkt, was nach reformatorischer Überzeugung der Vermittlung des Glaubens dient. Die Bibel wurde so übersetzt, dass sie für alle zugänglich und verständlich war. Die Predigt erhielt eine zentrale Stellung. Die Liturgie wurde nun auf Deutsch und damit verständlich gefeiert. Sehr bedeutsam ist auch, dass die Verkündigung nicht auf die Predigt im Gottesdienst beschränkt blieb, sondern der Auftrag der Verkündigung gleichsam auf alle Christinnen und Christen »im Priestertum aller Getauften« ausgeweitet wurde. Damit war nicht das Recht für alle verbunden, öffentlich im Gottesdienst zu predigen, sehr wohl aber der Auftrag an alle, mit dem

---

gelium einträchtig im reinen Verständnis gepredigt und die Sakramente dem göttlichen Wort gemäß gereicht werden.«

eigenen Leben Christus zu bezeugen und damit selbst zum »Medium« des Glaubens zu werden.

1.2 Die Reformation und neue Medien

Die Reformation wäre vermutlich niemals das geworden, was sie geworden ist, wenn ihr damals nicht eine neue und revolutionäre Medientechnik zur Verfügung gestanden hätte. Entscheidend war die Erfindung des Druckens mit beweglichen Lettern durch Johannes Gutenberg. Dass dies in Mainz geschah, wissen wir zwar alle, darf aber auch ruhig ausdrücklich erwähnt werden. Die übersetzte Bibel konnte gedruckt werden, in Flugschriften und Flugblättern wurden die reformatorischen Gedanken verbreitet. Vor allem die sogenannten Flugschriften – so werden »die kleineren Druckschriften im handlichen Format, deren Preis günstig war«, genannt[2] – waren ein wirkliches »Massenmedium«. Die Flugblätter hatten ebenfalls hohe Auflagen. Das waren Einblattdrucke – häufig mit Druckgraphiken, also Bildern –, oft aus der Kategorie »Karikatur«, und keineswegs zimperlich.

Die Reformatoren wussten sich der Medien ihrer Zeit zu bedienen. Sie nutzten die Medien, und sie prägten die Medien. Der Kirchenhistoriker Berndt Hamm, der einen sehr grundlegenden Aufsatz über »die Reformation als Medienereignis« geschrieben hat, beschreibt dies so: »Der Umbruch liegt vielmehr im Phänomen der meinungsbildenden, polarisierenden Propagandaliteratur. Flugschrift und Flugblatt werden zwar als Mittel der Propaganda und Agitation aus dem spätmittelalterlichen Bildungsmilieu übernommen, werden aber erst jetzt durch die neuen, höchst populären Inhalte zu wirklichen Massenmedien der Meinungsbildung, die nicht nur eine beschränkte, sondern eine allgemeine, weite Kreise der Bevölkerung erfassende Öffentlichkeit der Diskussion und Aktion herstellen.«[3] Nicht zuletzt durch den Druck verbreitet und populär wurden auch die deutschsprachigen Gemeindelieder, die nicht nur in den Kirchen, sondern auch in der Öffentlichkeit gesungen wurden und damit ganz wesentlich öffentliche Verkündigung waren. Meines Erachtens kann gesagt werden: Die Reformation war der medialen Vermittlung gegenüber so aufgeschlossen, weil der Glaube selbst wesentlich als durch das Wort »vermittelt« verstanden wurde.

---

[2] Berndt Hamm, Die Reformation als Medienereignis, Jahrbuch für Biblische Theologie 11 (1996), 137–166, 142.

[3] A. a. O., 162.

1.3 Die Reformation und die Bilder

Aufgrund dieser Konzentration auf das Wort gab es in der Reformation unterschiedliche Einschätzungen zu der Bedeutung der Bilder. Insbesondere die von der Schweiz ausgehende Reformation setzte konsequent auf Bildlosigkeit. Sie folgte dem alttestamentlichen Bilderverbot im Hinblick auf Gott. Und sie folgte damit in der Sache dem Wissen um die hohe Anziehungskraft und die suggestive Macht von Bildern, wie wir sie heute ja auch vielfach erleben. Vor allem von Gott sollten keine falschen Bilder entstehen. Luther verhinderte in Wittenberg, dass sich der sogenannte Bildersturm radikalisierte. Und wie das Altarbild Cranachs und die beschriebenen Flugblätter zeigen, gab es auch reformatorische Bildprogramme. Einverständnis herrschte aber grundsätzlich darüber, dass Bilder kein Gegenstand von Anbetung und Verehrung sein können. In positivem Sinn können sie Medium sein und damit verkündigen. Gerade die Bilderfrage in der Reformation zeigt, dass es kein kritikloses Verhältnis zu Medien gab. Die Bild- und damit die Medienkritik gehören zum reformatorischen Erbe. Besonders im Wissen um die Macht der Bilder ist generell nach dem Einfluss der Medien auf unser Verhältnis zu Gott und uns selbst zu fragen.

Ich habe Ihnen ein wenig Reformationsgeschichte und reformatorische Theologie zugemutet, weil ich denke, dass diese hilfreich sind, die gegenwärtigen kommunikativen Herausforderungen in unserer Mediengesellschaft in den Blick zu nehmen. Die Herausforderungen sind groß, wie nicht zuletzt die Ergebnisse der V. Kirchenmitgliedschaftsuntersuchung (KMU) zeigen, deren zentrale Punkte ich – wie von vielen gewünscht – in diesen Bericht einbeziehen werde. So ist mein Bericht in diesem Jahr der Versuch einer Standortbestimmung in den kommunikativen Herausforderungen unserer Zeit. Ich frage: Wo stehen wir als Kirche in unserer Mediengesellschaft? Um ein wenig zu strukturieren und an die Ergebnisse der KMU anzuschließen, beginne ich mit der Kommunikation, bei der Menschen sich von Angesicht zu Angesicht begegnen.

2. Kommunikation von Angesicht zu Angesicht

In der Reformation wurde die Bedeutung der direkten Kommunikation von Mensch zu Mensch für die Vermittlung des Glaubens klar erkannt. Der Gottesdienst mit der Predigt steht im Zentrum – das Bild vom Cranach-Altar in Wittenberg zeigt es. Zugleich wird das »Priestertum aller Getauften« deutlich akzentuiert. Ebenso wurde das Haus Luthers nicht nur zu einem Urbild des protestantischen Pfarrhauses, sondern zu einem Vorbild für den christlichen Hausstand überhaupt. Dabei war immer klar, dass menschliche Kommunikation den Glauben nicht »machen« kann. Glaube entsteht, wenn durch die menschliche Kommunikation hindurch Gottes Geist den Glauben in Menschen weckt. Das müssen auch wir unbedingt im Blick behalten, wenn wir Kommunikation analysieren und Kommunikationsstrategien entwickeln.

Die V. KMU, die wie alle anderen gemeinsam von der EKD, der Evangelisch-Lutherischen Kirche in Bayern und der Evangelischen Kirche in Hessen und Nassau getragen wurde,[4] hat sehr deutlich gemacht: Religiöse Kommunikation ist ganz wesentlich Kommunikation von Angesicht zu Angesicht. Dies bedeutet nicht, dass mediale Kommunikation dabei unwichtig wäre. Denn was Menschen reden und worüber sie reden, kommt nicht nur aus ihnen selber. In unserer durch Medien geprägten Welt wird das ganz entscheidend von den Medien mitbestimmt. Vieles, was Menschen von Angesicht zu Angesicht besprechen, und was dann mitunter auch zur religiösen Kommunikation wird, ist medial vermittelt.

Ein aktuelles Beispiel: Viele haben zuhause mit ihrer Familie über das Flugzeugunglück in den südfranzösischen Alpen geredet. Sie haben über Fragen von Tod, psychischer Krankheit, schicksalhaften Verstrickungen und vielleicht auch über Gott gesprochen. Die meisten – alle außer den direkt Betroffenen – haben darüber aber nicht aufgrund eigenen Erlebens geredet, sondern ausschließlich aufgrund der medialen Vermittlung der Ereignisse, die viele intensiv berührt und bewegt hat.

2.1 Privatheit religiöser Kommunikation

Ein herausragendes Ergebnis der KMU ist, dass für die allermeisten Menschen bevorzugte Orte religiöser Kommunikation die Familie und der enge Freundeskreis sind. Es kann deshalb zu Recht von der Privatheit religiöser Kommunikation gesprochen werden. Wie wichtig der private Nahbereich für die religiöse Kommunikation ist, wird auch daran deutlich, dass zum Beispiel der Gottesdienstbesuch sehr vom familiären oder sozialen Kontext abhängt.

Die Familie ist nicht nur der wichtigste Ort für die religiöse Kommunikation, sondern auch für die religiöse Sozialisation. Religiöse Überzeugungen werden weitgehend in der Kindheit und in der frühen Jugend verankert. Vieles spricht dafür, dass wir davon ausgehen können. Wenn das so ist, dann lässt allerdings folgendes Ergebnis aufschrecken: Weniger als die Hälfte der westdeutschen Kirchenmitglieder unter 21 Jahren sagen von sich selbst, dass sie religiös sozialisiert seien. Und noch weniger halten eine religiöse Sozialisation ihrer Kinder für wichtig. Gerade die jungen Menschen fühlen sich der Kirche immer weniger verbunden. Der Religionssoziologe Gert Pickel schreibt dazu:

---

[4] Die Befragungen wurden im Herbst 2012 bundesweit durchgeführt. Bei der V. KMU ging es wie bei den vier vorangegangenen seit 1972 darum, die Einstellungen der Kirchenmitglieder zu ihrer Kirche zu erheben. Als Vergleichsgruppe wurden auch Konfessionslose befragt. Eine erste Auswertung wurde im vergangenen Jahr veröffentlicht.

»Fasst man die Ergebnisse zusammen, so wird deutlich, dass die evangelische Kirche weiterhin vor einem massiven Problem in der Überzeugungsarbeit Jugendlicher und junger Erwachsener für die Kirche steht. Dies scheint oft weniger eine Frage von spezifischen Angeboten als vielmehr eine Folge der sich immer stärker säkularisierenden Umwelt zu sein. Für Jugendliche stellt sich vor dem Hintergrund einer gewachsenen Anzahl an Optionen der Lebensgestaltung die Entscheidungsfrage, was für ihren Lebensalltag wichtig ist. Einige entscheiden sich für Religion, viele aber eben nicht. So entlastend diese Aussage für die Pfarrer sein kann, markiert sie ein Strukturproblem der evangelischen Kirche: den stetigen Verlust an jungen Menschen. Vergleicht man die Ergebnisse über die Zeit, könnte man von einer Stabilität im Abbruch sprechen.«[5]

2.2 Die Rolle der Pfarrerinnen und Pfarrer

Mit dem besonderen Blick auf den Bereich der unmittelbaren Kommunikation ist ein zweites Ergebnis der KMU zu nennen, das bereits zu vielen Diskussionen geführt hat. Es geht um die besondere Rolle der Pfarrerinnen und Pfarrer.

Hier geht es im Wesentlichen um zwei Punkte:

44 Prozent der Kirchenmitglieder geben an, dass sie einen persönlichen Kontakt zu einer Pfarrerin oder einem Pfarrer haben, 33 Prozent, dass sie eine Pfarrerin oder einen Pfarrer vom Sehen oder namentlich kennen, und 23 Prozent, dass sie keine Pfarrerin und keinen Pfarrer kennen. Diejenigen, die einen persönlichen Kontakt oder Kenntnis haben, geben zugleich an, der Kirche verbunden zu sein. Die allermeisten in diesen Gruppen (93 bis 95 Prozent) können sich zudem nicht vorstellen, aus der Kirche auszutreten.[6] Die Schlussfolgerung lautet deshalb: Zu einer Pfarrerin oder einem Pfarrer persönlichen Kontakt zu haben oder sie zumindest dem Namen nach oder vom Sehen zu kennen, stabilisiert die Kirchenmitgliedschaft. Kenntnis kann hier im Übrigen durchaus auch medial vermittelte Kenntnis sein – also durch den Gemeindebrief oder die Tagespresse oder durch Verkündigungssendungen im Radio. Doch dazu später.

Pfarrerinnen und Pfarrer spielen eine besondere Rolle, wenn Menschen danach gefragt werden, was sie mit der evangelischen Kirche verbinden. Erstmals wurden in dieser KMU zu Beginn drei offene Fragen gestellt. Die erste Frage: »Was fällt ihnen ein, wenn sie evangelische Kirche hören?«, und dann: »Fällt Ihnen eine Person ein, die Sie mit der evangelischen Kirche in Verbindung

---

[5]   GERT PICKEL, Jugendliche und junge Erwachsene. Stabil im Bindungsverlust zur Kirche, in: EKD (Hg.), Engagement und Indifferenz. Kirchenmitgliedschaft als soziale Praxis, Hannover 2014, 60–72, 70.

[6]   JAN HERMELINK, ANNE ELISE LISKOWSKY, FRANZ GRUBAUER, Kirchliches Personal. Wie prägen Hauptamtliche das individuelle Verhältnis zur Kirche?, a.a.O., 96–105.

bringen?«, und schließlich: »Fällt Ihnen ein Ort ein, den Sie mit der evangelischen Kirche in Verbindung bringen?« Bei der ersten Frage werden von den Kirchenmitgliedern vor allem Gottesdienste genannt, und zwar vor allem Kasualien. Weiter werden Stichwörter wie »Glauben«, »Spiritualität«, »Beten« genannt. Ein Zehntel nennt »Gemeinschaft« und »Zusammenhalt«. Sieben Prozent sagen: »nicht katholisch«. Die Antworten auf die zweite Frage nach den Personen ergeben ein »Promi-Ranking«:

30 Prozent Martin Luther, 13 Prozent Jesus Christus, 10 Prozent Margot Käßmann, 8 Prozent Joachim Gauck. Neben diesen »Promis« nennen etwa 20 Prozent eine Pfarrerin oder einen Pfarrer namentlich oder in ihrer Rolle. Bei der dritten Frage nach den Orten spielen die Kirchengebäude, und zwar oft die konkreten aus der unmittelbaren Umgebung, eine besondere Rolle (32 Prozent der Nennungen).

Zweifellos berechtigen diese Ergebnisse dazu, mit Blick auf die Pfarrerinnen und Pfarrer von einer »Schlüsselprofession« zu sprechen. Allerdings ist auch hier ein differenzierter Blick nötig. Dass die Pfarrerinnen und Pfarrer so wahrgenommen werden, hat auch viel mit der Gesamtwahrnehmung evangelischer Kirche in der Öffentlichkeit zu tun. Und dafür stehen auch viele andere. Eine besondere Rolle spielt hier auch die diakonische Präsenz der Kirche in der Gesellschaft. Ein Blick auf die Erwartungen an die evangelische Kirche zeigt: Neben den Erwartungen an das gottesdienstliche Handeln der Kirche – die Bestattung ist hier sehr bedeutsam – und an das grundsätzliche Einstehen für die christliche Botschaft werden herausragende Erwartungen an das diakonische Engagement der Kirche geknüpft.[7]

Ich erlaube mir an dieser Stelle die kleine Zwischenbemerkung: Es ist schön zu sehen, wie viel Wertschätzung zurzeit das diakonische Engagement unserer Kirche in der Flüchtlingshilfe erfährt. Dabei hat sich in vielen Gemeinden und Dekanaten zudem eine sehr gelungene Zusammenarbeit von Kirche und Diakonie vertieft. Ich danke allen, die sich hier engagieren!

Zurück zur KMU. Zu den oben beschriebenen Befunden resümiert Jan Hermelink, Professor für Praktische Theologie in Göttingen: »Die evangelische Kirche wird von ihren Mitgliedern (und ähnlich von den Konfessionslosen) zunächst mit ihrer gottesdienstlichen Praxis identifiziert, vor allem mit lebens- und jahreszyklischen Gottesdiensten. Sie erscheint als eine dezidiert religiöse, mit Gott, dem Glauben und der Bibel befasste Institution, die im Besonderen durch die Orte und Personen der Reformation geprägt (und von der katholischen Kirche positiv unterschieden) ist. Pfarrerinnen und Pfarrer spielen in ihr eine wichtige, aber nicht die zentrale Rolle; etwas wichtiger erscheint das soziale bzw. das diakonische Engagement der evangelischen Kirche. Ihr ortsgemeindliches Leben

---

[7] Anja Schädel, Gerhard Wegner, Verbundenheit, Mitgliedschaft und Erwartungen. Die Evangelischen und ihre Kirche, a.a.O., 86–95.

kommt – abgesehen von Kasualien – allenfalls für etwa ein Viertel der Mitglieder in den Blick.«[8]

Der Hinweis auf die Ortsgemeinde besagt an dieser Stelle, dass das ortsgemeindliche Leben vor allem für die Gruppe der sogenannten Hochverbundenen bedeutsam ist, das heißt von diesen wahrgenommen und gestaltet wird. Für viele Kirchenmitglieder, die nicht zu dieser Gruppe gehören, ist es trotzdem wichtig, dass Gottesdienste – inklusive der Kasualien – gefeiert werden und dass ihre Kirche diakonisch engagiert ist, auch wenn sie selbst sich nicht aktiv beteiligen. Insgesamt ist die Gruppe der Hochverbundenen übrigens größer geworden, ebenso die Gruppe der Geringverbundenen. Die mittlere Gruppe (»etwas verbunden«) ist kleiner geworden. Wir tun allerdings gut daran zu beachten, diese Zuordnungen nicht als Festschreibungen zu verstehen, die sich lebensgeschichtlich nicht verändern könnten. Außerdem sollten wir davon ausgehen, dass auch die Geringverbundenen sehr genau wissen, warum sie in der Kirche sind und auch durchaus ihre Kirchenmitgliedschaft selbstbewusst gestalten.

2.3 Herausforderungen

Mit diesen Ergebnissen sind einige Herausforderungen verbunden – drei möchte ich hier benennen:

1. Wenn die Familie der zentrale Ort religiöser Kommunikation ist, dann ist es nötig, der religiösen Bedeutung der Familien, und zwar immer im Sinn des erweiterten Familienbegriffs, viel mehr Beachtung zu schenken. Ich denke hier etwa an die familienbezogene Gestaltung von Kasualien und an die stärkere Gewichtung von Themen, die Familien existentiell betreffen. Außerdem muss dringend überlegt werden, wie Familien zur religiösen Sozialisation angeregt werden und wie wir sie dabei unterstützen können. Das ist nicht einfach, weil wir es hier – wenn die Deutung der Soziologie stimmt – mit einer Trendentwicklung zu tun haben. Säkularisierung heißt hier, dass Religion im Alltag keine Rolle mehr spielt. Es geht also über die Frage der religiösen Sozialisation hinaus um Formen gelebter evangelischer Spiritualität im familiären Zusammenhang.

2. Wenn die persönliche Bekanntheit der Pfarrerin oder des Pfarrers wichtig ist, dann ist es nötig, die Pfarrerinnen und Pfarrer in der Wahrnehmung ihrer öffentlichen Rolle zu stärken. Sie sollten in ihrer Rolle für möglichst viele bekannt und erkennbar sein. Dabei spielen die Gottesdienste, insbesondere die Beerdigungen, eine große Rolle, aber auch etwa die Präsenz bei nicht-kirchlichen öffentlichen Ereignissen und schließlich die mediale Präsenz. Hier liegen große Chancen in der Außenwirkung und damit in der öffentlichen Verkündigung. Das

---

[8]   JAN HERMELINK, Kirchenbilder. Erste Beobachtungen zu den Antworten auf die offenen Fragen, a. a. O., 32–35, 34.

hat Konsequenzen für Aus- und Fortbildung, aber auch für das Zusammenspiel mit anderen kirchlichen Berufen und natürlich mit den ehrenamtlich Engagierten. Um nicht missverstanden zu werden: Es kann nicht darum gehen, aus der evangelischen Kirche eine Pfarrerinnen- und Pfarrerkirche zu machen. Das Thema ist Rollenklarheit, und zu dieser gehören auch Begrenzungen in anderen Bereichen.

3. Noch etwas Grundsätzliches: Die Kirchenmitgliedschaftsuntersuchungen sind aufschlussreich. Sie geben Auskunft über Einstellungen, Erwartungen und auch über die religiöse Praxis unserer Kirchenmitglieder sowie der Konfessionslosen. Ihre Ergebnisse sind aber keine unmittelbare Handlungsanweisung. Sie müssen gedeutet, theologisch reflektiert und dann auch in konkrete kirchenleitende Entscheidungen umgesetzt werden. Theologische Reflexion heißt dabei auch immer, den Grundauftrag der Kirche zu bedenken. Und dieser Grundauftrag heißt, dass wir dieser Welt das Evangelium in Wort und Tat zu bezeugen haben. Das ist weit mehr als religiöse Bedürfnisbefriedigung. Unsere Frage muss lauten: Wie wollen wir in dieser Gesellschaft mit den uns gegebenen Möglichkeiten diesen Auftrag ausführen? Wir wollen das nicht an den Menschen vorbei tun, weil wir möglichst viele erreichen wollen. Deshalb machen wir solche aufwändigen Untersuchungen. Diese helfen auch, die Komplexität und die Vielfalt unserer Situation wahrzunehmen. Gerade weil diese Welt vielfältig ist und unsere Mitglieder so vielfältig sind, müssen wir uns vor einseitigen Deutungen hüten. Mir sind diese in der letzten Zeit schon hin und wieder begegnet. Da wurde zum Beispiel gesagt: »Die Situation ist klar. Auf die Pfarrerinnen und Pfarrer vor Ort kommt es an. Deshalb möglichst diese Stellen alle halten und alle anderen kürzen.« Diese Deutung greift zu kurz. Ein starkes Netz von Pfarrstellen vor Ort ist außerordentlich wichtig, aber es ist nicht alles, um die Präsenz unserer Kirche in dieser komplexen Welt zu gewährleisten. Und mir geht es dabei nicht darum, Präsenz um der Präsenz willen zu sichern, sondern darum, unseren Auftrag zu erfüllen. Dafür ist ein gutes, zugleich auch immer umstrittenes Feld die Frage nach der kirchlichen Präsenz in der medialen Welt.

3. Kommunikation medial

Meine Gliederung ist nicht unproblematisch. Sie birgt eine Gefahr, die ich deshalb benennen möchte. Der Schritt von der Kommunikation von Angesicht zu Angesicht zur medialen Kommunikation könnte so verstanden werden, dass erst das Eigentliche dran war und jetzt das weniger Wichtige kommt. So möchte ich nicht verstanden werden. Und damit wäre auch die Predella am Wittenberger Reformationsaltar missverstanden. Auch wenn hier »Predigt« als Grundgeschehen dargestellt wird, war bereits in der Reformation »Predigt« mehr als die Kanzelrede. Das Leben Christi war Predigt, und das christliche Leben als solches ist Predigt. Menschen kommunizieren immer – durch das, was sie tun, und durch das, was sie nicht tun. Und natürlich war völlig klar, dass Medien dazu beitragen, wie Luther gerne zu sagen pflegte, dass das Evangelium seinen Lauf durch die Welt nimmt. Auch medial vermittelt kommunizieren Menschen mit Menschen.

Die Reformation hat relativ unbefangen die damals neuen Medien genutzt und geprägt. Später hat sich die evangelische Kirche damit allerdings nicht immer leicht getan. Als das Radio erfunden wurde und sich schnell zu einem Massenmedium entwickelte, wurde in der Kirche diskutiert, wie sich die Verkündigung im Radio zur Verkündigung auf der Kanzel verhält. Es ging dabei auch darum, dass im Radio nicht zur Gottesdienstzeit verkündigt werden durfte, um Menschen nicht vom eigentlichen Gottesdienst abzuhalten. Medien wurden als Konkurrenz zum Gemeindeleben gesehen. Lange wurde auch diskutiert, ob die Gemeinde, die vor den Fernsehern Gottesdienst feiert, wirklich Gemeinde ist. Ähnliche Fragen stellen sich jetzt für die Gottesdienste, die Menschen digital vernetzt miteinander feiern.

Inzwischen verstehen wir besser, dass Medien nicht Ersatz oder Konkurrenz zum »eigentlichen Leben« sind. Medien bilden nicht nur Wirklichkeit ab, indem sie über Wirklichkeit berichten. Medien sind Teil der Wirklichkeit und prägen Wirklichkeit. Der Soziologe und Philosoph Niklas Luhmann hat bereits Mitte der neunziger Jahre des vergangenen Jahrhunderts die These aufgestellt, dass alle gesellschaftliche Kommunikation heute in erster Linie massenmediale Kommunikation sei und gesellschaftliche Realität damit zur »Realität der Massenmedien« werde.[9] Wir leben in einer Zeit, in der dies durch das Medium Internet noch einmal in einer tiefgreifenden Weise forciert wird. Die Folgen kann niemand absehen. Diese These möchte ich mit einigen Zahlen und Fakten über die heutige Nutzung der Medien untermauern und dabei auch aufzeigen, wie wir als evangelische Kirche darin vorkommen bzw. selbst medial agieren.

3.1 Mediennutzung allgemein

64,7 Millionen (92,2 Prozent) der Menschen in Deutschland ab 14 Jahren nutzten Anfang 2013 Publikumszeitschriften. Auflagenstärkste Zeitung war die Bild am Sonntag mit fast 10 Millionen Auflage. 62,6 Prozent der Zeitschriften sind allerdings Fernsehprogrammzeitschriften und verweisen damit auf das eigentliche gesellschaftliche Leitmedium »Fernsehen«. Im Durchschnitt lässt ein Mensch ab 14 täglich 260 Minuten sein Fernsehgerät laufen.[10] Dafür stehen je nach Wohnort

---

[9]   WILHELM GRÄB, Medien, in: WILHELM GRÄB, BIRGIT WEYEL (Hg.), Handbuch Praktische Theologie, Gütersloh 2007, 149–161, 152.

[10] Das Statistik-Portal: http://de.statista.com/statistik/daten/studie/165834/umfrage/taegliche-nutzungsdauer-von-medien-in-deutschland/, abgerufen am 21.04.2015.

und technischer Ausstattung zwischen 15 und 500 Programme zur Verfügung. Zum Vergleich die tägliche Nutzungsdauer der anderen Medien: Radio 129 Minuten, Internet 86 Minuten, Spiele (online und offline) 33 Minuten, Zeitungen und Zeitschriften 29 Minuten.[11] Das ist viel: zusammen gerechnet über sieben Stunden pro Tag. Dabei werden allerdings oft zwei oder mehr Medien parallel genutzt. Man spricht heute vom *Second Screen* (zweiter Bildschirm). Das heißt: Während der Fernseher läuft, wird parallel dazu im Internet gesurft. Die meisten Informationen, aus denen wir unsere Meinungen, unser Weltbild zusammensetzen, stammen aus den Medien.

Gilt das auch für Glauben und Kirche?

Aus der Kirchenmitgliedschaftsuntersuchung geht hervor, dass Medien für die direkte religiöse Kommunikation »gegenwärtig keine große Rolle spielen«. Das gilt nicht, wenn es darum geht, wie Menschen sich über Kirche und religiöse Themen informieren. Hier werden die klassischen und die neuen Medien genutzt.

Wenn es um Information über Kirche geht, stehen an der Spitze die Tageszeitungen und die Gemeindebriefe. Eine wichtige Rolle spielt dabei auch die Kirchengebietspresse, also in unserer EKHN die Evangelische Sonntagszeitung. Die Kirchengebietspresse wird jedoch vorwiegend von älteren Kirchenmitgliedern gelesen, die sich ihrer Kirche besonders verbunden fühlen. In der Interpretation des eher konservativen Befundes der KMU wird darauf hingewiesen, dass »die Zahl derer, die das Internet zur Information auch über kirchliche und religiöse Themen nutzen, nicht zu vernachlässigen ist, zumal hier von einer zeitlichen Dynamisierung auszugehen ist«.[12]

Die Medien im Einzelnen:

3.2 Print

Gemeindebriefe

Der »heimliche Riese« unter den Printmedien ist der Gemeindebrief. Eine Befragung unseres EKHN-Referats Sozialforschung und Statistik ergab 2008, dass 93 Prozent unserer hessen-nassauischen Gemeinden einen Gemeindebrief herausgeben. 78 Prozent dieser Gemeindebriefe erscheinen viermal oder öfter im Jahr. Die allermeisten von ihnen werden entweder sogar an alle Haushalte im Gemeindegebiet oder an alle evangelischen Gemeindemitglieder verteilt. Wir können davon ausgehen, dass diese Werte auch heute im Jahr 2015 zutreffen. Für 2012 weist die EKHN-Statistik genau 3.016 ehrenamtliche Mitarbeiterinnen und Mitarbeiter in der Öffentlichkeitsarbeit aus, zum Beispiel in den Gemein-

---

[11] A. a. O.

[12] Birgit Weyel, Gerald Kretzschmar, Medien, in: EKD (Hg.) Engagement und Indifferenz, Hannover 2014, 50–51.

debriefredaktionen. Dazu kommen noch 13.192 Ehrenamtliche, die Gemeinde-briefe verteilen.

Die hohe Wertschätzung der Gemeindebriefe hängt wohl damit zusammen, dass sie als Teil der personalen Kommunikation auf Gemeindeebene gesehen werden. Hinzu kommt, dass die Qualität der Gemeindebriefe sehr gestiegen ist. Das haben die Förderpreis-Wettbewerbe der EKHN gezeigt. Ich freue mich, dass in diesem Jahr [2015] der Förderpreis zum neunten Mal ausgeschrieben wird, die Preise werden wir am 12. November verleihen – wieder in der St. Jakobskirche in Frankfurt-Bockenheim.

Zum Teil sind die Redaktionen von Gemeindebriefen sehr ambitioniert. Das zeigt die verstärkte Anzahl an Anfragen nach Exklusiv-Beiträgen etwa an den Kirchenpräsidenten. Das bringt mich und unsere Öffentlichkeitsarbeit gelegentlich an Grenzen.

Ich danke allen, die sich in der Erstellung und Verbreitung der Gemeinde-briefe engagieren. Gedruckte Gemeindebriefe bleiben sicher auch in absehbarer Zeit ein wichtiges Standbein unserer Kommunikation. Interessant wäre es, in einer aktuellen Studie erneut Daten über die Gemeindebriefe zu erheben – und dabei auch zu fragen, wie die stetig wachsende Kommunikation im Internet in unseren Gemeinden erlebt und bewertet wird.

Gemeindebriefe haben ihren besonderen Wert auch darin, dass sie im Kommunikationsraum Familie präsent sind. Oft liegen sie irgendwo im Haushalt und bleiben dort auch für eine gewisse Zeit liegen. Sie werden in der Regel mehrfach und von verschiedenen Personen genutzt.

Impulspost

Auf die Präsenz in der Familie setzt auch unser Konzept der Impulspost. Dass wir auf diese Weise den Kontakt zu unseren Kirchenmitgliedern zuhause suchen, sehe ich auch durch die KMU bestätigt. Der Impulsbrief zielt darauf ab, nicht nur einzelne anzusprechen, sondern auch Gespräche in den Familien über Glaubensthemen auszulösen. Die weiteren Angebote für die Kommunikation in den Gemeinden (Plakate, Banner usw.) setzen auf einen Wiedererkennungseffekt und auf thematische Vertiefung. Besonders gut ist es, wenn die Aktion und das Thema dann auch Gegenstand der Berichterstattung in den säkularen Medien werden. Große kommunikative Chancen hat die Impulspost auch in den soge-nannten »Sozialen Medien«, bei Facebook, Twitter und oder bei dem Bilderaus-tauschdienst »Instagram«. Aber auch die vielen, in der Öffentlichkeit weithin wahrnehmbaren Fassadenbanner und Fahnen – für die Kirchenvorstandswahl am Sonntag sind es derzeit fast 1300 Stück – sind nicht zu unterschätzen. Manchmal passiert übrigens Erstaunliches: Vor kurzem haben Fußballfans von SV Darmstadt 98 bei einem Auswärtsspiel ein Banner einer unserer Aktionen als Botschaft an die Fans der gegnerischen Mannschaft ausgerollt. Auf dem Banner stand das Motto: »Toleranz üben üben.« Bei den Aktionen zur Impulspost, aber nicht nur da, zeigt sich: Es war eine gute Entscheidung, die Öffentlichkeitsarbeit in den Gemeinden durch die Öffentlichkeitsarbeit in den Dekanaten zu unterstützen. Die Unterstützung der Gemeindebriefredaktionen gehört zum Aufgabenprofil der Öffentlichkeitsarbeit in den Dekanaten, ebenso wie der Kontakt zu dem zweiten für die Information über die Kirchengemeinden wichtigen Medium, den Tageszeitungen.

Der regionalen Öffentlichkeitsarbeit ist es gelungen, die kirchliche Präsenz in den lokalen Medien auf einem hohen bis sehr hohen Niveau zu stabilisieren. Insbesondere in ländlichen Regionen erreicht unsere regionale Öffentlichkeitsarbeit Abdruckquoten ihrer Presseartikel und Fotos von nahezu 100 Prozent. In städtischen Bereichen, wo die Zeitungen personell noch etwas stärker ausgestattet sind, ist das natürlich nicht immer so. Dennoch wird auch dort von vielen Redaktionen die professionelle journalistische Aufarbeitung der Informationen aus den Gemeinden und Dekanaten sehr geschätzt.

Säkulare Printmedien

Viele Zeitungen mussten bereits große Einschnitte in den Redaktionen verkraften. Außer den ganz großen, zumeist überregionalen Qualitätszeitungen – wie Süddeutsche, FAZ, Welt, FR und wenige andere – verfügt heute keine Redaktion mehr über Spezialistinnen und Spezialisten zum Themenkreis Kirche. Auch aus diesem Grund hat sich die Vernetzung der regionalen mit der gesamtkirchlichen Öffentlichkeitsarbeit sehr bewährt – etwa bei der Unterstützung von Recherchen und der Vermittlung von Kontakten für Redaktionen.

Die Tageszeitungen sind unter enormen Druck geraten, und zwar gewiss nicht nur durch die mit Berichten angereicherten Werbeblätter und dem Rückgang der Anzeigen, sondern vor allem dadurch, dass vor allem Jüngere kaum noch Zeitung lesen und die Abonnements kontinuierlich zurückgehen. Dies geschieht nicht, weil die Zeitungen schlechter geworden wären, sondern weil hier ein Gesamttrend wirksam ist: Weniger Gedrucktes, weniger Leitmedien – stattdessen eine Vielzahl von elektronischen Kanälen, die zum Teil von den Beteiligten selbst bespielt werden.[13]

Ich sehe mit großer Sorge, wie die Printmedien – insbesondere die Tageszeitungen – um ihre Zukunft kämpfen. Wer sich heute entschließt, Journalistin oder Journalist zu werden, geht in eine ausgesprochen unsichere Zukunft. Wie auch immer sich Medien weiterentwickeln, scheint mir eines unaufgebbar: Un-

---

[13] IMRAN AYATA, Kampagnenplaner, Agentur Ballhaus West Berlin, hat bei einer gemeinsamen Fortbildung der EKHN-Öffentlichkeitsarbeit und Kirchenmusik im Februar 2015 die Situation so beschrieben: »Die Fragmentierung der Öffentlichkeit schreitet unaufhörlich voran. Digitalisierung buchstabiert unser Leben neu und wird zum Beschleuniger der Fragmentierung. Das Kommunikationsverhalten verändert sich nachhaltig, es wird schneller, unübersichtlicher und komplexer. Und Konsumenten werden zu Akteuren.«

sere demokratische Gesellschaft braucht gut ausgebildeten Qualitätsjournalismus mit einem hohen Berufsethos, das der Wahrheit, der Menschenwürde und der Meinungsvielfalt verpflichtet ist. Wir versuchen als EKHN übrigens zu der inzwischen crossmedial ausgerichteten Ausbildung auch durch Ausbildung im Medienhaus und über die EKD in der Evangelischen Journalistenschule in Berlin einen Beitrag zu leisten.

Ich werde gleich noch auf die digitalen Medien eingehen, möchte aber in diesem Abschnitt noch Informationen über weitere Print-Produkte anfügen, die in unmittelbarer Verantwortung der EKHN und der EKD herausgegeben werden.

Evangelische Printmedien

Die Evangelische Sonntagszeitung (ESZ) gehört zur Kategorie der Kirchengebietspresse, die deutschlandweit – inklusive katholischer Blätter – auf eine Auflage von etwa 850.000 kommt. Davon fallen auf unsere ESZ 11.800 Abonnements mit einer Reichweite von ca. 30.000 Leserinnen und Lesern. Man wünscht ihr und unserer Kirche zwar mehr und muss zugleich feststellen, dass ihre Auflage, verglichen mit anderen Zeitungen, erfreulich stabil ist. Zielgruppe sind eng verbundene Kirchenmitglieder – darunter viele Ehrenamtliche.

Das Magazin Chrismon wird im Auftrag der EKD vom Gemeinschaftswerk Evangelische Publizistik (GEP) produziert. Es erscheint monatlich in einer Druckauflage von 1,5 Millionen und wird als kostenlose Beilage in einigen großen Zeitungen verbreitet.[14]

An allgemein kirchlich und theologisch Interessierte ist die Monatszeitschrift Zeitzeichen adressiert, die eine Auflage von 10.500 hat. Sie wird im Auftrag aller Landeskirchen – auch der EKHN – herausgegeben.

Keineswegs selbstverständlich ist es, dass die evangelische Kirche mit dem Evangelischen Pressedienst (epd) nach wie vor einen eigenen Pressedienst unterhält. Der epd ist der älteste der bestehenden deutschen Pressedienste.[15] Er bringt pro Jahr knapp 60.000 Nachrichten heraus, die zwei Drittel der Zeitungen in Deutschland beziehen. Diese kommen zusammen auf eine Druckauflage von 12 Millionen verkauften Exemplaren. Zudem werden die epd-Meldungen im Radio gesendet und online publiziert. Auf diese Weise gelangen Informationen aus dem Bereich Kirche und Glauben in die säkularen Medien. Außerdem sehen sich die säkularen Nachrichtendienste wie dpa herausgefordert, diese Themen ebenfalls im Programm zu haben.

Den Abschnitt über die Printmedien möchte ich schließen mit einem Hinweis auf die Themen, mit denen die evangelische Kirche insbesondere in den Medien vorkommt.

---

[14] Die Premiumausgabe Chrismon Plus kann gegen Gebühr abonniert werden (12.655 Abonnements national).

[15] Der epd wurde 1910 in Wittenberg gegründet.

Die Gemeinden und Dekanate finden eine gute Beachtung mit ihren Veranstaltungen. Personen sind immer interessant, und es ist bemerkenswert, wie aufmerksam etwa Amtswechsel in kirchlichen Ämtern medial begleitet werden. Diakonische Themen werden gerne im Zusammenhang mit gesellschafts- und sozialpolitischen Fragen aufgegriffen. Besonderes Interesse wecken auch immer besondere kirchliche Aktivitäten. Das gilt zum Beispiel für die Motorradfahrer-Seelsorge, die Aktivitäten in der Commerzbank Arena, die Ausstellungen des Bibelhauses, die kirchliche Präsenz bei Großveranstaltungen (Hessentag, Rheinland-Pfalz-Tag, Landesgartenschau). Sie gehören mit zum Gesamtbild einer gesellschaftlich und medial präsenten Kirche.

3.3 Rundfunk und Fernsehen

Öffentlich-rechtlicher Rundfunk

Das System des öffentlich-rechtlichen Rundfunks räumt, staatsvertraglich garantiert, den Kirchen die Möglichkeit ein, in einem begrenzten Umfang Sendezeit zu gestalten, und es gehört zum Programmauftrag der öffentlich-rechtlichen Sender, über die Kirchen zu berichten.

Die kirchlichen Verkündigungssendungen reichen von Zusprüchen mit wenigen Minuten Länge – in unserem Kirchengebiet im Hessischen Rundfunk (HR) und Südwestrundfunk (SWR) – bis zu kompletten Gottesdienstübertragungen in der ARD und im ZDF. Wie viele Menschen werden durch diese Sendungen erreicht? Ein paar Beispiele seien hier genannt: Die Sendung »Gedanken« in SWR 3 erreicht ca. 1 Million Hörerinnen und Hörer täglich, ebenso die Sendung »Sonntagsgedanken« in SWR 4. Ein Zuspruch auf hr 1 (gesendet Montag bis Freitag um 5:45 Uhr) ca. 50.000 Hörerinnen und Hörer, die Sonntagsgedanken in hr 1 ca. 70.000, eine hr-2-kultur Morgenfeier 20.000, ein »Moment mal« auf hr 3 170.000 und ein hr-4-Gottesdienst ca. 180.000 bis 200.000. Die Fernsehgottesdienste in der ARD und im ZDF haben zwischen 600.000 und 1 Millionen Zuschauerinnen und Zuschauer. Das Wort zum Sonntag, bei dem wir als EKHN seit 8 Jahren durch Stefan Claaß vertreten sind, wird im Schnitt von 2 Millionen Menschen gesehen.

Das sind beachtliche Zahlen. Sie stehen für konkrete Verkündigungserfahrungen – medial und zugleich von Mensch zu Mensch. Nur dass ein Absender in einem Studio ist und die Empfänger via Fernsehen, Radio oder Podcast irgendwo in ihrem Alltag erreicht werden. Für viele Menschen sind diese geistlichen Impulse eine wichtige Anregung und Hilfe für den Tag. Immer wieder bleiben Menschen am Ankunftsort im Auto sitzen, um eine Radiosendung zu Ende zu hören. Die Kirchenleitung hatte vor wenigen Wochen die beiden Senderbeauftragten beim SWR und HR, die Pfarrerinnen Annette Bassler und Heidrun Dörken um Berichte zur Situation gebeten. Beide berichteten, dass die kirchlichen Sendungen in den Sendehäusern eine hohe Akzeptanz hätten. Dies sei auch Ergebnis intensiver Zusammenarbeit mit den jeweiligen Wellen – insbesondere den Kirchenredaktionen der Sender – sowohl hinsichtlich der Formate als auch der speziellen »Farbe« der Beiträge. Die hohen Ansprüche an die Rundfunkbeiträge machten es allerdings zunehmend schwerer, Pfarrerinnen und Pfarrer zu finden, die sich neben ihrer sonstigen Arbeit dieser Aufgabe widmen. Sehr bewährt habe sich das bei hr 3 praktizierte Modell. Dort ist mit Fabian Vogt ein Pfarrer mit einer Drittel-Stelle für den Sendeplatz »Moment mal« zuständig und kann auch kurzfristig und aktuell Beiträge gestalten. Heidrun Dörken berichtete zudem, dass die Kooperation mit der EKKW in der Rundfunkarbeit ausgesprochen gut laufe. Heidrun Dörken nimmt seit etwas mehr als einem Jahr die gemeinsame Senderbeauftragung für EKKW und EKHN beim HR wahr und ist zugleich für die Begleitung aller Verkündigungssendungen der EKHN zuständig. Die Autorinnen und Autoren der EKKW werden von der Rundfunkbeauftragten der EKKW im Umfang einer halben Stelle begleitet. Beide arbeiten eng zusammen. Fortbildungen werden gemeinsam veranstaltet. Die Kirchenleitung hält es für außerordentlich wichtig, auch weiterhin mit qualitativ hochwertigen Beiträgen im Rundfunk präsent zu sein, und wird deshalb demnächst beraten, wie die Arbeit gesichert werden kann.

Privater Rundfunk

Im Medienhaus der EKHN werden auch Beiträge für den Privatfunk produziert, die von den Sendern ebenfalls sehr geschätzt werden. So verfolgen beispielsweise in Hessens reichweitenstärkstem Radiosender FFH jeden Sonntag bis zu 340.000 Hörerinnen und Hörer das von den Kirchen verantwortete Magazin »Kreuz und Quer«. Tagesaktuelle Berichte an Wochentagen können in FFH fast eine halbe Million Menschen erreichen. Dazu kommen durchschnittlich noch einmal insgesamt über 300.000 Zuhörerinnen und Zuhörer in planet radio, harmony.fm und Klassik-Radio, für die unser Medienhaus ebenfalls Beiträge produziert.

Präsenz in Rundfunk und Fernsehen

Schaut man insgesamt auf die Bedeutung von Rundfunk und Fernsehen, so ist es sicher wichtig, für die dortige Präsenz der Evangelischen Kirche geeignete Personen zu haben, die evangelische Positionen etwa in Talkshows vertreten. Dies ist bei gesellschaftlich brisanten Themen wichtig, aber auch dann, wenn Kirche und Diakonie selbst Gegenstand kritischer Berichterstattung sind.

Nicht zu unterschätzen ist zudem die Frage, wie die Kirche in Unterhaltungssendungen vorkommt und ob es gelingt, Themen, die wir für wichtig halten, dort zu platzieren. Dafür brauchen wir fachlich versierte und medienerfahrene Personen, die Kontakte etwa zu Autorinnen und Autoren von Drehbüchern pflegen.

In diesem Zusammenhang sollen noch kurz zwei Dienste erwähnt werden: Erstens die evangelische Produktionsgesellschaft EIKON, die Filme, Dokumentationen und anderes produziert. Die EKHN ist Gesellschafter, Heinz-Thomas Striegler vertritt uns dort im Aufsichtsrat. Zweitens unsere EKHN-eigene Medienzentrale, ein Beratungs- und Verleihdienst für Medien in der religionspädagogischen Arbeit. Sie verbindet eine lange Tradition mit stets neuen Programmen auf aktuellem Stand.

Was ich hier genannt habe, ist umfangreich und dennoch sicher nicht vollständig. Mir lag daran zu zeigen, wie vielfältig unsere Kirche medial agiert. Denn Sie als Synodale entscheiden mit darüber, welche Ressourcen in den jeweiligen Arbeitsfeldern zur Verfügung stehen.

3.4 Digitale Medien

Nun komme ich zu dem zentralen Innovationsfaktor der Medienwelt. Das Internet ist etwa zwanzig Jahre alt. Es hat unsere Welt verändert, und es wird sie weiter verändern. Das merken wir selbst hier in diesem Raum. Noch vor wenigen Jahren waren es einzelne, die hier online waren. Inzwischen sind es wohl die meisten. Erst in der letzten Woche hat das Allensbacher Institut für Demoskopie in der FAZ Ergebnisse einer aktuellen Befragung veröffentlicht. Demnach »beeinflusst die Gesellschaft zurzeit nach dem Empfinden der Bürger nichts mehr als das Internet. Es wird nicht einfach als Instrument für die Informationsbeschaffung gesehen, sondern als wichtigster Treiber gesellschaftlicher und ökonomischer Veränderungsprozesse«.[16]

Veränderungen im Internet und Veränderungen durch das Internet sind allerdings in der Regel keine durch politische Entscheidungen beeinflussten Prozesse. Sie sind ein Marktgeschehen von Angebot und Nachfrage und damit entscheidend geprägt von ökonomischen Interessen. Gigantische Datenströme laufen um die Welt. Der größte der 40 Hauptdatenverkehrspunkte der Welt liegt auf dem Kirchengebiet der EKHN in Frankfurt – der Internetknoten DE-CIX. Nach der aktuellen ARD/ZDF-Onlinestudie aus dem Herbst 2014 sind über 55 Millionen Deutsche im Netz, das sind knapp 80 Prozent. Die höchsten Zuwachsraten in der Online-Nutzung liegen bei den über 60-Jährigen. Nahezu 50 Prozent dieser Altersgruppe nutzen mittlerweile das Internet, und es werden immer mehr. In der Gruppe der 20- bis 29-Jährigen sind es fast 100 Prozent. Eine wichtige Rolle spielen dabei Smartphones und Tablets. 58 Prozent der Deutschen besaßen 2014 bereits ein Smartphone und schauten 70 Mal am Tag darauf, Jugendliche sogar 135 Mal. Zugleich lässt die unterschiedliche Mediennutzung die Bevölkerung auseinanderdriften. Die junge Generation von der älteren, die Bessergestellten von den sozial Schwächeren.

---

[16] RENATE KÖCHER, Schöne neue Welt, in: FAZ vom 16.04.2015 (Zitat umgestellt).

Wie sehr das Internet bereits zu unserem Alltag gehört, zeigt ein Grundsatzurteil des Bundesgerichtshofes. Nach diesem Urteil ist die ständige Verfügbarkeit des Internets auch im privaten Bereich von zentraler Bedeutung. Deshalb kann ein längerer Ausfall schadensersatzpflichtig werden.

Informationsmedium

Für viele Menschen ist das Internet selbstverständliches Informationsmedium in nahezu allen Lebensbereichen. Viele Gemeinden, Dekanate, kirchliche und diakonische Einrichtungen haben sich längst darauf eingestellt und präsentieren sich und ihre Angebote auf eigenen Seiten im Netz. Aber noch nicht alle. Im Rahmen unseres Kommunikationskonzeptes bereiten wir zurzeit einen sogenannten Web-Baukasten für Gemeinden vor, mit dessen Hilfe diese Arbeit leichter und effizienter getan werden kann. Technische Basis dafür ist unser EKHN-FacettNet, mit dessen Hilfe auch Inhalte leicht geteilt werden können. Wir müssen dahin kommen, dass alle unsere Gemeinden zumindest mit einer Basisinformation im Netz zu finden sind.

Die zentrale Internetpräsenz der EKHN ist die Website ekhn.de. Sie wird im Medienhaus von einer Redaktion eigenverantwortlich gestaltet. ekhn.de ist somit eher ein publizistisches Angebot und keine klassische Präsentation der Öffentlichkeitsarbeit. Sie richtet sich vornehmlich an Externe. Die definierte Zielgruppe ist die interessierte Öffentlichkeit. Entsprechend sind Themenauswahl und Aufmachung.

Da sich aber auch viele eher EKHN-interne Nutzerinnen und Nutzer im Netz informieren möchten, gibt es zudem die Website »Unsere EKHN«, auf der die Informationen, der Service und die Materialien für die ehren- und hauptamtlichen Mitarbeitenden der EKHN zu finden sind. Das Internet verändert sich schnell, auch unsere EKHN-Präsenz wird immer wieder zu überprüfen und zu verändern sein.[17] Regelmäßige Befragungen – die erste findet noch in diesem Jahr statt – sollen helfen, die Bedürfnisse der Nutzerinnen und Nutzer zu verstehen und bei der Weiterentwicklung der EKHN-Präsenz zu berücksichtigen.

Für ekhn.de können wir zurzeit steigende Zugriffszahlen feststellen. Während 2013 durchschnittlich 40.000 Besuche im Monat verzeichnete, waren es 2014 im Durchschnitt fast 80.000. Die Tendenz in den ersten Monaten dieses

---

[17]   So hat das von der EKD betriebene Internetportal evangelisch.de mittlerweile die rein publizistische Linie verlassen, geht aber auch nicht den Weg der institutionellen Selbstpräsentation, sondern versucht die Informationen zu bieten, die viele Menschen zu kirchlichen Themen suchen. So ist zum Beispiel für junge Eltern die Suche nach einem Taufspruch eine Gelegenheit, kirchliche Seiten aufzusuchen. Hier sollten sie nun – das ist die Idee – nicht nur das finden, was sie suchen, sondern auch zur thematischen Vertiefung angeregt werden und auf weitere kirchliche Themen aufmerksam werden. Das Ganze ist, wie vieles im Internet, auch eine große Suchbewegung.

Jahres geht in Richtung der 90.000er Marke. Im März registrierte die Multimediaredaktion auf den externen und internen Seiten erstmals über 100.000 Besuche. Traurige Ursache ist vermutlich die Flugzeugtragödie. Dazu wurde auf ekhn.de sehr zeitnah ein vom Zentrum Verkündigung verfasstes Gebet eingestellt, auf das vielfach im Netz hingewiesen wurde.

Das sind im EKD-Vergleich außerordentlich gute Zahlen. Im November letzten Jahres verzeichnete die EKHN-Seite knapp 97.000 Aufrufe, die der größeren Kirchen Württemberg und Rheinland jeweils 42.000. Dies hat sicher damit zu tun, dass ekhn.de nach dem Relaunch vor zwei Jahren aktueller, übersichtlicher sowie optisch und inhaltlich ansprechender wurde. Nicht zuletzt spielen Bilder und Bewegtbilder, die im Netz außerordentlich wichtig sind, eine größere Rolle. Dies ist überhaupt nur zu leisten, weil im Medienhaus verstärkt crossmedial gearbeitet wird.

Kommunikationsmedium

Das Internet ist nicht nur ein Informationsmedium, sondern auch ein gewaltiges Kommunikationsmedium. Über 1,23 Milliarden Menschen waren Ende 2013 über Facebook verbunden, darunter 25 Millionen Deutsche. Soll Kirche in den sozialen Netzwerken wie Facebook, Twitter, google+ aktiv sein? Diese Frage wird immer wieder kontrovers diskutiert. Aus Sicht des Datenschutzes wird zur Zurückhaltung gemahnt. Es ist klar, dass hier weltweit agierende Quasi-Monopolisten eine ungeheure Menge an persönlichen Daten auswerten und verkaufen können. Auch die Nutzung durch den US-amerikanischen Nachrichtendienst NSA macht die Dimension dieser Fragen bewusst. Andererseits sind viele Menschen in den sozialen Netzwerken unterwegs, um persönlich miteinander zu kommunizieren. Gemeinden, die sich auf den Weg machen, erleben, wie sich ihre Kommunikation vor Ort in erheblichem Maße intensiviert und beschleunigt.

Die KMU hat gezeigt, dass es offenbar Zurückhaltung bei der religiösen Kommunikation gibt. Aber ob dies so bleibt?

Nach dem tragischen Flugzeugunglück vor vier Wochen spielte das Thema Trauer und damit auch die religiöse Kommunikation in den Netzwerken eine besondere Rolle. Der bekannte Online-Kolumnist Sascha Lobo attestierte den Menschen in Spiegel-Online nach der Katastrophe eine neue Suchbewegung in Sachen Trauer im Netz. Am Grab wüssten angesichts einer langen Tradition alle, wie sie sich zu verhalten haben. Das Internet sei indessen noch so neu, dass sich hier keine festen Trauerrituale ausgebildet hätten. Schwarzweiß gefärbte Logos auf den Internetseiten von Lufthansa und Germanwings seien ein Anfang. Aber auch die Möglichkeit, sich Wut, Verzweiflung und Trauer in Facebook und Twitter regelrecht von der Seele zu posten, die viele genutzt hätten. Spiegel-Online setzte zudem unter nahezu jeden Artikel zum Flugzeugunglück auch Hilfskontakte für Suizidgefährdete. Die Redaktion bemerkte, dass es hier einen Bedarf gab. Auch unsere Internetseite *ekhn.de* spürte dies. Das eben schon erwähnte Gebet wurde noch am gleichen Tag des Absturzes auf der Homepage veröffentlicht. In der Unglückswoche stand es mit 1.000 Abrufen einsam an der Spitze der Zugriffszahlen. In Facebook wurde es bis Ende März über 500 Mal empfohlen. Meines Erachtens wird hier deutlich, dass wir über Kompetenzen verfügen, die auch für die Kommunikation im Internet bedeutsam sein können. Aber wir sind noch auf der Suche, wie wir diese einbringen können – auch und gerade angesichts der datenschutzrechtlichen Fragen. Die bisherigen Zahlen unserer Kontakte in den Netzwerken sind eher bescheiden. Die EKHN hat derzeit knapp 1.900 sogenannte Fans in Facebook, 900 folgen ihr beim Kurznachrichtendienst Twitter auf den zwei Kanälen EKHN und Glaubensimpuls. Zum Vergleich: Heinrich Bedford-Strohm, bayrischer Landesbischof und Ratsvorsitzender, hat aktuell über 5.000 sogenannte *Follower*. Die zu Agaplesion gehörende Klinik Elisabethenstift in Darmstadt bringt es auf über 8.000 Fans. Das sind allerdings sehr bescheidene Zahlen, wenn man bedenkt, dass die auf RTL 2 gesendete Fernsehserie »Berlin – Tag & Nacht« 2,15 Millionen Fans im Netz hat, der Papst etwas mehr als 20 Millionen.[18]

Doch darf angesichts der Zahlen rund um unsere zentralen EKHN-Aktivitäten nicht vergessen werden, dass die sozialen Netzwerke insbesondere dezentrale Kommunikation ermöglichen – in Gemeinden und Dekanaten, in Chören und Konfi-Gruppen. Die sozialen Netzwerke ermöglichen vieles von dem, woran uns aus inhaltlichen Gründen gelegen ist – Anteilnahme, Teilhabe und Kommunikation. Das zeigt sich nicht zuletzt auch in einer neuen Qualität der Pflege ökumenischer Kontakte weltweit. Gute Überlegungen hierzu finden sich im Kundgebungstext der EKD-Synode aus dem November 2014 zum Thema »Kommunikation des Evangeliums in der digitalen Welt«.[19] Das Medienhaus

---

[18]   Nach einer epd-Meldung vom 14.04.2015.

[19]   »Die Möglichkeiten des Internets für die Gestaltung des menschlichen Zusammenlebens und für die Kommunikation des Evangeliums entsprechen dem Selbstverständnis von Kirche als Koinonia, einer Gemeinschaft durch Teilhabe. Die Reformation hat dem Priestertum aller Getauften und dem partizipativen Charakter des Evangeliums besonderen Ausdruck verliehen. Heute bietet das Kommunikationsmodell des Netzwerkes hierfür eine neue Realisierungsmöglichkeit. Die Digitalisierung hat neue Räume geschaffen, in denen Menschen zusammenkommen, um miteinander medial zu kommunizieren. Für die evangelische Kirche ist es unabdingbar, in der digitalen Gesellschaft aktiv, präsent, erkennbar und ansprechbar zu sein. Dazu lässt sie sich auf deren Kommunikationsregeln ein und gestaltet diese kritisch mit. Digitale Netzwerke bieten die Chance, weltweite Beziehungen intensiver zu gestalten und über soziale und physische Barrieren hinweg in Verbindung zu bleiben. Sie eröffnen Möglichkeiten, das Evangelium von Jesus Christus gemäß dem missionarischen Auftrag der Kirche zu kommunizieren. Als evangelische Kirche kommunizieren wir in vertrauensvoller, ver-

bietet Unterstützung für alle an, die sich hier weiter orientieren möchten. Empfehlenswert sind in diesem Zusammenhang auch die Online-Angebote des Zentrums Bildung, in denen Information und Kommunikation miteinander verknüpft sind. Die Angebote reichen von der »digitalen Elternbildung« bis hin zu Selbstlernmodulen zum Thema Web 2.0. Hinweisen kann ich hier ebenfalls auf die Expertise und die Publikationen des Zentrums Gesellschaftliche Verantwortung zum Thema »Digitale Welt«.[20]

4. Kirche in der Mediengesellschaft

Der Überblick hat gezeigt: Wir sind längst und vielfältig in der Medienwelt aktiv. Das ist gut so, denn wir haben den Auftrag, das Evangelium in dieser Welt zu bezeugen und zu leben – möglichst überall, wo sich Menschen aufhalten, heute eben auch im digitalen Bereich der Welt.

Der Blick in die Reformationsgeschichte sollte bewusst machen, dass die Reformation den medialen Charakter der Glaubenskommunikation intensiviert hat, weil sie die mediale Grundstruktur des Glaubens klar erfasst hatte. Das mediale Grundereignis ist, dass Gott selbst sich der Sprache bedient hat. Gott ist radikal in menschliche Kommunikation eingetreten, indem er Mensch wurde – bis dahin, dass Gott sich dabei selbst allen Widersprüchen und Missverständnissen ausgesetzt hat. Es gab in der Reformation keine Scheu, sich auf die damals neuen Medien einzulassen. Mehr noch: Die Verkündigung des Evangeliums wurde als Auftrag verstanden, »dem Volk auf das Maul zu schauen« und die Sprache der Menschen zu sprechen. Dies ging ja bekanntlich auch so weit, dass bekannte Melodien weltlicher Lieder mit neuen geistlichen Texten versehen wurden. Dass Medien dabei Medien bleiben müssen und nicht selbst Gegenstand der Anbetung werden dürfen, war Thema im Bilderstreit. Selbst das Verhältnis zum Medium »Bibel« wurde nicht so bestimmt, dass die Schrift als »Heilige Schrift« in einem gegenständlichen Sinn anbetungswürdig wäre. Sie wurde verstanden als Mittel zum Zweck, als Wort, das zum Lesen, zum Hören und zum Verkündigen auffordert und durch das hindurch Gott redet. Konsequenterweise wurde die Bibel dann übrigens im Gefolge der Reformation auch selbst historisch-kritisch gelesen.

In diesem theologischen Horizont plädiere ich sehr dafür, dass wir als Kirche die Medien nicht als etwas verstehen, was gegenüber der Wirklichkeit sekundär wäre, sondern sie als Teil der Wirklichkeit begreifen. Gerade weil wir die mediale Grundstruktur des Glaubens kennen, dürfen wir uns als Kirche der medialen

---

ständlicher und in einladender Weise.« https://www.ekd.de/synode2014/schwerpunktthema/beschluss_kundgebung.html, abgerufen am 18.04.2015.

[20] Perspektiefe 36, Thema: Die digitale Welt (April 2015).

Kommunikation nicht verweigern. Wir sollten uns klarmachen: Wenn wir medial nicht vorkommen, sind wir für viele Menschen – insbesondere für jüngere – nicht mehr Teil der Wirklichkeit. Und umgekehrt kann gesagt werden: Für viele Menschen ist das, was sie medial von Kirche wahrnehmen, die einzige Predigt, die sie hören.

Das bedeutet nicht, dass wir um jeden Preis und unkritisch alles tun sollten, nur um irgendwie in den Medien vorzukommen. Es geht auch – genau betrachtet – nicht um Kirche als Kirche. Es geht um das öffentliche Evangelium und damit im guten Sinne um Öffentliche Theologie, und zwar sowohl dogmatisch als auch ethisch. Der Anspruch heißt: Es muss öffentlich erkennbar sein, was Christinnen und Christen glauben und welche Konsequenzen sie daraus für ihr Tun ziehen.

Die Kirchenmitgliedschaftsuntersuchung gibt dabei Hinweise, welche Themen für Menschen in besonderer Weise als religiöse Themen eingeschätzt werden. Das sind die existentiellen Themen wie Tod, Anfang der Welt, Fragen von Sterbehilfe und Selbsttötung, Sinn des Lebens. Aber es sind auch – allerdings in geringerer Gewichtung – Themen wie Gerechtigkeit, Freiheit, Frieden. Hin und wieder wird dieser Befund genutzt, um zu sagen, Kirche solle existentieller an Glaubensthemen arbeiten und sich weniger politisch oder sozialpolitisch äußern. Ich halte diese Entgegensetzung für schwierig, weil zum einen die Fragen oft zusammenhängen und weil es zum anderen bei der Auswahl der Themen kirchlicher Verkündigung nicht um eine reine Bedürfnisorientierung gehen kann. Das kann sogar so weit gehen, dass wir etwas sagen, was niemand hören will, was uns aber vom Evangelium her aufgetragen ist.

Grundsätzlich gilt: Wer sich darauf einlässt zu kommunizieren, setzt sich auch immer dem Widerspruch aus – das beginnt bei der Predigt, das gilt für jedes kirchliche Engagement und endet gewiss nicht beim Impulspost-Brief.

Sehr genau wird allerdings wahrgenommen – und zwar völlig zu Recht –, ob das, was öffentlich gesagt wird, von dem gedeckt ist, was sonst vertreten und gelebt wird. Glaubwürdigkeit ist eine der wichtigsten Währungen unserer Zeit. Nicht von ungefähr wird von Konfessionslosen »Unglaubwürdigkeit der Kirche« in den Begründungen für die Konfessionslosigkeit am höchsten gewichtet.[21]

Teil der Mediengesellschaft zu sein, bedeutet auch, selbst Gegenstand kritischer Berichterstattung zu sein. Auch hier geht es immer wieder um die Frage der Glaubwürdigkeit, wie wir in den letzten Jahren insbesondere zum Thema Kirche und Geld gesehen haben. Hier war es für uns besonders schwierig, unsere demokratischen Entscheidungsprozesse, die Systeme der Rechnungsprüfung und die tiefere Legitimation der Kirchensteuer nach außen zu verdeutlichen. Wie es überhaupt – gerade im Gegenüber zur hierarchisch klar präsenten römisch-

---

[21] GERT PICKEL, Konfessionslose. Rückgewinnbare Kirchendistanzierte oder überzeugt Religionslose?, in: EKD (Hg.) Engagement und Indifferenz, 80–83, 81.

katholischen Kirche – nicht immer leicht ist, die innere Verfasstheit der evangelischen Kirche kommunikativ zu vermitteln.

Neben allen angesprochenen Schwierigkeiten muss aber auch gesagt werden, dass die Kirchen in unserer Gesellschaft nach wie vor eine hohe Anerkennung genießen.[22] Bemerkenswert ist, dass offenbar das, was wir als Kirche vertreten, auch eine Relevanz für die individuelle Lebenszufriedenheit und den sozialen Zusammenhalt hat.[23] Der Religionssoziologe Detlev Pollack führt dies darauf zurück, dass die Kirchen vieles gut machen und kommunikativ auf vielfältige Weise präsent sind: »Man muss bedenken, dass von 1960 bis 1990 die organisatorischen Anstrengungen der Kirchen zur institutionellen Stärkung nicht nur quantitativ in beachtlichem Ausmaße zugenommen haben, sondern sich das kirchliche Handeln auch qualitativ stark gewandelt hat. Es ist gesellschaftsoffener geworden, die Wortverkündigung ist von monologische auf dialogische Formen umgestellt worden, die Seelsorge hat an Bedeutung gewonnen, und statt autoritativ verkündeter Lehren ist die Berücksichtigung der Wünsche und Bedürfnisse in den Vordergrund getreten. Daher muss der Annahme, der Rückgang des kirchlichen Mitgliederbestandes sei vor allem auf die Kirchen selbst zurückzuführen, scharf widersprochen werden. Die Rückgänge haben ihre Ursache vorrangig nicht in einem Mangel kirchlichen Engagements, sondern in erster Linie in kirchenexternen Veränderungen.«[24]

Meines Erachtens wäre es völlig falsch und auch theologisch unangemessen, auf die gesellschaftlichen Veränderungen mit einem Rückzug aus der Gesellschaft und mit Medienabstinenz zu reagieren. Es sollte darum gehen, mit klarem Profil auf vielfältige Weise in dieser Gesellschaft präsent zu sein. Dabei spielt die mediale Präsenz eine besondere Rolle, weil diese Gesellschaft ganz wesentlich Mediengesellschaft ist.

Fazit: Ich spreche mich dafür aus, dass wir den Fragen, wie wir als Kirche in die Gesellschaft hinein kommunizieren, und zwar auf allen Ebenen, mehr Aufmerksamkeit schenken. Und ich spreche mich sehr dafür aus, dass wir die Entwicklung der Mediengesellschaft mitgestalten.

Die Reformation hat Medien mitgeprägt. Heute stellen insbesondere die revolutionären medialen Entwicklungen durch das Internet die Gesellschaft vor die große Herausforderung, diese Entwicklung zu gestalten. Und sie muss gestaltet werden, sonst gestaltet, das Netz (bzw. diejenigen, die über entsprechende Gestaltungskraft verfügen), die Gesellschaft. Wir sehen zugleich, dass die Ent-

---

[22] Michael N. Ebertz, Meinhard Schmidt-Degenhard (Hg.), Was glauben die Hessen? Horizonte religiösen Lebens, Berlin 2014, 18 f.

[23] Gert Pickel, Religiöses Sozialkapital. Evangelische Kirche als Motor gesellschaftlichen Engagements, in: EKD (Hg.) Engagement und Indifferenz, 108–116.

[24] Detlev Pollack, Säkularisierung auf dem Vormarsch, in: zeitzeichen 9 (2012), 14–16, 16.

wicklung des Netzes erheblichen Einfluss auf die Entwicklung der anderen Medien hat. Meines Erachtens gibt es gesteigerten Bedarf an medienethischer Reflexion und politischen Entscheidungen.

Ich spitze es auf zwei Forderungen zu:

1. Das Internet bietet große Chancen weltweiter und partizipativer Kommunikation. Es darf sich aber nicht zu einem rechts- und würdefreien Raum entwickeln. Das gilt sowohl hinsichtlich der Inhalte als auch der Art der Kommunikation. Und es gilt hinsichtlich der Verwertung persönlicher Daten. Wie bei allen anderen Medien muss gefragt werden, was Freiheit ermöglicht und Abhängigkeiten und Manipulation verhindert. Medien dienen der Freiheit. Das ist ein hohes Gut. Aber auch hier gilt, dass Freiheit Verantwortung braucht. Die Medien sind kein verantwortungsfreier Raum. Was berichtet wird und wie berichtet wird, darf die Würde einzelner Menschen nicht verletzen. Außerdem sind Folgen mitzubedenken.[25]

2. Unsere Gesellschaft braucht mehr Medienkompetenz, die wir uns gemeinsam erarbeiten müssen. Medienpädagogische Schulung braucht deshalb mehr Raum in der Schule, natürlich auch im Religions- und Konfirmandenunterricht, und in Bildungsangeboten für alle Lebensphasen.[26]

Der bereits erwähnte Artikel des Allensbacher Instituts endet mit dem Satz:»Die meisten haben durchaus den Eindruck, den Aufbruch in eine neue Welt mitzuerleben, sind aber unsicher, ob es eine schöne neue Welt wird.«[27] Das wissen wir auch nicht.

Die Reformation kann uns jedenfalls ermutigen, das Thema Kirche und Medien offensiv und gestaltungsfreudig anzugehen. Sie hat es nicht getan, weil sie darauf hoffte, dass alles gelingt, was Menschen tun. Sie hat es im Vertrauen darauf getan, dass gilt, was wir auch hier gern miteinander singen:

»Dein Wort, Herr, nicht vergehet, es bleibet ewiglich, so weit der Himmel gehet, der stets beweget sich; dein Wahrheit bleibt zu aller Zeit gleichwie der Grund der Erden, durch deine Hand bereit'.«[28]

Ich danke für Ihre Aufmerksamkeit.

---

[25]   Ich denke hier konkret an die Frage, ob Satire alles darf. Und sage klar: Nein. Sie darf es nicht, wenn Menschenwürde verletzt wird. Ich denke auch an die viel diskutierte Frage, ob der Name des Co-Piloten genannt werden sollte oder nicht, der – nach allem, was wir wissen – das Flugzeug zum Absturz gebracht hat. Mir hat die Warnung eines Psychologen sehr eingeleuchtet, dass die mediale Beschäftigung mit der Person, die gewissermaßen den Namen groß macht, Nachahmung provozieren kann.

[26]   Siehe hierzu das Schönberger Heft 1/15 »total digital! Die Folgen der Digitalisierung für Schule und Schüler«.

[27]   S. Anm. 16.

[28]   Cornelius Becker (1602), EG 295,4.

»Die Erde ist des HERRN und was darinnen ist, der Erdkreis und die darauf wohnen.«

Psalm 24,1 [2016] – Zum Themenjahr »Reformation und die Eine Welt«

Sehr geehrter Herr Präses, hohe Synode,

bei den Berichten zur Lage habe ich mich in den vergangenen Jahren inhaltlich an den Themenjahren der Reformationsdekade orientiert. Das will ich auch in diesem Jahr so halten. Als die Themen für diese Jahre festgelegt wurden, konnte niemand ahnen, wie aktuell gerade das Thema für 2016 sein würde. Es lautet: »Reformation und die Eine Welt«.

Dazu gibt es zwei grundlegende Zugänge. Der eine Zugang beschreibt, dass die Reformation weltweite Bedeutung hat. »Die Reformation ist eine Weltbürgerin geworden.« So hat es der Generalsekretär des Lutherischen Weltbundes, Pfarrer Martin Junge, gesagt. Mit diesem Zugang lässt sich beschreiben, dass die zentrale reformatorische Einsicht von der Gnade Gottes nicht nur Wittenberg, nicht nur Deutschland, sondern zunächst Europa und darüber hinaus weltweit christliche Gemeinden und Kirchen auf unterschiedliche Weise geprägt hat. Zurzeit sind es etwa 400 Millionen Menschen, die Wurzeln ihrer Glaubensgemeinschaften in der Reformation sehen. Weltbürgerin ist die Reformation aber nicht nur dadurch, dass sich Menschen in ihrem Glauben unmittelbar mit der Reformation verbunden wissen. Es lässt sich auch beschreiben, dass zentrale Anliegen der Reformation die Entwicklung politischer Werte und Strukturen mitgeprägt haben und auch prägend für andere Konfessionen und Religionen wurden. So hat die mit dem allgemeinen Priestertum aller Glaubenden verbundene Forderung, alle Menschen zu befähigen, die Bibel zu lesen, um selbst urteilen zu können, zweifellos einen enormen Bildungsschub hervorgerufen. Sie hat zudem die religiöse Buchkultur verändert.

Das Thema hat einen zweiten Zugang, der sich – ganz im reformatorischen Sinn – an der universalen Dimension der biblischen Botschaft orientiert. Insbesondere diesen Zugang habe ich für diesen Bericht gewählt. Das kommt auch in der Wahl des biblischen Leitwortes zum Ausdruck: »Die Erde ist des HERRN und was darinnen ist, der Erdkreis und die darauf wohnen.« (Psalm 24,1) Hier wird gesagt, dass Gott, an den wir glauben, Gott dieser einen Welt ist. Diese eine Welt ist Geschenk aus Gottes Hand. Und sie ist und bleibt in Gottes Hand – in all ihrer

Schönheit und mit all ihren Schrecken, als belebte und unbelebte Natur, mit all ihren Geschöpfen, mit allen Menschen – mit ihren Begabungen und Fähigkeiten und in all ihrer Erlösungsbedürftigkeit. Der Psalm ist bewusst gegen menschlichen Herrschaftsanspruch gesetzt. Nicht Menschen sind Herrscher über diese eine Welt, sondern Gott. Den Menschen ist diese Welt anvertraut als ein »Lebenshaus« (Erich Zenger).[1] Was das bedeutet, hat Papst Franziskus in seiner jüngsten Enzyklika »Laudato si« beschrieben. Sie trägt den Untertitel »Über die Sorge für das gemeinsame Haus«. Die Enzyklika setzt bei den ökologischen Fragen an und vertieft diese als Fragen des Zusammenlebens in einem umfassenden Sinn. Sehr eindrücklich hat diese globale Perspektive bereits Martin Luther King in seiner Rede zur Verleihung des Nobelpreises 1964 beschrieben. Er hat gesagt: »Dies ist das gewaltige neue Problem der Menschheit. Wir haben ein stattliches Haus geerbt, ein großes ›Welthaus‹, in dem wir zusammen leben müssen – Schwarze und Weiße, Menschen aus dem Osten und dem Westen, Heiden und Juden, Katholiken und Protestanten, Moslems und Hindus, eine Familie, die in ihren Ideen, ihrer Kultur und ihren Interessen übermäßig verschieden ist und die – weil wir nie mehr ohne einander leben können – irgendwie lernen muss, in dieser großen Welt miteinander zu leben.«[2]

Mit Recht kann jetzt nachgefragt werden: Aber diese globale Dimension hatten doch die Reformatoren noch nicht im Blick? War es nicht viel mehr so, dass im Grunde genommen in der Reformationszeit sehr klein gedacht wurde? Auf das jeweilige Gemeinwesen hin? Selbst die Nationalstaaten gab es noch nicht. Und wie stark waren die Abgrenzungen etwa gegenüber den Juden und den Muslimen – bis hin zu für uns heute unerträglichen Äußerungen. Verbietet es sich nicht von daher, einfach den Bogen von der Reformation zu der globalen Verantwortung für die eine Welt zu schlagen? Es ist zweifellos wichtig, sich diesen Abstand auch bewusst zu machen. In der Tat wurde in der Reformationszeit die befreiende Botschaft des Evangeliums nicht mit der globalen Verantwortung, wie sie uns heute bewusst ist, in Verbindung gebracht. Was allerdings gesehen wurde und auch gedanklich neu erschlossen wurde, war dies: Der Zuspruch der Gnade Gottes – unabhängig von menschlicher Leistung – befreit und stärkt Menschen von innen heraus, führt aber nicht einfach in die Pflege der Innerlichkeit. Martin Luther hat in seiner Schrift »Von der Freiheit eines Christenmenschen« genau dies beschrieben. Die aus dem Evangelium gewonnene Freiheit befreit dazu, in dieser Welt und für diese Welt Verantwortung zu übernehmen. Diese Freiheit dient gerade nicht dazu, alles mit dem Ziel zu tun, das eigene Leben und die eigene Identität abzusichern. Sie öffnet dafür, das eigene Leben immer im Zusammenhang mit dem Wohl der anderen Menschen zu sehen.

---

[1]   Erich Zenger, Psalmen. Auslegungen, Bd. 3, Freiburg u. a. 2003, 95.

[2]   Zitiert nach: Reformation und die Eine Welt. Das Magazin zum Themenjahr, Hg. v. Kirchenamt der EKD, Hannover 2015, 90.

Wenn wir dieser Spur folgen und fragen, was das für uns heute bedeutet, dann können wir dies nur in globaler Perspektive, nämlich in der Perspektive der einen Welt tun.

Diese Perspektive der einen Welt hat noch eine weitere Begründung, und zwar im Kirchenverständnis. Es ging den Reformatoren nicht darum, eine neue Kirche zu gründen. Ziel war es, die eine, heilige, katholische und apostolische Kirche zu reformieren. Katholisch im ursprünglichen Wortsinn heißt »universal«. Der Anspruch, dass die Kirche Jesu Christi – jenseits konfessioneller Spaltungen – weltweit eine Kirche ist, wurde nie aufgegeben. Deshalb kann eine einzelne Kirche in ihrer organisatorischen Gestalt und natürlich auch in ihren einzelnen Gemeinden sich nur als Teil dieser einen, weltweiten Kirche Jesu Christi sehen. Der Grundartikel unserer Kirche beginnt daher mit den Worten: »Die Evangelische Kirche in Hessen und Nassau steht in der Einheit der einen allgemeinen und apostolischen Kirche Jesu Christi, die überall dort ist, wo das Wort Gottes lauter verkündigt und die Sakramente recht verwaltet werden.« Und es heißt deshalb weiter in Artikel zwei – gewissermaßen als Konkretion dieser Grundbestimmung: »Sie fördert die Gemeinschaft der evangelischen Christenheit in Deutschland und wirkt an der Einheit der Christenheit in aller Welt mit.«

Wie wir dies als EKHN tun, möchte ich im diesjährigen Bericht in den Blick nehmen. Der Bericht hat drei Abschnitte:
1. Gelebte Verbundenheit
2. Globale Verantwortung
3. Lokale Herausforderungen

1. Gelebte Verbundenheit

1.1 Organisatorische Verbindungen

Die Evangelische Kirche in Hessen und Nassau ist eng verbunden mit der weltweiten Christenheit. Unsere ökumenische Verbundenheit bildet sich zunächst ab in der Verbindung mit den anderen Gliedkirchen der Evangelischen Kirche in Deutschland. Zugleich gehört die EKHN als unierte Kirche auch zur Union Evangelischer Kirchen.

Wir sind Mitglied in der Gemeinschaft Evangelischer Kirchen in Europa (GEKE). Diese hat ihre Geschäftsstelle in Wien und ist angesichts ihrer Bedeutung organisatorisch sehr schmal aufgestellt. Zurzeit unterstützen wir die Arbeit der GEKE unter anderem dadurch, dass dort ein Pfarrer der EKHN, Dr. Mario Fischer, tätig ist. Zur GEKE gehören fast alle lutherischen, reformierten, unierten und methodistischen Kirchen Europas – insgesamt sind es 105 Kirchen.

Erwähnenswert ist mit dem europäischen Blick außerdem, dass die EKHN über die EKD zur Konferenz Europäischer Kirchen (KEK) gehört, zu der neben evangelischen Kirchen auch die orthodoxen, anglikanischen und altkatholischen Kirchen Europas gehören. Die römisch-katholische Kirche gehört nicht zur KEK, arbeitet aber über den Rat der Europäischen (katholischen) Bischofskonferenzen mit der KEK zusammen. In der KEK ist für uns die Arbeit der *Churches' Commission for Migrants* besonders bedeutsam, zu der wir einen engen Kontakt in Flüchtlings- und Migrationsfragen pflegen – nicht zuletzt deshalb, weil Doris Peschke seit vielen Jahren die Generalsekretärin dieser Kommission ist. Sie ist die ehemalige Beauftragte für den kirchlichen Entwicklungsdienst der EKHN.[3]

Für die ökumenische Zusammenarbeit in Deutschland und Europa stellt die *Charta Oecumenica* seit ihrer Unterzeichnung vor nunmehr 15 Jahren einen Grundlagentext dar. Sie ist zugleich eine ökumenische Agenda für die Zusammenarbeit der Kirchen in und für Europa – was sich angesichts der neueren politischen Entwicklungen als notwendiger denn je erweist. Selbstverständlich gehört die EKHN über die EKD zur Gemeinschaft der Kirchen, die im Ökumenischen Rat der Kirchen (ÖRK) weltweit verbunden sind. Wir sind zudem Mitglied in zwei Missionswerken – der Evangelischen Mission in Solidarität (EMS) mit Sitz in Stuttgart und der Vereinten Evangelischen Mission (VEM) in Wuppertal. Beide haben sich auch auf Initiative der EKHN in den letzten Jahren grundlegend verändert und zu internationalen Gemeinschaften entwickelt. Damit wurde die Unterscheidung in Mitgliedskirchen und Partnerkirchen zugunsten einer Gleichberechtigung aller Mitglieder überwunden. Unsere ökumenischen Direktpartnerschaften in Afrika und Asien sind in diese Missionswerke eingebunden, und sie sind unsere Agenturen für die Internationalen Freiwilligendienste.[4]

1.2 Ökumenische Partnerschaften

Eine besondere Weise, die weltweite Verbundenheit zu pflegen, sind die direkten ökumenischen Partnerschaften. In Europa haben wir Partnerschaftsbeziehungen zur Evangelischen Kirche der Böhmischen Brüder in Tschechien, zum Polnischen Ökumenischen Rat, zur Evangelisch-Augsburgischen Kirche sowie zur Evangelisch-Reformierten Kirche in Polen und zur Waldenser-Kirche in Italien. In Afrika haben wir Partnerschaftsbeziehungen zur *Presbyterian Church* in Ghana, zur *Moravian Church* in Südafrika und zur Nordwest-Diözese und zur Karagwe-

---

[3] Erwähnenswert ist in diesem Zusammenhang auch die Initiative der KEK, die sich mit den globalen Fragen der Umweltethik beschäftigt, das European Christian Environmental Network.

[4] Zum gesamten Abschnitt s. auch: Ökumene im 21. Jahrhundert. Bedingungen – theologische Grundlegungen – Perspektiven, Hg. v. Kirchenamt der EKD, EKD-Texte 124, Hannover 2015.

Diözese der *Evangelical Lutheran Church* sowie zur *Moravian Church* in Tansania. Die Asien-Partnerschaften der EKHN sind vielfältig. In Indien bestehen Beziehungen zu den Diözesen Amritsar, Krishna-Godavari und East-Kerala, in Indonesien zur Christlich-Evangelischen Kirche in der Minahasa (GMIM) und zur Protestantisch-Christlichen Simalungun Batak Kirche (GKPS) auf Sumatra, in Südkorea zur Presbyterianischen Kirche in der Republik Korea (PROK). Die jüngste unserer Partnerschaftsbeziehungen ist die Beziehung zur New York Conference der *United Church of Christ* in den Vereinigten Staaten von Amerika. Das Spektrum ist groß. Zu unseren Partnerkirchen gehören Kirchen, die ihre Wurzeln in reformatorischen Bewegungen vor Luther haben: die Waldenser und die Kirche der Böhmischen Brüder. Sie machen übrigens zu Recht darauf aufmerksam, dass es besser ist, im Hinblick auf ihre Ursprünge von »Frühreformation« und nicht von »Vorreformation« zu sprechen. Andere unserer Partnerkirchen entstammen der Missionsgeschichte. Die *United Church of Christ (UCC)* wiederum hat eine ganz eigene Geschichte aus dem Bestreben heraus, innerprotestantische, konfessionelle Differenzen zu überwinden. Wir legen großen Wert darauf, dass die Partnerschaftsbeziehungen verlässlich und kontinuierlich gepflegt werden. Deshalb gibt es Vereinbarungen. Die Partnerschaften werden kirchenleitend, auf Propstei- und Dekanatsebene und auch durch das Engagement vieler Gemeinden mit Leben erfüllt. Die gegenseitigen Besuche sind das zentrale Element der Partnerschaften. Es geht bei diesen Besuchen darum, das kirchliche Leben im jeweiligen gesellschaftlichen und kulturellen Zusammenhang wahrzunehmen. Das erweitert den eigenen Horizont und ermöglicht auch gemeinsame geistliche Erfahrungen. Dabei stehen in den letzten Jahren immer deutlicher Gespräche um inhaltliche theologische Fragen und gemeinsame, globale Herausforderungen im Zentrum der Begegnungen.

Ein paar aktuelle Beispiele will ich in Schlaglichtern nennen: Im vergangenen Jahr war Bischof Jerzy Samiec von der Evangelisch-Augsburgischen Kirche in Polen mit einer Delegation bei uns zu Gast. Ein Thema war von besonderem Interesse: die Ordination von Frauen. Hier wurden bewusst unsere Erfahrungen und unsere Beratung angefragt. Vor wenigen Monaten hat die Synode über die Einführung der Frauenordination abgestimmt. Es gab eine Mehrheit dafür, aber leider – wie Bischof Samiec dann selbst in einem Brief schrieb – nicht die erforderliche Zweidrittelmehrheit.

Bei einem Besuch der UCC im vergangenen Herbst haben wir intensive Gespräche über unser Engagement in der Flüchtlingsfrage geführt – unter anderem mit dem neuen Kirchenpräsidenten der UCC, Dr. John Dorhauer. Unsere Partner begleiten unser Engagement nicht nur mit großem Interesse und mit ihren Gebeten, sondern auch mit politischen Forderungen an die eigene Regierung. Sie wünschen sich deutlich mehr Engagement im eigenen Land und sehen Abschottungstendenzen und fremdenfeindliche Stimmungen mit großen Sorgen. Ein weiteres Thema in unseren Gesprächen war die Frage, wie wir uns als EKHN zur Siedlungspolitik Israels verhalten. Die UCC hat in einer Resolution dazu aufgefordert, nicht in Firmen zu investieren, die aus der Besetzung palästinensischer Gebiete Profit schlagen und auch über einen Boykott von Waren nachzudenken, die in den völkerrechtlich illegal errichteten Siedlungen hergestellt werden. Dabei hat die UCC, wie auch in den Gesprächen betont wurde, keinesfalls das Existenzrecht Israels bestritten. Wir haben unsererseits dargestellt, dass das uneingeschränkte Ja zum Staat Israel auch für uns die Grundlage unserer Position darstellt. Außerdem halten wir nach wie vor eine Zweistaatenlösung für erstrebenswert und sehen deshalb auch die derzeitige Siedlungspolitik Israels kritisch, weil sie eine Zweistaatenlösung immer unwahrscheinlicher werden lässt. Wir sind allerdings aufgrund unserer besonderen deutschen Geschichte kritisch gegenüber Boykottaufrufen. Auch schätzen wir die Gefahr antisemitischer Funktionalisierung in Deutschland als besonders groß ein. Unser Weg ist es, praktische Hilfe vor Ort – auch in den Palästinensergebieten – zu leisten und Projekte zu unterstützen, die auf Dialog und Versöhnung setzen.

Im Kontakt mit unseren Partnern sehen wir sehr deutlich, wie wichtig es ist, das religiöse Miteinander gut zu gestalten. Eine unserer Partnerdiözesen in Indien ist die Diözese Amritsar im Norden Indiens, zu der auch die Region Kaschmir gehört. Dort kommt es – in der Regel durch radikalisierte Sikhs, Hindus oder Muslime – immer wieder zu Konflikten. Gerüchte über eine Koranverbrennung in den USA hatten im Sommer 2010 dazu geführt, dass eine aufgebrachte Menge – wohl überwiegend Muslime – mehrere öffentliche Gebäude in Brand steckten. Darunter war auch eine Schule, die von der Diözese Amritsar betrieben wird – eine Schule, in der übrigens überwiegend muslimische Schülerinnen und Schüler unterrichtet werden. Wir sind sehr froh, dass es gelungen ist, diese Schule wieder aufzubauen. Als EKHN haben wir dazu Unterstützung geleistet.[5] Wir freuen uns aber auch sehr, dass auf unsere Anfrage hin auch Unterstützung von Muslimen in Deutschland kam. Die Ahmadiyya-Gemeinde Hessen und eine Moscheegemeinde der DITIP (Türkisch-islamische Union der Anstalt für Religion) in der Wetterau haben Beträge gespendet. Wichtig erscheint mir besonders – und darauf weisen unsere Partner auch immer hin –, dass interreligiöse Sensibilität eine Grundvoraussetzung ist für einen guten und friedlichen Umgang miteinander. Gerüchte, bewusste Provokationen, pauschale Verdächtigungen sind gefährlich.

Ich nutze diesen Punkt, um auf ein Thema einzugehen, das in den letzten Wochen und Monaten sehr oft – auch als Vorwurf gegen die Kirchen – debattiert wurde. Immer wieder wird gesagt, wir würden die Verfolgung von Christinnen und Christen weltweit nicht beachten. Es wird auch gesagt, wir würden ignorieren, dass es eine geradezu systematische Drangsalierung von Christinnen und Christen in Flüchtlingseinrichtungen in Deutschland durch Muslime gebe. Zum einen möchte ich sagen: Wir ignorieren nicht, wenn Christinnen und Christen

---

[5]   Näheres hierzu im schriftlichen Bericht der Kirchenleitung.

um ihres Glaubens willen bedroht und verfolgt werden. Wo wir von konkreten Situationen erfahren, auf die wir Einfluss nehmen können, setzen wir uns entsprechend ein – auch mit Bitten an Regierungen, hier tätig zu werden. Das Gleiche gilt für die Situation in Flüchtlingsunterkünften. Hier sollen Menschen sicher sein. Natürlich gibt es Auseinandersetzungen und Konflikte in Flüchtlingsunterkünften. Uns liegen allerdings – und das gilt auch für die zuständigen staatlichen Stellen, bei denen wir nachgefragt haben – keine gesicherten Erkenntnisse vor, dass wir flächendeckend von einer besonderen Bedrohung von Christen ausgehen müssen. Noch einmal: Kein Fall, von wie auch immer gearteter Bedrohung, darf ignoriert werden. Zugleich dürfen aber konkrete Einzelfälle auch nicht politisch instrumentalisiert werden. Es ist immer mitzubedenken, dass emotionalisierte Debatten, die Gruppen auf generalisierende Weise gegeneinander stellen, Menschen in Gefahr bringen können. In der Tat sind es gerade die sehr konkreten Kontakte, die Besuche, die Gespräche, die Erfahrungen in unseren Partnerschaftsbegegnungen, die hier einiges zurechtrücken können. So haben Pfarrerinnen und Pfarrer, die im Rahmen eines Pastoralkollegs mit Pröpstin Annegret Puttkammer im vergangenen Herbst in Tansania waren, auch über interessante Diskussionen zum Flüchtlingsthema mit Menschen in unseren Partnerkirchen berichtet. Mindestens als erstaunlich, manchmal aber auch als verletzend, nimmt man dort Diskussionsbeiträge in Europa wahr, die davon reden, ein ganzer Kontinent stünde bereit, um nach Europa zu kommen.

Diese Schlaglichter verdeutlichen, wie wir an den gleichen Fragen aus unterschiedlichen Perspektiven arbeiten. Viele dieser Begegnungen werden von denen, die sie erleben, auch persönlich als ausgesprochen bereichernd beschrieben. Die Debatten konfrontieren alle Beteiligten damit, dass sie eigene Positionen hinterfragen und manchmal auch infrage stellen müssen. Es wäre unredlich zu verschweigen, dass die unterschiedliche Beurteilung der Homosexualität nach wie vor ein schwieriges Thema ist. Das gilt insbesondere für unsere Partnerkirchen in Afrika und Asien, aber auch in Polen und Tschechien. Aber gerade das unterstreicht auch, wie wichtig das theologische Gespräch in den Begegnungen ist. Wir sind jetzt in einer Phase der Partnerschaften, in der uns das deutlich vor Augen steht.

An dieser Stelle möchte ich auch über einen Kontakt berichten, der nicht in unseren direkten ökumenischen Partnerschaftsbeziehungen begründet ist, sondern der sich aus einer aktuellen Situation heraus ergeben hat. Den Moderator des Reformierten Bundes in Deutschland, Pfarrer Martin Engels, hatte eine Besuchsanfrage der reformierten evangelischen Kirche Griechenlands erreicht. Zu dieser Kirche gehören dort landesweit etwa 5.000 bis 6.000 Mitglieder. Er lud mich ein mitzukommen. Daraufhin haben wir gemeinsam mit dem Präses der rheinischen Kirche, Manfred Rekowski, unserem Flüchtlingsbeauftragten Andreas Lipsch und Doris Peschke das Flüchtlingslager in Idomeni besucht. Wir haben gesehen, mit welch großem Einsatz sich die Griechisch-Evangelische

Kirche mit ihren Ehrenamtlichen zu diesem Zeitpunkt in der Flüchtlingshilfe, insbesondere in Idomeni engagierte. Gemeinsam mit anderen Hilfsorganisationen sorgten sie unter anderem für eine regelmäßige Essensausgabe für die mehr als 10.000 Menschen in dem ansonsten unorganisierten Lager in Idomeni. Die Situation war sehr bedrückend. Allen ist klar, dass Griechenland überfordert ist. Auch die Räumung des Lagers und der Transfer in andere Lager garantiert noch nicht, dass die Flüchtlinge Asylanträge stellen können. Was nach wie vor nötig ist, ist eine konzertierte europäische Aktion, die Registrierung, Verteilung und menschenwürdige Aufnahme sicherstellt. Die derzeitige Situation der Flüchtlinge in Griechenland ist Europas nicht würdig. Was die ehrenamtlichen Helferinnen und Helfer leisten, ist bewundernswert. Wir unterstützen sie gemeinsam mit der rheinischen und anderen Kirchen – auch in Kooperation mit der Diakonie-Katastrophenhilfe. Unsere Gesprächspartner haben gesagt: »Wir sind selbst in einer schwierigen Situation. Wir haben eine Finanzkrise und eine Flüchtlingskrise. Aber wir wollen helfen – wir sind doch Christen.«

1.3 Auslandspfarrstellen

In diesem Bericht versuche ich, einen Überblick über die Verbindungen der EKHN in der weltweiten Christenheit zu geben. Zu diesen Verbindungen gehört auch, dass Pfarrerinnen und Pfarrer der EKHN sich auf sogenannte Auslandspfarrstellen der EKD bewerben können. Auch für Vikarinnen und Vikare sind Spezialvikariate im Ausland möglich. Die Auslandspfarrstellen sind Stellen in den jeweiligen deutschsprachigen Auslandsgemeinden. Zurzeit sind Pfarrerinnen und Pfarrer aus der EKHN in Äthiopien, Chile, China, Israel, Singapur, Irland, Italien, den Niederlanden, der Schweiz, Schweden und im Osten von Jerusalem tätig. Ein Dienstauftrag für Pfarrerinnen und Pfarrer auf einer Auslandspfarrstelle wird in der Regel für sechs Jahre erteilt und kann dann noch einmal um drei Jahre verlängert werden.

1.4 Migrationsgemeinden

Wenn wir uns die weltweiten Verbindungen der EKHN vor Augen führen, dann geht es nicht nur darum, den Blick von Deutschland aus in die Welt zu richten. Es gehört auch dazu, dass wir in diesem Zusammenhang sehen, dass Menschen aus aller Welt nach Deutschland kommen. Deutschland ist ein Einwanderungsland. Und das schon seit vielen Jahren. Dies bedeutet auch: Die Reformation kehrt zurück und bringt Neues mit. Denn viele der Menschen, die nach Deutschland gekommen sind und nach Deutschland kommen, sind Christinnen und Christen. Etliche davon gehören Kirchen an, die von der Reformation geprägt sind, die sich dann aber auch in ihrem jeweiligen gesellschaftlichen und kulturellen Kontext eigenständig entwickelt haben. Der Hessische Integrationskompass aus dem Jahr 2013 weist aus, dass 50 Prozent der Menschen mit Migrationshintergrund in Hessen Christinnen und Christen sind – 29 Prozent Katholiken, 21 Prozent Protestanten.[6] Das mag sich durch die Zuwanderung in den letzten beiden Jahren etwas verändert haben. Über die Religionszugehörigkeit der Flüchtlinge aus dieser Zeit liegen uns keine Zahlen vor.

Grundsätzlich stellt sich die Frage: Wie offen sind wir in unseren Gemeinden und in anderen Bereichen unserer Kirche für die Menschen, die zu uns kommen? Es wird Menschen geben, die den Weg in die Ortsgemeinden suchen. Hier und da wird es aber vielleicht auch das Bedürfnis geben, Gemeinden in der eigenen Tradition zu bilden. Wir sind dabei, uns für diese Gemeinden zu öffnen. In der EKHN gibt es bereits zwei solcher Migrationsgemeinden, die im Fachjargon »Gemeinden anderer Sprache und Herkunft« heißen. Das sind die Koreanische Gemeinde Rhein-Main und die Indonesische Kristusgemeinde. Sie sind eigenständige Gemeinden der EKHN. Bei der Bildung solcher Gemeinden sind immer auch theologische und rechtliche Fragen zu klären. Wir können hier mittlerweile an gute Erfahrungen anknüpfen, brauchen aber genügend Offenheit, um den gegenwärtigen und zukünftigen Herausforderungen gerecht zu werden. Es ist hilfreich, sich bewusst zu machen, dass Organisationsformen einerseits dazu dienen, ein solidarisches Gesamtgefüge zu gestalten, andererseits aber auch offen genug sein sollen, um individuelle Gestaltung zu ermöglichen. Dass in unserer Kirche dafür Platz ist, hat übrigens eine lange Tradition. Denken Sie etwa an die französisch-reformierten Gemeinden, die ihrer Herkunft nach natürlich Migrationsgemeinden sind. Von solchen Gemeinden sind immer wertvolle Impulse für unsere Kirche ausgegangen. Zugleich begegnen sich hier unterschiedliche gemeindliche Sozialgestalten – und wir werden der Tatsache ansichtig, dass unser parochiales System zwar eine wichtige und verbreitete, aber in weltweiter Perspektive weder die einzige noch die dominierende Form christlicher Gemeinde ist. Das kann anregend für die eigene Praxis sein.[7] Zum ökumenischen Überblick gehört selbstverständlich auch der Blick auf den derzeitigen Stand der Beziehungen zur römisch-katholischen Kirche. Nach einem erweiterten Ökumene-Verständnis gehört auch die Betrachtung der Beziehungen zum Judentum und zum Islam hinzu. Ich habe im Bericht vor drei Jahren dazu eine grundsätzliche

---

[6]   20 % Muslime, 16 % konfessionslos, 4 % andere Religion, 3 % sonstige Religionsgemeinschaft, 7 % keine Angabe. Hessisches Ministerium der Justiz, für Integration und Europa (Hg.), »Wie hast du's mit der Religion?«. Eine repräsentative Umfrage zu Religionszugehörigkeit und Religiosität in Hessen 2013, 26/27.

[7]   Zu diesem Abschnitt s. auch: Gemeinsam evangelisch! Erfahrungen, theologische Orientierungen, Hg. v. Kirchenamt der EKD, EKD-Text 119, Hannover 2014.

Einordnung versucht. Deshalb hier lediglich Bemerkungen zu aktuellen Entwicklungen.

1.5 Ökumene mit der römisch-katholischen Kirche

Für viele unserer Gemeinden sind gute ökumenische Beziehungen zur römisch-katholischen Kirche außerordentlich wichtig. Wir können sehr dankbar sein, dass vielerorts ein gutes ökumenisches Miteinander gelebt wird. Auf der Ebene der Beziehungen zwischen der EKD und der Deutschen Bischofskonferenz sind die Weichen dafür gestellt, dass das Gedenken an die Reformation 2017 nicht nur ökumenisch verträglich gestaltet wird, sondern dass es auch ökumenische Impulse entfalten kann. Am Samstag vor dem Sonntag Reminiscere wird es einen ökumenischen Gottesdienst geben, in dem vergangenes Unrecht in der langen Geschichte konfessioneller Auseinandersetzungen vor Gott gebracht und gemeinsam um Vergebung und Versöhnung gebeten wird. Der dafür zusammen erarbeitete Gottesdienst kann übernommen und regional angepasst ökumenisch gefeiert werden. Darüber hinaus ist vorgeschlagen, zum Reformationsjubiläum ökumenische Gottesdienste als gemeinsames »Christusfest« zu feiern. An einigen Orten wird es auch ökumenische Gottesdienste am Reformationstag selbst geben.[8]

Als EKHN sehen wir gespannt den Besetzungen der derzeit vakanten Bischofsstühle in Limburg und Mainz entgegen. Die Verabschiedung von Karl Kardinal Lehmann am Pfingstmontag in Mainz war eine gute Gelegenheit, ihm für sein Wirken als Bischof von Mainz und als langjähriger Vorsitzender der Deutschen Bischofskonferenz zu danken. Wie kein anderer hat er die Ökumene in Deutschland im vergangenen halben Jahrhundert geprägt. Er hat immer wieder darauf hingewiesen, dass Ökumene viel Geduld braucht, dass aber auch eine ganze Menge erreicht wurde. Das ist sicher richtig, und es ist nicht zuletzt auch seinem Engagement zu verdanken.

Kardinal Lehmann hat in den letzten Wochen seiner Amtszeit deutlich gemacht, wie sehr er den Kurs schätzt, den Papst Franziskus eingeschlagen hat. In der Tat zeigt das nachsynodale Rundschreiben »Amoris Laetitia – Über die Liebe in der Familie« einen Papst, der die seelsorgerliche Orientierung an den Fragen und Nöten der Menschen über einen wirklichkeitsentleerten Dogmatismus stellt. Wer Kardinal Lehmann kennt, weiß, dass dies auch immer das war, was er vertreten hat. Aus protestantischer Sicht dürfen wir sehr gespannt sein, wie nun

---

[8] Seit einigen Jahren ist es üblich, zum Schöpfungstag einen ökumenischen Gottesdienst zu feiern – wo möglich auch gemeinsam mit orthodoxen Christinnen und Christen. Dieser Schöpfungstag wird gemeinsam mit der ACK Deutschland und dem Bistum Mainz am 2. September in Bingen stattfinden.

die Freiräume, die der Papst geöffnet hat, gestaltet werden. Es bleibt abzuwarten, wie der innerkatholische Diskurs verläuft und ob und wie eine dogmatische Neuorientierung etwa in der Frage der wiederverheirateten Geschiedenen oder auch der Beurteilung von Homosexualität aus der seelsorgerlichen Orientierung heraus angestoßen werden kann.

Ich wünsche mir sehr, dass die Bischofsstühle in Limburg und Mainz mit Bischöfen besetzt werden, denen die Ökumene ein Herzensanliegen ist. Am 22. September 2017 wird – aus Anlass des Reformationsjahres 2017 – im Dom St. Bartholomäus zu Frankfurt eine ökumenische Vesper stattfinden, mit der EKHN, den Bistümern Mainz und Limburg sowie der Arbeitsgemeinschaft Christlicher Kirchen Hessen-Rheinhessen als Beteiligten. Im Hinblick auf den Kirchentag 2021 in Frankfurt haben wir die Hoffnung noch nicht aufgegeben, dass es ein ökumenischer Kirchentag wird. Es wäre ein Signal für eine starke Ökumene und einen lebendigen christlichen Glauben, der weit in die Gesellschaft hinein strahlen könnte.

1.6 Beziehungen zum Judentum

Es ist sehr schön, dass die letzte EKD-Synode eine deutlich distanzierende Erklärung zu Luthers Äußerungen über die Juden abgegeben hat. Die Anregung hierzu kam unter anderem aus der EKHN. Die in unserer Synode verabschiedete Erklärung floss in die Beratungen mit ein. Vor der EKD-Synode hat der Vorsitzende des Zentralrates der Juden, Josef Schuster, einerseits die Distanzierung von Luthers Antisemitismus begrüßt, andererseits aber auch »eine ebenso deutliche Distanzierung von der Judenmission« vermisst. Diese Frage soll auf EKD-Ebene weiter behandelt werden. Für die EKHN kann gesagt werden, dass es hierzu auch keine explizite Erklärung gibt. Die Änderung des Grundartikels wurde aber und wird von uns so verstanden, dass sie eine Absage an die Judenmission einschließt. Es ist aber sicher gut, dies noch einmal mitzubedenken, wenn wir in diesem Jahr das 25-jährige Jubiläum der Grundartikel-Änderung begehen.

Dankbar bin ich, dass vor wenigen Wochen erstmals ein offizielles Gespräch mit Vertretern des Landesverbandes der jüdischen Gemeinden in Hessen stattgefunden hat. Hier wurde verabredet, sich nach Möglichkeit jährlich zu treffen. Inhaltlich wurde zum einen über die Sorgen in den jüdischen Gemeinden geredet, dass mit manchen Flüchtlingen auch neuer Antisemitismus nach Deutschland kommen könnte. Wir haben unsererseits betont, dass wir jeder Form von Antisemitismus strikt entgegentreten werden. Zum anderen wurde über eine bemerkenswerte Erklärung orthodoxer Rabbiner aus dem vergangenen Jahr diskutiert, in der diese eine in dieser Form bisher einmalige Willensbekundung zur partnerschaftlichen Zusammenarbeit von Juden und Christen formulierten.[9] Einig waren wir uns in der Einschätzung, dass man nun zunächst einmal gespannt sein darf, wie die Erklärung, die ein Votum einer bestimmten Gruppe ist, weiter rezipiert wird.

Wir werden klären, ob und – wenn ja – wie ähnliche Kontakte mit dem Landesverband der jüdischen Gemeinden in Rheinland-Pfalz möglich sind.

1.7 Kontakte zu muslimischen Verbänden

Eine Erweiterung der Gesprächskontakte zu muslimischen Verbänden gab es im vergangenen Jahr. Gemeinsam mit dem Bischof der Evangelischen Kirche von Kurhessen-Waldeck, Martin Hein, fand ein Gespräch mit Vertretern der Ahmadiyya-Gemeinde und den Aleviten statt. Auf der Arbeitsebene gibt es gute Kontakte zu den Vertretern der DITIB (Türkisch-islamische Union der Anstalt für Religion), zur VIKZ (Verband islamischer Kulturzentren) und zur IRH (Islamische Religionsgemeinschaft Hessen). Wie der Dialog mit diesen drei Organisationen künftig auch auf der Leitungsebene weitergeführt werden kann, wird gegenwärtig konzeptionell geprüft.[10]

2. Globale Verantwortung

Insbesondere die Flüchtlingskrise hat uns noch einmal vor Augen geführt, dass viele Fragen, die uns zurzeit beschäftigen und in Zukunft beschäftigen werden, globale Fragen sind. Immer wieder wurde gesagt, dass es das Wichtigste sei, Fluchtursachen in den Herkunftsländern zu bekämpfen. Das ist zweifellos richtig. Zumal viele Menschen, die sich auf die Flucht begeben, nichts lieber täten, als in ihrer Heimat zu bleiben. Die Ursachen der Flucht sind vielfältig, und auch die Fluchtbewegungen sind vielfältig. Von den 60 Millionen Flüchtlingen, die weltweit unterwegs sind, sind 40 Millionen Binnenflüchtlinge, das heißt Flüchtlinge, die vor Krisensituationen im eigenen Land an andere Orte im eigenen Land fliehen. Und auch die 20 Millionen, die ihre Herkunftsländer verlassen, fliehen nicht alle nach Europa, wie manchmal in populistischen Argumentationen behauptet wird. Was heißt aber »Fluchtursachen in den Her-

---

[9]   To Do the Will of Our Father in Heaven. Toward a Partnership between Jews and Christians, http://cjcuc.com/site/2015/12/03/orthodox-rabbinic-statement-on-christianity, abgerufen am 31.05.2016.

[10] Neun Religionsgemeinschaften – darunter auch muslimische Verbände – haben im letzten Jahr eine gemeinsame Erklärung zu Naturschutz und Biodiversität unterzeichnet – ein hoffnungsvolles Aufeinanderzugehen.

kunftsländern bekämpfen«? Wir sind konfrontiert mit Kriegs- und Krisensituationen, in die von außen kaum einzugreifen ist. Die Vergangenheit hat auch gezeigt, dass militärische Eingriffe keine wirklichen Friedenslösungen waren, sondern vielfach die Situationen mittel- und langfristig noch verschärft haben (zum Beispiel im Irak, in Afghanistan und in Libyen). In einigen Fällen haben sie auch zur Destabilisierung von Regionen und zu einem Machtvakuum geführt, die das Erstarken radikaler bzw. terroristischer Gruppen ermöglicht haben. Zu den Fluchtursachen gehören nicht funktionierende Staatswesen ebenso wie Hunger und Armut. Es ist davon auszugehen, dass der Klimawandel diese Situationen verschärfen wird. Natürlich kann einiges getan werden, um Fluchtursachen zu bekämpfen. Es können funktionierende Nachbarstaaten in Krisenregionen stabilisiert werden und vor allen Dingen auch bei der Aufnahme und Versorgung von Schutzsuchenden unterstützt werden. Das alles ist wichtig, es ist aber keine Alternative dazu, auch in Europa Flüchtlinge aufzunehmen. Im vergangenen Jahr sind rund eine Million Schutzsuchende nach Deutschland gekommen. Das sind weniger Flüchtlinge, als zum Beispiel in dem kleinen Land Libanon zurzeit leben. Ich bin nach wie vor überzeugt: Europa kann und muss zukünftig mehr Verantwortung bei der Flüchtlingsaufnahme übernehmen. Die Erstaufnahmeländer etwa am Mittelmeer müssen dadurch entlastet und stabilisiert werden.

Im Grunde genommen ist es nicht verwunderlich, dass auf diese hochkomplexen Fragen vielfach mit dem Ruf nach Abschottung und Schutz reagiert wird. Ich sehe die Tendenzen zu neuen Nationalismen in diesem Zusammenhang. Und ich halte dies für gefährlich, zumal damit die wirklichen Probleme nicht gelöst werden. Wer meint, auf nationalstaatliche Regression setzen zu können, verweigert sich meines Erachtens auch zwei grundlegenden christlich-ethischen Gedanken. Zum einen: Die Verbindung mit Christinnen und Christen in aller Welt als Glieder am Leib Christi führt dazu zu fragen, wie es anderen Christinnen und Christen weltweit geht. Es gibt darüber hinaus auch gute theologische Gründe, diese Frage nicht allein auf Christinnen und Christen zu beschränken, sondern auf die Verbindung der Menschheitsfamilie zu beziehen. Zum anderen: Die Verbindung zu anderen Menschen weltweit führt auch dazu zu fragen, ob es Ursachen für die Krisensituationen gibt, an denen wir eine Mitverantwortung tragen. Dies ist meines Erachtens etwa bei den Folgen des Klimawandels und unseren Konsumgewohnheiten offensichtlich.

Ein kleines, aber anschauliches Beispiel: Der überdurchschnittliche Konsum von Hähnchenbrust in der Bundesrepublik und Europa führte unter anderem in Ghana dazu, dass die hochsubventionierten EU-Exporte der verbleibenden Hähnchenteile den dortigen lokalen Hähnchenmarkt zerstörten. Darauf hat uns unsere Partnerkirche in Tansania aufmerksam gemacht, und dies hat der Evangelische Entwicklungsdienst in einem Dokumentarfilm mit dem griffigen Titel »Keine Chicken schicken« eindrücklich deutlich gemacht.

In den Debatten um die Flüchtlingskrise ist zurzeit immer wieder der Vorwurf an die Kirchen zu hören, sie verträten eine reine Gesinnungsethik. Das heißt: Sie würden in der Flüchtlingspolitik die unbegrenzte Aufnahme von Flüchtlingen verlangen, ohne dabei die Folgen für die jeweilige Aufnahmegesellschaft zu bedenken. Nötig sei eine Verantwortungsethik, die Begrenzungen einführt, um eine Gesellschaft nicht zu überfordern. An der Argumentation ist richtig, dass humanitäre Flüchtlingsaufnahme und Zuwanderung grundsätzlich verantwortlich gestaltet werden muss. Und es ist auch richtig, dass alles getan werden muss, um Überforderung bei der Integration von Flüchtlingen zu vermeiden. Problematisch ist allerdings, wenn der Verantwortungsrahmen auf den jeweiligen Nationalstaat begrenzt wird. In diesem Sinn müssen wir heute das aufnehmen, was Martin Luther schon sehr früh – nämlich in seiner ersten Psalmenvorlesung in den Jahren 1513/1515 – so gesagt hat: »Die ganze Welt ist vor Gott, so wie der Mensch, eine Einheit«.[11] Verantwortungsethische Argumentation hat heute unabweisbar globale Zusammenhänge mit in den Blick zu nehmen. Ich möchte in diesem Abschnitt an einigen Punkten beschreiben, wie wir in der EKHN an den Fragen der globalen Verantwortung arbeiten:[12]

2.1 Konkrete Hilfe

Die EKHN beteiligt sich mit zwei großen Kollekten an der Arbeit von Brot für die Welt: an Erntedank und am Heiligen Abend. Dazu wird den Gemeinden Material zur Verfügung gestellt, das das Thema der jeweiligen Aktion inhaltlich aufgreift. Das Thema der aktuellen 57. Aktion lautet: »Satt ist nicht genug«. Damit macht Brot für die Welt deutlich, dass auch Mangelernährung Menschen weltweit bedroht, und zeigt auf, was sich dagegen tun lässt. Im vergangenen Jahr sind dazu alleine aus Hessen und Nassau über 1,7 Millionen Euro an Spenden zusammengekommen.

In Zusammenarbeit mit der Diakonie Katastrophenhilfe greifen wir gezielt Spendenaufrufe auf und stellen Informationsmaterial zur Verfügung. Zusätzlich stehen im Haushalt der EKHN Mittel für Soforthilfe zur Verfügung, die in konkreten Fällen an die Diakonie Katastrophenhilfe überwiesen werden. Das ist zuletzt geschehen für die Erdbebenopfer in Nepal, wo wir gemeinsam mit der kurhessischen Kirche sofort 50.000 Euro spendeten. Dazu gehört zudem die Unterstützung von Flüchtlingen in den Grenzregionen zu Syrien. Immer wieder sind es aber auch »kleinere« und regional begrenzte Katastrophen, die nicht in

---

[11] MARTIN LUTHER, Erste Vorlesungen über die Psalmen (1513/1515), Luther Deutsch. Band 1, Hg. v. KURT ALAND, Stuttgart/Göttingen 1969, 47.

[12] S. hierzu auch: Kirche sein in einer globalisierten Welt. Zur Weggemeinschaft in Mission und Entwicklung.

den Medien und auch nicht von der Diakonie Katastrophenhilfe aufgegriffen werden, wo wir unsere Partnerkirchen vor Ort finanziell unterstützen. Das war zum Beispiel im Jahr 2014 bei großen Überschwemmungen in der Region Srinagar im Kaschmirtal so.

2.2 Entwicklungshilfe – Entwicklungszusammenarbeit – globale Nachhaltigkeitsziele

Neben der konkreten Hilfe in Katastrophen- und Notsituationen steht das Engagement in der Entwicklungshilfe bzw. der Entwicklungszusammenarbeit. Auch hier spielt das Evangelische Werk für Diakonie und Entwicklung, in dem seit 2012 Brot für die Welt und die Diakonie zusammengefasst sind, eine entscheidende Rolle. Grundsätzlich ist hier allerdings zu beachten: Das Verständnis von »Entwicklung« hat sich gewandelt. Zunächst Entwicklungshilfe, dann Entwicklungszusammenarbeit. Stets aber ging es um »entwickelte« und »unterentwickelte« Länder. Heute sehen wir: Das Entwicklungsmodell einer allein quantitativ wachstumsorientierten und ressourcenintensiven Industrialisierung funktioniert nicht mehr. Der Ressourcenverbrauch, die CO_2-Emissionen und manches mehr können kein Modell für andere Länder sein. Wir brauchen ein neues Leitbild für eine menschenrechtsbasierte und nachhaltige Entwicklung weltweit.[13] Mit der Agenda 2030 haben sich die Vereinten Nationen im September in New York auf eine Art Weltzukunftsvertrag geeinigt. Die globalen Nachhaltigkeitsziele *(Sustainable Development Goals)* verknüpfen nun im Gegensatz zu den Milleniumszielen alle drei Dimensionen nachhaltiger Entwicklung miteinander: die Ökonomie, das Soziale und die Ökologie. Sie stellen damit hohe Anforderung nicht nur an die Entwicklungs- und Schwellenländer, sondern auch an die Industriestaaten. Auch Deutschland wird in diesem Sinn zu einem Entwicklungsland! Die Dringlichkeit dieser Perspektive wird im Aktionsplan so beschrieben:»Wir können die erste Generation sein, der es gelingt, Armut zu beseitigen, und gleichzeitig vielleicht die letzte Generation, die noch die Chance hat, unseren Planeten zu retten.« Diesen großen Welt- und Menschheitsfragen sehen wir uns als Kirche in Zusammenarbeit mit Werken und Entwicklungsorganisationen auf nationaler und internationaler Ebene verpflichtet. Wir sind überzeugt: Nur wenn dem engen Zusammenhang von Bekämpfung des Klimawandels und Bekämpfung von Armut und sozialer Ausgrenzung Rechnung ge-

---

[13] S. hierzu EKD-Text 122 »… damit sie das Leben und volle Genüge haben sollen«. Ein Beitrag zur Debatte über neue Leitbilder für eine zukunftsfähige Entwicklung. Eine Studie der Kammer der EKD für nachhaltige Entwicklung, Hg. v. Kirchenamt der EKD, Hannover 2015.

tragen wird, kann ein Umbau zu einer lebensdienlichen und damit nachhaltigen Wirtschaft gelingen.

2.3 Klimawandel

Der Klimawandel stellt die Menschheitsfamilie als ganze vor große Herausforderungen. An der Umsetzung der Klimaschutzziele der Weltklimakonferenz und der Nachhaltigen Entwicklungsziele arbeiten auch wir mit – konkret vor Ort durch die Umsetzung von Klimaschutzkonzepten und in vielfältigen Netzwerken: innerkirchlichen wie der entwicklungspolitischen Klimaplattform der Kirchen und dem ökumenischen Prozess »Umkehr zum Leben – den Wandel gestalten«, Netzwerken mit Nicht-Regierungsorganisationen, wie der »Klima-Allianz Deutschland«, die sich mit ihren weit über 100 Mitgliedern für eine konsequente Klimapolitik in Deutschland einsetzt, und nicht zuletzt landespolitischen Arbeitsgruppen in Hessen und Rheinland-Pfalz, die Nachhaltigkeitskonzepte und Klimaschutzpläne erarbeiten und umsetzen. Es ist geplant und notwendig, dass wir uns in einer der nächsten Synodaltagungen intensiver mit den Fragen des Klimaschutzes beschäftigen.

Im Zusammenhang des Handelns in globaler Verantwortung ist auch unser Beschluss zum sogenannten *Divestment* zu sehen. Darunter wird der schrittweise Rückzug aus Investitionen in fossile Energieunternehmen verstanden. Das ist ein neuer, wichtiger Baustein im Rahmen des Engagements für Klimaschutz, mit dem die EKHN eine Vorreiterrolle in der EKD übernommen hat. Sie befindet sich damit gleichzeitig in guter Gesellschaft mit der UCC in den USA, der *Church of Sweden* und der *Church of England,* aber auch mit großen Stiftungen wie der *Rockefeller Brothers Foundation,* mehreren Universitäten und Colleges in den USA und in Deutschland. Die Umsetzung im Sinne eines gestuften Ausstiegskonzepts wird von einem Dialogansatz begleitet. Mit dem weitgehenden Ausstieg aus fossilen Energieträgern ist daher gleichzeitig das Engagement in Anlagen verbunden, die insgesamt zu einer nachhaltigen Reduzierung des Kohlendioxids beitragen. Der Divestmentbeschluss ergänzt daher sinnvoll die Richtlinien ethischer Geldanlage, denen sich die EKHN schon lange verpflichtet weiß.

2.4 Kernenergie

In den vergangenen Jahren hat sich die EKHN wiederholt gegen die zivile und militärische Nutzung der Atomenergie ausgesprochen. Die Dreifachkatastrophe in Japan im Jahr 2011 hat auf tragische Weise deutlich gemacht, wie dringlich ein Ausstieg aus der Atomenergie ist. In diesem Jahr hatte das Zentrum Oekumene erneut zu einer internationalen Konferenz über die Gefahren der Atomkraft und über klimafreundliche Energieerzeugung eingeladen. Leitgedanke dieser Konferenz war die bewusste Zusammenarbeit mit zivilgesellschaftlichen Gruppen über den kirchlichen Rahmen hinaus. Das Thema wurde konsequent international und interdisziplinär bearbeitet. Auf Grund der vielfältigen ökumenischen Beziehungen der EKHN war es möglich, eine internationale Perspektive in die Diskussion einzubringen – auch mit Vertreterinnen und Vertretern anderer Konfessionen und Religionen. Im Zusammenhang dieser Arbeit steht die erstmalige Verleihung des Preises »Courage beim Atomausstieg«. Dieser von den Elektrizitätswerken Schönau gestiftete Preis wurde Ende April unter Beteiligung des Zentrums Oekumene gemeinsam mit der Stadt Frankfurt im Kaisersaal des Römers an den ehemaligen japanischen Premierminister Naoto Kan verliehen.

2.5 Friedensarbeit

Das friedenspolitische Engagement hat eine lange Tradition in der EKHN. In der gegenwärtigen Situation fragen viele Menschen danach, ob Religionen wirklich eine friedensstiftende Kraft haben oder ob sie nicht eher Konflikte bis hin zur Gewalt fördern. Die von uns verantwortete kirchliche Bildungsarbeit versucht aufzuzeigen, dass Religionen Gewalt- und Friedenspotentiale haben. Zugleich wird die eigene Verantwortung für friedensethisches Handeln betont. Die Friedensbildungsarbeit unserer Kirche fokussiert die friedensstiftenden Elemente der Religionen und die Kraft gewaltfreier biblischer Traditionen im Christentum. So ist die EKHN zum Beispiel Teil der »Projektgruppe Zivile Konfliktbearbeitung Rhein-Main«. Diese interdisziplinäre Gruppe lädt regelmäßig zu Bildungsveranstaltungen ein, bei denen erfolgreiche Akteure und Modelle ziviler Konfliktlösungen vorgestellt und miteinander ins Gespräch gebracht werden. Mit der Ausstellung »Frieden geht anders« bietet das Zentrum Oekumene Schulen und Gemeinden eine Illustration gelungener ziviler Konfliktlösungen an.

2.6 Rüstungsexporte und Sicherheitspolitik

In engem Zusammenhang mit der Friedensarbeit steht die kritische Begleitung der deutschen Rüstungsexporte. Auf Bundesebene geschieht dies in enger Zusammenarbeit mit der katholischen Kirche in der »Gemeinsamen Konferenz für Kirche und Entwicklung« (GKKE), die beispielsweise im Dezember bei der Vorlage des GKKE-Rüstungsexportberichtes einen Stopp aller Waffenlieferungen und Rüstungsexporte nach Saudi-Arabien gefordert hat. In der EKHN konkretisiert sich diese kritische Sicht auf die Rüstungsexportpolitik in der Mitarbeit im Aktionsbündnis »Aktion Aufschrei – Stoppt den Waffenhandel«. Ein Schwerpunkt in den lokalen Aktionsgruppen ist zurzeit der Protest gegen den

Export von Kleinwaffen, mit denen das Töten von Menschen durch die Waffenhersteller im wahrsten Sinne des Wortes gezielt »kinderleicht« gemacht worden ist. Zur ethischen Urteilsbildung am Beispiel des Kleinwaffenexportes wird es im kommenden Jahr in Kooperation mit dem Bündnis »Aufschrei« mehrere Veranstaltungen im Zentrum Oekumene geben. Mit Sorge verfolgen wir auch in Deutschland Entwicklungen hin zu einer stärker militärisch gestützten Außen- und Sicherheitspolitik. Auch in der Flüchtlingsthematik ist oft von Schutz und Sicherung der Grenzen die Rede. Zugleich wird gefordert, Fluchtursachen zu bekämpfen. Viele unserer Fachleute sind überzeugt, dass Fluchtursachen nur dann wirkungsvoll bekämpft werden können, wenn weltweit nicht primär auf gegenseitige Absicherung gesetzt wird, sondern auf eine »Friedenslogik« (Hanne-Margret Birckenbach).[14] Friedenslogisches Denken und Handeln, das in den biblischen Hoffnungsbildern begründet ist, versuchen wir in der kirchlichen Friedensarbeit zu fordern und zu fördern. Es ist daher auch nur konsequent, dass im Leitfaden für ethisch nachhaltige Geldanlagen der EKD und in den Kriterien für ethisch nachhaltige Geldanlagen der EKHN Rüstungsgüter zu den Ausschlusskriterien für kirchliche Investments gehören.[15]

3. Lokale Herausforderungen

Mit dem Jahresthema der Reformationsdekade habe ich in diesem Jahr die globale Perspektive gewählt. In einer Art Bestandsaufnahme, die allerdings bestimmt nicht vollständig ist, habe ich beschrieben, in welche institutionellen und thematischen Verbindungen wir als EKHN weltweit eingebunden sind. Ich habe versucht zu zeigen, dass die globale Perspektive eine Grundperspektive unseres Glaubens und unseres Selbstverständnisses als Kirche ist. Nun besteht die große Aufgabe unserer Zeit – wohl mehr als in den Generationen vor uns – darin, das Globale und das Lokale in ihrer unauflöslichen Verbindung zu sehen und zu gestalten.

Ich schließe diesen Bericht deshalb mit drei lokalen Herausforderungen:

---

[14] S. hierzu HANNE-MARGRET BIRCKENBACH, Friedenslogik statt Sicherheitslogik. Gegenentwürfe aus der Zivilgesellschaft, in: Wissenschaft und Frieden 2 (2012): 42–47. Zugänglich über http://wissenschaft-und-frieden.de/seite.php?artikelID=1787, abgerufen am 28.05.2016.

[15] Konkret heißt das, dass nicht in Unternehmen investiert wird, die mit einem Umsatzanteil von mehr als zehn Prozent an der Entwicklung oder Herstellung von Rüstungsgütern (im Sinne der Anlage zum Kriegswaffenkontrollgesetzes) beteiligt sind, und Unternehmen, die geächtete Waffen (z.B. Antipersonenminen, Streubomben, biologische und chemische Waffen) entwickeln oder herstellen, unabhängig vom Umsatzanteil ausgeschlossen sind.

3.1 Flüchtlingsarbeit

Einer aktuellen Erhebung zufolge engagieren sich annähernd 60 Prozent unserer Kirchengemeinden in der Flüchtlingsarbeit. Das freiwillige Engagement in diesem Bereich ist wirklich beeindruckend. Mit den von der Synode in den vergangenen Jahren zusätzlich zur Verfügung gestellten Mitteln für die Flüchtlingsarbeit in der EKHN von über 20 Millionen Euro fördern wir zurzeit 175 Projekte in Gemeinden, Dekanaten und regionalen Diakonischen Werken, die sich für die Aufnahme und Integration von Flüchtlingen engagieren. Hinzu kommen 60 Personen auf 36 Vollzeitstellen, die sich in Kirche und Diakonie in der professionellen Verfahrens- und Flüchtlingsberatung sowie der Koordination der ehrenamtlichen Flüchtlingsarbeit engagieren. Begleitet wird all das durch zahlreiche Fort- und Weiterbildungsmaßnahmen sowie eine umfangreiche Informationsarbeit, die im Hinblick auf das Thema Flucht und Migration für differenzierte Wahrnehmungen und Argumentationen wirbt.

Die größten Herausforderungen für die nächste Zukunft sehe ich darin, zum einen das ehrenamtliche Engagement weiter so zu unterstützen, dass es mit langem Atem die vor uns allen liegende Integrationsarbeit weiter voranbringen kann. Zum anderen muss es uns darum gehen, die Themen Flucht und Migration mit anderen sozialen Themen in engere Verbindung zu bringen und nicht zuletzt mit den Eine-Welt-Perspektiven.

Was wir angesichts der zunehmenden Vielfalt in unserer Gesellschaft darüber hinaus brauchen, sind Verständigungsprozesse über die Grundlagen und Grundrechte, die uns über alle Unterschiede hinweg verbinden und leiten sollen. Solche Verständigungsprozesse brauchen wir meines Erachtens ganz konkret und vor Ort: zum Beispiel in Form von offenen Foren, in denen sich Bewohnerinnen und Bewohner unterschiedlicher Prägungen und sozialer Zugehörigkeiten miteinander darüber austauschen, wie ihr Zusammenleben im Gemeinwesen aussehen und gestaltet werden soll. Hier könnten Kirchengemeinden mit ihren Räumen und zahlreichen Kontakten zentrale Akteure der Integration einer vielfältiger werdenden Gesellschaft sein oder werden. Für die Diskussion und die Verständigung in den Kirchengemeinden hat die Kirchenleitung der EKHN vor wenigen Tagen ein Thesenpapier veröffentlicht. Es hat den Titel: »Noch Raum in der Herberge? Zur theologischen Vergewisserung und ethischen Orientierung angesichts von Flucht und Migration.« Besondere Aufmerksamkeit in den Gemeinden vor Ort verdienen auch die Menschen, die den Weg in unsere Gemeinden suchen, weil sie Christinnen und Christen sind oder weil sie sich für den christlichen Glauben interessieren. Alle evangelischen Landeskirchen in Deutschland verzeichnen zurzeit vermehrt Taufanfragen – vornehmlich von Menschen aus dem Iran, aber zunehmend auch aus Afghanistan, dem Irak und Syrien. Gefragt sind Offenheit der Gemeinde, sensible seelsorgerliche Begleitung und besondere Taufkatechese, die kulturelle und religiöse Prägungen ernstnimmt. Um den Herausforderungen zu begegnen, wurde gemeinsam mit der Evangelischen Kirche von Kurhessen-Waldeck eine Arbeitsgruppe »Flüchtlinge und Taufe« eingerichtet, zu der auch iranische Christinnen und Christen gehören. Das Zentrum Oekumene informiert und berät Gemeinden gerne und ist seinerseits an den Erfahrungen in den Gemeinden interessiert.

3.2 Global und lokal glauben und leben

Wer Gemeinden aufruft, sich globalen Themen zuzuwenden, steht schnell im Verdacht, den christlichen Glauben in Ethik aufzulösen oder gar zu politisieren und zu Sozialaktionismus anzuleiten. Demgegenüber möchte ich noch einmal stark machen: Die globalen Fragen sind unsere Lebensfragen und unsere Lebensfragen sind globale Fragen. Das würden wir vermutlich auch erkennen, wenn wir uns mit der zurzeit wieder besonders schwierigen Situation der Landwirtschaft in Deutschland beschäftigen. Ich schlage vor, dass wir dies bald einmal hier in der Synode tun. Sich diesen Fragen zu stellen, in diesen Fragen zu bestehen und gemeinsam danach zu suchen, was uns hier von Gott aufgegeben ist, steht im Zentrum unseres Glaubens. Der Glaube an Gottes Liebe zu dieser Welt und seiner Menschheit bringt uns auf den Weg, das gemeinsame Lebenshaus zu bewahren und nach Frieden, Gerechtigkeit und einem guten Leben für alle Menschen zu suchen. »Ihr seid das Salz der Erde, ihr seid das Licht der Welt«, so hat es Jesus denen gesagt, die auf sein Wort hörten. Meines Erachtens ist es an der Zeit, dass wir neu danach fragen: Was heißt es, so Gemeinde in dieser einen Welt zu sein?

Ich sehe es als besondere lokale Herausforderung, dass wir in unseren Gemeinden neu die »Eine-Welt-Frage« stellen. Was heißt es für unser Leben als Gemeinden in der Welt, wenn wir Sonntag für Sonntag im Gottesdienst bekennen »Ich glaube an die heilige christliche Kirche, Gemeinschaft der Heiligen«? Es gibt dazu Möglichkeiten, dies auch – je nach Profil der Gemeinde – konkret werden zu lassen: Gemeinwesenarbeit, Mitmachen in den ökumenischen Partnerschaften, in denen sich übrigens durch die Verbindung via Internet ganz neue Kontaktmöglichkeiten eröffnet haben, interkulturelle und interreligiöse Nachbarschaft, diakonische Einrichtungen und Projekte, Fairtrade, örtliche Nachhaltigkeitskonzepte und vieles mehr. Besonders zu nennen ist hier der »Pilgerweg der Gerechtigkeit und des Friedens«, zu dem der Ökumenische Rat der Kirchen 2013 eingeladen hat. Ein großer Dank geht an dieser Stelle an die vielen Frauengruppen, die seit vielen Jahren ökumenisch, solidarisch und mit großem Engagement den Weltgebetstag gestalten und so die globale Perspektive fest in unseren Gemeinden verankern.

3.3 Reformation feiern

Wir feiern im Jahr 2017 das 500. Jahr der Reformation. Wir haben für die EKHN das Motto »Gott neu entdecken – Reformation seit 1517« gewählt. Damit sagen wir: Die Reformation geht weiter. Und es geht immer darum, dass wir als Menschen offen sind für Gott, damit wir in unserer Zeit und für unsere Zeit neu erkennen, was Gott dieser Welt schenkt. Und damit wir so auch erkennen, was von uns gefordert ist, wenn wir das, was wir sind und was wir haben, nicht uns selbst verdanken. Wir wollen 2017 nicht konfessionell verengt und nicht national feiern. Wir wollen es feiern mit weitem Horizont – ökumenisch und international. Wir wollen es feiern mit Blick auf lokale Herausforderungen und weltweite Probleme. Wir wollen es feiern in der Hoffnung auf Gott, der uns in unseren Häusern und in jedem Gottesdienst tröstet, der aber zugleich den Erdkreis und alles was darinnen ist, bewahrt und behütet. Das soll die Perspektive für unsere EKHN und unsere Gemeinden sein, wenn wir Reformationsjubiläum feiern – in Veranstaltungen und in Gottesdiensten, mit leisen und mit lauten Tönen, mit dem, was wir sagen, und mit dem, was wir tun. Und ich hoffe, dass viele dabei Gott neu entdecken.

Und so schließe ich in diesem Jahr mit einer uns sehr vertrauten Liedstrophe – in globaler und lokaler Perspektive:

> »Verleih uns Frieden gnädiglich, Herr Gott, zu unsern Zeiten, es ist ja doch kein andrer nicht, der für uns könnte streiten, denn du, unser Gott, alleine.«[16]

Ich danke Ihnen für Ihre Aufmerksamkeit.

---

[16] EG 421.

»Denn wir sind es ja nicht, die die Kirche erhalten könnten, unsere Vorfahren sind es nicht gewesen, unsere Nachkommen werden es auch nicht sein, sondern der ist es gewesen, ist es noch und wird es sein, der da spricht:

›Ich bin bei euch bis an das Ende der Welt‹

(Mt 28,20)«

Martin Luther [2017]

Sehr geehrter Herr Präses, hohe Synode, liebe Schwestern und Brüder!

Es gehört zu den besonderen Aufgaben des Kirchenpräsidenten, der Synode in jedem Jahr einen Bericht zur Lage in Kirche und Gesellschaft vorzulegen. Das Jahr 2017 ist kirchlich ein besonderes Jahr. Wir feiern das 500. Reformationsjubiläum, und zwar in Kirche und Gesellschaft. Ich habe in diesem Jahr den Bericht etwas grundsätzlicher angelegt. Zunächst trage ich Ihnen eine Art Standortbestimmung vor, in der ich versuche, unsere Situation in Gesellschaft und Kirche zu skizzieren. Dann gehe ich auf das Reformationsjubiläum ein – auf die Art, wie wir es feiern, und auf die theologischen Grundimpulse der Reformation. Diese halte ich nach wie vor für wegweisend, so dass ich die Perspektiven, die ich im dritten Teil aufzeige, daran anschließe.

1. Standortbestimmung

1.1 Gesellschaftliche Situation

Wir sind Evangelische Kirche in einer säkularen, pluralistischen und demokratischen Gesellschaft. Das Wirtschaftssystem dieser Gesellschaft ist die soziale Marktwirtschaft. Bei immer möglicher und nötiger Kritik lässt sich sagen: Die Demokratie ist eine »geglückte Demokratie« (E. Wolfrum)[1], die soziale Marktwirtschaft ist erfolgreich. Nach dem Wahnsinn der nationalsozialistischen Herrschaft und dem fürchterlichen 2. Weltkrieg hat nicht zuletzt die europäische Integration eine bislang 72-jährige Friedenszeit gebracht. Auch wenn es nicht gelungen ist, Armut völlig zu beseitigen, leben viele Menschen im Wohlstand. Trotz eines insgesamt positiven Bildes ist Deutschland – wie gerade eine Fernsehdokumentation getitelt hat – eine »nervöse Republik«. Manches bisher

---

[1] EDGAR WOLFRUM, Die geglückte Demokratie. Geschichte der Bundesrepublik Deutschland von ihren Anfängen bis zur Gegenwart, 2. Aufl., Stuttgart 2006.

Stabile steht infrage. Die Zukunft der Europäischen Union ist ungewiss. Nationalstaatliche Orientierungen gewinnen in Teilen der Bevölkerung größere Bedeutung. Demokratie erscheint im europäischen und außereuropäischen Kontext nicht überall so gefestigt, dass sie nicht durch autokratische Kräfte angetastet werden könnte. Unsicher bleibt, wie weit die ökonomische Stabilität reicht und ob sich soziale Ungleichheit nicht verschärfen wird. Zu den großen Prozessen, die Nervosität erzeugt haben und erzeugen, gehören die Globalisierung, weltweite Migrationsbewegungen und auch die Digitalisierung. Krieg und Gewalt sind keine fernen Ereignisse, sondern durch Terrorgefahr präsent. Wir erleben dabei ein neues Ringen um gesellschaftlichen Zusammenhalt.

Um diesen Zusammenhalt ringt eine moderne, genauer gesagt spätmoderne Gesellschaft. Das ist eine Gesellschaft, die nach integrierenden Kräften sucht. Religion ist nicht die integrierende Kraft, wie sie es in vormodernen Gesellschaften war. Zu den Merkmalen einer spätmodernen Gesellschaft gehört, dass die gesellschaftlichen Bereiche jeweils eigener Logik folgen. Die Soziologie nennt dies funktionale Differenzierung. Weitere Merkmale sind Pluralisierung, Individualisierung und Deinstitutionalisierung. Pluralisierung meint eine zunehmende Vielfalt von Zugehörigkeiten, Identitäten und Lebensstilen. Individualisierung bedeutet, dass Menschen viel mehr als früher Gestalterinnen und Gestalter ihres Lebens sind. Damit geht einher, dass Institutionen in ihrer jeweiligen Autorität kritisch befragt oder gar abgelehnt werden.

Pluralisierung, funktionale Differenzierung, Individualisierung und Deinstitutionalisierung als Merkmale und Trends betreffen auch die Kirchen. So ist zum Beispiel die Kirchenmitgliedschaft keineswegs orientierend für die funktionale Logik anderer Lebensbereiche. Individualisierung heißt, dass das Verhältnis zur Kirche sehr individuell gestaltet und gelebt wird – auch in unterschiedlichen Stufen der Zugehörigkeit und vielfältigen Gestaltungsformen (Stichwort: Patchworkreligiosität). Deinstitutionalisierung bedeutet, dass Kirche als Institution eher kritisch gesehen wird. Für viele ist Glaube auch ohne Institution vorstellbar.

1.2 Kirchliche Situation

Organisatorische Merkmale im Licht der Geschichte
Kirchliches Leben ist für die meisten Kirchenmitglieder das kirchliche Leben vor Ort. Die Organisation der Kirche in Dekanat, Propstei, Gesamtkirche, EKD, der Gemeinschaft Evangelischer Kirchen in Europa oder im weltweiten Ökumenischen Rat der Kirchen spielt für viele Kirchenmitglieder nur eine begrenzte Rolle. Gesamtgesellschaftlich wahrgenommen werden aber medial vermittelte Ereignisse und Positionen etwa des Ratsvorsitzenden. Nur begrenzt nimmt die breite Öffentlichkeit die kirchlichen Kontakte zur Politik und zu anderen gesellschaftlichen Gruppen wahr. Oder auch kirchliche Arbeit wie etwa in der

Gefängnis- und Polizeiseelsorge oder in den Kirchlichen Schulämtern und der Ehrenamtsakademie. Ich nenne diese Arbeitsfelder exemplarisch, weil Ihnen dazu Visitationsberichte vorliegen.

Um zu verstehen, wie die evangelische Kirche heute organisiert ist, und um aktuelle Debatten einordnen zu können, ist die Erinnerung an ein paar historische Bezüge nützlich. So gehen die Gebietsgrenzen auf Territorialstrukturen zurück, die in ihren Ursprüngen vielfach im landesherrlichen Kirchenregiment der Reformationszeit begründet sind, aber auch spätere Entwicklungen abbilden. Organisatorisch hat sich kirchliche Administration aus staatlichen Behörden heraus entwickelt. So haben wir als Kirche staatsanaloge Strukturen – bis hin zur Orientierung am Berufsbeamtentum. Die synodalen Entscheidungsstrukturen, wie wir sie heute kennen und praktizieren, haben sich – mit einer besonderen Vorgeschichte vor allem in der reformierten Tradition – seit dem 19. Jahrhundert entwickelt, auch in Analogie zu staatlichen Entwicklungen. Im 19. Jahrhundert wurden im Übrigen auch die Weichen für das Verhältnis von Kirche und Diakonie gestellt, das auch unsere Gegenwart prägt. Das Mit- und Nebeneinander von Diakonie und Kirche geht auf den Ursprung der Diakonie in freien Werken und Verbänden zurück. Die Weiterentwicklung der Gesellschaft – auch hier noch einmal das Stichwort »funktionale Differenzierung« – hat zudem zu einer Professionalisierung diakonischer Arbeit geführt.

Reformprozesse

Prägend für viele unserer gegenwärtigen Fragen ist folgende Entwicklung: In den 1970er Jahren wurden deutliche gesellschaftliche Veränderungen spürbar. Auf erste große Austrittswellen Ende der 60er Jahre reagierte die evangelische Kirche unter anderem, indem sie das Verhältnis der Kirchenmitglieder zu ihrer Kirche erforschte – übrigens damals maßgeblich von der Evangelischen Kirche in Hessen und Nassau (EKHN) mit angestoßen. Die erste Kirchenmitgliedschaftsuntersuchung wurde 1972 veröffentlicht. Auf die hier bereits erkennbaren, oben skizzierten gesellschaftlichen Trends wurde nach und nach mit Reformen geantwortet. Für die EKHN war dabei eine Perspektivkommission wichtig, deren Ergebnisse unter dem Titel »Person und Institution. Volkskirche auf dem Weg in die Zukunft« 1992 veröffentlicht wurden. Wer heute diesen Text liest, wird darin vieles entdecken, was in den folgenden Jahrzehnten bei Reform- und Prioritätenklärungsprozessen eine Rolle gespielt hat. Ich möchte nicht ins Detail gehen, will aber kurz die großen Linien nachzeichnen.

Auf die Ausdifferenzierung der Gesellschaft wurde mit einer Ausdifferenzierung des kirchlichen Angebotes reagiert. Funktionale Dienste wurden erweitert. Die Zahl der Gemeindepfarrstellen wurde dabei übrigens nicht verringert, sondern ebenfalls ausgebaut. In den 60er Jahren war eine Pfarrstelle für 2.400 Gemeindeglieder zuständig, in den 80er Jahren für 2.000 Gemeindeglieder. Seit den 90er Jahren sind es 1.600 bis 1.700 Gemeindeglieder. Dieses Verhältnis von Gemeindegliedern zu Gemeindepfarrstelle ist bis heute konstant. Das war möglich aufgrund einer guten finanziellen Entwicklung. Außerdem war mit den geburtenstarken Jahrgängen auch die Zahl der Theologiestudierenden gestiegen. Zugleich wurde an der Verbesserung von Organisationsstrukturen gearbeitet. Dabei haben sich Landeskirchen auch an Prinzipien der unternehmerischen Organisationsentwicklung orientiert. Ab der zweiten Hälfte der neunziger Jahre wurden Strukturdebatten zunehmend auch zu Spardebatten. Kontinuierlich sinkende Mitgliederzahlen – aufgrund von Austritten, vor allem aber demografisch bedingt – führten zu weiteren Prozessen der Umgestaltung.

Der Rat der EKD unter dem Vorsitz von Wolfgang Huber hat 2006 mit dem Impulspapier »Kirche der Freiheit« einen Reformprozess angestoßen, der für viele Diskussionen gesorgt hat. Eine Analyse aus Sicht der EKHN würde zeigen, dass vieles, was in diesem Papier angeregt wurde, in der EKHN längst Thema war und in den Fragen der Kirchenentwicklung seit den 90er Jahren bereits bearbeitet wurde. Dazu gehören die Fragen der Gemeindeentwicklung, das Berufsbild der Pfarrerinnen und Pfarrer, die Entwicklung und das Zusammenspiel aller kirchlichen Berufe, die sogenannte Mittlere Ebene (Dekanate), Kooperationen oder auch Fusionen von Landeskirchen. Von vielen als schwierig empfunden – und meines Erachtens auch zu Recht kritisiert – wurde das von dem EKD-Papier propagierte Leitbild »Wachsen gegen den Trend«, das im Grunde genommen den Bogen unternehmensorganisatorischer Logik überspannt hat. Ausgesprochen wirksam war allerdings, dass mit diesem Text auch eine zehnjährige Vorbereitung auf das Reformationsjubiläum 2017 in den Blick genommen wurde. Die Reformationsdekade mit ihren Themensetzungen ist vielfach aufgegriffen worden und hat inhaltlich kirchliche Arbeit geprägt.

Bewertungen

Die Kirchenentwicklung der letzten Jahrzehnte mit ihren Reformprozessen, die als Reaktion auf die Modernisierung der Gesellschaft zu verstehen sind, wird unterschiedlich bewertet. Erst vor kurzem hat Reinhard Bingener in der Frankfurter Allgemeinen Sonntagszeitung dies als eine fundamentale Fehlentwicklung der evangelischen Kirche dargestellt, die ihre Gemeinden aus dem Blick verloren habe.[2] Als Gründe dafür hat er unter anderem eine prinzipielle Reformunfähigkeit der evangelischen Kirche benannt, die sehr selbstreferentielle Strukturen und ein synodales Funktionärswesen entwickelt habe, das dazu neige, eigene Interessen und Arbeitsfelder zu pflegen. Der Artikel gehört in die Gattung des Meinungsjournalismus. Aus Sicht der EKHN sieht manches anders aus. Der Beitrag verquickt zum Beispiel auf unzulässige Weise, was in den Synoden der einzelnen Landeskirchen und was auf Ebene der EKD entschieden wird. Auch wird suggeriert, dass mangelnde Transparenz bestehe, weil Prü-

---

[2] REINHARD BINGENER, Wo bleibt die Kirchensteuer?, F.A.S. vom 26.03.2017, 2.

fungsberichte der Rechnungsprüfungsämter nicht zugänglich seien. Das trifft für die EKHN nicht zu. Auf die Grundfrage des Artikels, wo die Kirchensteuer hinfließt, wurde in der Vergangenheit häufig in den öffentlichen Haushaltsberatungen darauf hingewiesen, dass ca. 70 % des Haushaltsvolumens der Arbeit in den Gemeinden und Dekanaten zuzurechnen ist. Auch im öffentlich zugänglichen Jahresbericht 2015/16 der EKHN findet sich eine mindestens so aufschlussreiche Aufstellung hierzu. Und wie der Einsatz der Mittel erfolgt, gründet nicht in einsamen Entscheidungen von Funktionärinnen und Funktionären der Kirchenleitung, sondern steht in jedem Jahr mit dem Haushalt neu in einer Synode zur Disposition, die zur großen Mehrheit aus Vertreterinnen und Vertretern eben dieser Gemeinden und Dekanate besteht.

Diskussionswürdig bleibt natürlich die Grundfrage: Hat die evangelische Kirche auf die gesellschaftlichen Entwicklungen der letzten Jahrzehnte angemessen reagiert? Hier gibt es zwei Grundpositionen, die im Übrigen immer in den Debatten präsent waren und auch sind. Eine Position sagt: Gemeinden, gemeint sind dann häufig nur die Parochial-, also die Wohnortgemeinden, müssen stärker gemacht und besser ausgestattet werden. Hin und wieder wird diese Position von der These begleitet, dass alles »oberhalb« der Gemeinde, beim Dekanat angefangen, letztlich entbehrlich ist, auf jeden Fall aber so schlank gestaltet werden sollte wie irgend möglich. Die andere Grundposition ist die: Es braucht in dieser vielfältigen Gesellschaft auch eine vielfältige kirchliche Präsenz, zu der konstitutiv Gemeinden gehören, die sich aber nicht auf die Ortsgemeinden beschränkt. Es braucht Vernetzung und Kooperation der Gemeinden, die organisiert werden muss, und es braucht funktionale Dienste, die Gemeinden unterstützen und entlasten und zugleich auch übergemeindliche Präsenz und Wahrnehmung sichern sowie inhaltliche Anknüpfungspunkte bieten. Theologisch steht hinter der ersten Position die Auffassung, dass Kirche im Wesentlichen oder ausschließlich Gemeinde vor Ort ist. Dann wäre die Kirche die Summe ihrer Gemeinden. In ihrer markantesten Ausprägung ist diese Position ein sogenannter Kongregationalismus. Ihm folgen in Deutschland insbesondere die Freikirchen.

Oder – das ist die theologische Grundierung der zweiten Position – Kirche ist mehr als die Summe der Gemeinden vor Ort. Die geglaubte Gemeinschaft des Leibes Christi verlangt eine organisatorische Gestalt über die Gemeinde hinaus. Die Kirchenordnung der EKHN geht diesen Weg. Sie denkt Kirche von den Gemeinden her, versteht Kirche aber zugleich als Solidargemeinschaft der Gemeinden, die Teil der weltweiten Christenheit ist.

Mit den beiden Grundpositionen sind oft unterschiedliche Bewertungen im Hinblick auf die gegenwärtige Situation verbunden. Die einen sagen: Kirche könnte besser dastehen, wenn sie sich mehr auf die Gemeinden und die Nähe zu den Menschen in den Gemeinden konzentrieren würde. Hier kann man sicher mit Ergebnissen der Kirchenmitgliedschaftsuntersuchung argumentieren, dass die persönliche Bekanntheit mit der Pfarrerin, dem Pfarrer dazu beiträgt, die Kirchenmitgliedschaft zu stabilisieren. Und ich möchte schon jetzt darauf hinweisen, dass die Kirchenleitung mit ihrer Vorlage zur Pfarrstellenbemessung auch aus diesem Grund daran festhält, das Verhältnis von Gemeindegliedern zur Gemeindepfarrerin, zum Gemeindepfarrer mit 1.600 zu 1 bis 2024 stabil zu halten, eine Zahl, die sich EKD-weit sehr gut sehen lassen kann.

Die zweite Position hält daran fest: Es braucht gesellschaftliche Präsenz der Kirche, die nicht auf die Gemeinde beschränkt ist. Empirisch lässt sich als Argument für diese Position anführen, dass Volkskirchen, die ihre gesellschaftliche Präsenz auf die Gemeinden reduziert haben, enorme Bedeutungsverluste erlitten haben und erleiden. Als Beispiel werden hier die Niederlande genannt, aber auch die Entwicklung in der Schweiz. Der Religionssoziologe Detlef Pollack betont immer wieder, dass die Kirchen in Deutschland angesichts der Wirksamkeit gesellschaftlicher Trends durchaus eine bemerkenswerte Stabilität haben. Er führt es auf die breite und vielfältige Präsenz der Kirchen in Deutschland zurück und auch auf die qualitative Öffnung und Weiterentwicklung kirchlicher Angebote.[3]

Ich werde auf die beiden Grundpositionen zurückkommen, wenn ich im dritten Teil über Perspektiven rede. Zuvor aber Punkt 2: »Reformationsjubiläum«.

2. Reformationsjubiläum

2.1 In der Mitte der Gesellschaft angekommen

Das Thema Reformation genießt eine hohe Aufmerksamkeit, und zwar nicht nur im kirchlichen Kontext, sondern in der gesamten Gesellschaft. Das Thema ist in der Mitte der Gesellschaft angekommen. Dazu hat sicher beigetragen, dass der Reformationstag in diesem Jahr ein arbeitsfreier Feiertag sein wird. Aber auch vieles andere. Das Interesse an der neuen Lutherbibel ist außerordentlich groß. Die erste und die zweite Auflage mit 45.000 Exemplaren waren schnell vergriffen. Bisher sind bereits über 300.000 Bibeln verkauft. Den Film »Katharina Luther«, der am 22. Februar in der ARD ausgestrahlt wurde, sahen 7,28 Millionen Zuschauerinnen und Zuschauer. Er erreichte an diesem Abend einen Gesamtmarktanteil von 22,5 %. Das war die beste Einschaltquote auf diesem Programmplatz in den letzten fünf Jahren. Die Verlagsgruppe Rhein-Main hat vor zwei Wochen ihren Zeitungen eine 32 Seiten starke Beilage über die Bedeutung der Reformation beigefügt – eine Million Exemplare. Die ARD stellt ihre traditionelle Themenwoche unter das Motto »Was glaubst Du?« Der immer wieder

---

[3]   Vgl. hierzu etwa Detlef Pollack, Säkularisierung auf dem Vormarsch. Das Schrumpfen der Kirchen geht mit dem Rückgang persönlicher Religiosität einher, in: zeitzeichen 9 (2012), 14–16.

belächelte und kritisierte Playmobil-Luther ist mit rund 750.000 verkauften Exemplaren die erfolgreichste Playmobil-Figur aller Zeiten. Mit einer Botschafterkampagne, für die sich prominente Persönlichkeiten zur Verfügung gestellt haben, gelingt es, auch in den sozialen Medien hohe Aufmerksamkeit zu erzielen. So hatte ein Video, in dem Jürgen Klopp darüber redet, was der Glaube für ihn bedeutet, eine große Reichweite. Aus dem Bereich der EKHN sind die Moderatorin Gundula Gause, die Schauspielerin Anke Sevenich, der Schauspieler Samuel Koch, der Moderator Frank Lehmann und der ESA-Chef Johann-Dietrich Wörner als Botschafterinnen und Botschafter tätig. Ich danke ihnen ausdrücklich für ihr Engagement.

Sie stehen zugleich für viele Menschen in unseren Gemeinden, die sich zurzeit besonders mit dem Thema Reformation beschäftigen. Ich freue mich, dass viele die Anregungen und auch Angebote aufgegriffen haben und auf vielfältige, oft sehr kreative Weise »500 Jahre Reformation« gestalten. Immer wieder geschieht dies auch in Kooperation mit den kommunalen Gemeinden. Ich habe in März in einem Gottesdienst in Berstadt in der Wetterau gepredigt, in dem das Reformationsjubiläum mit dem 1200-jährigen Ortsjubiläum verbunden wurde. Es war bemerkenswert, wie Ortsgemeinde und Kirchengemeinde hier miteinander gefeiert und dies auch wirklich generationsübergreifend getan haben. Wir haben leider keinen genauen Überblick, wie viele besondere Veranstaltungen in unseren Gemeinden, Dekanaten und Einrichtungen in diesem Jahr dem Reformationsjubiläum gewidmet sind. Die Zahl geht in die Tausende. Dieser Bericht ist eine gute Gelegenheit, dafür zu danken. Es ist großartig, wie das Thema Reformation in unserer Kirche gewürdigt und gestaltet wird. Dafür herzlichen Dank! Und es stehen ja noch viele Veranstaltungen an.

Nächste Woche wird in Romrod der »Lutherweg 1521«, der als Pilger- und Wanderweg von der Wartburg nach Worms führt, feierlich eröffnet. Der Reformations-Truck, der auf einem »Europäischen Stationenweg« in 19 Ländern unterwegs ist und in 67 europäischen Städten Station macht, war im Dezember bereits in Worms und wird am 8. und 9. Mai in Herborn sein. Bei der »Weltausstellung Reformation« in Wittenberg vom 20. Mai bis zum 10. September werden wir als EKHN mit der LichtKirche und dem Thema »Segen erleben« vertreten sein. Ich gehe davon aus, dass sich viele Menschen aus unserer Kirche auf den Weg nach Wittenberg machen werden. Empfehlen kann ich dies auf jeden Fall. Der Gottesdienst zum Abschluss des Kirchentages ist zugleich ein Auftakt des Reformationssommers. Auf den Elbwiesen in Wittenberg – so ist es geplant – werden etwa 200.000 Menschen Gottesdienst feiern. Es soll ein Höhepunkt dieses Jubiläumsjahres werden. Am 31. Oktober werden wir bewusst keinen zentralen Gottesdienst für die EKHN feiern. Wir setzen darauf, dass dies viele Gemeinden an diesem Tag tun. Ein zentraler Gottesdienst für Hessen, übertragen vom Hessischen Rundfunk, findet am Sonntag davor in Marburg statt. Für Rheinland-Pfalz ist ein solcher Fernsehgottesdienst aus Speyer geplant.

2.2 Erinnerungskultur als Eventkultur?

Allein die Aufzählung der vielen Aktivitäten provoziert natürlich die Frage: Ist das alles bloße Eventkultur? Wir wären schlechte Protestantinnen und Protestanten, wenn wir diese selbstkritische Frage nicht verinnerlicht hätten. Deshalb muss sie gestellt werden. Meine Antwort hierzu: Ja, natürlich. Vieles davon ist »Event« – also Ereignis, Erlebnis. Vieles davon zielt darauf, Aufmerksamkeit zu gewinnen – zumal in einer Gesellschaft, in der die Medien eine so große Rolle spielen. Event, Inszenierung, gute und originelle Aktionen sind gefragt, um für ein Thema Aufmerksamkeit zu gewinnen, um es zu einem Erlebnis zu machen, an dem Menschen teilhaben wollen. Das gilt für die Aktivitäten vor Ort in den Gemeinden und Dekanaten, und das gilt für gesamtkirchliche Aktivitäten. Die Kritik ist einfach. Der Festwagen auf dem Rosenmontagszug in Mainz oder die Bierdeckel unserer vorletzten Impulspostaktion lassen sich schnell kritisieren – zu weltlich, zu oberflächlich, zu teuer. Natürlich ist vieles auch Geschmacksfrage. Immer wieder beobachte ich allerdings, dass diejenigen, die solche Aktivitäten als zu wenig theologisch durchdrungen kritisieren, zugleich auch kritisieren, dass die Kirche viel zu wenig tut, um alle Milieus zu erreichen. Ganz so einfach ist es mit der Kritik der sogenannten Eventkultur nicht. Die Reformation selbst hätte, so sagt es mittlerweile auch die Forschung, nicht diese Durchdringungskraft gehabt, wenn es nicht auch so etwas wie eine Medien- und Eventkultur gegeben hätte. Wichtig waren natürlich die Gottesdienste – damals sicher mehr als heute besondere öffentliche Ereignisse. Wichtig waren theologische Traktate. Wichtig für die öffentliche Aufmerksamkeit waren aber auch Lieder, Theaterstücke, Karikaturen und – nicht zu unterschätzen – solche damals herausragende öffentliche Ereignisse wie die Hochzeiten der Pfarrer. Auch öffentliche Diskussionen zählten dazu.

Im Gegenzug muss allerdings gesagt werden: Eine öffentlichkeitswirksame Inszenierung ist nötig, sie darf aber kein Selbstzweck sein. Es muss dabei um mehr gehen – es muss um die Sache gehen. Und was ist die Sache? Die Sache ist nicht eine Glorifizierung Luthers im Sinne einer theologisch nicht gewollten, aber dann doch praktisch vollzogenen protestantischen Heiligsprechung. Die Sache ist auch nicht die Feier der evangelischen Konfession in ihrer kirchlichen Verfasstheit. Wer das Anliegen der Reformation ernst nimmt, muss sich an dem orientieren, was die Männer und Frauen der Reformation selbst wollten. Sie wollten das Evangelium von Jesus Christus wieder in die Mitte rücken. Die Kirche wurde nicht deshalb reformiert, weil da einige Menschen meinten, dieses oder jenes müsste in der Organisation verbessert werden. Es ging darum, die Kirche so zu gestalten, dass durch sie und in ihr das Evangelium zur Sprache gebracht und gelebt wird. Ich werde diese Gedanken gleich weiter ausführen.

Zuvor möchte ich aber – auch als jemand, der an den Vorüberlegungen und dann an der Vorbereitung des Reformationsjubiläums beteiligt war – kurz zu der Kritik Stellung nehmen, die zurzeit immer wieder zu hören ist. Ein Vorwurf lautet: Die EKD sagt nicht, was sie wirklich mit den Feierlichkeiten will. Sie inszeniert eben nur oberflächliche Eventkultur. Sie sagt nicht, was die reformatorische Botschaft heute den Menschen zu sagen hat. Der andere Vorwurf lautet: Was die EKD in ihren Texten zum Reformationsjubiläum sagt, wie sie die reformatorische Botschaft für heute übersetzt, nimmt den historischen Abstand nicht ernst. Damit werde Luther gleichsam weich gespült. Dann kommt noch dazu, dass die EKD eine ökumenische Annäherung sucht, die drauf und dran ist, das eigentlich Protestantische aufzugeben. Für diese Vorwürfe werden natürlich auch Argumente genannt, die im Einzelnen zu bedenken sind. Es ist aber auch schnell zu sehen, dass die Vorwürfe im Grunde genommen ein Dilemma aufzeigen. Wer inhaltliche Botschaften für heute formuliert, setzt sich immer dem Vorwurf aus, das Historische im eigenen Interesse zu vereinnahmen. Das ist in den Lutherjubiläen vergangener Jahrhunderte deutlich zu erkennen. Wer darauf verzichtet, sich zu positionieren, steht in der Tat in der Gefahr, inhaltslose Events zu produzieren.

Dies wurde bei den Vorbereitungen sehr wohl reflektiert. In einem EKD-Papier wurde deshalb festgehalten:»2017 ist wohl das erste Mal in der Geschichte der Reformationsjubiläen, dass eine historisch diskursive, theologisch vielfältige und gesellschaftspolitisch offene und plurale Erinnerungskultur möglich erscheint.« Dazu gehört, dass das Reformationsjubiläum nicht national, sondern international und nicht konfessionell verengt, sondern ökumenisch gefeiert werden sollte. Selbstverständlich ist auch dieser Ansatz bedingt und geprägt von der eigenen Zeit. Niemand kann sich im eigenen Tun aus den eigenen Kontexten lösen. Vorsatz war aber, keine einseitige Pointierung vorzunehmen, um der Vielfalt der Erinnerung und auch der kritischen Auseinandersetzung mit der Reformation Raum zu geben.

Wer so feiert, setzt darauf, dass die Erinnerungskultur Raum schafft für eine produktive Auseinandersetzung, die Impulse und Bewegungen erkennt, die unser Leben, unsere Welt, unseren Glauben bis heute geprägt haben. Er setzt aber auch darauf, dass der Abstand wahrgenommen wird und auch so die eigene Zeit besser verstanden wird. Er setzt aber vor allem darauf, dass in der Erinnerung das präsent wird, was der Reformation selbst Kraft gab und Menschen bis heute Kraft gibt – nämlich das Evangelium. Oder anders gesagt: Er setzt darauf, dass nicht irgendwelche Leitgedanken oder Leitideen in den Mittelpunkt gerückt werden, sondern Christus. Es ist deshalb durchaus sehr sachgemäß zu sagen: Mit dem Reformationsjubiläum feiern wir ein Christusfest!

Reformation und Gesellschaft

Nun feiern wir in diesem Jahr das Reformationsjubiläum nicht bloß als ein kirchliches Ereignis. Sehr früh wurde von staatlicher Seite der Weg dafür geöffnet, auch die kulturelle und gesellschaftliche Bedeutung der Reformation zu würdigen. Das ist nicht selbstverständlich. Darin zeigt sich unter anderem, dass in Deutschland Religion aus guten Gründen nicht als bloße Privatangelegenheit verstanden wird, sondern als öffentlicher Teil der gesellschaftlichen Wirklichkeit und Pluralität. In der Würdigung der Reformation ist zweifellos auch hier eine historisch diskursive Erinnerungskultur gefragt. Gesellschaftliche Entwicklungen sind vielfältig und komplex. Und so muss man sich mit Recht davor hüten zu sagen, die Reformation hat das moderne Freiheitsverständnis geprägt oder gar den Weg zur Demokratie geöffnet. Die Reformation hat mit dazu beigetragen, dass aus unserer Gesellschaft das geworden ist, was sie heute ist. Dazu gehört sicher, dass Bildung durch die Reformation noch einmal weiter aufgewertet wurde. Durch die Reformation wurde damit auch das gefördert, was ich eingangs als Merkmale moderner und postmoderner Gesellschaften beschrieben habe. Die Säkularisierung als solche ist geistesgeschichtlich betrachtet eine Befreiung aus religiöser Bevormundung. Sie hat ihre Wurzel in der Trennung des Politischen und des Religiösen. Die Individualisierung hat ihre Wurzel in der Stärkung des Individuums. Den einzelnen Menschen haben vor Luther auch die Mystik und der Humanismus in den Blick genommen. Luthers Berufung auf das Gewissen hat diese Linie verstärkt. Es wäre deshalb völlig unangemessen, Individualisierung und Säkularisierung aus kirchlicher Sicht grundsätzlich zu beklagen. Ich sage es mal so: Es kann nicht darum gehen, der postmodernen Gesellschaft mit Konzepten der Entsäkularisierung oder Entindividualisierung zu begegnen. Zu den Folgen der Reformation gehört selbstverständlich auch die konfessionelle Pluralisierung. Individualisierung und Pluralisierung sind im Grunde zwei Seiten einer Medaille. Die Erinnerung an die Reformation und ihre Folgen führt vor Augen, wie mühsam der Weg war, Pluralität auch politisch zu gestalten. Das friedliche Zusammenleben in konfessioneller und religiöser Pluralität musste erst mühsam errungen werden. Die Antwort auf Pluralität kann meines Erachtens keine Entpluralisierung im Sinn einer Einheitskultur sein. Dafür stehen auch die inhaltlichen Erkenntnisse der Reformation.

2.3 »Gott neu entdecken« – theologische Orientierung

Die kirchliche Erinnerungskultur macht bewusst, was Martin Luther und mit ihm andere bewegt hat und was theologisch gedacht wurde. In der EKHN haben wir dieses Erinnern unter die Überschrift »Gott neu entdecken« gestellt, und zwar im Wesentlichen aus zwei Gründen. Zum einen wird damit angezeigt, dass Luther für sich Gott neu entdeckt hat. Zum anderen benennt der Slogan, dass es im Glauben immer wieder darum geht, Gott neu zu entdecken – für das persönliche Leben und auch für Kirche und Gesellschaft. In vielen Veranstaltungen geschieht auch genau dies. Es wird über Luthers reformatorische Entdeckung nachgedacht, und zugleich wird gefragt, was diese für uns heute bedeutet.

Oft werden dabei – etwa in Predigtreihen – die vier »Soli« der Reformation aufgegriffen: *sola gratia* – allein aus Gnade, *sola fide* – allein durch den Glauben, *sola scriptura* – allein durch die Schrift und *solus Christus* – allein Christus. Das ist sehr angemessen.

Dieser Bericht ist nicht der Ort, um das alles umfassend zu behandeln. Allerdings möchte ich mit einer kleinen Skizze der reformatorischen Gedanken zeigen, wie orientierend diese auch heute sein können. Wir wissen, wie sehr Martin Luther von dem Gedanken gequält war, dass er mit seinem Leben vor dem Maßstab der göttlichen Gerechtigkeit nicht bestehen kann und ihm deshalb ewige Höllenstrafen drohen. Im Studium der Bibel entdeckte er, dass er eine falsche Vorstellung von Gott und dessen Gerechtigkeit hat.[4] Luther hat zunächst für sich entdeckt: Gott ist nicht so, wie er ihn sich vorgestellt hatte. Gott ist kein Gott, der will, dass Menschen in Angst und Unfreiheit leben. Gott will, dass Menschen im Vertrauen auf das, was Gott den Menschen schenkt, als freie, starke, verantwortungsbewusste Menschen leben. Oder anders gesagt: Der Mensch lebt nicht durch das, was er Gott darbietet, sondern durch das, was er von Gott empfängt. Die Reform seiner Kirche hat Luther angestrebt, weil er überzeugt war, dass dieses Evangelium in der Verkündigung und im Leben der Kirche zu seiner Zeit verdunkelt war oder keine Rolle mehr spielte. Insbesondere hat das damalige Ablasswesen dieses Verhältnis von Gott und Mensch, wie es in der Bibel bezeugt war, konterkariert.

Wenn heute manchmal im Hinblick auf diese Erkenntnis Luthers von einer Wiederentdeckung des Evangeliums gesprochen wird, so zeigt das zu Recht an,

---

[4] In einem Lebensrückblick beschreibt er seine zentrale Erfahrung so: »Ich aber fühlte mich, obwohl ich ein untadeliges Leben führte, vor Gott als einen von Gewissensqualen verfolgten Sünder, und da ich nicht darauf vertrauen konnte, Gott durch meine Genugtuung versöhnt zu haben, liebte ich nicht, sondern ich hasste förmlich jene gerechte, die Sünder strafende Gottheit. [...] Bis nach tage- und nächtelangem Nachsinnen sich Gott meiner erbarmte, dass ich den inneren Zusammenhang der beiden Stellen wahrnahm: ›Die Gerechtigkeit Gottes wird im Evangelium offenbar‹ und wiederum ›Der Gerechte lebt durch seinen Glauben‹. Da fing ich an, die Gerechtigkeit Gottes zu begreifen, kraft deren der Gerechte aus Gottes Gnade selig wird, nämlich durch den Glauben: dass die Gerechtigkeit Gottes, die durch das Evangelium offenbart werde, in dem passiven Sinn zu verstehen ist, dass Gott in seiner Barmherzigkeit uns durch den Glauben rechtfertigt, wie geschrieben steht: ›Der Gerechte lebt aus Glauben‹. Nun fühlte ich mich geradezu wie neugeboren und glaubte, durch weit geöffnete Tore in das Paradies eingetreten zu sein. Ich ging die Heilige Schrift durch, soweit ich sie im Gedächtnis hatte, und fand in anderen Wendungen den entsprechenden Sinn: so ist das ›Werk Gottes‹ dasjenige, was Gott in uns wirkt, die ›Stärke Gottes‹ das, wodurch er uns stark macht, und so ist die ›Kraft Gottes‹, das ›Heil Gottes‹, die ›Ehre Gottes‹ aufzufassen.« Martin Luther. Ausgewählte Schriften. Hg. v. Karl-Gerhard Steck, Frankfurt/M. 1983, 33–34.

dass Luther nicht der erste war, der dies so gesehen hat. Er selbst gewann übrigens besondere Gewissheit, als er gleiche Gedanken bei Augustinus fand. Luther hat nach seiner Entdeckung dann viele theologische Fragen neu durchdacht. Das vierfache »Allein« beschreibt, dass er dabei Abgrenzungen vollzogen hat. Ich versuche kurze Charakterisierungen.

Sola gratia – allein aus Gnade. Damit ist gesagt, dass alle Menschen aus Gottes Gnade heraus leben. Das Leben selbst ist schon Gnade. Niemand hat sich das eigene Leben erarbeitet oder verdient. Gerecht aus Gnade heißt dann auch zu erkennen, dass Menschen im Leben immer wieder aneinander schuldig werden – gewollt und ungewollt. Sie entsprechen damit nicht dem, was Gott mit dem Leben und mit seinen Geboten an guter Weisung und Orientierung gegeben hat. Menschen sind darauf angewiesen, dass Verfehlungen, Sünde und Schuld nicht aufgerechnet, sondern vergeben werden. Von Gott kommt die Botschaft, dass Menschen auf seine Gnade vertrauen dürfen.

Sola fide – allein aus Glauben. Der Glaube ist die Antwort des Menschen auf die Gnadenbotschaft Gottes. Der Glaube ist Vertrauen auf Gottes Gnade. Im Glauben auf Gottes Gnade zu vertrauen, bedeutet zugleich zu erkennen: Es gibt keine Werke, keine guten Taten, mit denen Menschen sich die Gnade Gottes verdienen können. Und es gibt auch keine schlechten Taten, mit denen Menschen unwiderruflich aus Gottes Gnade herausfallen könnten. Der Glaube als Antwort des Menschen ist im Kern Vertrauen auf Gottes Gnade. Dies bedeutet aber nicht, dass der Glaube folgenlos für das Leben der Menschen wäre. Werke des Glaubens werden jedoch nicht getan, um Gott Genüge zu tun oder zu gefallen. Sie geben Empfangenes weiter und wenden sich dem Nächsten zu.

Sola scriptura – allein die Schrift. Wenn der Mensch sich die Gnade Gottes nicht verdienen kann, dann kann auch der Glaube selbst kein Werk des Menschen sein. Glaube entsteht, so hat es Luther beschrieben, aus dem Hören auf Gottes Wort. »Gehört« wird dieses Wort im Lesen der Heiligen Schrift, vor allem aber im Hören auf das weitergegebene, verkündigte Wort der Schrift. »Allein die Schrift« besagt, dass in diesem Wort alles für den Menschen zum Heil Notwendige gesagt ist, nämlich die Botschaft von der Gnade und Liebe Gottes. Und dass Gott selbst durch seinen Geist beim Hören dieser Worte Glauben weckt und erhält. Damit ist ausdrücklich kein wortwörtliches Fürwahrhalten aller Inhalte der Heiligen Schrift gemeint. Abgewehrt wird damit auch, dass es zum Heil ergänzender menschlicher Traditionen und Auslegungen oder auch direkter persönlicher Offenbarungen bedarf.

Solus Christus – allein Christus. Die Konzentration auf Christus war für Luther außerordentlich wichtig. »Allein Christus« war für ihn die Antwort auf die Frage: Wo erkenne ich, dass Gott ein gnädiger Gott ist? An und in Christus – in seinem Leben, in seinen Worten und Taten, in seinem Tod, in seiner Auferstehung und in seiner himmlischen Gegenwart – kann erkannt werden, dass Gott ein gnädiger Gott ist. Dies wird bezeugt im Alten und im Neuen Testament. Für

Luther war klar, dass auch das Alte Testament den gnädigen Gott verkündigt und darin auch Christus bezeugt. Um das *Solus Christus* richtig einordnen zu können, ist es nötig, sich das klar zu machen: Für Luther ist der Glaube nicht eine einmalig gewonnene Erkenntnis oder eine am biblischen Zeugnis orientierte Weltanschauung. Der Glaube ist immer wieder Erfahrungen ausgesetzt, die an der Gnade und Güte Gottes zweifeln lassen. Das *Solus Christus* beschreibt, dass Gott als der gnädige Gott nicht über eine allgemeine Welterfahrung erkannt werden kann. Glauben ist immer neu existentielles Ringen. Der Glaube ist im Grunde genommen permanent darauf angewiesen, »Gott neu zu entdecken«. Die Antwort darauf, wo und wie dies geschehen kann, heißt: Christus.

Wer sich dies so vor Augen führt, erkennt schnell, dass dieses vierfache Allein eben wirklich als *vierfaches* Allein verstanden werden muss. Es geht jeweils um spezifische Abgrenzungen, die dann gemeinsam eine Gesamtsicht auf das Verständnis des Evangeliums eröffnen.

Aus dem Verständnis, dass alle Menschen sich der Gnade Gottes verdanken, ergeben sich dann andere Grundgedanken der Reformation, die im kirchlichen Leben wirksam geworden sind. Weil der Glaube durch das Wort vermittelt wird, hat die Kommunikation dieses Wortes, an erster Stelle die Predigt, eine besondere Bedeutung bekommen. Weil alle Menschen in gleicher Weise auf Gottes Gnade angewiesen sind und allen Getauften in der Taufe die Verheißung von Gottes Gnade zuteil wird, deshalb kann es keinen besonderen geistlichen Stand geben, der über einen besonderen Habitus des Geistes verfügt. Es gilt das Priestertum aller Getauften. Alle sollen deshalb gebildet und befähigt sein, die Bibel zu lesen, um in geistlichen Fragen urteilen zu können. Das geistliche Amt ist ein Amt, zu dem die Gemeinde aufgrund bestimmter Fähigkeiten und Qualifikationen beruft. Weil der Glaube als Lebensantwort des Menschen verstanden wird, wird der Alltag, die Familie, der Beruf, das Gemeinwesen zum Ort, an dem der Glaube sich bewährt und bezeugt wird. Weiteres ließe sich jetzt hier anfügen. Ich will es dabei bewenden lassen und in einem dritten und letzten Abschnitt beschreiben, welche Perspektiven sich daraus für uns als Kirche heute in unserer gesellschaftlichen Situation ergeben.

3. Perspektiven

3.1 Kirche grundsätzlich

Eine Kirche, die sich von der Reformation her begreift, versteht sich als Kirche, die aus dem Wort Gottes heraus lebt, weil aus dem Wort Gottes heraus Glaube entsteht. Sie sieht deshalb in der Kommunikation des Evangeliums ihren Ursprung und ihren Auftrag. Kommunikation des Evangeliums heißt, die Botschaft von der Gnade Gottes, die sich in Christus erschließt und die allen Menschen gilt, in Wort und Tat zu bezeugen. Sie wird sich deshalb um eine gute Verkündigung dieses Wortes mühen – im Gottesdienst, im Unterricht, in der Seelsorge, in der Diakonie, im öffentlichen Diskurs. Sie sorgt sich darum, dass Menschen in persönlichen Lebenssituationen begleitet werden und dass sie in einer Gemeinschaft von Menschen Halt aneinander finden und miteinander den Glauben leben können. Weil ihre Botschaft eine Botschaft an und für alle Menschen ist, nimmt sie sich der Menschen an, die Hilfe und Unterstützung brauchen, und sie sorgt sich um gute und gerechte Lebensverhältnisse für alle Menschen in dieser Welt. Diese Kirche weiß sich von Gott berufen und beansprucht, das Evangelium in dieser Welt zu bezeugen. Sie weiß aber auch um ihre Grenzen. Sie weiß vor allem, dass das Entscheidende, nämlich, dass Menschen glauben, von ihr nicht machbar ist. Sie hält an ihrem Anspruch fest, dass das Evangelium allen Menschen gilt, egal, wie diese sich dazu verhalten. Sie ist und bleibt in diesem Sinn Volkskirche. Weil Kirche Menschen in ihrer Individualität akzeptiert und weiß, dass der Glaube nicht machbar ist, darf Kirche nicht auf eine Monopol- oder Machtstellung zielen. Aus innerer Überzeugung lebt und vertritt sie ihren Glauben in einer pluralen Gesellschaft als Option für ein sinnvolles und erfülltes Leben. Sie weiß dabei sehr wohl darum, dass es einer Kirche auch aufgegeben sein kann, in schwierigen Zeiten und unter schwierigen Bedingungen ihrem Auftrag treu zu bleiben.

3.2 Kirche – konkret

Wenn ich von diesen Gedanken aus unsere konkrete Lage – insbesondere in der EKHN – betrachte, dann sehe ich diese so: Wir werden kontinuierlich weniger. Dabei wirken sich die Kirchenaustritte aus, vor allem aber die demographische Entwicklung. Dies zeigt sich übrigens gut an der Mitgliederentwicklung in der Geschichte der EKHN. 1947 hatten wir 1,8 Millionen Kirchenmitglieder, die Zahl stieg an auf 2,4 Millionen im Jahr 1970. Heute haben wir 1,6 Millionen Kirchenmitglieder. Viele schauen mit Sorge auf diese Entwicklung, zumal sie begleitet ist von einem erlebten oder gefühlten Bedeutungsverlust. Manche reden sogar von einem Säkularisierungsschub. Immer wieder berichten Gemeinden davon, dass es zunehmend schwerer wird, die Menschen mit ihren individuellen Bedürfnissen zu erreichen. Viele klagen zudem über einen geringer werdenden Besuch in den normalen Sonntagsgottesdiensten. Es ist sicher wichtig, die eigene Arbeit kritisch zu reflektieren und darüber nachzudenken, was sich verbessern lässt. Trotzdem möchte ich – gerade angesichts der gesellschaftlich wirkenden Trends – davor warnen, dies als ein Ergebnis schlechter kirchlicher Arbeit zu verstehen. Was wir uns geistlich zu fragen haben, ist, ob wir mit unserer Arbeit dem Evangelium gerecht werden. Äußerer Erfolg und auch Misserfolg dürfen nicht geistliche Maßstäbe unserer Arbeit sein. Meines Erachtens geht es im

Moment besonders darum, ein vertieftes geistliches Verständnis unserer Arbeit zu gewinnen.

Um das Evangelium in dieser komplexen und vielfältigen Welt zu kommunizieren, haben wir in der EKHN den Weg gewählt, ein starkes Netz von Ortsgemeinden, die in Dekanaten als Kirche in der Region miteinander verbunden sind, zu ergänzen mit unterstützenden funktionalen Diensten in der Gesamtkirche, die zugleich auch in eigenständiger Weise für Präsenz des Evangeliums über die Gemeinden hinaus verantwortlich sind. Dies nimmt auf, was ich im ersten Teil als zweite Position charakterisiert habe.

Meine Einschätzung lautet: Wir sind jetzt nicht an einem Punkt, wo wir diese Form, wie wir als EKHN organisiert sind, grundlegend in Frage stellen müssten. Wir werden als Kirche kleiner. Voraussichtlich werden wir auch zukünftig über eine geringere Finanzkraft verfügen. Darauf müssen und können wir uns einstellen. Wir kommen deshalb nicht umhin, immer wieder – wie wir das auch bereits tun – unsere Organisationsformen anzupassen. Wir werden eine kleinere Großkirche sein. Das muss uns nicht schrecken. Das wird uns auch einiges abverlangen – vor allem bleibende Flexibilität und auch die Bereitschaft zu Veränderungen. Im geistlichen Sinn können wir aber auch wirklich mit Gelassenheit kleiner werden, solange wir uns an unserem Auftrag orientieren. Diese Grundorientierung am Auftrag, nämlich das Evangelium zu kommunizieren, ist für uns unaufgebbar. Die Form und auch die Organisationsform, in der wir das tun, sind veränderbar und wandelbar. Dies ist eine ganz wichtige Erkenntnis der Reformation. Es sollte uns auch von daher nicht mit Sorge erfüllen, dass wir kleiner werden. In Unruhe sollte uns allerdings immer die Frage halten, ob wir das Evangelium angemessen verkündigen und in dieser Gesellschaft präsent halten. Wenn es eine Krise unserer Kirche gibt, dann ist es die, dass manches mitunter losgelöst vom Ringen um diese Frage geschieht oder so erlebt wird. Unter dieser Gefahr stehen auch unsere Strukturdebatten. Einige wenige Punkte mögen Ihnen den notwendigen Zusammenhang von Inhalten und Strukturfragen verdeutlichen. Ich sehe sie als zentrale Herausforderungen für die kommenden Jahre. Um das Evangelium in dieser Welt überzeugender zu leben, ist es nötig, das Miteinander von Kirche und Diakonie zu stärken. Im Rahmen der nötigen funktionalen Differenzierung und Professionalisierung muss erkennbar sein, wie uns insbesondere die Menschen am Herzen liegen, die in Not sind oder an den Rand der Gesellschaft geraten sind.

Um das Evangelium in dieser Welt überzeugender präsent zu halten, ist es nötig, den Fragen der religiösen Sozialisation mehr Aufmerksamkeit zu schenken. Je weniger selbstverständlich es ist, dass Eltern ihre Kinder in ihrer religiösen Entwicklung anregen und begleiten, umso wichtiger ist es, genau das zu thematisieren und Ideen und Rituale anzubieten. Unseren Kindertagesstätten kommt dabei eine besondere Bedeutung zu, aber auch dem Religionsunterricht und der Konfirmandenarbeit und der Arbeit mit Kindern und Jugendlichen. Nicht zu vergessen die Evangelische Hochschule, die junge Menschen für pädagogische Berufe qualifiziert, und die medialen Angebote, die das Evangelium in die säkulare Öffentlichkeit tragen.

Um das Evangelium in dieser Welt überzeugender präsent zu halten, ist es nötig, dass Gemeinden stärker und vernetzter miteinander arbeiten, um mit den eigenen Kräften besser hauszuhalten und in einem solidarischen Miteinander die uns anvertrauten Gaben zu nutzen. Dabei geht es nicht darum, Mangel zu verwalten, sondern eine Haltung zu gewinnen, in der aus Überzeugung miteinander gearbeitet wird. Dazu gehört, die kirchlichen Berufe und das Zusammenspiel von Hauptamtlichkeit und Ehrenamtlichkeit im Sinne eines kooperativen Miteinanders zu fördern.

Um das Evangelium überzeugender als lebensorientierende Option präsent zu halten, ist es nötig, Pfarrerinnen und Pfarrer in ihrer Grundfunktion der öffentlichen Verkündigung des Evangeliums zu stärken. Damit meine ich nicht nur den Gottesdienst, sondern die ganze Bandbreite der Verkündigung von den Zeitungsandachten bis hin zur Präsenz in den Sozialen Medien. Eine besondere Herausforderung der nächsten Jahre wird es sein, sich mit der Digitalisierung auseinanderzusetzen. Das gilt in doppelter Hinsicht: Wer das Evangelium in dieser Welt präsent halten will, muss das natürlich auch mit den Möglichkeiten der digitalen Kommunikation tun. Wir müssen fragen, ob wir dies entschieden genug und auch mit den entsprechenden Ressourcen tun. Zugleich geht es aber auch darum, die gesellschaftlichen Entwicklungen durch die Digitalisierung konstruktiv-kritisch zu begleiten. Die Frage wird sein: Entstehen neue, letztlich menschenfeindliche Abhängigkeiten oder werden die Chancen der Digitalisierung so genutzt, dass diese Welt freier, sozialer und gerechter wird. Die Effekte der digitalen Transformation mit Stichwörter wie Big Data, Künstlicher Intelligenz und Robotik werden sich auch auf kirchliches Leben und Handeln auswirken. Die Frage heißt: Wie können wir diese Entwicklung menschen- und kirchengemäß gestalten?

Einen letzten Punkt möchte ich noch ansprechen. Wir sind uns sicher darin einig, dass wir als Kirche keine Organisation wie irgendeine vergleichbare sind. Aber als Kirche sind wir auch Organisation. Und das bedeutet auch: Wir haben und brauchen auf allen Ebenen eine gut funktionierende Verwaltung. Weil das auch immer wieder kritisch betrachtet wird, will ich daran erinnern: Verwaltung sichert Stabilität und ist ein wesentliches Instrument, um Kirche als solidarische Gemeinschaft zu leben. Verwaltung organisiert demokratische Entscheidungsprozesse. Dazu gehört auch die gemeinsame Leitung unserer Kirche durch Ehrenamtliche und Hauptamtliche. In reformatorischer Perspektive lässt ich sagen, dass damit das allgemeine Priestertum Leitungsprinzip unserer Kirche ist. Das gilt es weiter zu pflegen und zu entwickeln – orientiert an dem gemeinsamen Ziel der Kommunikation des Evangeliums.

3.3 Ökumene und Religionen

Ich bin sehr froh darüber, dass es bisher gelungen ist, dieses fünfhundertste Gedenkjahr der Reformation ökumenisch zu gestalten. Der Reformationsgottesdienst mit Papst Franziskus im vergangenen Jahr in Lund, der Besuch einer Delegation des Rates der EKD im Februar bei Papst Franziskus, der Versöhnungsgottesdienst in Hildesheim am 6. März waren starke ökumenische Signale. Signale, dass wir als Konfessionen, die so in der Folge der Reformation neben- und oft auch gegeneinanderstanden, das Verbindende suchen. Es ist gut, dass mittlerweile gesagt werden kann: Uns verbindet mehr, als uns trennt. Uns verbindet vor allem das Wissen darum, durch die Taufe mit Christus verbunden zu sein und so in Christus eins zu sein. Längst wurde festgehalten, dass die alten Lehrverurteilungen im Verständnis der Rechtfertigung heute nicht mehr zutreffend sind. Es ist mittlerweile auch deutlich, dass im Hinblick auf das unterschiedliche Verständnis der Gegenwart Christi im Abendmahl viel Übereinstimmendes gesagt werden kann. Die entscheidenden Unterschiede gibt es im Kirchenverständnis und dem damit eng verbundenen Amtsverständnis. In vielen Gesprächen ist erkennbar, dass Gemeinschaft miteinander, die auch die gemeinsame Feier des Abendmahls einschließt, nicht bedeutet, organisatorisch eine Kirche zu werden. Aus meiner Sicht braucht es eine Verständigung darüber, ob aus katholischer Sicht auch ein Verständnis von Einheit in Verschiedenheit oder mit Unterschieden möglich ist. Und umgekehrt müssen wir als Evangelische sagen, was bei aller Verschiedenheit für uns Einheit bedeutet. Auf jeden Fall geht es darum, gerade in der Orientierung am *Solus Christus* der Reformation, die ökumenische Gemeinschaft zu pflegen und zu vertiefen.

Meines Erachtens öffnet das *Solus Christus* der Reformation auch einen guten Weg, das Verhältnis zu den Religionen zu bestimmen. Das mag zunächst als Widerspruch erscheinen. Ist es aber nicht. Es ist dann ein Widerspruch, wenn das *Solus Christus* als Exklusivformel verstanden wird, die alle anderen, die nicht an Christus glauben vom Heil ausschließt. Ein solch abgrenzendes Verständnis ist auch bei Luther erkennbar. Gleichwohl lässt sich gerade an dieser Stelle Luther auch mit Luther kritisieren. *Solus Christus* ist die Antwort für den Christenmenschen auf die Frage: Wo ist Gott? Und: Wo finde ich Heil? Wer so auf Christus schaut, erfährt aber auch: Gott will das Heil aller Menschen. Im Hinblick auf das Judentum lässt sich von Christus aus sagen: In ihm erkennt ein Christenmensch Gottes besonderen Weg mit seinem Volk. Insofern schließt das Bekenntnis zu Christus, so wie es in der Erweiterung unseres Grundartikels gesagt ist, das Bekenntnis zur bleibenden Erwählung Israels ein. Wie ist es aber im Hinblick auf die anderen Religionen? Von Christus aus lässt sich zumindest dies sagen: Gott will das Heil aller Menschen – auch derjenigen, die sich nicht zu Christus bekennen. Wie Gott dies macht und warum Gott den Religionen gewissermaßen das ihre lässt, können wir nicht sagen. Deshalb dürfen wir von

Christus aus nicht sagen, dass der Weg der anderen Religionen ein Weg des Unheils ist. Insofern geht es darum, den eigenen Glauben an Christus zu leben und zu bezeugen – dazu gehört für mich, dass wir für Religionsfreiheit und ein friedliches Miteinander einstehen. Deshalb gehört es meines Erachtens zu den Grundherausforderungen einer Kirche in einer religiös pluralen Gesellschaft, den Dialog der Religionen zu suchen und zu fördern.

3.4 Kirche in der Gesellschaft

Was bringt eine Kirche, die das Evangelium lebt, in eine Gesellschaft ein? Manches habe ich bereits angedeutet. Zunächst ist noch einmal grundsätzlich zu sagen: Sie überlässt die Gesellschaft nicht sich selbst. Durch das Evangelium werden Menschen zum Leben gestärkt und auf den Weg der Sorge und Fürsorge füreinander gebracht. Dazu gehören auch die Lebensbedingungen. In diesem Sinn kann die Kirche gar nicht anders als auch politisch zu handeln. Zu den reformatorischen Grundgedanken gehört, dass politische Fragen nicht religiös entschieden werden. Klar war aber auch, dass diejenigen, die politisch zu entscheiden hatten, die Fürsten, immer an ihre Verantwortung vor Gott erinnert wurden. Wenn sich die Kirche in einem weltanschaulich neutralen Staat äußert, kann und darf sie nicht bei denjenigen, die politisch zu entscheiden haben, Glauben voraussetzen oder gar einfordern. Was die Kirche allerdings tun kann und auch tun muss, ist, ihre Sicht hörbar in der Gesellschaft zu vertreten. Sie kann damit zur politischen Urteilsbildung und zur Entscheidungsfindung beitragen. Kirche und Diakonie tun sicher gut daran, sich nicht zu allen tagespolitischen Fragen zu äußern. Das tun sie manchen Unkenrufen zum Trotz auch nicht. Sie meldet sich dann zu Wort, wenn ihre Themen, ihr Handeln und ihre Kompetenz angesprochen sind. Kirche und Diakonie sind in diesem Sinne besonders gefordert, wenn es um grundsätzliche Fragen des Menschenbildes und des Lebens geht. Die Reformation hat die Grundaussage des Evangeliums fokussiert, dass alle Menschen nicht aus dem heraus leben, was sie sich selbst erarbeiten, sondern aus dem heraus, was sie empfangen. Das ist hier ein leitendes Prinzip. Kirche und Diakonie nehmen dabei die Welt als dem Menschen anvertraute Schöpfung mit ihren begrenzten Ressourcen in den Blick. Und sie fordern Teilhabegerechtigkeit für alle Menschen. Vor allem halten sie in einer leistungsorientierten Gesellschaft ein Menschenbild präsent, das die Würde und den Wert eines Menschen nicht über seine Leistungsfähigkeit und seine Leistungen definiert. Aus der Perspektive des Evangeliums wissen sich die Kirche und die Diakonie deshalb besonders den Schwachen verpflichtet. Sie treten allen denen entgegen, die in irgendeiner Form eine unterschiedliche Wertigkeit von Menschen aufgrund ihrer Abstammung, Herkunft, ihres Geschlechts, ihrer sexuellen Orientierung, ihres Glaubens oder ihrer Weltanschauung behaupten. Orientierung am Evangelium ist die Orientierung am Wohl aller Menschen und der permanente Widerspruch gegen die grundlegende Gefährdung des Menschen, der dazu neigt, die Welt über sich selbst und die eigenen Ansprüche und Vorstellungen in Abgrenzung gegen andere zu definieren. Diese Perspektive des Evangeliums ist eine weltweite Perspektive. Darin erscheint die Globalisierung als die große Herausforderung zu weltweiter Solidarität, Gerechtigkeit und Frieden.

Zurzeit erfüllt es viele Menschen in unserer Kirche mit großer Sorge, dass neue Formen des Nationalismus, die oft mit Diskriminierung und Rassismus einhergehen, offenbar politisch an Bedeutung gewinnen. Immer wieder erreichen die Kirchenleitung Fragen, wie sich unsere Kirche gegenüber der AfD positioniert. Grundsätzlich gilt: Jede Christin und jeder Christ ist persönlich gefordert, alle politischen Parteien zu prüfen, insbesondere darauf, ob Positionen vertreten werden, die dem Anspruch des Evangeliums entgegenstehen. Das ist zum Beispiel die Frage nach dem Menschenbild, wie ich es gerade beschrieben habe. Aus den Reihen der AfD sind immer wieder Positionen zu hören, die ich für unvereinbar mit dem christlichen Menschenbild halte. In der politischen Programmatik sind im gerade verabschiedeten Wahlkampfprogramm die Positionen gegenüber dem Islam aus christlicher, aber meines Erachtens auch aus verfassungsrechtlicher Sicht nicht vertretbar. Immer wieder wird gefragt: Wie ist mit AfD-Mitgliedern oder Unterstützerinnen und Unterstützern dieser Partei umzugehen, die hauptamtlich oder ehrenamtlich in der Kirche arbeiten? Unsere Linie heißt bisher: Selbstverständlich sind weder Arbeitsvertrag noch Kirchenmitgliedschaft an ein bestimmtes Parteibuch gebunden. Aber: Das Gespräch muss gesucht werden, wo christliche Grundorientierungen verletzt werden. Grenzen sind meines Erachtens deshalb dann zu ziehen, wenn solche Personen selbst aktiv menschenverachtend und diskriminierend reden oder sogar agieren.

Einen weiteren konkreten Punkt möchte ich anfügen, der ebenfalls vielen Menschen in unserer Kirche Sorgen macht – vor allem denen, die sich aktiv in der Hilfe für Flüchtlinge engagieren. In der Angst, rechtspopulistische Kräfte könnten weiter gestärkt werden, sind restriktivere Tendenzen in der Flüchtlingspolitik zu erkennen. Ja, es ist nötig, Flüchtlingspolitik gut und verantwortlich zu gestalten, um Chaos zu vermeiden und die gesellschaftliche Integrationskraft nicht über ein vertretbares Maß hinaus zu strapazieren. Dazu ist es nach wie vor nötig, legale Zuwanderungsmöglichkeiten zu schaffen. Es ist nach wie vor nötig, die Flüchtlingsaufnahme in europäischer Kontrolle und Solidarität zu gestalten. Sehr schwierig ist es, wenn unter dem Druck des Nicht-Gelingens einzelne Menschen und Menschengruppen leiden. Ich freue mich deshalb, dass diese Synode sich mit einer Resolution beschäftigen wird, die eine »Rückkehr zu einer konstruktiven Integration von Asylsuchenden« verlangt. Zentrale Punkte dieser Resolution sind die Forderung, Abschiebungen nach Afghanistan zu beenden und Familienzusammenführung zu ermöglichen. Völlig inakzeptabel sind

Glaubensprüfungen seitens der staatlichen Behörden bei Asylbewerberinnen und Asylbewerbern, die sich hier haben taufen lassen. Ich danke allen, die sich in unseren Gemeinden und Einrichtungen nach wie vor in der Flüchtlingshilfe engagieren. Und ich danke besonders auch denen, die in begrenzten Ausnahmefällen – und es sind wirklich nur solche – den schwierigen Weg eines Kirchenasyls gehen.

Vielleicht ist es in diesem Jubiläumsjahr der Reformation unser besonderer Auftrag, in einer »nervösen« Gesellschaft die Kraft des Gottvertrauens zu bezeugen, das sich nicht in Angst und Schrecken versetzen lässt und den Blick für Respekt und ein gutes Miteinander wahrt.

Sehr geehrte Synode, liebe Schwestern und Brüder, ich danke Ihnen sehr für Ihre Aufmerksamkeit für den diesjährigen Bericht.

Ich bin überzeugt: Das Reformationsjubiläum 2017 ist nicht die letzte große Party des reformatorischen Protestantismus, der dann der Abgesang folgt, wie manche meinen. Der Grund: Weil gilt, was Martin Luther so gesagt hat: »Denn wir sind es ja nicht, die die Kirche erhalten könnten, unsere Vorfahren sind es nicht gewesen, unsere Nachkommen werden es auch nicht sein, sondern der ist es gewesen, ist es noch und wird es sein, der da spricht: ›Ich bin bei euch bis an das Ende der Welt.‹ (Mt 28,20)«.[5]

---

[5] WA 50, 476.

»Was ist der Mensch, dass du seiner gedenkst, und des Menschen Kind, dass du dich seiner annimmst? Du hast ihn wenig niedriger gemacht als Gott, mit Ehre und Herrlichkeit hast du ihn gekrönt.«

Psalm 8,5–6 [2018] – Digitalisierung

Sehr geehrter Herr Präses, hohe Synode, liebe Schwestern und Brüder!

»Die digitale Revolution ist keine Frage, die man bejaht oder verneint, sie findet statt. Und sie ist noch wirkmächtiger als die industrielle Revolution des 19. Jahrhunderts – vor allem ist sie sehr viel schneller. Ihre Geschwindigkeit ist atemberaubend.«[1] Das hat Bundespräsident Frank-Walter Steinmeier in einem Interview am Anfang dieses Jahres gesagt. Er hat damit die Digitalisierung als etwas beschrieben, was unser Leben grundlegend verändert.

Für die allermeisten Menschen hat die Digitalisierung bisher die Kommunikation verändert. Smartphones sind nicht nur Telefone, sie sind enorm leistungsfähige Computer im Taschenformat, die diejenigen, die sie nutzen, mit der ganzen Welt verbinden. E-Mails können permanent abgerufen und bearbeitet werden. WhatsApp wird zum ständigen Austausch in der Familie oder unter Bekannten genutzt. Viele sind in sozialen Netzwerken präsent oder schicken Twitter-Nachrichten in die Welt.

Digitalisierung ist aber weit mehr als Veränderung der Kommunikation. Digitale Technologie durchdringt nahezu alle Lebensbereiche. Sie verändert die Lebens- und die Arbeitswelt. Arbeit und Industrie 4.0, Internet der Dinge, Smart Home und Smart City, autonomes Fahren sind nur ein paar Stichwörter aus diesem Zusammenhang. Große Veränderungen werden für die Bereiche Medizin und Pflege prognostiziert.

Im Koalitionsvertrag der neuen Bundesregierung kommt das Wort Digitalisierung 99-mal vor. Im weltweiten Vergleich wird Nachholbedarf bei der digitalen Entwicklung gesehen. Allein für den Bereich Schulen ist ein »Digitalpakt Schule mit 5 Milliarden in fünf Jahren für starke Digital-Infrastruktur an allen Schulen,

---

[1] Focus vom 13.01.2018, 43.

gemeinsame Cloud-Lösung für Schulen und Qualifizierung der Lehrkräfte«[2] geplant.

Die Veränderungen durch die Digitalisierung sind in der Tat gewaltig. Dabei ist nicht die Politik die treibende Kraft, sondern die Entwicklung der digitalen Technologie. Digitalisierung verändert aber nicht nur die »Werkzeuge«, mit denen Menschen kommunizieren und die Welt gestalten. Digitalisierung verändert die Kultur – die kommunikative, die ökonomische, die politische und nicht zuletzt auch die religiöse und kirchliche Kultur.

Mein diesjähriger Bericht nimmt die Digitalisierung und die damit verbundenen Veränderungen in den Blick. Digitalisierung, auch darüber sind sich viele einig, ist ein Mega-Thema. Deshalb frage ich danach, was Digitalisierung für uns als Kirche bedeutet – in der Kommunikation und in der Organisation, aber vor allem auch in theologischer und ethischer Perspektive. Der Bericht hat drei Teile:
1. Dynamik der Veränderung
2. Theologische Perspektiven
3. Kirche und Digitalisierung

1. Dynamik der Veränderung

Die Dynamik der Veränderung hat einen Ursprungsort. Es ist das Silicon Valley – jener Landstrich an der Westküste der Vereinigten Staaten in der Nähe von San Francisco. Im Silicon Valley haben die großen Firmen Apple, Google und Facebook ihren Sitz. Geschätzt etwa dreißigtausend sogenannte Start-Ups arbeiten daran, ihre Ideen in Produkte umzusetzen. Die traditionsreiche Stanford-Universität ist eine Kaderschmiede der Innovation.

Ein Ursprung der Mentalität und auch der heutigen Entwicklung liegt in dem, was dort in den sechziger Jahren des vergangenen Jahrhunderts begann, als viele junge Menschen nach Freiheit, Emanzipation, Gerechtigkeit und Frieden suchten. Einige davon arbeiteten daran, wie die neu entstehende Computertechnologie für möglichst viele Menschen nutzbar gemacht werden konnte. Dazu gehörten unter anderem Bill Gates und Steve Jobs. Der gemeinsame Gegner hieß damals IBM. IBM war in Sachen Computer marktbeherrschend, dachte allerdings zunächst primär in der Kategorie von Großcomputern. Angeblich – so heißt es – soll Thomas Whatson von IBM 1943 gesagt haben, dass die Welt mit etwa fünf großen Computern ausreichend bestückt sei. Im Silicon Valley gab es so etwas wie eine antimonopolistische Gegenbewegung. Diese wiederum wurde ja auch dann von IBM mit der Produktion von PCs beantwortet. Sehr bald war allerdings auch den Idealisten im Silicon Valley, die anfangs ihre Ideen und ihre Software in

---

[2]   Koalitionsvertrag: https://www.bundesregierung.de/Content/DE/_Anlagen/2018/03/ 2018-03-14-koalitionsvertrag.pdf, abgerufen am 22.04.2018, 11.

Computer-Clubs miteinander teilten, klar, dass damit Geld verdient werden kann. Die Geschichte ist dann im Einzelnen sehr spannend. Hier will ich mich aber schlicht damit begnügen, an die Ideale des Anfangs zu erinnern. Denn – das ist der Grund für diese Reminiszenz – sie sind durchaus noch wirksam. Sie sind längst eingebettet in knallharte Ökonomie mit Monopolisierungsansprüchen. Was entwickelt wurde, war höchst einträglich. Bill Gates wurde mit Microsoft zum reichsten Menschen unserer Zeit. Und auch Steve Jobs war mit Apple kaum weniger erfolgreich.

Um Digitalisierung zu verstehen, halte ich es für wichtig, sich klarzumachen: Hinter der Entwicklungsdynamik, die natürlich längst nicht mehr nur im Silicon Valley zu finden ist, stecken Ideale, die Welt verbessern zu wollen. Das ist plakativ etwa erkennbar im Motto von Google: »Don't be evil!« (»Sei nicht böse!«). Natürlich gab es darauf zu Recht immer einen kritischen Blick von außen. Auch im Unternehmen selbst gab und gibt es immer wieder Debatten darüber, ob dies nicht zu naiv sei. Ich halte trotzdem fest: Es gibt eine Grundmotivation, Produkte zu entwickeln, die nützlich für Menschen sind und deshalb das Leben und die Welt verbessern.

Darüber, ob das Nützliche die Welt verbessert, lässt sich selbstverständlich streiten. Im Silicon Valley grenzen sich jedenfalls viele von den Investmentbankern an der Ostküste ab: »Wir verdienen nicht Geld mit Geld, sondern mit Nützlichem.« Das ist das Selbstverständnis. Deshalb wird bei der Entwicklung neuer Produkte sehr konsequent »nutzerorientiert« gedacht. Das ist gepaart mit der Bereitschaft, Gewohntes infrage zu stellen und nach immer neuen Ideen und anderen Wegen zu suchen. Wer ein wenig in die Gedankenwelt des Silicon Valley eintaucht, erfährt schnell: Da sind viele bereit, immer wieder Neues zu probieren. Dazu gehört, dass es nicht als Schande verstanden wird zu scheitern. Wer scheitert, muss sagen können: »Dies oder jenes habe ich gelernt. Das mache ich beim nächsten Mal besser. Ich fange etwas Neues an.« Ich hatte im vergangenen Jahr die Gelegenheit, bei einer kleinen Studienreise ins Silicon Valley einen Eindruck davon zu bekommen, wie dort gedacht und gearbeitet wird. Mir ging es dabei wie vielen, die zurzeit ähnliche Reisen unternehmen. Das Denken und die Arbeitsweise sind kraftvoll und inspirierend. Und es ist auch zu erkennen, dass so vieles entsteht und weiter entstehen wird, was unser Leben verändert – schlichtweg, weil es nützlich ist und Menschen hilft. Das ging mir besonders so, als ein junges Start-Up ein System vorstellte, mit dem eine Wohnung komplett überwacht werden kann. Zielgruppe: Ältere Menschen, die nicht in ein Seniorenheim möchten, sondern gerne in ihrer Wohnung bleiben wollen. Überwachungskameras sind mit einem System Künstlicher Intelligenz gekoppelt. Daten werden nur nach außen gegeben, wenn die Person selbst die Daten nach außen sendet oder das System einen Notfall erkennt. Ich habe hier zwei Dinge gespürt: Ich war fasziniert und zugleich tief verunsichert. Das halte ich für symptomatisch – nicht nur für ähnliche Installationen. Ich halte es für symptomatisch für das, was viele Menschen angesichts der Digitalisierung erleben: Faszination und Verunsicherung. Sicher ist es so, dass es hier auch generationsspezifische Abstufungen gibt. Ich beobachte: Viele junge Menschen, für die sich ja mittlerweile der Begriff »digital natives« eingebürgert hat, gehen mit deutlich weniger Verunsicherung in die digitale Zukunft.

Ich halte fest: Die Dynamik der Veränderung speist sich aus Ideen der Weltveränderung und Weltverbesserung. Sie hat aber längst auch eine enorme ökonomische Antriebskraft. Und sie wird gerade noch einmal beschleunigt durch die technologische Entwicklung. Die Rechnerkapazitäten wachsen exponentiell. Es ist möglich, sehr, sehr große Datenmengen zu verarbeiten. Dadurch war es in den letzten Jahren möglich, die sogenannte Künstliche Intelligenz mit großer Schubkraft weiterzuentwickeln. Der qualitative Unterschied besteht darin, dass Systeme, die über Künstliche Intelligenz gesteuert werden, nicht nur das tun, was ihnen vorher »einprogrammiert« wurde. KI-Systeme, so die Abkürzung, können sich selbstlernend weiterentwickeln. Dazu gleich noch etwas mehr.

2. Theologische Perspektiven

Der israelische Historiker Yuval Noah Harari hat in einem viel beachteten und diskutierten Buch ein Zukunftsszenario entworfen. Die Menschen sind dabei, so Harari, mit digitaler Technologie wesentliche Fragen zu lösen und damit tiefe menschliche Sehnsüchte zu erfüllen: Alle Menschen werden glücklich, der Tod wird besiegt. Und schließlich: Aus Menschen werden Götter. Der *homo sapiens*, der wissende, verstehende Mensch wird zum *homo deus*, dem göttlichen Menschen. Deshalb heißt sein Buch »Homo Deus. Eine Geschichte von Morgen«.[3] Was Harari darunter versteht, dass aus Menschen Götter werden, beschreibt er so: »Die gesamte Geschichte hindurch sprach man den meisten Göttern nicht Omnipotenz, sondern eher ganz bestimmte übermenschliche Fähigkeiten zu: etwa Lebewesen zu formen und zu schaffen, den eigenen Körper zu verändern, die Umwelt und das Wetter zu steuern, Gedanken zu lesen und aus der Ferne zu kommunizieren, mit hoher Geschwindigkeit unterwegs zu sein und natürlich dem Tod zu entgehen und ewig zu leben. Die Menschen sind gerade eifrig dabei, diese Fähigkeiten zu erlangen und noch ein paar mehr.«[4] Die Menschen werden nach Harari nicht Gott – im Sinn eines allmächtigen Gottes. Sie werden aber Menschen mit göttlichen Fähigkeiten. Dies geschieht nicht nur, indem Menschen digitale Technologie nutzen. Es geschieht auch dadurch, dass Menschen technologisch verändert werden. Wie? Durch Biotechnologie, die ihrerseits digital

---

[3] Yuval Noah Harari, Homo Deus. Eine Geschichte von Morgen, München 2017.

[4] A. a. O., 69 f.

weiterentwickelt wird. Oder aber durch die Verbindung des Menschen mit Maschinen (Stichwort: Cyborgs).

Dass damit viele theologische und ethische Fragen verbunden sind, liegt auf der Hand. Allerdings hält Harari die religiöse Überlieferung in diesen Fragen für – um es freundlich zu sagen – inkompetent.

Ich zitiere Harari: »Was wird mit dem Arbeitsmarkt passieren, wenn künstliche Intelligenz einmal die Menschen bei den meisten kognitiven Aufgaben übertrifft? Welche politischen Auswirkungen wird eine massenhafte neue Klasse von nutzlosen Menschen haben? Was wird mit den Beziehungen, den Familien und den Rentenkassen passieren, wenn Nanotechnologie und regenerative Medizin 80 zum neuen 50 machen? Was wird mit der Gesellschaft geschehen, wenn die Biotechnologie uns in die Lage versetzt, Designerbabys zu bekommen und für eine beispiellose Kluft zwischen Reich und Arm zu sorgen? Die Antworten auf diese Fragen wird man nicht im Koran oder in der Scharia, nicht in der Bibel oder den Analekten des Konfuzius finden, denn im Mittleren Osten des Mittelalters und im alten China wusste niemand etwas von Computern, Genetik oder Nanotechnologie.«[5]

In Hararis Zukunftsbeschreibung haben die traditionellen Religionen abgewirtschaftet. An ihre Stelle tritt eine neue Datenreligion. Selbst wer Hararis Grundannahmen, wie zum Beispiel seinem Verständnis von Religion, und seinen Prognosen im Einzelnen nicht folgen kann, sollte sich herausgefordert sehen. Darum geht es ihm. Mit seinem Buch fordert Harari heraus, sich mit dem, was durch die Digitalisierung geschieht, intensiv auseinanderzusetzen. Denn die Dynamik und Geschwindigkeit der Veränderung bringt es mit sich, dass vieles geschieht, und zwar ohne vorherige Debatten und Entscheidungen. Gleichwohl ist es wichtig, dies nicht nur geschehen zu lassen, sondern auch bewusst gestaltend zu agieren.

Dazu ist es allerdings nötig zu erkennen und zu entscheiden, was gut ist und was nicht. Harari hat recht, wenn er sagt, dass uns für viele Fragen die religiöse Überlieferung keine unmittelbare Handlungsanleitung gibt. Er hat nicht recht, wenn er denkt, religiöse Überlieferung habe keine Substanz, die hilft, diese Welt und das Leben zu deuten, zu verstehen und so Menschen zu orientieren. Als Christinnen und Christen lesen und hören wir biblische Texte so, dass wir uns hineinziehen lassen in ein Grundverständnis Gottes, der Welt, des Lebens und der Menschen. In ein Grundverständnis, wie es sich in der Geschichte des Volkes Gottes, der Geschichte des Jesus von Nazareth und der ersten Gemeinden gezeigt hat. Wir verbinden damit die Hoffnung, dass die Offenbarung Gottes, die dort geschehen ist, uns auch heute, in veränderten gesellschaftlichen Bedingungen und Herausforderungen, erreicht. Nicht so, dass wir einfache Handlungsanweisungen in den alten Texten suchen. Wir erwarten, dass wir durch die alten Texte

[5] A.a.O., 365.

hindurch, von Gottes Geist geleitet, in dieser, unserer Zeit erkennen, was Gottes Weg des Lebens für uns ist. Immer und zu allen Zeiten hat sich menschliches Leben und Zusammenleben durch neue Technik, die Menschen geschaffen haben, weiterentwickelt. Und immer und zu allen Zeiten, war das, was entwickelt wurde, nicht einfach an sich gut oder böse. Entscheidend war, wie es Menschen genutzt haben. Die Bibel beschreibt nicht, wie Kain seinen Bruder Abel erschlagen hat: ob mit einem Stein oder einem Stock oder einfach mit seinen Händen. Ein Stein, ein Stock, die eigenen Hände sind sehr nützlich, aber sie können auch zur Waffe werden. Digitalisierung eröffnet großartige Möglichkeiten, sie kann aber auch von Menschen in verhängnisvoller Weise genutzt werden.

Ich finde eine Unterscheidung von Wolfgang Huber sehr hilfreich. Angesichts neuer Möglichkeiten gibt es auf der einen Seite Apokalyptiker. Das sind diejenigen, die meinen, mit der neuen Technologie geht die Menschheit ihrem Untergang und die Welt ihrem Ende entgegen. Auf der anderen Seite stehen Euphoriker. Das sind diejenigen, die meinen, die neuen Entwicklungen schaffen paradiesische Zustände auf Erden. Im Silicon Valley sind in der Tat eher Euphoriker zu treffen. Larry Page, einer der Gründer von Google, hat in seinem Büro eine Liste mit den zehn wichtigsten Problemen der Menschheit, die er nach und nach alle lösen will. Es wäre nun allerdings auch jetzt völlig falsch zu meinen, dass die Apokalyptiker eher in Deutschland zu finden sind. Apokalyptiker und Euphoriker, so Wolfgang Huber, eint in der Regel eins. Sie denken meistens in einem sehr klaren »Entweder – Oder« bzw. »Alles oder Nichts«. Natürlich gibt es auch eine Position dazwischen. Das sind die Pragmatiker. Und die gibt es bestimmt in unterschiedlichen Akzentuierungen.[6]

Ich plädiere für eine pragmatische Auseinandersetzung mit der Digitalisierung. Pragmatisch heißt hier für mich, nicht nur nach dem zu fragen, was Menschen praktisch nutzt. Es heißt für mich auch und vor allem, danach zu fragen, was Menschen gut tut und dem Leben dient. Dazu gehört, sich, in all den digitalen Möglichkeiten von neuem klar und bewusst zu machen, was und wer der Mensch ist. Ich habe diesem Bericht deshalb einen Bibelvers vorangestellt, der hineinführt in ein grundlegendes Verständnis dessen, was den Menschen ausmacht. »Was ist der Mensch, dass du seiner gedenkst, und des Menschen Kind, dass du dich seiner annimmst? Du hast ihn wenig niedriger gemacht als Gott, mit Ehre und Herrlichkeit hast du ihn gekrönt.« (Psalm 8,5–6)

Der Mensch wird in der Bibel nicht aus sich selbst heraus verstanden, sondern von Gott her.[7] Menschen sind Geschöpfe und nicht Schöpfer des Lebens. Sie sind von Gott in außerordentlicher Weise gewürdigt: »wenig niedriger gemacht als Gott!« Das heißt: Sie haben Gaben und Fähigkeiten, um die Welt, die ihnen anvertraut ist, mit Gott zu gestalten. Sie haben den Auftrag, die Welt zu bebauen

---

[6] WOLFGANG HUBER, Mensch und Maschine in der Arbeit 4.0, in: FAZ vom 22.04.2016.

[7] S. hierzu ERICH ZENGER, Psalmen. Auslegungen. Bd. 1, Freiburg 2003, 201–211.

und zu bewahren. Damit ist verbunden, die gestalterischen Kräfte zu nutzen. Dazu gehören Forschung und Technik. Dazu gehört auch, Lebensverhältnisse zu verbessern, und zwar so, dass diese Welt friedlicher und gerechter wird. Zugleich erleben die Menschen an sich selbst, dass ihre Lebenszeit begrenzt ist und dass Menschen nicht nur Gutes hervorbringen. Menschen überheben und überschätzen sich immer wieder, stellen eigene Interessen über andere und gegen andere. Im Psalm wird gerade darüber gestaunt, dass Gott diese begrenzten und verführbaren Geschöpfe nicht fallen lässt, sondern sich ihrer annimmt. So liegt auch gerade in dieser Begrenztheit in und mit all ihren Spannungen ihre Würde.

Harari hat natürlich recht: Menschen sehnen sich nach Glück, und sie sehnen sich danach, dass der Tod besiegt wird. Die biblische Botschaft zeigt aber auch: Das können Menschen nicht aus eigener Kraft. Es ist vielmehr so, dass menschliche Versuche, dies zu realisieren, nicht den Himmel auf die Erde holen, sondern die Erde zur Hölle machen. Die biblische Botschaft legt nahe, Grenzen und Begrenztheit zu erkennen. Das ist verbunden mit der Botschaft: Der Tod ist besiegt, und damit ist die Hoffnung auf ewiges Glück verbunden. Das ist aber gerade nicht die Verlängerung und Ausschmückung dieses Lebens. Es ist aber der Auftrag, in der Hoffnung des Glaubens diese Welt so zu gestalten, dass dies dem Leben dient, und zwar dem Leben aller Menschen – auch dem Leben der Menschen, die nach uns kommen werden. Dies bedeutet zugleich, sorgsam mit dieser Welt mit all ihren Geschöpfen und Ressourcen als Schöpfung Gottes umzugehen.

In dieser Perspektive geht es nun darum, Digitalisierung nicht einfach geschehen zu lassen, sondern zu gestalten. Als Christinnen und Christen müssen wir unsere Sicht in die gesellschaftliche Debatte einbringen. Das kann auch bedeuten, auf andere, vielleicht auch konkurrierende Vorstellungen zu treffen. Allerdings können auch in den Fragen der digitalen Transformation Menschenwürde und Menschenrechte Orientierungspunkte eines offenen globalen Diskurses sein und den technischen Möglichkeiten Grenzen setzen. Zugleich müssen wir es uns aber auch zur Aufgabe machen, den eigenen Umgang mit der digitalen Technologie – persönlich und als Institution Kirche – bewusst zu gestalten.

Was dies heißt, möchte ich hier an dieser Stelle für wenige ausgewählte Themenfelder zumindest skizzieren. Damit verbinde ich die Aufforderung, dass wir uns diesen Fragen sowohl gesellschaftlich als auch kirchlich intensiver als bisher zuwenden.

2.1 Kommunikation

Der kommunikative Alltag hat sich durch die Digitalisierung bei den meisten Menschen längst verändert. Das Internet vernetzt Kommunikation weltweit. Das allein ist schon eine epochale Veränderung. Mit den Smartphones wurde der Zugang zum Netz popularisiert. Die großen Internetfirmen Google und Facebook arbeiten daran, dass dieser Zugang wirklich für alle an allen Punkten dieser Erde zu allen Zeiten möglich ist. Zu all dem gehören die vielfach erweiterten Kommunikationsmöglichkeiten – in besonderer Weise auch in den sozialen Netzwerken.

Im Grunde genommen sind wir alle gerade dabei, den Umgang damit zu lernen. Dabei geht es weniger um die technische Seite. Diese ist, nutzerorientiert entwickelt, oft leicht. Schwieriger ist es schon, immer die dahinter liegenden ökonomischen Interessen und Zusammenhänge zu erkennen. Es geht jedenfalls darum zu lernen, die Technologie sinnvoll und möglichst reflektiert in den Alltag zu integrieren. Das ist meines Erachtens übrigens keine Generationenfrage. Jede und jeder muss für sich so etwas wie eine eigene, für die eigene Person beherrschbare und verträgliche Kommunikationsstrategie entwickeln. Dabei ist zu entscheiden: Welche Möglichkeiten will ich nutzen und welche nicht, was bleibt privat, was will ich veröffentlichen? Wie ziehe ich Grenzen – zwischen Arbeit und Freizeit, zwischen Online- und Offline-Zeiten und manchem mehr? Nicht zuletzt muss ich klären: Wem vertraue ich und wem nicht? Und vor allem: Wem vertraue ich mich und meine Daten an und wem nicht? Die Veränderung der Kommunikation hat viele Vorteile. Wissen und Information sind für viele Menschen viel leichter zugänglich. Die weltweite Kommunikation ist viel einfacher geworden. Menschen können sich viel unmittelbarer und direkter mitteilen und damit aneinander Anteil nehmen. Dass dies sehr wertvoll ist, war ein einhelliger Konsens auf einer Partnerschaftskonsultation mit Vertreterinnen und Vertretern unserer Partnerkirchen aus der weltweiten Ökumene im vergangenen Jahr in Arnoldshain. Alle haben gesagt: Unsere Partnerschaftsbeziehungen sind durch die neuen Kommunikationsmöglichkeiten viel intensiver geworden.

Das ist die eine Seite. Die andere Seite: Mit den neuen Möglichkeiten ist es viel schwieriger geworden, über die Qualität von Informationen zu entscheiden. Leider gibt es auch eine nicht akzeptable Verrohung der Kommunikationskultur – bis hin zu gezielten Falschmeldungen. Und natürlich werden auch die neuen Medien genutzt, um Wahlen oder politische Entscheidungsprozesse zu beeinflussen. Zugleich ist zu sehen, dass es auch leichter wurde, extreme politische Positionen neu zu organisieren. Es ist zu beobachten, dass insbesondere rechtspopulistische und rechtsextreme und auch sonstige extremistische Gruppierungen das Internet strategisch nutzen.

Das Internet hat Information und Desinformation gesteigert. Es hat die Möglichkeiten, positiv zu unterstützen und zu denunzieren potenziert. Es ermöglicht Anteilnahme in einem guten Sinn und es hat auf der anderen Seite entsetzlichste Grausamkeiten befördert. Nicht zuletzt hat es die Macht und die Verantwortung derer gesteigert, die über Algorithmen Kommunikation organisieren (Stichwort: Filterblasen). Die Ambivalenz der Entwicklung wird insbesondere beim Phänomen »Darknet« deutlich. Viele nehmen es als einen Raum der dunklen Geschäfte und des Verbrechens wahr, für manche Oppositionelle in Diktaturen ist es der einzige Ort geschützter Kommunikation. Verantwortlich zu kommunizieren erfordert, die neuen kommunikativen Möglichkeiten reflektiert und verantwortungsvoll zu nutzen. Dazu braucht es Bildung und Medienkompetenz. Es braucht eine rechtliche Gestaltung der Kommunikationsräume. Und es ist nötig, die Kommunikationskultur so zu entwickeln, dass Menschen einander respektieren. Denunziation, Fake News und Hate Speech haben in einer solchen Kultur keinen Platz.

Dies führt direkt zum nächsten thematischen Aspekt.

2.2 Datenschutz

Das Thema Datenschutz ist durch den sogenannten »Facebook-Skandal« in den letzten Wochen noch einmal neu in den Blick geraten. Die Firma Cambridge Analytica hat mittels einer App Facebook-Daten von 87 Millionen Personen ermittelt, und zwar über den Kreis der Nutzerinnen und Nutzer der App hinaus. Die Daten sollen im US-Wahlkampf von Donald Trump verwendet worden sein. Natürlich müsste allen, die bei Facebook sind, klar sein, dass Facebook ihre Daten nutzt. Facebook ist wie viele Plattformen ein kostenloser Dienst, gezahlt wird mit Daten. Mit Hilfe der Daten wird Werbung platziert und gezielt adressiert. Eins der Probleme war hier, dass Facebook die Daten nicht ausreichend geschützt und einen Zugriff von außen nicht verhindert hat. Ich will das Problem des Facebook-Skandals, der im Einzelnen sicher noch etwas kompliziert ist, nicht vertiefen. Er soll hier lediglich die Problemlage verdeutlichen.

Mit dem Internet und der damit verbundenen Kommunikation sind Daten noch viel mehr als früher zu einer Währung geworden. Manchmal wird gesagt, die Daten seien das Öl des 21. Jahrhunderts. Wer das Internet nutzt, hinterlässt Spuren und generiert Daten. Persönliche Daten entstehen an vielen Stellen – bei Geschäften, medizinischen Diagnosen, beim Autofahren, bei der Verwendung der GPS-Uhr oder von wie auch immer gearteten tragbaren Computersystemen (Wearables). Besonders interessant sind zweifellos die Daten der persönlichen Kommunikation.

Menschen sind bestimmt zu einem Leben in Freiheit und Verantwortung. Davon sind wir als Christinnen und Christen überzeugt. Was heißt dies und bedeutet das im Blick auf die Daten? Sie sind mit einem Menschenleben verbunden und stellen mehr denn je eine Seite menschlicher Existenz dar. Manche sprechen sogar von einer digitalen Seele. Wie werden Menschen vor der Manipulation ihrer Daten oder vor falschen Behauptungen über ihre Person geschützt? Wie können persönliche Daten gelöscht werden? Gibt es ein Recht auf Vergessen?

Was geschieht mit dem digitalen Erbe einer Person? Und es lassen sich hier noch viele weitere Fragen anfügen.

Der Roman von Dave Eggers »The Circle« spielt den Gedanken der völligen Transparenz persönlicher Daten durch – orientiert an dem Ziel, Menschen zu nützen und etwa Verbrechen zu vermeiden. Am Ende steht die totalitäre Herrschaft eines Datenmonopolisten. Das ist literarische Fiktion, macht aber die Tragweite des Themas deutlich.

Längst ist klar, dass es neue Regulationen braucht. Die EU-Datenschutz-Grundverordnung, die 2016 in Kraft getreten ist und ab dem 25. Mai 2018 verbindlich anzuwenden ist, reagiert hierauf. In ihr steht zu Recht die informationelle Selbstbestimmung im Zentrum. Verbraucherrechte werden eindeutig gestärkt. Kritische Anfragen richten sich darauf, ob diese nicht absolut gesetzt werden und ob damit nicht letztlich auch Meinungsfreiheit und Berichterstattung eingeschränkt werden.[8] Der Umgang mit Daten und der Datenschutz wird in der nächsten Zeit ein zentrales Thema sein. Ich beobachte, dass auch im kirchlichen Kontext der Datenschutz als der große Bremsklotz für weitere digitale Entwicklung gesehen wird. Gleichwohl plädiere ich dafür, dieses Thema sehr ernst zu nehmen. Es steht viel auf dem Spiel. Dabei wissen wir: Freiheit kann durch Regellosigkeit gefährdet werden und auch durch Überregulierung.

2.3 Künstliche Intelligenz

In den Diskussionen zur Digitalisierung hat ein Thema in den letzten zwei Jahren besondere Aufmerksamkeit auf sich gezogen: die Künstliche Intelligenz (KI). Ideen zur Künstlichen Intelligenz, nämlich der Imitation des Menschen durch Maschinen, gehen weit in frühere Jahrhunderte zurück. Geforscht wird zur Künstlichen Intelligenz seit Jahrzehnten. Einen wirklichen Schub hat die Künstliche Intelligenz aber erst seit wenigen Jahren bekommen. Das hat zwei Gründe: erstens sind Computerprozessoren sehr viel leistungsfähiger geworden und zweitens stehen jetzt Massendaten zur Verfügung, durch deren Verarbeitung Maschinen »lernen« können. Dies weckt auf der einen Seite große Erwartungen. Computersysteme sollen auch sehr komplexe Vorgänge übernehmen können – etwa das Steuern von Fahrzeugen. Und es wirft auf der anderen Seite die Frage auf, ob Maschinen auch menschliches Bewusstsein nicht nur kopieren, sondern überbieten können. Einer der Pioniere der Künstlichen Intelligenz, der mittlerweile verstorbene Marvin Minsky, wurde einmal gefragt: »Wie werden schlaue Maschinen die Gesellschaft verändern?« Seine Antwort: »Wenn wir Glück haben,

---

8 So zum Beispiel CHRISTOPH KUCKLICK auf der re:publica 2017. Siehe https://steadynews. de/socialmedia/mai-2018-die-neue-eu-datenschutzverordnung-ende-der-meinungsfrei heit, abgerufen am 22.04.2018.

werden sie uns als Haustiere behalten.«[9] Das klingt sehr nach Science Fiction. Manche aus der Wissenschaft sagen: »Das ist es auch. Davon sind wir noch sehr weit entfernt. Das wird nie so werden.« Andere sagen: »Das ist nicht unrealistisch. Der Punkt, an dem intelligente Maschinen den Menschen in allem überbieten, ist nicht mehr weit entfernt.« (Stichwort: Technologische Singularität, Ray Kurzweil). Die einen gelten als Vertreterinnen und Vertreter einer »schwachen«, die anderen als die einer »starken« Künstlichen Intelligenz. Selbst wenn wir die Science-Fiction-Variante zurückstellen, muss entschieden werden, welche Aufgaben KI-Systemen übertragen werden sollen und welche nicht.

Das autonome Fahren ist ein Beispiel dafür. Autonome Fahrzeuge sind sicher eine enorme Chance, um die Mobilität älterer Menschen – insbesondere in ländlichen Räumen zu steigern. Andererseits stellt es vor die Frage, ob Menschen das eigene Leben und das Leben anderer einem sich selbst steuernden System anvertrauen wollen und wer gegebenenfalls die Verantwortung für Fehler und Fehlentscheidungen übernimmt. KI-Systeme mit Entscheidungskompetenz werden bereits in Waffensystemen eingesetzt. Es handelt sich hierbei um halbautonome Waffen. Unabhängig von damit bereits verbundenen ethischen Fragen haben führende KI-Forscher längst gefordert, autonome Waffensysteme, die Menschen orten, identifizieren und töten können, zu ächten. Sehr viel unproblematischer scheint hingegen der Einsatz von KI-Systemen im Haushalt. Alexa und ähnliche sprachgesteuerte Systeme sind der Anfang. Es soll Männer geben, für die der Rasenroboter längst die Märklin-Eisenbahn oder zumindest das ferngesteuerte Spielzeugauto ersetzt hat. Zweifellos sind es die KI-Systeme, die neben der Lebenswelt auch die Arbeitswelt grundlegend verändern werden. Dabei ist es keineswegs so, dass dabei nur an Arbeitsprozesse in der industriellen Fertigung zu denken ist. KI-Systeme können auch Vertragswerke durcharbeiten, Texte bearbeiten oder medizinische Diagnosen erstellen. Viele fragen: Bedroht uns die Künstliche Intelligenz?

Der KI-Forscher Joachim Hertzberg hat auf einer Tagung in der Evangelischen Akademie Frankfurt auf diese Frage folgendermaßen geantwortet: »Die Menschheit hat seit Jahrzehnten Techniken in der Hand, sich das Leben gegenseitig zur Hölle zu machen oder sich im Extremfall selbst auszulöschen. KI und Roboter haben das Potenzial, auf dieser unrühmlichen Skala einige neue Bereiche zu besetzen. Am Ende [...] bedroht uns gegebenenfalls nicht die Technik, sondern Menschen, die sie entsprechend einsetzen.«[10] Er weist allerdings sehr zu Recht auf einen anderen Aspekt hin, der genauer in den Blick genommen werden muss. Das ist das »Kränkungspotential« der neuen Technologie. Dass Technik

---

[9] Zitiert nach NORBERT DEMUTH, Künstliche Intelligenz bestimmt zunehmend den Alltag, KNA – rkrlm-89-00064 vom 13.07.2017.

[10] JOACHIM HERTZBERG, Künstliche Intelligenz – Was Maschinen (derzeit) können und was nicht, in: epd-Dokumentation 12 (2018), 10–18, 17.

menschliche Arbeit ersetzt und auch überbietet, ist nichts Neues. Das kann in der Tat bei all denen, die ersetzt werden, zu Kränkungen führen – je nachdem, wie sehr das Selbstwertgefühl an die Arbeit gebunden ist und wie sehr auch der gesellschaftliche Wert eines Menschen an seiner Erwerbsarbeit orientiert ist. Der Gedanke lässt sich weiterführen: Soziale Verwerfungen sind vorprogrammiert, wenn Menschen durch Technik ersetzt werden und wenn es nicht gelingt, ihnen andere Arbeitsfelder zu erschließen, wenn mit den Übergängen gar Arbeitslosigkeit und ökonomische Krisen verbunden sind. Bundespräsident Steinmeier hat in dem von mir zu Beginn zitierten Interview auch gesagt: »Es darf nicht dazu kommen, dass es eine Arbeitsteilung gibt zwischen denen, die nur Vorteile der Digitalisierung abschöpfen, und denen, die dafür bezahlen. Das wird den Zusammenhalt der Gesellschaft zerstören. Und deshalb dürfen wir es nicht hinnehmen.«[11] Im Zusammenhang der Künstlichen Intelligenz stellt sich eine weitere wichtige Frage. Es ist die Frage, nach welchen Kriterien Algorithmen Entscheidungen vorbereiten oder treffen. Die Frage ist grundsätzlich. Sie stellt sich aber bei der KI noch einmal besonders, weil KI-Systeme selbst Algorithmen entwickeln. Die müssen dann Menschen nachvollziehen, um zu durchschauen, wie das System »denkt« – wenn sie es überhaupt noch können. Algorithmen dürfen nicht zu einer »Black Box« werden. Deshalb gibt es bereits deutliche Forderungen nach einem »TÜV« für Algorithmen, für den dann auch ethische Kriterien formuliert werden müssen. Mit diesem, bestimmt sehr groben Blick, auf die Künstliche Intelligenz zeichnen sich für mich zwei theologische Aufgaben ab:

1. Es ist nötig, in den Debatten um die Künstliche Intelligenz die Differenz von Mensch und Maschine klar zu bestimmen. Maschinen müssen Maschinen bleiben, und Menschen müssen Menschen bleiben – auch dort, wo sich die Übergänge verändern. Maschinen müssen für Menschen kontrollierbar und beherrschbar bleiben. Was nach biblischem Menschenbild den Menschen zum Menschen macht, ist nicht auf Maschinen übertragbar. Der Mensch wird Mensch nicht durch die ihm innewohnenden Fähigkeiten und Begabungen, auch nicht durch seine Arbeit und Leistung. Der Mensch wird zum Menschen durch das Leben, das Gott dem Menschen eingehaucht hat und die damit verbundene Würde und Bestimmung.

2. Die Veränderung, die durch die Digitalisierung längst im Gang ist, bekommt durch KI-Systeme einen weiteren Schub. Das erfordert Lernprozesse in allen Generationen. Lernprozesse müssen gewollt und gestaltet werden. Es erfordert auch den kritischen Diskurs darüber, ob es technische Möglichkeiten gibt, die nicht realisiert werden sollen. Dazu gehören auch die Fragen, welche politischen, ökonomischen und kulturellen Folgen erkennbar sind und was verändert werden muss.

---

[11]   Focus vom 13.01.2018, 43.

3. Kirche und Digitalisierung

Im März 2017 hat Hannes Leitlein in der »Zeit« der Evangelischen Kirche in Sachen »Digitalisierung« nicht nur ein schlechtes Zeugnis ausgestellt. Seine Kritik war vernichtend. Ich zitiere: »Nur die evangelische Kirche scheint zu betäubt von Austrittszahlen und Sparmaßnahmen zu sein, um die Revolution, die um sie herum geschieht, zu bemerken und sich ihrer zu bedienen. Anstatt die neuen Möglichkeiten in ihren Dienst zu stellen, herrschen Berührungsängste, Unverständnis und Desinteresse. Stattdessen will man die Kirchen lieber als Reservate für das Analoge erhalten.« [12]

Der Diagnose entsprechend hat sein Artikel die Überschrift: »Und wie wir wandern im finstern Digital«. Nun legt uns der Psalm, der hier aufgegriffen wird, ja immerhin nahe, dass wir uns auch in einem finstern Tal nicht fürchten müssen, in einem »Digital« schon gar nicht. Aber so finster, wie Hannes Leitlein meint, ist es dann doch nicht – finde ich jedenfalls.

Was Leitlein richtig wahrnimmt, ist, dass es in der Kirche zumindest einen gewissen Vorrang für das Analoge gibt. Die persönliche Begegnung, das direkte Gespräch, der gemeinsam gefeierte Gottesdienst, die unmittelbare diakonische Zuwendung, das gemeinsame Singen und Musizieren haben einen hohen Stellenwert und werden es auch weiterhin haben. Das heißt nicht, dass Kirche damit anstrebt, der digitalen Welt eine analoge Welt entgegenstellen zu wollen, um diese als Reservat zu behaupten. Es ist nicht so, dass es diese Erwartungen nicht auch gäbe. Ich bin überzeugt, dass es auch digitalfreie Räume und Zeiten braucht. Und wenn ich mich nicht täusche, wächst dieses Bedürfnis auch bei jüngeren Menschen. Aber es wäre natürlich weltfremd und weltabgewandt, wenn wir uns als Kirche der digitalen Veränderung nicht annehmen würden. Wir nutzen längst die digitalen Möglichkeiten. Wir können und müssen dies sicher noch intensiver tun. Dazu gleich mehr. Wir sind aber vor allem – wie die Gesellschaft als Ganzes – gefordert, die digitale Veränderung wirklich zu gestalten. Dabei geht es eben, wie oben beschrieben, nicht nur, wie Hannes Leitlein meint, um Kommunikation.

Wo und wie bewegen wir uns in der digitalen Welt? Ich frage bewusst nicht: Wo stehen wir?

3.1 Organisation

Digitalisierung bedeutet natürlich auch, Informationstechnologie für Verwaltung und interne Kommunikation zu nutzen. Das ist längst selbstverständlich. Com-

---

[12] HANNES LEITLEIN, Und wie wir wandern im finstern Digital, Die Zeit vom 24.03.2017 http://www.zeit.de/2017/13/digitalisierung-medien-martin-luther-kirchen-reformation-netz, abgerufen am 22.04.2018.

puter sind Grundausstattung für alle Büros in den Gemeinden, Dekanaten, Zentren, Einrichtungen, Regionalverwaltungen und in der Kirchenverwaltung. Für die Größe unserer Organisation haben wir hierfür eine eher kleine IT-Abteilung. Mit der ECKD KIGST GmbH[13] verfügen wir im Hintergrund über ein leistungsfähiges kirchliches Rechenzentrum, das in den sensiblen Bereichen Personal-, Finanz- und Meldewesen und im Betrieb unseres Intranets ein hohes Maß an technischem Datenschutz und Datensicherheit gewährleistet. Die Verschmelzung der beiden kirchlichen Unternehmen ECKD und KIGST im vergangenen Jahr war ein wichtiger Konsolidierungsschritt. Auf EKD-Ebene wird es in den nächsten Jahren sicher darum gehen, diese Unternehmensstruktur weiterzuentwickeln. Wichtige weitere Schritte, die in einigen anderen Landeskirchen bereits angegangen wurden, sind zum Beispiel ein Dokumentenmanagementsystem, IT-Verfahren, die stärker als bisher Arbeitsprozesse unterstützen, oder ein digitales Sitzungsmanagement. In unserer Kirche werden wir im Laufe dieses Jahres ein digitales Sitzungsmanagement für die Kirchenverwaltung und die Kirchenleitung einführen. Wir wollen Erfahrungen sammeln und weitere Nutzungsmöglichkeiten prüfen. Außerdem soll im Rahmen eines Pilotprojektes eine Portallösung erprobt werden, die es Haupt- und Ehrenamtlichen gestattet, in einem geschützten Raum zu kommunizieren, an gemeinsamen Projekten zu arbeiten und gemeindliche Arbeit zu organisieren. Die Nachfrage nach einer solchen Kommunikations- und Kollaborationsplattform ist groß, und die Erwartungen an arbeitsfreundliche und praxisgerechte Unterstützungssysteme sind hoch.

Die Digitalisierung hat die Arbeitswelt in unserer Kirche verändert und wird sie weiter verändern. Viele Abläufe und vor allem auch die Kommunikation wurden erheblich beschleunigt – mit allen damit verbundenen Vor- und Nachteilen. Vielfach entsteht ein enormer Druck, schnell und unmittelbar zu reagieren. Und auch die Fähigkeiten zur Nutzung neuer Technologien sind unterschiedlich ausgeprägt. In dieser Situation ist es wichtig, uns und unsere Mitarbeiterinnen und Mitarbeiter zu stärken und durch geeignete Qualifizierungsangebote zu digitaler Souveränität zu verhelfen.

3.2 Kommunikation

Neben der eher verwaltungstechnischen Binnenkommunikation stehen die Kommunikation mit unseren Mitgliedern und die Kommunikation nach außen. Ich habe in meinem Bericht vor drei Jahren ausführlich über unser Kommunikationskonzept berichtet, zu dem längst die digitale Kommunikation – auch in den

---

[13]   ECKD = EDV-Centrum für Kirche und Diakonie. KIGST = Kirchliche Gemeinschaftsstelle für elektronische Datenverarbeitung.

sozialen Netzwerken – gehört. Hier geht es darum, weiter dran zu bleiben und auch immer wieder Neues auszuprobieren. Mit dem FacettNet steht uns dafür eine hilfreiche Plattform zur Verfügung. Sie stellt auch Gemeinden mit geringen Ressourcen eine Internet-Präsenz zur Verfügung. In der immer unübersichtlicher werdenden und oft immer stärker emotionsgeladenen und interessengeleiteten Kommunikation sollte sich kirchliche Kommunikation durch Empathie, Sachlichkeit, Verlässlichkeit und Glaubwürdigkeit auszeichnen. Eine große Herausforderung besteht darin, eine direkte digitale Kommunikation mit unseren Kirchenmitgliedern und allen, die mit uns kommunizieren wollen, aufzubauen. Da geht es um die Frage der persönlichen Kontaktdaten und deren geschützter Verwendung. Hierher gehören aber auch Überlegungen, inwiefern wir als Kirche etwa mit Facebook oder Google zusammenarbeiten wollen oder können. Oder wie und auf welche kirchlichen Informationen und Inhalte ein Kommunikationssystem wie Alexa zugreifen soll. Einen ersten Versuch, Facebook nicht nur über kirchliche Facebook-Seiten zu nutzen, gab es zum Reformationstag 2017. Hier hat die EKD in Zusammenarbeit mit dem Gemeinschaftswerk Evangelische Publizistik ein Video über Facebook geschaltet und damit bewusst eine vorher definierte Zielgruppe angesteuert. Das Video zum Reformationstag mit dem Ratsvorsitzenden hatte eine Reichweite von 7,5 Millionen Personen, die Zahl der Impressionen, also Sichtkontakte, lag bei knapp 12 Millionen.

3.3 Inhaltliche Auseinandersetzung

Nach den Punkten Organisation und Kommunikation überschreibe ich hier einen dritten Punkt mit »Inhaltliche Auseinandersetzung«. Dies hat folgenden Grund: Ich habe bereits gesagt, dass ich die inhaltliche Auseinandersetzung mit den digitalen Veränderungen für eine ganz wesentliche gesellschaftliche und kirchliche Aufgabe halte. Inhaltliche Auseinandersetzung kann einmal als Blick von außen in einer theoretischen Betrachtung erfolgen. Das geschieht in der Regel in der Wissenschaft oder auch in kirchlichen Kammern, Arbeitskreisen und Akademietagungen. Hier hat einiges begonnen. Nicht zuletzt mit diesem Bericht will ich auch eine intensivere Arbeit an den Themen der Digitalisierung anregen. Ein sehr konkretes Beispiel kann ich nennen: Die AG Medizinethik, die von der Kirchenleitung berufen wurde, hat einen sehr guten Text über Organtransplantation erarbeitet. Sie widmet sich jetzt dem Thema Robotik in der Pflege. Es geht darum, Kriterien für den Einsatz von digitalen Assistenzsystemen in der Pflege zu beschreiben.

Inhaltliche Auseinandersetzung erfolgt aber nicht nur auf Abstand und in theoretischen Diskursen. Sie geschieht auch dort, wo digitale Technologie in den Kernvollzügen kirchlicher Arbeit genutzt wird. An erster Stelle steht dabei im Moment die Bildungsarbeit. Ein paar Beispiele seien genannt: Unsere Gymnasien, Bad Marienberg und Laubach, nutzen die digitalen Medien im Unterricht.

Beide integrieren diese so in den Unterricht, dass Laptops und Tablets »Werkzeuge« bleiben und den analogen Unterricht ergänzen. Die Smartboards ersetzen nicht die Kreidetafeln – beide werden parallel verwendet. Ein wichtiges Ziel ist, dass Schülerinnen und Schüler selbst Medienkompetenz erwerben. Wer im Internet recherchiert – und das gehört selbstverständlich dazu –, muss lernen, das zu bewerten und einzuordnen, was das Netz in überbordender Fülle liefert.

Das Religionspädagogische Institut hat gemeinsam mit dem Institut für Evangelische Theologie und Religionspädagogik der Universität Würzburg, das Prof. Dr. Ilona Nord leitet, ein bayrisch-hessisches Projekt »Digitalisierung des RU – Pilotprojekt zur Arbeit mit digitalen Medien und mobilen Endgeräten« begonnen. In diesem Projekt werden Fortbildungsformate und Unterrichtsmaterialien speziell für den Einsatz von Tablets und Smartphones im Religionsunterricht entwickelt und erprobt. Darüber hinaus arbeitet das gesamte Kollegium in besonderen Fortbildungen an der eigenen medienpädagogischen Kompetenz und unterstützt andere Arbeitsbereiche. Am Projekt »LUPENREIN! Entdeckungsreisen in die Reformation – Filme und Ideen« des Medienhauses der EKHN war das RPI von Anfang an konzeptionell beteiligt. Und selbstverständlich flankiert das RPI die Publikation »RPI Impulse« (das Nachfolgeprodukt der Schönberger Hefte) mit Online-Publikationen.[14]

Im Zentrum Bildung gibt es im Bereich der Erwachsenenbildung Informations- und Lernplattformen, die sich an verschiedene Zielgruppen richten (Route 55plus, digitale Elternbildung, Evangelisches Bildungsportal, Online-Magazin Medienkult, ein Online-Kurs »Unser Dorf: Wir bleiben hier!«).

Im Zentrum Gesellschaftliche Verantwortung ist das Thema Digitalisierung, gemeinsam mit dem Thema Umwelt, in einem eigenen Referat und im Bereich der jugendpolitischen Bildung verortet. Hier wurden in den vergangenen Jahren bereits mehrere Projekte mit dem Ziel durchgeführt, die Teilhabe von Jugendlichen und jungen Erwachsenen an gesellschaftlichen Entwicklungen zu fördern und sie zu befähigen, Chancen und Risiken digitaler Technologien zu erkennen. Zurzeit gibt es einige Projekte und Veranstaltungen, die unter anderem nach einer jugendgerechten Netzpolitik fragen, BigData und Datenschutz reflektieren, drohende Verwerfungen in der Arbeits- und Lebenswelt thematisieren (Stichwort: digitale Teilhabe) oder aber nach Strategien gegen den digital vermittelten Hass fragen. Die Ehrenamtsakademie hat in den letzten Jahren eine tiefgreifende, strukturelle Veränderung durch die Digitalisierung erlebt. Die Fortbildungsvideos werden sehr gut genutzt. Im Jahr 2016 wurden für die Videos 6.500 Aufrufe

---

[14] Die »RPI Impulse« sind die einzige religionspädagogische Zeitschrift in der EKD, die mit sogenannten OER-Lizenzen (Open Educational Ressourcen) arbeitet und so den Lehrkräften, sowie den Pfarrerinnen und Pfarrern ermöglicht, ohne einschränkende Lizensierung frei mit dem digitalen Material im Religionsunterricht und in der Konfirmandenarbeit zu arbeiten.

verzeichnet, 2017 waren es 13.500 Aufrufe. Im Frühjahr wurde eine sogenannte Webinarreihe (Web + Seminar) mit mindestens 10 Themen hinzugefügt. Eine Facebook-Gruppe, zu der 300 Personen gehören, tauscht nicht nur Informationen aus, sondern diskutiert sehr aktiv auch Themen der kirchlichen Verwaltung. Sehr beliebt war hier die Doppik. Die Diskussion, die sehr polemisch begonnen habe, wurde, so wird aus der Ehrenamtsakademie berichtet, immer sachlicher und hat zu gegenseitiger Sachaufklärung geführt. Neben dem Bereich der Bildung muss an dieser Stelle erwähnt werden, dass es auch Versuche gibt, digitale Medien in den Gottesdienst zu integrieren. In sogenannten Sublan-Gottesdiensten besteht die Möglichkeit, den Gottesdienst über digitale Kommunikation aktiv mitzugestalten. Die Gottesdienste können als Gottesdienste gefeiert werden, die im Netz übertragen werden, oder als Gottesdienste, die im Kirchenraum stattfinden. In beiden Fällen können über die Verbindung im Netz etwa Fragen an die Predigerin oder den Prediger gestellt oder auch Gebetsanliegen in das Fürbittengebet eingebracht werden. Um es deutlich zu sagen und allen vielleicht entstehenden Missverständnissen vorzubeugen: Es ist nicht geplant, alle Gottesdienste so zu gestalten. Es ist ein Versuch, der durchaus manche Menschen sehr anspricht. Ich glaube, es ist nötig, solche Versuche zu machen und sie zugleich verantwortlich zu reflektieren und daraus zu lernen.

Wie sensibel dies ist, Digitalität und geistliche Kommunikation aufeinander zu beziehen, haben wir im vergangenen Jahr eindrücklich bei den Debatten um den »Segensroboter« erfahren. Der »Segensroboter« war kein Prototyp zukünftiger Pfarrerinnen und Pfarrer. Es ging auch nicht darum, Segenshandlungen zu mechanisieren oder zu automatisieren. Es tut mir leid, wenn sich Menschen dadurch verletzt gefühlt haben. Die Absicht war, Menschen über dieses Medium auf Glaubensfragen anzusprechen, Gespräche über den Segen und eben auch über Grundfragen der Digitalisierung anzuregen. Das ist, so berichten alle, die in Wittenberg auf der Weltausstellung im Segensparcour an der LichtKirche haupt- oder ehrenamtlich dabei waren, gut gelungen. Seitdem wird diese technische Installation häufig angefragt. Wir verleihen sie – aber nur, wenn sichergestellt ist, dass sie als Kommunikationsangebot eingesetzt wird. Ich bin überzeugt, dass wir in den nächsten Jahren noch weitere Debatten führen müssen – auch über die Veränderung in den Kernaufgaben unserer Kirche. Und noch einmal: Wir müssen sie führen, um gestalten zu können. Dazu gehören auch die Bereiche der Beratung und Seelsorge, der Diakonie und des Gemeindelebens. Was ich hier jetzt nicht explizit angesprochen habe, sind Veränderungen, die sich durch die Digitalisierung in den Prozessen der Meinungsbildung und Entscheidungsfindung ergeben. Was für das demokratische Staatswesen gilt, gilt auch für uns als Kirche. Die digitale Kommunikation bietet neue Möglichkeiten der Partizipation. Für diese müssen aber verlässliche und gerechte Strukturen entwickelt werden.

3.4 Was ist jetzt praktisch zu tun?

Sowohl in der Ebene der EKD als auch in verschiedenen Landeskirchen wird darüber nachgedacht, ob und wie die Arbeit an all den genannten Themen in der Kirche weiter verstärkt und verankert werden kann. Bei uns in der EKHN beschäftigt sich gegenwärtig eine gemischt besetzte Arbeitsgruppe in der Kirchenverwaltung unter fachlicher Federführung des Zentrums Gesellschaftliche Verantwortung mit dieser Fragestellung. Darüber hinaus gibt es etliche Gemeinden, die nicht nur ihre Webseiten gestalten, sondern auch digitale Kommunikation in der Gemeindearbeit, im Konfirmandenunterricht und auch in seelsorgerlichen Kontakten nutzen. Allerdings scheint mir hier auch die Bandbreite erheblich zu sein.

Persönlich bin ich überzeugt: Es gibt nicht die eine Digitalstrategie für uns als Kirche. Wir brauchen Experimentierfreude, Beweglichkeit und eine gute Vernetzung untereinander. Sich dabei viel stärker an den Nutzerinnen und Nutzern zu orientieren, eröffnet über die Digitalisierung hinaus auch wichtige Perspektiven für unsere Arbeit insgesamt. Wir müssen miteinander und voneinander lernen. Vor allem brauchen wir den Willen, die digitale Veränderung zu gestalten. Sonst gestaltet sie uns. Es geht nicht darum, dass wir digitale Kirche werden. Es geht darum, dass wir in einer digitalisierten Welt Kirche Jesu Christi sind und bleiben wollen – glaubwürdig, menschlich und hoffnungsvoll.

»Seid allezeit bereit zur Verantwortung vor jedermann, der von euch Rechenschaft fordert über die Hoffnung, die in euch ist.«

1. Petr. 3,15 [2019] – Hoffnung in bedrängter Zeit

Sehr geehrter Herr Präses, hohe Synode, liebe Schwestern und Brüder!

Es waren gar nicht so viele. Um das Jahr 100 nach Christus gab es schätzungsweise etwas mehr als 300.000 Christinnen und Christen im Römischen Reich. Das waren 0,5 Prozent der Bevölkerung.[1] Sie waren auch keineswegs besonders angesehen. Eher das Gegenteil war der Fall. In der Geschichtswissenschaft wurde und wird deshalb immer wieder die Frage gestellt: »Warum hat das Christentum in der Antike überlebt?«[2] Dafür gibt es unterschiedliche Gründe. Im Zentrum steht sicher, dass Gott nicht als ein abstraktes Prinzip oder als eine Gottheit unter vielen verehrt wurde. In der Tradition des jüdischen Glaubens wird Gott als Person verstanden, die den Menschen barmherzig zugewandt ist. Und der Glaube an Gott wird nicht nur in einem Kult gelebt, sondern prägt das Leben.[3] Für die Christinnen und Christen war klar: Unser Glaube an Jesus Christus hat Konsequenzen für die Art, wie wir miteinander leben. Wir sind füreinander da und für alle, die unsere Hilfe brauchen. Nicht alles wurde dadurch revolutioniert. Die Sklaverei zum Beispiel war zunächst nicht grundsätzlich in Frage gestellt. Trotzdem gab es auch hier für den Umgang miteinander eine neue Perspektive: Alle Menschen werden als Menschen geachtet, weil Gottes Liebe allen gilt. Dass Christinnen und Christen so lebten, machte ihren Glauben attraktiv – zunächst vor allem für viele einfache Menschen. Nach und nach aber auch für Intellektuelle, weil es unter den Christinnen und Christen solche gab, die sich darauf einließen, den Glauben zu durchdenken und zu erklären.

Eine Schrift im Neuen Testament dokumentiert besonders, wie die christlichen Gemeinden darum rangen, in ihrer Situation als Minderheit an ihrem

---

[1]   Diese Zahlen referiert Eckhard J. Schnabel, Urchristliche Mission, Witten 2002, 4.

[2]   S. hierzu Christoph Markschies, Warum hat das Christentum in der Antike überlebt? Ein Beitrag zum Gespräch zwischen Kirchengeschichte und Systematischer Theologie, ThLZ.F 13, Leipzig 2004.

[3]   Meine Darstellung folgt in den Kernpunkten Jörg Lauster, Die Verzauberung der Welt, München 2014, 84–89.

Glauben festzuhalten. Diese Schrift ist der 1. Petrusbrief. Der Brief ist eine Art Rundschreiben an die Gemeinden in der Diaspora, das heißt in der Zerstreuung. Wir sind am Ende des 1. Jahrhunderts. Die Menschen in den Gemeinden werden angefeindet oder auch angegriffen. Der Brief ist der energische Appell, an Jesus Christus und damit an aller Hoffnung, die mit ihm verbunden ist, festzuhalten. Ganz konzentriert ist dies in einem Satz formuliert: »Seid allezeit bereit zur Verantwortung vor jedermann, der von euch Rechenschaft fordert über die Hoffnung, die in euch ist.« (1. Petr. 3,15). Dieser Satz ist für mich das Leitwort für meinen diesjährigen Bericht zur Lage in Kirche und Gesellschaft.

Was hier formuliert ist, zeigt, was Christinnen und Christen stark und den Glauben attraktiv gemacht hat. Im Zentrum des Glaubens steht die Hoffnung, dass Gottes Macht, Gottes Kraft, Gottes Liebe stärker ist als der Tod und alles, was den Tod bringt. Diese Hoffnung hat ihren Grund in der Auferstehung Jesu Christi von den Toten. Die Hoffnung beinhaltet einen besonderen Blick auf das Leben: Gott schenkt Leben, und Gott rettet Leben durch den Tod hindurch. Wer so glaubt und hofft, schätzt das Leben jedes einzelnen Menschen. Die Hoffnung reicht über die irdische Lebenszeit hinaus, wertet diese dadurch aber nicht ab. Sie schätzt zugleich die irdische Zeit als besondere Gabe aus Gottes Hand. Christinnen und Christen glauben, dass die Gabe des Lebens allen Menschen zuteil wird. Ihre Hoffnung ist so im Kern immer eine Hoffnung für alle Menschen – auch über den Tod hinaus. Der 1. Petrusbrief legt den Gemeinden nahe, unbeirrt diese Hoffnung zu leben – nicht aufdringlich, andere Menschen bedrängend, sondern »mit Sanftmut und Ehrfurcht«.

»Und«, so geht es weiter im Text, »habt ein gutes Gewissen, damit die, die euch verleumden, zuschanden werden, wenn sie euren guten Wandel in Christus schmähen.« (1. Petr. 3,16) Was den christlichen Glauben stark gemacht hat, was dazu geführt hat, dass der Glaube in der Antike überlebt hat, war nicht irgendeine aggressive Missionsstrategie, sondern ein Glaube, der das Leben erkennbar und überzeugend geprägt hat. Dazu kam die Bereitschaft, auch über diesen Glauben Rechenschaft abzugeben. Das heißt: den Glauben auch im Dialog zu begründen.[4] Es wäre völlig falsch, diese Zeit zu idealisieren. Selbstverständlich war das auch damals ein Ringen und Suchen, das auch mit menschlichen Fehlern und Ver-fehlungen belastet war. Sonst wäre es nicht nötig gewesen, solche Briefe wie den 1. Petrusbrief zu schreiben. Aber noch einmal: Es ist erkennbar, wie der Glaube Ausstrahlungskraft gewinnt, nämlich dadurch, dass Menschen von Hoffnung getragen leben und so füreinander da sind. Mit diesem historischen und bibli-schen Einstieg möchte ich unseren Blick auf gegenwärtige Herausforderungen lenken. Leitend ist für mich dabei der Gedanke, dass wir heute vielfach danach fragen: Wie können wir unseren Glauben leben – als einzelne, aber auch als

---

[4]   Zur Auslegung s. REINHARD FELDMEIER, Der erste Brief des Petrus, ThHK 15/1, Leipzig 2005, besonders 128–132.

Kirche in dieser Welt? Und wie können wir unseren Glauben so leben, dass dies für Menschen anziehend ist – für diejenigen, die als Kirchenmitglieder zu uns gehören und auch für andere? Dabei bin ich davon überzeugt, dass ganz viele Menschen in unserer Kirche jene Hoffnung in sich haben, die nicht aus uns selbst kommt. Und dass dies nicht nur eine Hoffnung ist für sich selbst, sondern auch für diese Welt.

Ich mache drei Vorschläge. Um Rechenschaft zu geben über die Hoffnung, die in uns ist, sollten wir
1. Kommunikation stärken,
2. Gemeinschaften stärken und
3. Demokratie stärken.

1. Kommunikation stärken

1.1 Gesellschaftliche Entwicklungen

Unsere Welt ist nicht die Welt der Antike. Aber vielleicht ist uns die Situation der frühen Christenheit heute näher als in den vielen Jahrhunderten seit der Konversion Kaiser Konstantins zum Christentum. Die leitete – zumindest in Europa und Vorderasien – eine starke Prägung durch die Kirchen ein. Diese Zeit ist vorbei und das ist keineswegs zu beklagen – zumal es dabei auch einige machtorientierte und gewaltvolle Fehlentwicklungen gab. Um unsere gesellschaftliche Situation zu charakterisieren, werden meistens die Begriffe Säkularisierung, Individualisierung und Pluralisierung genannt. Gesellschaften entwickeln sich ausdifferenziert, vielfältig, offen. Das ist auch gut so. Reformation und Aufklärung haben mit dazu beigetragen. Die offene Entwicklung der Gesellschaften bedeutet auch, dass es viele Optionen gibt, das Leben zu gestalten. Das ist vor allem in Wohlstandsgesellschaften so. Der christliche Glaube wird nicht mehr selbstverständlich tradiert, sondern ist eine Option der Lebensgestaltung und -orientierung. Darin sind wir übrigens der Antike nicht unähnlich. Mit der Differenzierung der Gesellschaften geht in der Regel einher, dass Institutionen ihre Prägekraft verlieren. Der 2015 verstorbene Soziologe Ulrich Beck, ein herausragender Interpret gesellschaftlicher Entwicklungen, ist in seinem letzten, posthum veröffentlichten Buch in der Analyse noch weiter gegangen. Er schlägt vor, angesichts der gegenwärtigen Situation nicht von einem Wandel zu sprechen, sondern von einer Metamorphose, das heißt einer grundlegenden Verwandlung. Seine These: »Die ewigen Gewissheiten moderner Gesellschaften brechen weg, und etwas ganz und gar Neues tritt auf den Plan.«[5] Nach seiner Einschätzung ergibt sie eine neue »Art und Weise unseres In-der-Welt-Seins«. Die

---

[5] Ulrich Beck, Die Metamorphose der Welt, 2. Aufl., Berlin 2017, 15 f.

führt er auf die unabweisbare globale Orientierung zurück, die »Normenhorizonte« verschiebt. Es muss um das »Gemeinwohl der Menschheit« gehen.[6] Institutionen, die regional oder national agieren müssen, sind damit in der Regel überfordert. Gleichwohl ist gerade die unabweisbare globale Orientierung auch außerordentlich wichtig. Sie zu gestalten, ist eine gewaltige Herausforderung, aber auch eine nötige Überlebensfrage der Menschheit.

1.2 Prioritäten und Posterioritäten

Ich beschreibe dies, um anzuzeigen, dass wir es gesellschaftlich mit Entwicklungen zu tun haben, die wir weder überschauen noch als Kirche irgendwie durch organisatorische Maßnahmen und Veränderungen einfach beeinflussen könnten. Trotzdem sind wir – gerade als Christinnen und Christen – nicht ohne Gestaltungsperspektiven. Es geht darum, mit den uns gegebenen Kräften und Möglichkeiten eben jene Hoffnung des Lebens zu bezeugen. Das ist eine Hoffnung für alle Menschen und damit übrigens eine Hoffnung in globaler Perspektive. Dabei sind wir auch gefordert, uns als Kirche zu organisieren. Wie wir dies tun, entscheiden wir in der EKHN ganz wesentlich hier: in der Synode. Die EKHN hat sich schon sehr früh dafür entschieden, Organisationsentwicklung als Daueraufgabe zu verstehen. Ich halte das für richtig – besonders in Zeiten, die von starkem Wandel geprägt sind. Die Vorstellung »Jetzt haben wir es geschafft, jetzt kann es mal ohne Veränderungen weitergehen« ist vielleicht ein tief in uns sitzender Wunsch, aber doch letztlich eine Illusion. Wir können gemeinsam darauf achten, dass wir unnötigen »Reformstress« nach Möglichkeit vermeiden. Allerdings wird auch das vermutlich nicht immer gelingen. Mit den Unterlagen für diese Synode[7] haben Sie »Eine kleine Geschichte der Reformprojekte in der Evangelischen Kirche in Hessen und Nassau« erhalten, die Oberkirchenrat Wolfgang Heine auf Wunsch der Kirchenleitung verfasst hat. Die Synode hat in ihrer letzten Tagung im Herbst des vergangenen Jahres die Kirchenleitung beauftragt, Vorschläge zur Weiterarbeit an Prioritäten und Posterioritäten zu entwickeln. In der Geschichte der Reformprojekte wird dargestellt, wie die EKHN in den vergangenen fünf Jahrzehnten auf die gesellschaftlichen Entwicklungen reagiert hat. Die Kirchenleitung hält es für wichtig, sich dies bewusst zu machen, um getroffene Weichenstellungen zu prüfen. Im Rückblick wird deutlich, dass gesellschaftliche Entwicklungen soziologisch interpretiert und ekklesiologisch reflektiert wurden. Es wurde immer gefragt, wie die »Kommunikation des Evangeliums« (Ernst Lange) unter sich verändernden gesellschaftlichen Bedingungen

---

[6]   A.a.O., 16.

[7]   Die folgende Passage ist zugleich die Einbringung der Drucksache Nr. 04-4/19 der Synode der Evangelischen Kirche in Hessen und Nassau.

erfolgen kann. Dabei war der Gedanke leitend, dass Kommunikation des Evangeliums in der unmittelbaren Verkündigung ihren Ursprung hat, aber sehr viel weiter zu fassen ist. Das Evangelium hat lebens- und gesellschaftsgestaltende Kraft. Deshalb hat Kirche einen Auftrag zu Seelsorge, Bildung, Diakonie und Mitgestaltung der Gesellschaft und des Lebens in dieser Welt. Meines Erachtens ist darin – unter veränderten Bedingungen – gut das aufgenommen, was ich zu Beginn als geistliche Grundorientierung der frühen Christenheit beschrieben habe. Der Rückblick zeigt: Die EKHN hat auf die Differenzierung und Pluralisierung der Gesellschaft reagiert, indem sie sich vielfältiger aufgestellt hat. Das betrifft sowohl die Arbeit in den Gemeinden, Dekanaten und Einrichtungen als auch in der funktionalen Arbeit. Diese ist sowohl Unterstützung und Ergänzung der Arbeit vor Ort als auch Arbeit im Dienste der Kirche als öffentliche Kirche in der Gesellschaft. Die Gemeinden waren und sind dabei im wörtlichen, nämlich tragenden Sinn die Basis. Aber es war auch immer klar, dass Kirche mehr ist als einzelne Gemeinden, und dass es eine vielfältige Präsenz dieser Gemeinschaft der Gemeinden in der Gesellschaft braucht. In der ortsübergreifenden Gemeinschaft wird gelebt, was geglaubt wird – nämlich in Christus verbunden zu sein. Das ist eine Gemeinschaft, die weit über die eigene Kirchenorganisation hinausgeht – es ist wahrhaft eine ökumenische, weltweite Gemeinschaft. Das ist die Gemeinschaft, zu der wir uns Sonntag für Sonntag im Glaubensbekenntnis bekennen: »die heilige christliche Kirche, Gemeinschaft der Heiligen«. Dieses ekklesiologische Grundverständnis wurde im Lauf der Jahre unterschiedlich programmatisch akzentuiert. Hierfür stehen die Formulierungen und Bilder »missionarisch Volkskirche sein«, »Kirche in der Vielfalt der Lebensbezüge«, »Kirche nah bei den Menschen«. Im letzten größer angelegten Prozess »Perspektive 2025« wurden sieben Gestaltungsprinzipien entwickelt: Abschied vom Gleichheitsprinzip (unterschiedliche Regionen unterschiedlich gestalten, ausgestalten und entwickeln); Kirche in der Vielfalt der Lebensbezüge gestalten (unterschiedliche Formen von Gemeinde anerkennen und entwickeln); unterschiedliche kirchliche Berufe anerkennen, erhalten und vernetzen; Stärkung von Selbstorganisation und Eigenverantwortung; Klarstellung und Stärkung des Leitungshandelns; in der »Fläche« präsent bleiben, neue Formen der Kooperation finden, funktionale und parochiale Aufgaben verknüpfen, regionale Akzente setzen; höhere Sprachfähigkeit aller Mitarbeitenden erreichen bezüglich ihres Glaubens und der Identifikation mit dem kirchlichen Auftrag.

In Orientierung an den Gestaltungsprinzipien wurden wesentliche Entscheidungen getroffen und damit Prioritäten gesetzt. Ich nenne hier nur einige, mit denen auch hohe strukturelle Aufwendungen verbunden sind:
- Relative Stabilität in den Zuweisungen an Gemeinden und Dekanate – damit verbunden Stärkung von regionaler Verantwortung und Kooperationen.
- Bleibende Präsenz im Bereich der Kindertagesstätten.

– Beibehaltung des seit Anfang der 90-er Jahre weitgehend konstanten Verhältnisses von Gemeindepfarrstellen zur Zahl der Gemeindeglieder (durchschnittlich 1:1.650).
– Stabilität in den Soll-Stellenplänen im kirchenmusikalischen und gemeindepädagogischen Dienst.

Die Kirchenleitung schlägt Ihnen, hohe Synode, vor, in den kommenden Monaten bis zur Herbstsynode die ekklesiologischen Grundlagen und die Ergebnisse der bisherigen Prozesse zu sichten. Zwei Leitfragen sollten dabei herangezogen werden: Ist die Kirche von morgen noch eine Kirche der Vielfalt, und wie und woran zeigt sich das? Welche Gestaltungsprinzipien sind nach wie vor gültig, welche müssen geprüft, verändert werden, und welches Prinzip sollte gegebenenfalls dazukommen?

Die Kirchenleitung hält dies für erforderlich, da unter anderem zu entscheiden ist, welche weiteren Maßnahmen für den Klimaschutz und die digitale Transformation in den nächsten Jahren auf den Weg gebracht werden sollen. Dabei müssen wir auch prüfen, ob wir an unseren bisherigen Priorisierungen festhalten. Dies gilt besonders, wenn wir die Prognosen über die Mitglieder- und Finanzentwicklung einbeziehen, über die ich gleich berichten werde. Trotz dieser offenen Situation wird die Kirchenleitung in der Herbstsynode Vorschläge zu den anstehenden Entscheidungen zum Bibelhaus, zu St. Johannis in Mainz und zu den Tagungshäusern machen. Diese stehen selbstverständlich im Zusammenhang der bisherigen Überlegungen und werden auch aus diesen heraus begründet. Bereits jetzt ist klar, dass dann über diese Vorschläge – auch in der Zusammenschau mit den bis dahin geprüften und vielleicht auch weiterentwickelten Grundsatzüberlegungen – debattiert werden muss. In Ihren Unterlagen finden Sie auch einen praktischen Vorschlag zum Verfahren, über den wir uns verständigen müssen.

1.3 Prognosen zur Mitglieder- und Finanzentwicklung

Um Entscheidungen treffen zu können, ist es unbedingt erforderlich, dass wir uns über die Rahmenbedingungen unserer Planungen verständigen. Dabei helfen uns die Prognosen zur Mitglieder- und Finanzentwicklung. Selbstverständlich stehen solche Prognosen immer unter dem Vorbehalt, dass es auch Entwicklungen geben kann, die zurzeit niemand im Blick hat – sowohl positiv als auch negativ. In diesen Tagen hat das Forschungszentrum Generationenverträge der Albert-Ludwigs-Universität Freiburg unter der Leitung von Prof. Dr. Bernd Raffelhüschen erstmals die Ergebnisse einer koordinierten Mitglieder- und Kirchensteuervorausberechnung für die evangelische und die katholische Kirche in Deutschland vorgelegt. Fabian Peters, ein Mitarbeiter der Forschungsstelle, wird uns morgen die Ergebnisse für die EKHN präsentieren. Er wird erläutern, dass die gute finanzielle Entwicklung der letzten Jahre zwei Gründe hat: zum einen die positive Konjunktur und zum anderen den Umstand, dass die geburtenstarken Jahrgänge derzeit in der Phase der höchsten Steuerzahlungen sind. Das aber wird sich in den nächsten Jahren ändern – voraussichtlich nicht in einem dramatischen Einbruch der Kirchensteuereinnahmen, wohl aber in einem spürbaren Rückgang der immer noch guten finanziellen Ressourcen. Anders wird dies aber in mittel- und langfristiger Perspektive. Bis zum Jahr 2060 wird sich die Mitgliederzahl der evangelischen Kirchen in etwa halbieren. Das hängt am demografischen Wandel. Aber – und das ist die entscheidende neue Erkenntnis, mit der die Studie konfrontiert – zu weniger als die Hälfte. Etwas mehr als die Hälfte des Mitgliederrückgangs hängt an der Zahl der Taufen, der Austritte und der Wiederaufnahmen. Raffelhüschen kommentiert die Studie so: »Ich hoffe, dass die Projektion der evangelischen Kirche hilft, differenziert auf die Gründe des Mitgliederrückgangs zu blicken. Wenn mehr als die Hälfte des Rückgangs auf die zurückgehende Bindungskraft der Institution verweist, ist für den Mitgliederverlust nicht allein der zweifellos unumkehrbare demografische Wandel verantwortlich. In diesem Sinn ermutige ich dazu, unsere Ergebnisse nicht als Untergangsprophetie zu lesen, sondern nach Zusammenhängen zu suchen, auf die Einfluss genommen werden kann. Hier liegt eine echte Generationenaufgabe. Und das meine ich durchaus positiv. Denn unsere Analyse macht deutlich, dass die Kirche gerade in den kommenden zwei Jahrzehnten weiterhin über Ressourcen zur Umgestaltung verfügt.«[8] Die Studie zeigt außerdem auf, dass die Wahrscheinlichkeit, mit der Menschen aus der Kirche austreten, am größten in der Altersgruppe der 20- bis 35-Jährigen ist – und da bei den Männern größer als bei den Frauen. Es lässt sich sogar noch weiter zuspitzen. In dieser Altersgruppe fallen unter anderem zwei für die Kirche bedeutende Entscheidungen. Junge Menschen entscheiden, ob sie in der Kirche bleiben oder nicht, und sie entscheiden, ob sie ihre Kinder taufen lassen oder nicht.

1.4 Konsequenzen

Auch im Hinblick auf diese Entwicklungen ist klar, dass gesellschaftliche Trends wirksam sind, die sich nicht einfach verändern lassen. Trotzdem sollten wir uns damit nicht beruhigen. Es wäre unangemessen, auf diese Erkenntnisse mit neuen Programmen zu reagieren, die ein »Wachsen gegen den Trend« proklamieren.

---

[8] Kirche im Umbruch. Zwischen demografischem Wandel und nachlassender Kirchenverbundenheit. Eine langfristige Projektion der Kirchenmitglieder und des Kirchensteueraufkommens der Universität Freiburg in Verbindung mit der EKD, Hg. v. EKD, Hannover 2019, 5.

Allerdings wäre es auch unverantwortlich, diese Entwicklungen einfach so laufen zu lassen. Das muss ich begründen, und zwar theologisch. Zu Recht wird gesagt, Kirche ist nicht um ihrer selbst willen da. Kirche ist für die Menschen da. Wir wissen auch, dass wir Glauben nicht einfach machen können, so sehr wir uns auch darum bemühen. Deshalb wird immer wieder argumentiert, Kirche dürfe in keiner Weise bestandssichernd denken. Und ein allein an Mitgliederzahlen und Finanzkraft orientiertes Denken ist zweifellos in der Gefahr, die Sicherung des Bestandes der eigenen Organisation an die erste Stelle zu rücken. Wenn wir aber überzeugt sind, dass wir von einer Hoffnung getragen sind, die auch für andere Menschen gut ist, und wenn wir überzeugt sind, dass wir diese Hoffnung in unserer Kirche gut leben und mit dieser Kirche gut bezeugen können, dann dürfen, ja dann müssen wir uns auch darüber Gedanken machen, was wir tun können, um Menschen für diese Hoffnung und für unsere Kirche zu gewinnen. Dabei müssen wir uns immer vor Augen halten, dass der Glaube das Ziel, aber nicht die Wirkung unserer Arbeit ist.[9] Woran uns aber gelegen sein muss, ist, »bereit zu sein zur Verantwortung vor jedermann, der von euch Rechenschaft fordert über die Hoffnung, die in euch ist«.

Was ist zu tun? Ich habe diesen Abschnitt unter die Überschrift gestellt »Kommunikation stärken«. Das gilt in mehrfacher Hinsicht. Wir müssen intensiver mit den Menschen in Kontakt kommen, die zu unserer Kirche gehören und zu denen, die sich für uns interessieren. Dazu gehört auch, besser zu verstehen, was Menschen in den unterschiedlichen Lebensphasen von ihrer Kirche erwarten und brauchen, damit sie eben von jener Hoffnung berührt werden, die trägt und prägt. Im Blick auf die Altersgruppe zwischen 20 und 35 ahnen wir, dass sie auch in einem Prozess der Abwägung ist: Was bringt mir die Zugehörigkeit zur Kirche, und was kostet sie mich? Das ist insbesondere bei denen zu erkennen, die in Regionen unserer Kirche mit hohen Lebenshaltungskosten leben. Dort sind auch unsere Austrittszahlen höher als anderswo. Für manche ist es frustrierend, dass die Mitgliedschaft in ihrer Kirche nicht einmal bedeutet, einen Kita-Platz in einer Kindertagesstätte ihrer Kirche zu bekommen. Ich weiß, dass dies ein schwieriges Thema ist. Es geht nicht darum, die Offenheit für alle in irgendeiner Weise einzuschränken, sondern darum, wie wir es ermöglichen können, dass evangelische Eltern für ihre Kinder einen Platz in einer evangelischen Kindertagesstätte vor Ort bekommen können, wenn sie dies wünschen. Ich rege an zu prüfen, was hier möglich ist. Bei manchen reißt der Kontakt zur Kirche offenbar beim Wechsel des Wohnortes ab. Es gelingt uns – so vermute ich – nicht, allen zu sagen und zu zeigen: »Wir leben eine Hoffnung, die Kraft und Orientierung im Leben gibt – für euch persönlich und für diese Gesellschaft. Wenn ihr uns braucht, sind wir für

---

[9]   S. hierzu MICHAEL DOMSGEN, Von Generation zu Generation: Was tun, wenn das nicht mehr zu funktionieren scheint? Eine religionspädagogische Annäherung, ZThK 115, 2018, 474–497, besonders 495.

euch da.« Da lässt sich sicher noch manches andere mehr sagen. Deshalb wäre es wichtig, genauer zu verstehen, was Menschen von ihrer Kirche erwarten und brauchen. Kommunikation stärken bedeutet für mich: hinhören, verstehen und auch bereit zu sein, Auskunft zu geben. Um auch hier die Worte des Petrusbriefes zu gebrauchen: »mit Sanftmut und Ehrfurcht«. Wenn ich darüber nachdenke, Kommunikation zu stärken, gehört für mich auch dazu, die unersetzbare Kommunikation von Mensch zu Mensch mit der medialen und digitalen Kommunikation zu verbinden. Der Hausbesuch und die Begrüßung nach einem Umzug gehören genauso dazu wie gute Informationen und Kommunikationsmöglichkeiten im Internet und Instagram-Aktionen für Jüngere. Kommunikation stärken heißt für mich zudem, die Kommunikation in unserer Kirche zu stärken. Gerade angesichts der Herausforderungen in dieser vielfältigen Gesellschaft gehört für mich dazu, dass wir uns weiter darüber verständigen, wie wir Kirche sein wollen. Der Rückzug in eine fromme Innerlichkeit oder ein gemeindliches Vereinsleben ist für mich keine Option. Es geht darum, die Hoffnung, die in uns ist, in dieser Welt und für diese Welt zu leben.

2. Gemeinschaften stärken

2.1 Gemeinschaft leben und Gesellschaft mitgestalten

Die Botschaft des 1. Petrusbriefes an die Gemeinden war deutlich. Sie lautete: Auch wenn ihr angegriffen und angefeindet werdet, schlagt nicht zurück. Beeindruckt vielmehr die Menschen um euch herum dadurch, wie ihr als Christinnen und Christen miteinander lebt, und durch das, was ihr so in die Gesellschaft, in der ihr lebt, hineintragt. Christinnen und Christen grenzten sich damals an bestimmten Punkten klar ab. Sie nahmen zum Beispiel nicht an heidnischen Festen teil. Ihnen wurde deshalb vorgeworfen, sie seien gemeinschaftsfeindlich. Sie folgten nicht bestimmten, menschenverachtenden Praktiken, wie etwa der Möglichkeit für den antiken Hausvater, kleine Mädchen abgeben oder aussetzen zu können.[10] Die Gemeinden reagierten in einer bedrohlichen Umwelt allerdings nicht dadurch, dass sie sich aus ihr zurückzogen. Sie akzeptierten die weltliche Obrigkeit und nahmen ihre bürgerliche Verantwortung wahr, sofern nicht etwas verlangt wurde, was ihrem Glauben entgegenstand. Damit war deutlich: Christliche Hoffnung zu leben bedeutet, Gemeinschaft zu leben und Gemeinschaft zu gestalten. Es bedeutet immer, auch Verantwortung für das Zusammenleben aller Menschen zu übernehmen.

Sich dies klarzumachen, ist gerade heute außerordentlich wichtig. Immer wieder werden Stimmen laut, die sagen: Ihr Kirchen haltet euch raus aus der

---

[10] S. Markschies (wie Anm. 2), 48.

Politik, kümmert euch um Spiritualität und Seelenheil. Natürlich darf Kirche keine Parteipolitik machen, aber Spiritualität und gelebter Glaube lassen sich nicht trennen. Es geht gerade darum, aus der spirituellen Kraft des Glaubens heraus Gemeinschaft zu leben und so dazu beizutragen, Gesellschaft zu gestalten. Anders gesagt: Von Hoffnung zu reden und für Hoffnung zu werben, nützt nichts, wenn dies nicht von gelebter Hoffnung getragen ist, die mitgestaltet. Und dazu gehört auch das Politische.

2.2 Erschütterung der Glaubwürdigkeit: sexualisierte Gewalt

Weil die Art, wie Menschen leben, Glauben ausdrückt, deshalb ist es umso schlimmer, wenn das Gegenteil von dem gelebt wird, was geglaubt wird. So stellt sexualisierte Gewalt im Verantwortungsraum der Kirchen zutiefst die Glaubwürdigkeit in Frage. Ich habe in der letzten Synode über die Situation in unserer Kirche berichtet. Bei allem, was wir wissen, ist die Situation anders als in der katholischen Kirche. Aber jeder einzelne Fall ist für die Betroffenen außerordentlich gravierend – oft so, dass Hoffnungsperspektiven aus einem Leben verschwinden. Und jeder einzelne Fall ist darum auch für eine Institution, der es darum geht, Menschen zu stärken, zutiefst erschütternd. In einem Papier der EKD heißt es zu Recht: »Die Evangelische Kirche steht in der Verantwortung, Kinder, Jugendliche und andere Schutzbedürftige vor sexueller Gewalt zu schützen, Täterstrategien auszuhebeln und sexualisierte Gewalt zu verhindern.«[11] Das bedeutet, dass wir Verantwortung für verursachtes Leid übernehmen, das in unserer Kirche geschehen ist, Aufarbeitung vorantreiben und Präventionsarbeit weiterentwickeln. Als EKHN tragen wir dazu bei, dass der Elf-Punkte-Handlungsplan der EKD realisiert wird. Dazu gehören unter anderem die Einrichtung einer unabhängigen Ansprechstelle, die Bestellung einer unabhängigen Kommission auf landeskirchlicher Ebene, die Erarbeitung einer Konzeption zur Aufarbeitung und die Durchführung einer Dunkelfeldstudie. Ich habe persönlich einen Brief an den Unabhängigen Beauftragten der Bundesregierung geschrieben, um Fragen zu bearbeiten, die sich aus unserer bisherigen Aufarbeitung seit 2010 ergeben haben. Wir müssen alles uns Mögliche tun, um Betroffenen gerecht zu werden und die Präventionsarbeit weiter zu stärken. Nur so lässt sich verlorengegangenes Vertrauen wiedergewinnen.

---

[11]   1pager Kirchenkonferenz März 2019, Hg. v. EKD, unveröffentlicht.

2.3 Über die Gemeinde hinaus

Nach dem Blick auf das, was Glaubwürdigkeit erschüttert, möchte ich über positive Erfahrungen berichten, die Gemeinden machen, die sich nach außen orientieren. Der Visitationsbericht, der Ihnen zu dieser Synode vorgelegt wird und der auch noch näher erläutert wird, hat die Überschrift »Über die Gemeinde hinaus«.[12] In ihm wird beschrieben, dass Gemeinden sich sehr viel stärker als früher in das Gemeinwesen beziehungsweise den Sozialraum hinein orientieren. Sozialdiakonische Arbeit ist ein Aspekt dieser Orientierung nach außen. Oft geht es sehr grundsätzlich darum, das Gemeinwesen mitzugestalten. In manchen Gemeinden geschieht dies durch die Arbeit in den Kindertagesstätten oder Familienzentren. In anderen Gemeinden durch vernetzte Arbeit mit Kommunen, Vereinen, Schulen und Aktionsbündnissen. Sie reicht über die Organisation von Treffpunkten, Hilfsangeboten bis hin zur gemeinsamen Feier von Festen und Gottesdiensten. Mancherorts haben die Organisation der Aufnahme von geflüchteten Menschen und die Förderung der Integrationsarbeit Impulse zu einer neuen Orientierung nach außen gegeben. Anderswo sind es bewusste konzeptionelle Entscheidungen der Kirchenvorstände. Außenorientierung von Gemeinden bedeutet auf jeden Fall viel ehrenamtliches Engagement. Es bedeutet in der Regel auch, dass Milieugrenzen überschritten werden. Was fachlich unter dem Begriff »Sozialraumorientierte Gemeinwesenarbeit« beschrieben wird, zeigt zugleich ein neues Miteinander von Kirche und Diakonie. In der EKHN ist hier manches auf dem Weg, zum Beispiel die Diakoniekirche in Offenbach, WESER 5 in Frankfurt, das Kinder- und Beratungszentrum Sauerland in Wiesbaden, der Dorftreff Neue Mitte in Wallernhausen, das Mehrgenerationenhaus in Groß-Zimmern, das Centrum der Begegnung in Mainz und natürlich die 28 DRIN-Projekte. Ich denke: Das ist eine sehr gute Entwicklung. Gemeinschaft zu leben und das Gemeinwesen mitzugestalten, steht in der guten Tradition dessen, was in der Antike dazu geführt hat, dass Menschen in einem guten Sinn vom Glauben der Christinnen und Christen beeindruckt waren.

2.4 Konfirmandinnen und Konfirmanden

Gemeinschaft leben und das Zusammenleben der Gesellschaft gestalten ist für gelebten Glauben außerordentlich wichtig. Das möchte ich an einem Beispiel zeigen, das Sie an dieser Stelle vielleicht nicht unbedingt erwartet hätten. Ich stelle es aber bewusst in diesen Zusammenhang. Es ist die Arbeit mit Konfirmandinnen und Konfirmanden. Sie ist für viele Gemeinden und für viele Pfarrerinnen und Pfarrer ein Herzensanliegen. Das ist auch zu spüren. Im vergangenen Jahr wurden

---

[12] Synode der Evangelischen Kirche in Hessen und Nassau, Drucksache Nr. 05/19.

Ergebnisse einer zweiten bundesweiten Studie zur Konfirmandenarbeit veröffentlicht. Die erste fand in den Jahren 2007/2008 statt, die Erhebung für die zweite Studie in den Jahren 2012 bis 2015. In ihr wurde auch die Zeit nach der Konfirmation in den Blick genommen. Ich referiere in knappen Zügen einige der wichtigsten Ergebnisse.[13]

Im Vergleich zu vielen anderen Prozessen erweist sich die Konfi-Arbeit als erstaunlich stabil. 90 % der evangelischen Jugendlichen lassen sich konfirmieren, auch wenn die absolute Zahl der Konfirmandinnen und Konfirmanden zwischen 2006 und 2016 um fast 30 % gesunken ist.

Bedeutsam ist die Konfirmation nach wie vor als Kasualie. Die Jugendlichen betonen (vor allem im Rückblick), wie wichtig für sie die Familienfeier und der Segen war – noch vor den Geldgeschenken.

In den umfangreichen Befragungen kommt eine hohe Wertschätzung zum Ausdruck. Kurz vor der Konfirmation sind rund 75 % der Befragten mit der Konfi-Zeit zufrieden – ebenso mit den Pfarrerinnen, den Pfarrern und den Mitarbeitenden sowie mit Freizeiten und Camps. In der EKHN liegen die Werte sogar noch etwas höher.

Beachtlich ist auch, dass ein positives Kirchenbild überwiegt. Drei Viertel stimmen der Aussage zu, dass »die Kirche viel Gutes für die Menschen tut«. Allerdings geben nur wenige der Jugendlichen an, dass es ihnen wichtig sei, zur Kirche zu gehören. Das korrespondiert damit, dass weniger als die Hälfte eine Lebensrelevanz von Kirche, Gottesdienst und Konfi-Zeit für sich erlebt haben.

Bei den religiösen Einstellungen sticht heraus, dass ein menschenfreundlich-caritatives Gottesbild vorherrscht. Schöpfungstheologische und christologische Aussagen haben geringere Zustimmungswerte.

Interessant ist, dass der Gottesdienst von den Konfirmandinnen und Konfirmanden als langweilig erlebt wird. Gleichzeitig geben aber zwei Drittel an, dass sie insgesamt mit den Gottesdiensten der Konfi-Zeit zufrieden sind. Die Zufriedenheit steigt, wenn sie auch jugendgemäße Gottesdienste erlebt haben oder in irgendeiner Form an der Gestaltung der Gottesdienste beteiligt waren. Partizipative Ansätze machen sich zweifellos bemerkbar, Ansätze also, die Konfirmandinnen und Konfirmanden auch in die Gemeinschaft der Gemeinde mit hineinnehmen.

Ein besonderes Interesse der Untersuchung liegt im Bereich des ehrenamtlichen Engagements – insbesondere der Teamerinnen und Teamer. Diese Zahl

---

[13]   S. hierzu vor allem WOLFGANG ILG, Michael Pohlers, Aitana Gräbs Santiago, Friedrich Schweitzer in Verbindung mit MATTHIAS OTTE und PETER SCHREINER (Hg.), Jung – evangelisch – engagiert.
Langzeiteffekte der Konfirmandenarbeit und Übergänge in ehrenamtliches Engagement im biografischen Horizont, Konfirmandenarbeit erforschen und gestalten Bd. 11, Gütersloh 2018.

hat sich zwischen der ersten und der zweiten Untersuchung noch einmal deutlich gesteigert – trotz rückläufiger Zahlen der Konfirmierten. Motive sind im Wesentlichen positive Erlebnisse in der Gemeinschaft. Wenn Jugendliche während der Konfirmandenzeit in Gemeindepraktika oder auch als Teamerinnen und Teamer ehrenamtliche Tätigkeit kennenlernen und ausprobieren können, steigert das deutlich die Bereitschaft zu ehrenamtlichem Engagement und auch die Verbundenheit zur Kirche. Das bedeutet nicht zwangsläufig, dass das spätere ehrenamtliche Engagement ein kirchliches Engagement ist. Deshalb kommt die Studie zu dem Ergebnis: Die Konfi-Arbeit leistet einen beachtlichen Beitrag zum zivilgesellschaftlichen Engagement überhaupt. Auch hier gilt: Es ist Arbeit, die über die Gemeinde hinausgeht. Allerdings zeigt die Befragung von Nichtengagierten auch, dass eine große Zahl angibt, gar nicht erst gefragt worden zu sein, ob sie sich engagieren wollen. Die Autorinnen und Autoren der Studie sehen hier ein beträchtliches Potential, das noch nicht ausgeschöpft wird.

Die Freiburger Studie zur Mitgliederentwicklung zeigt, dass es in den Jahren unmittelbar nach der Konfirmation eine relativ große Stabilität, also wenig Kirchenaustritte gibt. Es ist also – zumindest im Hinblick auf die Kirchenmitgliedschaft – nicht so, dass die Konfirmierten dann schlagartig der Kirche den Rücken kehren, schon gar nicht diejenigen, die zur aktiven Mitarbeit eingeladen wurden. Irgendwann geht dann aber offenbar die Verbindung zur Kirche als Gemeinschaft verloren.

Die Studie zur Arbeit mit Konfirmandinnen und Konfirmanden bietet viele Ansatzpunkte, um darüber zu diskutieren. Manche werden fragen, ob es nicht die eine oder andere stärkere inhaltliche Akzentsetzung braucht, die zu einem klareren Bekenntnis zu den Glaubensaussagen führt. Eine solche Erwartung und vielleicht auch pädagogische Orientierung würde – so denke ich – an den Jugendlichen vorbeigehen. Der Erfolg unserer Arbeit mit Konfirmandinnen und Konfirmanden dürfte darin liegen, dass Glaubensinhalte mit Gemeinschaftserfahrung verknüpft sind, ja vielmehr die Gemeinschaft selbst auch Teil gelebten Glaubens ist. Daran gilt es anzuknüpfen. Eine gute Gemeinschaft des Glaubens wird im Übrigen nicht nur zum Engagement in ihr anregen, sondern sich auch daran freuen, wenn sich junge Menschen im Sportverein, in der Feuerwehr und auch in der Politik engagieren. Die entscheidende Frage für mich ist die, wie wir so in Kontakt bleiben können, dass Menschen spüren: Meine Kirche ist für mich und die Menschen an meiner Seite da. Wie Menschen dann ihre Kirchenmitgliedschaft leben, schreiben wir nicht vor. Wir sollten aber in Beziehung bleiben, und das – es lässt sich kaum schöner sagen als im 1. Petrusbrief – »mit Sanftmut und Ehrfurcht«.

3. Demokratie stärken

Ich ziehe den Kreis jetzt noch etwas größer, indem ich auf unsere Aufgabe angesichts der aktuellen politischen Herausforderungen schaue.

3.1 Historische Entwicklung und populistische Herausforderung

In diesen Tagen steht ein bedeutendes Jubiläum an. Vor 100 Jahren wurde mit der Weimarer Reichsverfassung die Demokratie in Deutschland als Staatsform gewählt und etabliert. Damit war die grundsätzliche Trennung von Staat und Kirche verbunden. Zugleich wurde den Kirchen und anderen Religionsgemeinschaften nicht nur Religionsfreiheit garantiert, sondern auch die Möglichkeit gegeben, das Gemeinwesen mitzugestalten. Präziser ist sogar zu sagen: Mit der Möglichkeit ist auch die Erwartung verknüpft, dass Kirchen und Religionsgemeinschaften dies auch tun. Die Kirchen und auch andere gesellschaftliche Kräfte taten sich nicht leicht mit der neuen Staatsform. Die Weimarer Republik scheiterte, als die Nationalsozialisten an die Macht kamen. Die Zeit zwischen 1933 und 1945 war die Zeit einer rassistischen, antisemitischen, menschenverachtenden Diktatur, die mit Holocaust, 2. Weltkrieg und vielem anderen großes Unglück brachte. Nach 1945 kam es zu unterschiedlichen Entwicklungen im geteilten Deutschland – eine Demokratie westlicher Prägung im Westen und eine kommunistische Diktatur im Osten Deutschlands. Das Grundgesetz der Bundesrepublik Deutschland, das an die Weimarer Verfassung anknüpft, ist seit dem 23. Mai 1949, also seit 70 Jahren, in Kraft. Seit 30 Jahren, auch das ist ein Jubiläum, das in diesem Jahr ansteht, leben wir im wiedervereinigten Deutschland. Die lange Friedenszeit seit dem Ende des 2. Weltkrieges, auf die wir heute schauen können, hat einen wesentlichen Grund in dem Prozess der europäischen Integration. Gerade vor diesem Hintergrund braucht die aktuelle politische Situation unsere besondere Aufmerksamkeit. Diese ist davon geprägt, dass – nicht nur in Deutschland – ein neuer nationalistischer Populismus präsent ist.

3.2 Umgang mit Populismus

Andreas Voßkuhle, der Präsident des Bundesverfassungsgerichtes, hat bereits 2017 in einem bemerkenswerten Artikel dargestellt, dass Populismus ein Angriff auf die Demokratie ist.[14] Er folgt dabei einer Definition des Politikwissenschaftlers Jan-Werner Müller. Der beschreibt den Populismus als eine »Politikvorstellung, laut der einem moralisch reinen, homogenen Volk stets unmoralische,

---

[14] ANDREAS VOßKUHLE, Demokratie und Populismus, FAZ vom 23.11.2017.

korrupte und parasitäre Eliten gegenüberstehen – wobei diese Eliten eigentlich gar nicht zum Volk gehören«[15]. Damit geht einher, dass explizit oder implizit ein Alleinvertretungsanspruch für einen vermeintlichen Volkswillen erhoben wird. Voßkuhle verweist darauf, dass das Grundgesetz von einer »Pluralität der Gesellschaft und folgerichtig von einer Meinungsvielfalt in politischen Fragen ausgeht«[16]. Demokratische Entscheidungen sind im Diskurs gefundene Mehrheitsentscheidungen. Funktionierende Demokratie setzt voraus, dass diese von der Minderheit akzeptiert werden und umgekehrt Minderheiten in ihren Grund- und Freiheitsrechten geschützt bleiben. Auf diese Weise wird der Populismus zunächst formal, das heißt unabhängig von der politischen Ausrichtung beschrieben.

Die Kirchenleitung hat im vergangenen Dezember eine »Orientierungshilfe für Kirchenvorstände zum Umgang mit Rechtspopulismus«[17] herausgegeben. Die Orientierungshilfe nimmt die beschriebene Definition auf. Dass sie eine Orientierungshilfe zum Umgang mit dem Rechtspopulismus ist, hängt mit den aktuellen Herausforderungen zusammen. Inhalte wie die Ablehnung einer offenen und multikulturellen Gesellschaft, ein abgrenzender Nationalismus, Ausländer- und Islamfeindlichkeit, Antisemitismus, Homophobie, eine als Genderideologie oder Genderwahn etikettierte Auseinandersetzung mit dem Thema Geschlechtergerechtigkeit weisen den gegenwärtigen Populismus in Deutschland und in anderen europäischen Ländern als Rechtspopulismus aus. Religiös bedeutsam ist, dass im Populismus auch immer wieder die Tradition des christlichen Abendlandes aufgerufen wird. Sie wird als Identitätsmerkmal des Volkes verstanden, dessen Willen man zu vertreten meint. Dabei ist nicht entscheidend, ob diese Tradition irgendeine Bedeutung für die Lebensführung hat. Es spielt auch keine Rolle, ob die Tradition in sich – wie dies gerade beim Umgang mit Fremden offensichtlich ist – einen anderen ethischen Anspruch vertritt. Religiöse Tradition wird stattdessen funktionalisiert und instrumentalisiert, um einerseits einen kulturellen, vermeintlich homogenen Volkszusammenhang zu etablieren und andererseits nach außen Abgrenzungen zu vollziehen.

Ein besonders perfides Beispiel war vor einigen Tagen ein Wahlplakat des Kreisverbandes des Saalekreises der AfD. Auf diesem Wahlplakat steht »Gott will es!« Und darunter: »AfD stärkste Partei im Osten.« Infam ist hier nicht nur zu behaupten, den Willen Gottes im Hinblick auf ein Wahlergebnis zu kennen, sondern auch mit den Worten »Gott will es« auf den Kreuzzugsaufruf von Papst Urban II. anzuspielen und so auch eine antiislamische Konnotation einzutragen.

---

[15] JAN-WERNER MÜLLER, Was ist Populismus? Ein Essay, 5. Aufl., Berlin 2017, 42.

[16] S. Anm. 14.

[17] https://unsere.ekhn.de/fileadmin/content/ekhn.de/download/intern/kirchenvorstand/demokratie/Orientierungshilfe_Rechtspopulismus_Kirchenvorstaende_EKHN.pdf, abgerufen am 04.05.2019.

Das ist schlicht unerträglich und kann nur aufs Schärfste zurückgewiesen werden: das hat mit Christentum nichts zu tun.

Die EKHN-Orientierungshilfe beschreibt, warum wir aus unserem Glauben an Jesus Christus heraus – und belehrt auch durch die bitteren Erfahrungen von Nationalsozialismus und Shoa – für eine demokratische, offene Gesellschaft eintreten, die sich an Vielfalt, Verschiedenheit und Toleranz orientiert. Sie beschreibt, warum wir uns für die Meinungs- und Religionsfreiheit aller Menschen und die Würde jeder Person einsetzen und so klare Position beziehen gegen jede Form gruppenbezogener Menschenfeindlichkeit und Ausgrenzung Andersdenkender.

Mit der Broschüre haben wir auf zahlreiche Anfragen aus Gemeinden reagiert. Wir raten insbesondere Kirchenvorständen, sich mit der populistischen Herausforderung auseinanderzusetzen. Es ist nötig, darüber nachzudenken, wo und wann es geboten ist, sich im öffentlichen Diskurs vor Ort deutlich zu positionieren. Außerdem ist es erforderlich, das persönliche Gespräch zu suchen – insbesondere dann, wenn haupt- oder ehrenamtlich Mitarbeitende rechtspopulistische Positionen vertreten. Die Orientierungshilfe beschreibt auch, was rechtlich bedacht werden kann und muss. Wir sind überzeugt: Als Kirche können wir für eine Partei, die nicht vom Bundesverfassungsgericht verboten wurde, keine generelle Unvereinbarkeit aussprechen. Das gilt insbesondere für die Mitarbeit in Kirche und Diakonie und für die Übernahme kirchlicher Ämter. Gleichwohl halten wir es für erforderlich, dass wir uns mit jeweils konkretem Verhalten und Äußerungen auseinandersetzen und gegebenenfalls auch Konsequenzen ziehen. Selbstverständlich bieten wir allen Gemeinden und Einrichtungen Unterstützung an – insbesondere durch die Projektstelle »Demokratie stärken« im Zentrum Gesellschaftliche Verantwortung, deren Errichtung sich bisher wirklich sehr bewährt hat. Die Orientierungshilfe wurde übrigens von einem Team unter Leitung von Oberkirchenrätin Dr. Melanie Beiner erstellt. Dem Team und allen, die in etlichen Beratungsrunden daran mitgewirkt haben, danke ich herzlich.

3.3 »Vertrauen in die Demokratie stärken« – ein ökumenischer Text

Ich möchte an dieser Stelle ausdrücklich auf einen Text hinweisen, der im April dieses Jahres veröffentlicht wurde. »Vertrauen in die Demokratie stärken« – so heißt ein gemeinsames Wort der Deutschen Bischofskonferenz und des Rates der EKD.[18]

---

[18] Vertrauen in die Demokratie stärken. Ein gemeinsames Wort der Deutschen Bischofskonferenz und des Rates der Evangelischen Kirche in Deutschland. Hg. v. Sekretariat der Deutschen Bischofskonferenz und dem Kirchenamt der EKD. Gemeinsame Texte 26.

In diesem Text werden vier große Herausforderungen für die »Demokratie im Zeitalter der Unübersichtlichkeiten« beschrieben: 1. Globalisierung, 2. demokratische Gleichheit und wirtschaftliche Ungleichheit, 3. Migration und 4. Digitalisierung. Auf diese Herausforderungen hin werden folgende Konsequenzen in den Blick genommen und gefordert: 1. eine globale Ordnungspolitik, 2. Ungleicheit begrenzen, gerechte Teilhabe ermöglichen, 3. Integration gestalten, 4. Digitaler Wandel – die Chancen nutzen und klare Regeln setzen.

Ich werde jetzt nicht auf die einzelnen Punkte eingehen, sondern lediglich hervorheben, mit welchem Ziel der Text geschrieben wurde. Ich zitiere: »Wir tun dies, um uns nachdrücklich zur Demokratie des Grundgesetzes und zu einem Europa, das gleichermaßen auf der Demokratie und der Herrschaft des Rechts gründet, zu bekennen. Wir Kirchen verstehen uns als Teil dieser Demokratie und nehmen unsere Mitverantwortung für das Zusammenleben in unserer Gesellschaft und für das demokratische Gemeinwesen ernst.«[19] Zwar wird eingeräumt, dass »dies in unseren Kirchen nicht immer so gesehen wurde« und es seine Zeit gebraucht habe, »bis der Freiheitsimpuls des Evangeliums auch in seinen politischen Konsequenzen ernst genommen wurde«[20]. Heute vertreten die Kirchen allerdings die Auffassung, »dass der demokratische und soziale Rechtsstaat, mithin die freiheitliche Demokratie zwar keine perfekte Ordnung ist, sich aber im Hinblick auf das Zusammenleben in dieser Welt sowohl theoretisch als auch praktisch als die bestmögliche – weil unter anderem lern- und kritikfähige – politische Ordnung erwiesen hat«[21]. Die Kirchen selbst verstehen sich dabei dezidiert als Teil des demokratischen Prozesses. Das sei all denen gesagt, die meinen, Kirchen würden in irgendeiner Weise eine besondere Stellung in diesem Prozess beanspruchen. Es wird im Gemeinsamen Wort zu Recht klar gestellt, dass die Kirchen dem »Wohl aller, dem ›Gemeinwohl‹ dienen wollen«. Und das bedeutet: »Wie wir das Gemeinwohl konkret zu verstehen haben und wie demokratische Politik aussieht, die dem Gemeinwohl dient, das steht nicht schon vor der Auseinandersetzung fest, sondern muss in ihr selbst geklärt werden.«[22] Ich halte es für außerordentlich wichtig, dass wir uns dies immer wieder ins Bewusstsein rufen sowohl hinsichtlich des Auftrags, der sich daraus ergibt, als auch hinsichtlich der damit markierten Grenzen. Und ich hoffe, dass erkennbar und spürbar ist: Das ist das genaue Gegenprogramm zu jeder Form von Populismus.

Bonn / Hannover 2019. https://www.ekd.de/ekd_de/ds_doc/gemeinsame_texte_26_demokratie_2019.pdf, abgerufen am 04.05.2019.

[19] A.a.O., 11.

[20] A.a.O., 6.

[21] A.a.O.

[22] A.a.O., 44.

3.4 Demokratie und Kirche

Wir verstehen den Glauben als eine uns von Gott geschenkte Hoffnung, die nicht ohne soziale Praxis sein kann. Das bedeutet auch, mit dazu beizutragen, dass Menschen befähigt werden, Demokratie zu leben und zu gestalten. Das gehört zu unserem Bildungsanspruch. Und es bedeutet, dass wir in unserer Kirche demokratisch miteinander diskutieren und entscheiden. Hier reiht sich – zugegeben ein wenig beiläufig, aber keineswegs unangemessen – ein, dass auch unsere Kirchenordnung in diesem Jahr 70 Jahre alt wird und wir so gut und gerne auch ein 70-jähriges Jubiläum der Kirchensynode begehen könnten. Wir tun das in dieser Tagung bescheiden, indem wir arbeiten. Das Rechnungsprüfungsamt, das im Auftrag der Synode seinen Dienst tut, wird immerhin eine kleine Festschrift vorstellen.

Eins aber möchte ich an dieser Stelle nicht übergehen und auch mit wenigen Worten würdigen. Ich freue mich sehr, dass die Synode der EKHN diskursfreudig und konstruktiv arbeitet. Sie tut das im Miteinander und auch im Gegenüber zur Kirchenleitung. So nehmen wir gemeinsam – unterstützt durch unsere Kirchenverwaltung – die uns anvertraute Aufgabe wahr, Kirche zu leiten und so gemeinsam mit allen Menschen an den unterschiedlichen Orten unserer Kirche Gottes frohe Botschaft für alle Menschen in dieser Welt zu bezeugen.

Ich freue mich ganz besonders, dass die Synode dabei immer wieder sehr aufmerksam und wach wahrnimmt und aufnimmt, was in dieser Welt geschieht. Sie nimmt ihre Verantwortung wahr, diese Welt mitzugestalten, indem sie sich deutlich positioniert, wo sie dies vom Evangelium her um Gott und der Menschen willen für geboten hält. Allen, die daran grundsätzliche Kritik üben, sei gesagt: Solange wir Kirche Jesu Christi sind, können wir nicht anders. Das Evangelium ist für uns in diesem Sinne, um es mit den Worten der Barmer Theologischen Erklärung zu sagen, Zuspruch und Anspruch, der uns immer wieder stärkt und in die Pflicht nimmt.

Wir haben uns deshalb in den letzten Jahren immer wieder zu den Themen Migration, Flucht und Integration geäußert, weil wir nicht hinnehmen können, wenn Menschen im Mittelmeer ertrinken, wenn Helferinnen und Helfer kriminalisiert werden, wenn Menschen rassistisch denunziert werden oder auch wenn Abschiebepraxis ohne humanitäre Abwägung verschärft wird.

Wir werden uns in dieser Synode mit Menschenrechten und Religionsfreiheit und mit dem Thema Frieden auseinandersetzen, weil wir uns im Namen der Hoffnung, die in uns ist, denen entgegenstellen wollen, die durch Gewalt Leid und Tod über Menschen bringen. Und wir werden uns auch in dieser Synode an die Seite unserer jüdischen Geschwister stellen und deutlich sagen, dass Antisemitismus ist, was er ist: Lästerung von Menschen und von Gott.

Wir werden uns weiter damit beschäftigen, was es bedeutet, diese Erde, die uns als Gottes Schöpfung anvertraut ist, in einem guten Sinn zu bebauen und zu bewahren. Wir wissen und erfahren dabei, wie schwer es ist, den eigenen Ansprüchen gerade auch im Hinblick auf den Klimaschutz gerecht zu werden. Aber wir sehen auch, dass wir hier nicht nachlassen dürfen – um der Glaubwürdigkeit willen, vor allem aber um dieser Welt willen und der Menschen, die Folgen auch unseres Lebensstils zu tragen haben.

3.5 Klimawandel: Engagement von Schülerinnen und Schülern

Ich begrüße es sehr, dass durch Greta Thunberg viele junge Menschen weltweit motiviert wurden, für ihre Ansprüche an eine gute Zukunft auf die Straßen zu gehen. Angesichts eines Klimawandels, der von uns Menschen verursacht wird, machen sie sehr eindrücklich und völlig zu Recht deutlich: die Sorge um eine gute und lebenswerte Welt für die nächsten Generationen muss eine vordringliche Aufgabe sein. Ich wurde in den vergangenen Wochen, besonders auch aus den Reihen unserer Religionslehrerinnen und -lehrer gefragt: Wie sollen wir darauf reagieren? Meine Antwort: Das Thema im Unterricht aufnehmen – natürlich auch im Religionsunterricht, das politische Interesse und Engagement fördern und dabei auch nach angemessenen Weisen suchen, die Öffentlichkeit und Menschen in politischer Verantwortung zu erreichen. Gerade weil uns das Thema auch so beschäftigt und wir zugleich fragen müssen, ob wir genug tun, deshalb rufe ich den Schülerinnen und Schülern, die sich aufgemacht haben, zu: Danke für Euer Engagement!

4. Europa

Danken möchte ich in diesem Bericht auch unseren europäischen Partnerkirchen. Mit diesem Dank komme ich zu einem letzten, allerdings sehr wichtigen Thema in diesem Abschnitt »Demokratie stärken«. Ich danke unseren europäischen Partnerkirchen, der Methodisten- und Waldenserkirche in Italien, der Evangelischen Kirche der Böhmischen Brüder in Tschechien, der Evangelischen Kirche Augsburgischen Bekenntnisses in Polen und der Evangelisch-Reformierten Kirche in Polen. Sie haben, vertreten durch ihre Leitenden Geistlichen, gemeinsam mit mir einen Aufruf zur Teilnahme an den Europawahlen in diesem Monat unterzeichnet. Mit diesem Aufruf bringen wir zum Ausdruck, dass wir außerordentlich dankbar sind für die Versöhnungs- und Friedensarbeit, die das Projekt Europa mitentwickelt und mitgetragen hat. Sie prägt auch unsere Begegnungen als Kirchen und unsere Zusammenarbeit. Wir sehen, dass die Europäische Union zurzeit in einer tiefen Vertrauenskrise steckt. In dem Aufruf beschreiben wir den Reformbedarf, den wir für die EU und ihre Mitgliedsstaaten sehen, aber auch die erkennbaren Stärken und Erfolge. Wir haben uns bei der

Vorbereitung dieser gemeinsamen Erklärung besonders gefragt, was unser kirchlicher Beitrag sein kann. Das Ergebnis haben wir so formuliert:

»Unser protestantisches Partnernetzwerk aus Italien, Polen, Tschechien und Deutschland erlebt in der ökumenischen Zusammenarbeit sowohl die großen Chancen als auch die Herausforderungen unterschiedlicher kirchlicher Traditionen und historischer Erfahrungen. Wesentlich stärker als bestehende Unterschiede ist das durch den gemeinsamen christlichen Glauben von uns allen geteilte Wertefundament.

Aus diesen langjährigen Erfahrungen heraus erleben wir immer wieder, wie Vielfalt auch Gemeinschaft und Einheit fördern kann. Wir sind davon überzeugt, dass der Ansatz der »versöhnten Verschiedenheit«, der verschiedene christliche Konfessionen zueinandergeführt hat, die Basis einer gemeinsamen europäischen Vision sein kann. Der Ansatz bedeutet: Auf der Grundlage unserer Gemeinsamkeit können wir Verschiedenheit gut leben. Die Ziele der EU-Wertegemeinschaft wie Einhaltung der Menschenrechte und Gewährleistung der Rechtsstaatlichkeit bilden die fundamentale Gemeinsamkeit aller EU-Mitgliedsstaaten. Die sprachliche, regionale, kulturelle und religiöse Vielfalt in der EU ist Quelle und Ansporn gegenseitiger Ergänzung und Fortentwicklung.

In Verantwortung für eine friedliche Zukunft unserer Kinder und Enkel setzen wir uns für den Erhalt und die positive Weiterentwicklung der EU ein. Wir wollen durch unsere ökumenische Partnerschaftsarbeit dazu beitragen, verlorengegangenes Vertrauen in der EU wiederherzustellen. Als in der Gesellschaft mitgestaltende Kräfte setzen wir uns als evangelische Partnerkirchen in Europa für Freiheit, Gerechtigkeit und Menschenwürde ein und engagieren uns auch weiterhin in der Friedens- und Versöhnungsarbeit, damit es keinen gewaltsamen Konflikt in Europa mehr gibt.« Diese Worte münden dann ein in einen expliziten Aufruf, wählen zu gehen. Den kann ich hier nur unterstreichen – mit der Aufforderung, die Kräfte zu stärken, die ein solidarisches und friedvolles Europa fördern und gestalten wollen.

Schlussbemerkung

Hohe Synode, liebe Schwestern und Brüder, mir ist bewusst, dass ich Ihnen mit dem diesjährigen Bericht nicht nur einen historisch großen Bogen zugemutet habe: vom Blick auf die Situation der ersten christlichen Gemeinden bis hin zu den Fragen, die die Zukunft der uns nachfolgenden Generationen betreffen. Ich habe dabei von einer Kirche geredet, die aus der Hoffnung lebt. Wir sind herausgefordert, in dieser schwer überschaubaren und spannungsreichen Zeit einen Weg für unsere Kirche zu finden. Lassen Sie uns gemeinsam eine Kirche leben und gestalten, die uns am Herzen liegt und die wir so den Menschen lieb machen. Ich bin überzeugt, dass uns dies am besten gelingt, wenn wir uns selbst an der

Hoffnung orientieren, von der der erste Petrusbrief so eindrücklich redet: der Hoffnung, die uns geschenkt ist durch »die Auferstehung Jesu Christi von den Toten« (1. Petr. 1,3). Das ist eine Hoffnung, die in allem immer den Blick für das Leben öffnet, das Gott schenkt. Damit diese Hoffnung auch in bedrängter Zeit nicht verschwindet, rät der 1. Petrusbrief schlicht: »Stärkt euren Verstand, seid nüchtern und setzt eure Hoffnung ganz auf die Gnade.« (1. Petr. 1,13) Daran tun wir sicher gut.

Ich danke Ihnen für Ihre Aufmerksamkeit.

»Gott hat uns nicht gegeben den Geist der Furcht, sondern der Kraft und der Liebe und der Besonnenheit.«

2. Timotheus 1,7 [2020] – In der Corona-Zeit

Sehr geehrter Herr Präses, hohe Synode, liebe Geschwister!

Am 13. März waren Kirchenleitung und Kirchensynodalvorstand zu einer Klausurtagung im Spenerhaus in Frankfurt. Auf der Tagesordnung stand der Prozess ekhn2030. Als wir mit der Tagung begannen, war klar, dass wir ein anderes Thema zu beraten hatten. Das Corona-Virus breitete sich immer weiter aus. Eine exponentielle Ausbreitung, so viel war an den Entwicklungen in Italien zu sehen, würde die Krankenhäuser überfordern. Dass es besser ist, Abstand zu halten, hatte die Kanzlerin deutlich gemacht. Während der Sitzung erreichten uns Meldungen über Schulschließungen. Auch die Bundesligaspiele am Samstag waren bereits abgesagt. Staatliche Vorgaben für Einschränkungen gab es zu diesem Zeitpunkt noch nicht. Wir hatten an demselben Tag Gemeinden, Dekanaten und Einrichtungen empfohlen, auf größere Gottesdienste, zum Beispiel Konfirmationen und Ordinationen, zu verzichten. Gemeinsam berieten wir ausführlich die Situation. Die Klausur beendeten wir allerdings, weil wir selbst vorsichtig sein wollten, bereits am Freitagabend und nicht wie geplant am Samstag.

Uns allen war klar, dass wir jetzt vor besonderen Herausforderungen stehen würden, für die wir keinen Plan in der Schublade hatten. Natürlich stellten wir uns auch die Fragen, die in diesen Tagen besonders diskutiert wurden: Wie gefährlich ist das Virus? Welche Maßnahmen sind angemessen? Was ist übertrieben? Darüber hinaus fragten wir: Was bedeutet dies für unsere Gemeinden? Was ist mit Menschen, die ganz allein sind? Was ist unsere Aufgabe als Kirche? Was müssen wir als kirchenleitende Gremien tun? Wir waren uns schnell darin einig, dass wir das tun wollten, was Menschen schützt. Das würde jetzt vielfach bedeuten, genau das Gegenteil von dem zu empfehlen, was wir sonst tun. Kirche heißt immer auch, Menschen in Gemeinschaft zusammenzubringen. Jetzt ging es darum, Abstand zu halten.

Am 10. März war die Tageslosung Psalm 27,1: »Der HERR ist meines Lebens Kraft; vor wem sollte mir grauen?« Als Lehrtext war hinzugefügt: »Gott hat uns nicht gegeben den Geist der Furcht, sondern der Kraft und der Liebe und der

Besonnenheit.« 2. Timotheus 1,7. Ich habe diese Worte damals spontan für einen Facebook-Post zur Corona-Zeit aufgegriffen. Sie waren für mich ein Leitwort in den folgenden Wochen und Monaten, und sie sind es immer noch. Es geht darum, in aller Unsicherheit immer wieder Halt in Gott zu suchen, um nicht in Furcht panisch zu reagieren. Gefragt ist, gewissenhaft wahrzunehmen, was geschieht und was gefordert ist, kritisch zu prüfen und abzuwägen und dann klar zu handeln. Maßstab ist die Liebe und damit das, was dem Leben dient. Es kann nicht darum gehen, vermeintliche kirchliche Interessen und Prinzipien durchzusetzen. Mit dem Bericht heute an diesem besonderen Synodentag beschreibe ich in einem Überblick den bisherigen Weg unserer Kirche in der Corona-Zeit. Ich gebe dies damit hier vor der Synode zu Protokoll – zur Debatte in der Synode und auch für diejenigen, die später einmal auf diese Zeit zurückblicken. Dem Überblick folgen Gedanken zur theologischen Deutung der Corona-Krise. Am Ende steht ein knapper Ausblick.

Eine kleine Bemerkung vorab: Vielen gebührt Dank für besonderen Einsatz und besonderes Engagement in dieser Zeit. Dieser Dank begleitet vieles, was ich jetzt beschreibe. Ich werde ihn aber erst am Ende noch einmal ausdrücklich aussprechen.

1. Überblick

Nach den ersten allgemeinen Empfehlungen gab es in Hessen und Rheinland-Pfalz seit dem 16. März Infektionsschutzverordnungen. In den Verordnungen war unter anderem geregelt, dass in den Kirchen keine gottesdienstlichen Versammlungen stattfinden können. Die Kirchen blieben für die Gebete Einzelner geöffnet. Dass dies so bleibt, war sowohl der evangelischen als auch der katholischen Kirche wichtig. Ebenso sollten Beerdigungen im kleinen Rahmen mit den engsten Angehörigen und unter Einhaltung von Schutzvorkehrungen möglich sein. Von Anfang an war die besondere Situation in den Krankenhäusern und in Alten- und Pflegeheimen im Blick. Seelsorgerinnen und Seelsorger hatten in der Regel in Abstimmung mit den Einrichtungen Zugang zu Menschen, die dies anforderten. Über die Beauftragten in Mainz und Wiesbaden waren wir in ständigem Kontakt mit den Landesregierungen. Gerade in der ersten Phase wurden die Entscheidungen allerdings sehr schnell getroffen, so dass nicht alle Einzelheiten abgestimmt werden konnten. Am Paulusplatz haben wir unverzüglich einen Krisenstab gebildet, der in der ersten Zeit nahezu täglich zusammenkam – erst in leiblicher Präsenz, dann in Videokonferenzen. Zum Krisenstab gehören: Kirchenpräsident, Stellvertretende Kirchenpräsidentin, der Leiter der Kirchenverwaltung, die Dezernentin und die Dezernenten, der Pressesprecher sowie die Referentin für interne Kommunikation und der persönliche Referent des Kirchenpräsidenten. Der Präses der Synode erhält die Protokolle des Krisenstabs und nimmt nach Absprache am Krisenstab teil. Dies war zum Beispiel der Fall, als im Krisenstab vorbesprochen wurde, wie Synoden weiter arbeiten können. Der Krisenstab, der zurzeit einmal wöchentlich tagt, verfolgt die aktuellen Entwicklungen. Dabei geht es vor allem darum, eingehende Fragen miteinander zu beraten und die jeweiligen Verordnungen der Länder in die kirchliche Arbeit hinein zu »übersetzen«. Ein Schwerpunkt war von Anfang an, Gemeinden, Dekanate und Einrichtungen zu informieren und zugleich auch Gestaltungshinweise zu geben. Schnell haben wir gesehen, dass wir nicht alle Einzelfragen vor Ort regeln können. Gestaltungshinweise sollten so sein, dass vor Ort verantwortliche Entscheidungen getroffen werden können. Aus Rückmeldungen wurde deutlich: Manche hätten sich direktivere Vorgaben gewünscht. Viele haben das Vertrauen geschätzt, in Orientierung an den Hinweisen vor Ort selbst entscheiden zu können. Das hat sich zum Beispiel am Sonntag Okuli, dem 15. März, gezeigt. Damals konnten noch Gottesdienste in den Kirchen gefeiert werden, aber es waren schon Vorsichtsmaßnahmen zu treffen. Insgesamt wurde in den Dekanaten und in den Gemeinden auf unterschiedliche Anforderungen unterschiedlich reagiert. Nach meinem Eindruck ist das sehr verantwortungsbewusst geschehen.

Besondere Regelungen waren für Kindertagesstätten, Tagungshäuser und nicht zuletzt für die Arbeit in den Verwaltungen zu treffen. Hinsichtlich der Seelsorge in Krankenhäusern und Einrichtungen waren wir über das Zentrum Seelsorge in ständigem Kontakt mit Seelsorgerinnen und Seelsorgern. Darüber hinaus waren wir in großen diakonischen Krankenhäusern über die von uns beauftragten Personen eingebunden in die medizinethischen Überlegungen zur Vorbereitung möglicher Triage-Situationen – Situationen, in denen aufgrund der vorhandenen Ressourcen entschieden werden muss, wer weiterbehandelt wird und wer nicht.

Keine Frage: Es war sehr schmerzlich, dass gerade in dieser hoch angespannten Situation keine Gottesdienste in leiblicher Gemeinschaft gefeiert werden konnten. Und es tat auch sehr weh, dass Menschen in Krankenhäusern und Pflegeeinrichtungen von ihren Angehörigen isoliert waren. Für uns im Krisenstab war es immer wieder Thema, wie die Spannung zwischen dem Dienst für Menschen und dem Schutz der Mitarbeiterinnen und Mitarbeiter im kirchlichen und diakonischen Dienst zu gestalten ist. Viele in den Kindertagesstätten, im Pfarrdienst, in den Einrichtungen zählen selbst zu einer Risikogruppe oder haben enge Angehörige, die zum Teil bei einer Covid-19-Erkrankung ein hohes Risiko haben. Hier ist uns bewusst geworden, dass prinzipielle Entscheidungen diese Spannung nicht auflösen können. Meistens ist es nötig, die Gefahr und das Risiko in der jeweiligen Situation einzuschätzen. Das Ziel in dieser ersten Phase war klar: Es galt, einen exponentiellen Anstieg der Infektionen zu verhindern. Dabei ging es immer darum, andere und sich selbst zu schützen. Ein heldenhaftes »Ich habe keine Angst« reichte nicht aus, da man selbst damit auch zum Risiko für andere werden konnte. Das – und nicht etwa eine staatliche Restriktion– hat auch in manchen Situationen der seelsorgerischen Nähe Grenzen gesetzt. Nun ist es richtig, was Bundestagspräsident Wolfgang Schäuble in einer viel beachteten Intervention gesagt hat: Lebensschutz ist kein absolutes Ziel. In der ersten Phase ab März ging es aber zunächst darum, eine Katastrophe zu verhindern. Dass eine solche kommen konnte, stand uns durch die Bilder aus Norditalien vor Augen. Die weitere Entwicklung der Pandemie hat gezeigt, dass bei einem exponentiellen Anstieg der Infektionen nicht nur, aber besonders die ohnehin schwachen und geschwächten Menschen betroffen sind. Bald war deutlich, dass der Lockdown eine Fülle von Folgeproblemen mit sich bringen würde. Wirtschaftliche und auch sozialpsychologische Folgen werden uns vermutlich noch über Jahre beschäftigen. Dabei war auch eine seltsame Ambivalenz zu spüren. Während einige es sogar ein wenig genießen konnten, dass manches ruhiger war und überbordende Arbeitsbelastung zurückging, hatten und haben andere zusätzliche Belastungen und sogar große Existenzsorgen: Vor allem Selbständige, die in dieser Zeit kein Einkommen hatten, oder Menschen, die ihren Arbeitsplatz verloren, tragen schwer an dieser Zeit. Auch die weitgehende Schließung der Kindertagesstätten, Schulen und anderer Bildungseinrichtungen ist in ihren Folgen noch nicht absehbar. Die Belastung in den Familien – oft in der Verbindung von Home-Office und Homeschooling – war enorm. Gelungen ist allerdings bisher, eine große Katastrophe zu verhindern. Manch vollmundige Kritik – auch aus der Kirche an der Kirche – ist meines Erachtens Ausdruck des sogenannten Präventionsparadoxes. Weil die Prävention gelungen ist, wird im Nachhinein geurteilt, dass sie vielleicht in dieser Form nicht nötig war. Unerträglich wird die Kritik dann, wo sie sich in Verschwörungstheorien hineinsteigert und dann auch noch politisch funktionalisiert wird. Ich bleibe bei dem, was ich in dieser Krise immer wieder gesagt habe: Ich bin froh, in einem Land zu leben, das besonders gefährdete Menschen im Blick behält und schützt.

Dankbar bin ich für das große, vielfältige, kreative und – das gilt auch in einem theologisch tiefen Sinn – geistvolle Engagement in unserer Kirche. In vielen Gemeinden wurde sehr aktiv der Kontakt zu Menschen gesucht, die alleine zuhause waren. Es wurde telefoniert oder in anderer Form Kontakt gehalten. Hilfsdienste wurden – oft gemeinsam mit anderen – organisiert. Andachten und Gottesdienste wurden im Freien oder auch digital gestaltet. Dabei sind neue Formen entstanden – wie etwa ein Gottesdienst im Videokonferenz-Format mit vielen Menschen oder die Livingroom-Gottesdienste. Ganz klassisch wurden aber auch geistliche Impulse schriftlich verteilt, oder es wurde die Möglichkeit genutzt, geistliche Worte in den Tageszeitungen zu veröffentlichen. Besonderen Zuspruch hatten die Verkündigungssendungen im Radio und im Fernsehen. Der ZDF-Fernsehgottesdienst etwa hat in dieser Zeit die Zuschauerzahlen nahezu verdoppelt. Die Gottesdienste werden in normalen Zeiten von ca. 600.000 bis 800.000 Menschen am Sonntag gesehen. Ab Ende März waren es regelmäßig 1,1 bis 1,4 Millionen Zuschauerinnen und Zuschauer. Da das ZDF für die eigenen Mitarbeitenden Reisen einschränkte, wurden die evangelischen Gottesdienste an sechs Sonntagen aus Ingelheim übertragen. Es war hervorragend, wie die Gemeinde vor Ort diese Aufgabe angenommen hat. Angesichts der Andachten und Gottesdienste, die gefeiert wurden, ist es auch völlig unangemessen, für diese Zeit von einem »Gottesdienstverbot« zu sprechen. Das hat es nie gegeben. Es war nicht möglich, Gottesdienste in leiblicher Präsenz in Kirchen oder anderen Räumen zu feiern. Trotzdem gab es eine besondere, überwiegend mediale Gottesdienstkultur. Sogar für die Sonntagskollekten wurden digitale Gabemöglichkeiten eröffnet. Sehr schwierig war zweifellos die Trauerbegleitung. Aber auch hier wurden Wege gefunden, Trauergespräche zur Vorbereitung der Trauerfeiern zu führen und schließlich die Trauerfeiern selbst angemessen und würdig zu gestalten. In manchen Gemeinden sind Gottesdienste geplant, in denen der Verstorbenen der Corona-Zeit gedacht wird. Ein besonderes Thema waren die Konfirmationen. Für viele junge Menschen und ihre Familien war es eine große Enttäuschung, die Konfirmation nicht wie geplant feiern zu können. Manche Gemeinden haben die Konfirmationen auf das nächste Jahr verschoben, viele haben mittlerweile die Konfirmationen in kleineren Formaten nachgeholt, als dies ab Mai wieder möglich war. Mancherorts – vor allem in den Städten – hatte sich nach italienischem Vorbild ein abendliches Balkon-Singen etabliert, bei dem das Lied »Der Mond ist aufgegangen« eine besondere Rolle spielte. In enger Abstimmung mit den katholischen Bistümern haben wir ein ökumenisches Gebetsläuten angeregt. Viele Gemeinden haben den Vorschlag gerne aufgenommen.

Trotz der vielen Aktivitäten wurden die Gottesdienste in den Kirchen in der Karwoche und an Ostern von vielen schmerzlich vermisst. Auch hier gab es in den Gemeinden viele kreative Aktionen, die Osterbotschaft buchstäblich erklingen zu lassen – etwa durch ein öffentliches, von Posaunen begleitetes »Christ ist erstanden«. Sehr kurzfristig haben wir den Versand der Impulspost an alle evangelischen Haushalte von uns in die Karwoche vorgezogen. Das Impulspost-Team hat das geplante Thema »Gebet« unter dem Motto »Gottkontakt« auf die besondere Situation hin umgearbeitet. Rückmeldungen zeigen, dass von vielen Menschen sehr geschätzt wurde, wie mit der Impulspost auch thematisch auf die besonderen Herausforderungen eingegangen wurde. In Teilen des Kirchengebietes lag den lokalen Zeitungen eine Sonderbeilage von »chrismon« bei, die ganz auf die aktuelle Situation zugeschnitten war. In der Karwoche und an Ostern hatte die Frage großes Gewicht, ob und in welcher Form Abendmahl gefeiert werden kann. Es gab Debatten um die Frage, ob Abendmahl in häuslicher Gemeinschaft auch ohne eine zur Einsetzung des Abendmahls beauftragte Person gefeiert werden kann. Und es gab Debatten um die Frage, ob Abendmahl auch in digitaler Gottesdienstgemeinschaft möglich ist. In einem Schreiben an die Gemeinden habe ich zum einen darauf aufmerksam gemacht, dass es für die Abendmahlsfeier zuhause durchaus eine Beauftragung »für Zeit und Ort« geben kann. Die Frage der Abendmahlsfeier in digitaler Gemeinschaft wirft eine Reihe theologischer Fragen auf. Gleichwohl führen gerade Extremsituationen wie die, die wir erleben, dazu, neue Wege zu gehen. Wichtig ist auf jeden Fall, die Feier verantwortlich zu gestalten. Hier geht es unter anderem um die Frage, wer die Einsetzungsworte spricht und ob ein angemessener Umgang mit den Gaben des Mahls erfolgt. Gerade in ökumenischer Perspektive ist dies außerordentlich bedeutsam. Zur Abendmahlsthematik – so ist die Absprache auf EKD-Ebene – soll es »nach Corona« einen Erfahrungsaustausch und weitere theologische Arbeit geben.

Bereits jetzt ist deutlich, dass es vieles gibt, was über die Corona-Krise hinaus weiterwirken wird. Außerordentlich schnell wurden von vielen die digitalen Kommunikationsmöglichkeiten intensiver als vorher genutzt. Dazu gehören vor allem Videokonferenzen. Mit Videokonferenzen war und ist es möglich, die für unsere Kirche so wichtige Arbeit in den unterschiedlichen Gremien weiterzuführen. Die erste Videokonferenz-Sitzung der Kirchenleitung fand am 24. März statt. Auch Gemeinden, Dekanate, der Kirchensynodalvorstand, synodale Ausschüsse und andere Gremien haben Videokonferenzen durchgeführt. Die Frage, ob und wie auch rechtskräftige Entscheidungen getroffen werden können, haben wir über gesetzesvertretende Verordnungen geregelt. Diese liegen mit dieser Tagung der Synode zur Gesetzgebung vor. Ich bin froh und dankbar, dass in diesen Fragen schnelle Abstimmungen mit dem KSV und über den KSV auch mit den synodalen Ausschüssen möglich waren.

Es ist sicher so, dass die Corona-Krise für uns als Kirche einen Digitalisierungsschub gebracht hat. Neben den digitalen Gottesdienstformaten und den Konferenzen wurde an vielen Stellen nach neuen digitalen Formaten gesucht und solche auch erarbeitet. Der für dieses Jahr in Wiesbaden geplante Jugendkirchentag wurde digital veranstaltet. Der Erlebniswert ist sicher nicht mit dem einer Live-Veranstaltung zu vergleichen. Trotzdem haben die Veranstaltungen im Netz eine gute Reichweite erzielt. In manchen Gemeinden wurde auch der Konfirmandenunterricht im Video-Format weitergeführt. Zu einer Konfirmandenstunde einer Frankfurter Gemeinde war ich eingeladen und war beeindruckt von dem Gespräch, das ich mit den Konfirmandinnen und Konfirmanden führen konnte. Die Ehrenamtsakademie und das Zentrum Bildung haben mit Web-Seminaren Veranstaltungsformate entwickelt, die sich in der Corona-Zeit außerordentlich bewährt haben. Das Religionspädagogische Institut hat intensiv daran gearbeitet, Unterrichtsmaterial für Religionsunterricht und die Konfirmandenzeit in neuen digitalen Formaten, über das bisherige Angebot hinaus, bereitzustellen. Das Zentrum Verkündigung hat mit Material und Gestaltungshinweisen im Netz Gottesdienste in allen Formaten zeitnah begleitet. Und sicher gibt es noch manches darüber hinaus.

Manche werden einwenden: Das Digitale ersetzt doch die Begegnung nicht. Ja, das ist so. Es gehört zu den besonderen Erfahrungen der Corona-Zeit, dass uns bewusst geworden ist, was wir an den Begegnungen miteinander haben und wie sehr wir als Kirche auch in diesen Begegnungen miteinander leben. Zugleich sehen wir aber, dass es gute digitale Möglichkeiten gibt, effektiver und ressourcenschonender zu arbeiten und auch andere Zielgruppen zu erreichen. Es wird in Zukunft darauf ankommen, eine gute Mischung zu finden.

Nicht digitalisieren lässt sich die persönliche Zuwendung in den Kindertagesstätten und den Krankenhäusern und Pflegeeinrichtungen. Obwohl nicht zu unterschätzen ist, wie hier vielfach digital mit Eltern und Angehörigen kommuniziert wurde. In den Kindertagesstätten galt es zunächst einen Notbetrieb zu organisieren und aufrecht zu erhalten. In stationären Pflegeeinrichtungen, in den Diakoniestationen und Krankenhäusern musste die Versorgung weitergeführt werden. Ich bin sehr dankbar, dass dies oft unter großem persönlichen Einsatz gelungen ist. Insbesondere für den Pflegedienst wurde auch die Frage der Bezahlung thematisiert. Von manchen wurde die Erwartung an uns herangetragen, dass Kirche und Diakonie hier eine Vorreiterrolle übernehmen müssen. Damit wurden Erwartungen geweckt, die wir allein nicht erfüllen können. Für die Bezahlung der Pflegekräfte gibt es Tarifvereinbarungen. Auch die diakonischen Einrichtungen müssen ihre Leistungen über den Markt finanzieren. Keine Frage: Der Pflegedienst muss besser bezahlt werden, aber darüber braucht es eine gesamtgesellschaftliche Verständigung.

Eine neue Phase in der Corona-Krise begann, als ab Mai wieder Gottesdienste in den Kirchen gefeiert werden konnten und auch andere Veranstaltungen nach und nach wieder möglich wurden. Für Hygienekonzepte und deren Umsetzung gab es keine Vorbilder. In Abstimmung mit der Bundesregierung und in Rückkopplung mit dem Robert-Koch-Institut wurde auf EKD-Ebene ein Rahmen abgesteckt. Der wurde dann gemäß den Regelungen der einzelnen Bundesländer von den Kirchen umgesetzt. Da Kirchen und Religionsgemeinschaften sehr schnell die Möglichkeit gegeben wurde, Menschen an einem Ort zu versammeln, hatten die Konzepte Vorbildcharakter für andere. Es ist hervorragend, wie gelassen und professionell in den Gemeinden agiert wurde. Kirchenleitend hielten wir es für sinnvoll, keinen Druck auf ein bestimmtes Datum hin zu entfalten. Die Verhältnisse vor Ort sind unterschiedlich. Wir setzten wieder darauf, dass vor Ort geprüft und sorgfältig agiert wird. Das hat sich bewährt. Andere Fälle haben gezeigt, dass Versammlungen in einem Raum mit Nähe und Gesang ein erhöhtes Risiko darstellen. Sehr schmerzlich sind nach wie vor die Einschränkungen beim Gemeindegesang und auch die erhöhten Vorsichtsmaßnahmen für Chöre und Posaunenchöre. Es ist gut, dass unsere Kirchenmusikerinnen und Kirchenmusiker mit viel Engagement Möglichkeiten gefunden haben, Gottesdienste musikalisch zu gestalten. Vielen ist sehr deutlich geworden, welch große Bedeutung Musik und Gesang für unser Glaubensleben haben.

Krisensituationen tragen immer die Gefahr in sich, ganz selbstbezüglich zu werden und die Themen zu vergessen, die vorher relevant waren. Wir haben bewusst versucht, den weiten Blick nicht zu verlieren. Ich gebe hierzu nur ein paar Hinweise: Das Zentrum Gesellschaftliche Verantwortung hat alle Abgeordneten in Hessen und Rheinland-Pfalz angeschrieben. Thema des Briefes war die Bitte, die jetzige Situation zu nutzen, um nachhaltige Wirtschaftsförderung zu betreiben. Organisiert und begleitet vom Zentrum Oekumene habe ich mit leitenden Personen aus allen unseren Partnerkirchen in Europa, Asien, Afrika und Nordamerika in Videokonferenzen gesprochen. Die Stellvertretende Kirchenpräsidentin hat mit dem Zentrum Oekumene und der Personalabteilung Videokonferenzen mit allen Pfarrerinnen und Pfarrern der EKHN in deutschen Gemeinden im Ausland durchgeführt. Alle haben uns mitgeteilt, wie sehr sie schätzen, so einander wahrzunehmen und damit Anteil aneinander zu nehmen. Wir haben sehr eindrückliche Berichte gehört, insbesondere von den stark betroffenen Kirchen, der Waldenserkirche in Italien und der UCC in New York. Für manche Partnerkirchen hat der Lockdown in ihren Ländern bedeutet, dass mit den Gottesdiensten in den Kirchen auch Kollekten und Spenden weggefallen sind und sie zum Teil Mitarbeitende nicht bezahlen konnten. Es wurde sehr gewürdigt, dass wir Hilfe leisten konnten. Zugleich wurde aber immer wieder hervorgehoben, wie wichtig für uns alle die ökumenische Verbundenheit in Gespräch und Gebet ist. Am Pfingstmontag haben an einem Video-Gottesdienst »Meet and Pray« ca. 80 Personen aus der weltweiten Ökumene unserer Partnerkirchen teilgenommen. Weitere finanzielle Unterstützung ist Teil eines Corona-Solidaritätsfonds, für den von Mitarbeitenden unserer Kirche etwa 53.000 Euro gespendet wurden. Aus dem Solidaritätsfonds werden auch Künstlerinnen und Künstler gefördert werden, die wegen ausgefallener Veranstaltungen keine Honorare bekamen. Außerdem wird der Hilfsfonds der Diakonie unterstützt, der für Menschen in besonderen durch die Corona-Krise bedingten Notlagen bestimmt ist. Die Corona-Nothilfe der Diakonie hat mittlerweile Sach- und Geldspenden in Höhe von etwa 2,2 Millionen Euro erhalten, die bereits zum allergrößten Teil an bedürftige Menschen weitergeleitet wurden. Berichten möchte ich an dieser Stelle auch, dass ich Ende März unsere Forderung, weitere Flüchtlinge aufzunehmen, angesichts der dramatischen Situationen in den Flüchtlingslagern erneuert habe. Was in der vergangenen Woche in Moria geschehen ist, war leider zu befürchten. Und es ist beschämend für ein Europa, das sich auch als Wertegemeinschaft versteht. Die leitenden Geistlichen in Hessen und Rheinland-Pfalz haben in dieser Woche gemeinsam an den hessischen Ministerpräsidenten und die rheinland-pfälzische Ministerpräsidentin in Briefen die Forderung gerichtet, zu helfen und Flüchtlinge aus Moria aufzunehmen – 1.000 in Hessen und 650 in Rheinland-Pfalz. Wir haben dabei auch gesagt, dass wir die Aufnahme von geflüchteten Menschen selbstverständlich im Rahmen unserer Möglichkeiten weiter unterstützen.

2. Zur Frage der theologischen Deutung

Vermutlich wird es noch lange Debatten über die Rolle der Kirchen in der Corona-Krise geben. Immer wieder wird kritisiert, die Kirchen hätten in der Corona-Krise keine tragende Rolle gespielt. Dies sei eben Ausdruck ihrer immer weiter zurückgehenden Bedeutung. Die Veröffentlichung der Kirchenaustrittszahlen des vergangenen Jahres, die sehr hoch waren, hat dieser Sicht weitere Argumente geliefert. Andere weisen darauf hin, dass Kirche staatlicherseits nicht als »systemrelevant« eingestuft worden sei. Die Kirchen hätten es versäumt, energisch auf die Situation isolierter Menschen hinzuweisen. Sie hätte seelsorglich präsenter agieren müssen. Andere fügten hinzu, dass es keine wirklich theologische Gesamtdeutung der Krise gegeben habe. Es wird sogar von einem »Schweigen der Bischöfe« geredet.

Manche Kritik wird vielleicht weniger vollmundig vorgetragen oder verstummt ganz, wenn man auf das schaut, was in den Gemeinden und Einrichtungen seelsorglich wirklich geleistet wurde. Und wenn man, wie von mir dargestellt, auch die Ambivalenzen im Spannungsfeld von Zuwendung, Gefährdungspotential und Schutz wahrnimmt. Im Hinblick auf die theologische Deutung ergibt sich ein vielfältigeres Bild, wenn die Kritik sich nicht nur auf das bezieht, was medial rezipiert und diskutiert wurde. Selbstverständlich gab es auch in den Medien zunächst ein großes Interesse an medizinischen Erklärungen und Empfehlungen. Es gab zunächst eine große Aufmerksamkeit dafür, eine wirkliche Katastrophe zu verhindern. Das haben wir als Kirche auch so gesehen, und daran haben wir mitgewirkt – nicht, weil wir zu angepasst oder zu staatskonform wären, sondern weil wir dies auch als Herausforderung gesehen haben, die im Liebesgebot begründet ist. Dass anders zu handeln, furchtbare Folgen haben kann, haben uns unsere Partnerkirchen aus Italien und New York eindrücklich erklärt. Ich gehe sogar so weit zu sagen: Weil es uns in Deutschland gelungen ist, eine Katastrophe zu verhindern, wurde auch die sogenannte Theodizee-Frage, also die Frage danach, warum Gott Leiden und Tod zulässt, gesamtgesellschaftlich nicht in ihrer existentiellen Tiefe erlebt und gestellt. Das ist auch gut so. Bei allen, die persönlich betroffen waren, war dies anders.

In einem Beitrag für die VRM-Medien habe ich die Frage »Was hat Gott mit Corona zu tun?« behandelt. Mir lag daran aufzuzeigen: Der Weg, eine Krise oder Katastrophe als Strafe Gottes zu deuten, wie dies jahrhundertelang geschehen ist, ist theologisch nicht vertretbar. Selbstverständlich bleibt es ein letztes Geheimnis in Gott selbst, warum Menschen immer wieder Leiden ertragen müssen, die sich nicht einfach menschlicher Schuld zurechnen lassen. Und selbstverständlich führt diese Konfrontation auch immer dazu, dass Menschen erkennen: Das Leben ist nicht einfach verfügbar, und nicht alles ist menschlich machbar. Die Konfrontation führt auch dazu, das eigene Leben für sich und vor Gott zu prüfen. Aber es ist nicht unsere Aufgabe, einen strafenden oder einen in problematischem Sinn

»erzieherischen« Willen Gottes zu ergründen. Unsere Aufgabe ist es, uns an Gott zu orientieren, der in Jesus Christus an die Seite der leidenden Menschheit getreten ist und seinen Willen zum Leben, auch über den Tod hinaus, offenbart hat. All das bedeutet, dass wir nicht auf alle Fragen des Lebens eine Antwort haben, sehr wohl aber Mittel und Wege, mit und in diesen Spannungen zu leben. Das führt hinein in das Gebet, in dem wir uns nach Gottes Kraft und Orientierung ausstrecken.

Dieser theologische Hintergrund wirft auch ein besonderes Licht auf die Frage, ob Kirche »systemrelevant« ist. Es kann uns als Kirche nicht einfach darum gehen, als »systemrelevant« anerkannt zu werden. Meines Erachtens muss gefragt werden: Was ist eigentlich »Systemrelevanz«? Dieser Begriff muss dringend noch einmal geprüft und debattiert werden. Sind es diejenigen, die für die Grundversorgung der leiblichen und ökonomischen Bedürfnisse sorgen? Dann fallen alle raus, deren Arbeit auf geistige und seelische Bedürfnisse gerichtet ist. Also auch diejenigen, die für Bildung, Kultur und natürlich Seelsorge zuständig sind. Natürlich ist es möglich, in bestimmten Situationen auch Sonderregelungen für bestimmte Bereiche und Berufe zu treffen. Ein unreflektierter Begriff der »Systemrelevanz« ist dafür nicht geeignet. Damit begibt sich eine Gesellschaft in die Gefahr einer materialistischen Reduktion des Lebens. Die Gefahr ist in Krisenzeiten immer da. Sie zeigt aber zugleich, wie wichtig es ist, menschliches Leben in seiner Gesamtheit im Blick zu behalten. Dazu können wir als Kirche und viele andere auch, Wichtiges beitragen, denn unsere Botschaft und unsere Arbeit haben, wie Wolfgang Huber es formuliert hat, Lebensrelevanz. Sie hilft, mit Spannungen und in Unsicherheit zu leben.

3. Ausblick

Wir haben die Corona-Krise noch nicht überwunden. Immer noch erkranken viele Menschen, manche sehr schwer. Ihnen und ihren Angehörigen gelten unser Mitgefühl und Segenswünsche, ebenso all denen, die gegen die Krankheit kämpfen – in Behandlung, Pflege und Forschung. Es wird wohl noch eine ganze Weile dauern, bis wir wieder von Normalität sprechen können. Wir brauchen noch weiter viel Geduld, Kraft, Liebe und Besonnenheit. Noch ist unklar, ob und wie der Ökumenische Kirchentag im nächsten Jahr in Frankfurt stattfinden kann. Der Kirchentag wird sicher anders sein, als das, was wir erwartet und erhofft haben. Wie jetzt geplant wird, hat gestern das Präsidium des Ökumenischen Kirchentages entschieden. Da noch Vorabklärungen nötig sind, wird das Ergebnis in der nächsten Woche bekannt gegeben. Was die Corona-Krise finanziell für uns bedeutet, ist ebenfalls noch nicht absehbar. In einem Nachtragshaushalt, der Ihnen jetzt vorliegt, werden Maßnahmen für das laufende Haushaltsjahr getroffen. Unabhängig von der Corona-Krise wird es nötig sein, die finanziellen Rahmendaten für unsere Zukunftsplanung zu verändern. Am Prozess ekhn 2030 haben wir weitergearbeitet. Impulspapiere zu den Querschnittsbereichen Kirchenbild, Digitalisierung und Nachhaltigkeit liegen vor. Zukunftsplanungen gibt es auch in der EKD. Während des Sommers wurden Leitsätze eines Zukunftsausschusses veröffentlicht. In diesen Leitsätzen gibt es Berührungspunkte mit unseren Überlegungen. Diese können wir nach der Debatte in der EKD-Synode auch in unseren Prozess hineinnehmen.

Liebe Synode, der Bericht ist in diesem Jahr anders ausgefallen als in den Jahren zuvor. Den Überblick und die damit verbundenen Reflexionen möchte ich mit einem großen Dank abschließen. Der Dank geht an alle, die sich an den unterschiedlichsten Stellen in dieser schwierigen Zeit in unserer Kirche, für unsere Kirche und für das Gemeinwohl aller so großartig eingesetzt und engagiert haben. Und der Dank geht an Gott, der uns und unser Tun mit seinem Schutz und Segen begleitet hat. Ihm vertraue ich uns an:

> Bewahre uns Gott, behüte uns Gott,
> sei mit uns auf unsern Wegen.
> Sei Quelle und Brot in Wüstennot,
> sei um uns mit deinem Segen. (Eugen Eckert, EG 171,1)

Ich danke Ihnen für Ihre Aufmerksamkeit.

»Ich schäme mich des Evangeliums nicht; denn es ist eine Kraft Gottes, die selig macht alle, die glauben, die Juden zuerst und ebenso die Griechen. Denn darin wird offenbart die Gerechtigkeit, die vor Gott gilt, welche kommt aus Glauben; wie geschrieben steht: ›Der Gerechte wird aus Glauben leben.‹«

Römer 1,16–17 [2021]

Sehr geehrter Herr Präses, hohe Synode!

Heute vor 500 Jahren war Martin Luther noch in Worms. Vier Tage vorher hatte er vor dem Reichstag gesagt, dass er widerrufen wird, wenn er »durch Schriftzeugnisse oder einen klaren Grund« widerlegt wird. Am 22. April beginnen Nachgespräche mit Luther. Damit will man auch dem Vorwurf entgegentreten, es habe keine wirkliche Auseinandersetzung mit ihm gegeben. Für die Nachgespräche sind drei Tage veranschlagt. Das entspricht der Sitzungsdauer unserer Synode, mit der wir gerade begonnen haben. Wir wissen: Auch die Nachgespräche führen nicht dazu, dass Luther widerruft. Er bleibt dabei: Vieles, was in der Kirche seiner Zeit geschieht, bedrängt und bedrückt die Menschen. Das entspricht nicht dem Evangelium – der Botschaft von der Liebe Gottes, die Menschen stärkt. Diese Kraft des Evangeliums hat er im Studium der Bibel entdeckt. Besonders in Sätzen wie diesen: »Ich schäme mich des Evangeliums nicht; denn es ist eine Kraft Gottes, die selig macht alle, die glauben, die Juden zuerst und ebenso die Griechen. Denn darin wird offenbart die Gerechtigkeit, die vor Gott gilt, welche kommt aus Glauben in Glauben; wie geschrieben steht: ›Der Gerechte wird aus Glauben leben.‹« (Römer 1,16–17) Das Evangelium, von Gott um Christi willen allein aus Gnade und allein durch Glauben angenommen zu sein, hat Luther von eigenen Höllen- und Todesängsten befreit. Er widerruft in Worms nicht, weil er sein Gewissen gebunden und gestärkt sieht in der Wahrheit und Kraft des Evangeliums.

Am vergangenen Wochenende war in Worms das große Jubiläumswochenende. Aufgrund der Corona-Pandemie war auch hier vieles anders, als es geplant war. Immer wieder kam zur Sprache, dass wir dieses Jubiläum in einer ganz besonders schwierigen Zeit begehen. Die Corona-Pandemie ist eine gewaltige Herausforderung, die sehr belastet. Die Intensivstationen sind wieder an der Belastungsgrenze, viele Menschen trauern um Angehörige, der psychische Druck steigt, die wirtschaftlichen und gesellschaftlichen Belastungen ebenfalls. Die Kirchen sind in einer schwierigen Lage – das kirchliche Leben ist sehr eingeschränkt, es gibt Kritik an den Kirchen, die Austrittszahlen sind hoch. Das Evangelium ist die Kraftquelle der Kirche, und es ist der Maßstab für ihr Handeln. Daran erinnert uns der Rückblick auf Luther und den Wormser Reichstag. Ich nehme dies als Leitfaden für den Blick auf sechs Themen im diesjährigen Bericht zur Lage in Kirche und Gesellschaft. Die sechs Themen sind:

1. Einheit und Vielfalt – zum Stand der Ökumene
2. Glaubwürdigkeit – zum Thema sexualisierte Gewalt
3. Mut zum Leben – zur neuen Debatte um die Sterbehilfe
4. Widerspruch – zur Lage geflüchteter Menschen
5. Autonomie und Gemeinsinn – Gesellschaft und Kirche in der Corona-Zeit
6. Kommunikation des Evangeliums – ekhn2030

1. Einheit und Vielfalt – zum Stand der Ökumene

Luthers Verweigerung des Widerrufs in Worms war folgenreich. Es kam nicht zu einer Reform der Kirche, so wie er sie gemeinsam mit vielen anderen gefordert hat. Das Ergebnis war eine Spaltung der westlichen Christenheit. Dies hat – besonders aus evangelischer Perspektive – Positives wie Negatives mit sich gebracht. Zum Positiven gehört, dass die Bedeutung des einzelnen Menschen gestärkt wurde. Und dazu gehört ein evangelisches Kirchen- und Amtsverständnis, das im Priestertum aller Getauften wurzelt. Die Spaltung hat aber auch über Jahrhunderte großes Leid über Menschen gebracht, da die Glaubensdifferenz im Gemenge mit politischen Interessen zu Auseinandersetzungen und Kriegen führte. In der Folge des Augsburger Religionsfriedens und auch noch des Westfälischen Friedens war Glaubenshomogenität lange Zeit ein Leitprinzip für viele Territorien. Mit den Veränderungen vor allem im 20. Jahrhundert brachte die unterschiedliche konfessionelle Prägung immer noch viele leidvolle Themen mit sich – besonders in konfessionsverbindenden Familien. Hier hat sich in den letzten Jahrzehnten durch die evangelisch-katholische Ökumene zum Glück vieles verändert. In nicht wenigen Gemeinden gibt es ein gutes ökumenisches Miteinander. Nach wie vor schmerzt es allerdings sehr, dass ein gemeinsames Abendmahl oder eine gemeinsame Eucharistiefeier nicht möglich sind. Dies war und ist natürlich Thema auf dem Weg zum 3. Ökumenischen Kirchentag (ÖKT). Im Herbst 2019 hat der Ökumenische Arbeitskreis evangelischer und katholischer Theologinnen und Theologen mit dem Text »Gemeinsam am Tisch des

Herrn«[1] einen starken Impuls vorgelegt. Der Text nimmt seinen Ausgangspunkt bei den unterschiedlichen biblischen Mahltraditionen und beschreibt die historisch gewachsene Vielfalt der Feiergestalten. Er stellt die theologischen Kontroversen der vergangenen Jahrhunderte dar und zeigt auf, dass Wesentliches gemeinsam geglaubt wird, nämlich: Christus lädt ein, Christus ist im Mahl gegenwärtig, die Gemeinschaft mit ihm ist durch die Taufe, die wechselseitig anerkannt wird, begründet. Vereinfacht gesagt: Damit wird nicht der trennende Streit weitergeführt, wie die Gegenwart von Jesus Christus zu denken ist. Entscheidend ist die Frage, ob geglaubt wird, dass Christus in der Mahlfeier der jeweils anderen Konfession gegenwärtig ist. Dann, so wird gefolgert, ist aus Gewissensgründen auch eine Teilnahme an der Feier der anderen Konfession möglich. Damit ist noch kein gemeinsames Abendmahl ermöglicht, wohl aber die in einer jeweils persönlichen Gewissensentscheidung begründete Teilnahme an der Feier der anderen Konfession. Diese Sicht ist in der katholischen Kirche keineswegs allgemein akzeptiert. Das zeigen eine Reaktion der römischen Glaubenskongregation und ein offener Brief von Kardinal Koch[2] vom Februar dieses Jahres. Auf den Brief von Kardinal Koch haben wir mit einer Stellungnahme der EKHN[3] reagiert. Koch nennt die Abendmahlspraxis der EKHN als ein Beispiel dafür, dass an entscheidenden Punkten kein Konsens bestehe. Unsere Stellungnahme stellt dagegen klar, dass gemäß Lebensordnung die Taufe die Voraussetzung für die Teilnahme am Abendmahl ist. Außerdem hält die Lebensordnung fest, dass die Leitung des Abendmahles bei Personen liegt, die zur öffentlichen Wortverkündigung und Sakramentsverwaltung ordnungsgemäß beauftragt bzw. ordiniert sind. Angesichts dieser Debatte und sicher noch weiter bevorstehender Diskussionen kann der Fortschritt, der auf der Linie von »Gemeinsam am Tisch des Herrn« auch für den ÖKT erreicht ist, nicht geringgeschätzt werden. Ich bin dankbar, dass dies von einem Kreis Frankfurter Theologinnen und Theologen um die beiden Stadtdekane öffentlich unterstützt wird. Beim ÖKT wird es also am Samstagabend Gottesdienste verschiedener Konfessionen mit Mahlfeiern – auch über die katholische Messe und die evangelische Abendmahlsfeier hinaus – geben, an denen Christinnen und Christen jeweils anderer Konfessionen teilnehmen. Die Gottesdienste finden – sofern dies möglich ist – am Samstagabend als Präsenzgottesdienste unter Corona-Bedingungen in

---

[1]   https://bistumlimburg.de/fileadmin/user_upload/Gemeinsam_am_Tisch_des_Herrn._Ein_Votum_des_OEkumenischen_Arbeitskreises_evangelischer_und_katholischer_Theologen1_.pdf zuletzt, abgerufen am 20.04.2021.

[2]   https://www.katholisch.de/artikel/28660-kardinal-koch-an-oeak-kein-konsens-zum-gemeinsamen-abendmahl, abgerufen am 20.04.2021.

[3]   https://www.ekhn.de/fileadmin/content/ekhn.de/bilder/pressemitteilungen/2020/OEKT_21/21-02-12-Stellungnahme_EKHN_-_Offener_Brief_Kardinal_Koch.pdf, abgerufen am 20.04.2021.

Frankfurt statt. Gemeinden sind eingeladen, jeweils vor Ort in gleicher Weise Gottesdienste mit Abendmahl bzw. Eucharistie zu feiern. Der Samstag ist der wesentliche Programmtag des Ökumenischen Kirchentages, der jetzt digital und dezentral stattfindet. Das ist mit vielen Einschränkungen und auch mit vielen Enttäuschungen verbunden, besonders bei all denen, die Veranstaltungen geplant hatten. Gerne hätten wir alle wirklich einen Kirchentag mit persönlichen Begegnungen erlebt. Das ist leider nicht möglich. Dass der Kirchentag trotzdem veranstaltet wird, soll unter anderem ein wichtiges Zeichen sein, dass wir als Kirchen in dieser Corona-Zeit präsent sind. Das reduzierte Programm behandelt wichtige Zukunftsthemen und fragt mit dem Leitwort »schaut hin« nach unserem gemeinsamen Auftrag in dieser Welt. Der Blick auf die Welt wird neben den selbstkritischen und kritischen Fragen an unseren Weg als Kirchen in dieser Welt stehen. Viele werden auch darauf schauen, wie wir uns gemeinsam dem Thema der sexualisierten Gewalt stellen. Zu Recht stellen sie damit ja große Fragen an die Glaubwürdigkeit der Kirchen. Ich werde im nächsten Abschnitt über den Stand der Aufarbeitung in unserer Kirche berichten. Auch wenn zurzeit viele Menschen sehr kritisch auf die Kirchen schauen, auch wenn sich viele vom ÖKT mehr erwartet haben – nicht zuletzt im Hinblick auf das Abendmahl –, bin ich sehr dankbar für die gute ökumenische Weggemeinschaft mit den Bistümern in Hessen und Rheinland-Pfalz. Wir erleben viel Kooperation und viel Vertrauen – in vielen Gemeinden und besonders auch in den Kirchenleitungen. Bischof Peter Kohlgraf hat den ZDF-Fernsehgottesdienst am vergangenen Sonntag in Worms mitgestaltet. Das war nicht selbstverständlich. Bischof Georg Bätzing hat in seinem Hirtenwort zur Österlichen Bußzeit unter dem Titel »Mehr als du siehst – Schritte zur Einheit«[4] in diesem Jahr zu einem neuen ökumenischen Aufbruch im 21. Jahrhundert aufgerufen. Er hat für ökumenische Gespräche und Begegnungen einen Dreischritt vorgeschlagen: »Erstens: Die anderen wirklich verstehen wollen mit ihrem Anliegen und dem, was ihnen wichtig ist. Zweitens: Die Verschiedenheit zulassen und als Bereicherung begrüßen. Drittens: Davon ausgehen, dass das, was uns eint, viel größer ist als das, was uns trennt.« Und er fügt hinzu: »Mir persönlich vermittelt ein solcher Weg Zuversicht und Freude am Kirche-Sein.« Ich kann Bischof Bätzing darin ohne Einschränkung zustimmen. Es ist ja so, dass wir als Evangelische gerne die Vielfalt betonen. Die katholische Perspektive ist vorrangig die Perspektive der Einheit. Für mich zeichnet sich immer deutlicher ab, dass wir gemeinsam erkunden sollten, wie wir Einheit in Vielfalt leben können. Das Evangelium als Gotteskraft ist auch die Botschaft von der Einheit, die uns in Christus geschenkt ist. Die Erinnerung an Worms vor 500 Jahren sollte jedenfalls nicht zur Profilierung und Abgrenzung gegeneinander führen, sondern

---

[4] https://bistumlimburg.de/fileadmin/redaktion/Portal/Meldungen/2021/Hirtenwort/Le sefassung-Fastenhirtenwort_2021.pdf 9, abgerufen am 20.04.2021.

uns an diesen Ursprung der Einheit heranführen und neue Wege des Miteinanders entdecken lassen.

2. Glaubwürdigkeit – zum Thema sexualisierte Gewalt

Zu Recht wird besonders kritisch dann auf Kirche geschaut, wenn das, was Menschen in der Kirche und mit der Kirche erleben, im Gegensatz zu dem steht, was Kirche in ihrer Botschaft vertritt. Dies ist bei sexualisierter Gewalt in besonders erschreckender Form der Fall. Unsere erste Aufmerksamkeit muss dabei den Opfern gelten. Sie sind die eigentlichen Leidtragenden – viele verfolgt dies ihr Leben lang. Damit muss der kritische Blick auf sich selbst einhergehen, um Fehler und Missstände zu erkennen. Beides ist die bleibende Aufgabe für die Kirche. Auch dafür steht der reformatorische Impuls Martin Luthers. Luther hat deutlich gemacht: Aus dem Evangelium kommt die Kraft, Sünde und Schuld zu erkennen und zu benennen, Buße zu tun und das Leben zu bessern.

Im letzten Jahrzehnt ist sehr offensichtlich geworden, dass sexualisierte Gewalt eine sehr dunkle Seite in vielen Bereichen unserer Gesellschaft ist – leider auch in den Kirchen. Öffentlich wird der Umgang der Kirchen mit Opfern und Tätern immer wieder stark kritisiert. Zuletzt war es der Umgang mit Gutachten im Erzbistum Köln, der die Debatte um mögliche Vertuschung und die Glaubwürdigkeit neu entfachte. In diesen Debatten wird auch immer die Frage neu aufgeworfen, wie es denn mit der Aufarbeitung in der evangelischen Kirche steht. Bei allem, was wir wissen, gibt es erkennbare Unterschiede hinsichtlich der Anzahl der Betroffenen und auch hinsichtlich der systemischen Probleme.

In der EKHN haben wir deutlich gesagt, dass wir jeden einzelnen Fall sexualisierter Gewalt in unserer Kirche zutiefst bedauern und alles tun wollen, um aufzuklären, aufzuarbeiten und Leid anzuerkennen. Daran darf man uns messen. Auch vor dem Jahr 2010 haben wir uns mit dem schwerwiegenden Problem sexualisierter Gewalt auseinandergesetzt. Mittlerweile sind Prävention und umfassende Schutzkonzepte fest etabliert. Zuletzt hat diese Synode die weiterentwickelten und verstärkten Maßnahmen gebündelt und dazu ein Gewaltpräventions-Gesetz verabschiedet. Das Gesetz definiert unter anderem klare Standards zu verpflichtenden Schutzkonzepten in kirchlichen Einrichtungen, Verhaltensanforderungen an Haupt- und Ehrenamtliche, wie zum Beispiel ein Distanz- und Abstinenzgebot in besonderen Macht- und Vertrauensverhältnissen und bei besonderen Abhängigkeiten. Wir sind jetzt dabei, diese Regelungen in den Dekanaten, Gemeinden, in kirchlichen und diakonischen Ausbildungsstätten und Unternehmen in Zusammenarbeit mit den jeweiligen Präventionsbeauftragten zu verankern.

Nach wie vor gilt, dass wir Betroffenen, die sich melden, individuell und unbürokratisch helfen. Viele junge Menschen haben sexualisierte Gewalt in

Heimen erlitten, auch in damals evangelisch geführten Heimen. Die Erfahrungen, die wir bei der Aufarbeitung der Schicksale der Heimkinder gemacht haben, prägen unsere Begleitung von Betroffenen sexualisierter Gewalt. Diese Ansätze sind zuletzt auch in den Aktionsplan der Evangelischen Kirche in Deutschland (EKD) gegen sexualisierte Gewalt eingeflossen. 2010 hatten wir in der EKHN unmittelbar reagiert, als sich im Zuge der damaligen Debatte um Missbrauch in der katholischen Kirche auch bei uns vermehrt Betroffene meldeten. Daraufhin wurden konkrete Ansprechpartnerinnen und -partner für Opfer benannt.

Nach aktuellem Kenntnisstand haben sich seit Gründung der EKHN im Jahre 1947 bis heute 70 Verdachtsfälle ergeben, bei denen die Befürchtung bestand, dass Menschen im Bereich der EKHN Betroffene sexualisierter Gewalt sind. In dieser Gesamtzahl sind auch die Fälle aus Heimen in evangelischer Trägerschaft enthalten. 20-mal wurden seit 1947 Pfarrer verdächtigt. In der Mehrzahl der Fälle konnten keine Ermittlungen mehr geführt werden, weil die Beschuldigten verstorben waren. Dennoch haben wir versucht, den Betroffenen gerecht zu werden. Mehrere Verdachtsfälle haben sich als unbegründet erwiesen. Dreimal sind in den letzten 10 Jahren kirchliche Disziplinarverfahren eingeleitet worden, in den Jahrzehnten davor hatte es 11 Disziplinarverfahren gegeben. 50 Anschuldigungen haben sich gegen Erziehende, sowie Mitarbeitende und Ehrenamtliche im kirchenmusikalischen Bereich gerichtet. In Abstimmung mit den Betroffenen wurden Strafanzeigen erstattet. Die EKHN berät in jedem Fall individuell und zahlt entstehende Behandlungskosten, wie etwa Psychotherapie auch ohne Nachweis des Vorfalls, unbürokratisch und schnell. Wir sehen keine pauschalen Entschädigungen vor, haben aber in Anerkennung des Leids individuell Leistungen erbracht. Sobald die derzeit dem Betroffenenbeirat vorliegende Muster-Ordnung für eine Unabhängige Kommission vorliegt, wird sie auch in der EKHN eingerichtet werden – in Verbindung mit einer bereits bestehenden Kommission der EKKW und mit der Diakonie Hessen als zweiter Kammer.

Im letzten Jahr hat die EKD eine wissenschaftliche Aufarbeitung gestartet und ein unabhängiges Forschungsteam beauftragt. An der Studie sind wir beteiligt, sie bezieht sich auch auf die EKHN. Die Veröffentlichung wird durch die Forscherinnen und Forscher erfolgen, ohne dass es hierzu einer Freigabe durch die EKD bedarf. Besonderer Wert wird bei der Untersuchung auf die Einbeziehung Betroffener gelegt.

In dem, was wir tun, wollen wir das Leid Betroffener und das Unrecht, das ihnen geschehen ist, anerkennen. Täter müssen konsequent verfolgt werden, systemisches Versagen muss erkannt und abgestellt werden. Das gilt für lange zurückliegende Taten ebenso wie für Übergriffe heute. Wir können nicht jede Grenzverletzung verhindern, aber wir können erreichen, dass schnellstmöglich eingegriffen wird. Dabei greifen Prävention, Intervention und Aufarbeitung ineinander. Hinschauen und Handeln – so der Titel unserer Plakataktion – ist unser Anspruch.

3. Mut zum Leben – zur neuen Debatte um die Sterbehilfe

Mitten in der Corona-Krise hat eine erneute Debatte um die Sterbehilfe, genauer um den assistierten Suizid begonnen. Ausgangspunkt waren Verfassungsbeschwerden gegen § 217 StGB, in dem erstmals die Strafbarkeit der geschäftsmäßigen Förderung der Selbsttötung geregelt war. Das Bundesverfassungsgericht hat dieses Gesetz für nichtig erklärt und geurteilt, dass mit dem allgemeinen Persönlichkeitsrecht auch ein »Recht auf selbstbestimmtes Sterben« gegeben sei. Im Sinne eines Abwehrrechtes gegen Eingriffe des Staates in das ganz persönliche Leben darf deshalb die Beihilfe zu einem freiverantwortlichen Suizid nicht unmöglich gemacht werden. Die Gesetzgebung steht nun vor der Aufgabe, hierfür Regelungen zu treffen. Erste Gesetzentwürfe liegen vor. Was zu regeln ist, ist sehr weitreichend, denn die Möglichkeit der Suizidbeihilfe muss nach der Argumentation des Bundesverfassungsgerichtes grundsätzlich für alle Volljährigen gegeben sein, und – das haben viele so überhaupt nicht erwartet – unabhängig davon, ob sie in einem Sterbeprozess sind oder nicht. Das ist wesentlich weitreichender als in vielen anderen westlichen Ländern. Theologisch ist meines Erachtens nicht zu kritisieren, dass im Urteil des Verfassungsgerichtes das Selbstbestimmungsrecht sehr hoch veranschlagt wird. Zu fragen ist allerdings, ob insbesondere beim selbstbestimmten Suizid nicht die freie Selbstbestimmung idealisiert wird. In vielen Fällen ist ein Suizid ja gerade nicht Ausdruck freier Entscheidung, sondern tiefster Verzweiflung und psychischer Erkrankung. Es wird immer Situationen geben, in denen es gut ist, Menschen vor einer Entscheidung zu schützen, die nicht rückgängig gemacht werden kann. Kritisch zu hinterfragen am Urteil des Bundesverfassungsgerichtes ist auch, ob ein Recht auf selbstbestimmtes Sterben notwendigerweise die Verpflichtung für den Staat beinhaltet, einen Suizid zu ermöglichen. Über die kritischen Fragen an das Urteil hinaus muss kritisch bedacht werden, inwiefern ein gesetzlich geregelter Verfahrensweg zur Suizidhilfe zu einer Option werden kann, die zu ergreifen Menschen sich gedrängt fühlen könnten. Das wäre dann alles andere als eine selbstbestimmte Entscheidung. Der Staat – und das hat das Bundesverfassungsgericht auch betont – kann hier durchaus Schutzregulierungen vornehmen und sollte das nach meiner Auffassung auch unbedingt tun.

Sehr viel hängt jetzt an der gesetzlichen Ausgestaltung. Diese kann sich durchaus daran orientieren, dass in erster Linie Menschen auch in schwierigen Lebenssituationen zum Leben zu ermutigen sind. Aus christlicher Sicht ist das eine Perspektive, die sich am Evangelium, am großen Ja Gottes zum Leben, orientiert. Dies bedeutet weder den Suizid moralisch zu verurteilen noch Menschen paternalistisch zu bevormunden. Es bedeutet auch nicht, aus dem Blick zu verlieren, dass es tragische Einzelfälle geben kann, in denen Menschen durch einen assistierten Suizid beim Sterben geholfen werden kann. Die Orientierung an Gottes Ja zum Leben bedeutet auch nicht, dass damit gefordert wäre, das Leben um jeden Preis zu verlängern. Zu diesem Leben gehört auch ein gesegnetes Loslassen und Sterbenlassen. Allerdings muss es, wenn die Beihilfe zum Suizid geregelt werden soll, darum gehen, gerade die Freiheit der Entscheidung wirklich zu sichern. Meines Erachtens ist es auf jeden Fall nötig, zwischen dem Suizidwunsch in einem Sterbeprozess und in anderen Lebenssituationen zu unterscheiden. Zum einen ist es hier nötig, die Möglichkeiten der palliativen Begleitung zu stärken, im Wissen, dass auch diese nicht alle suizidalen Gedanken verstummen lassen kann. Aber sie bietet auch den dringend notwendigen Raum, dass ein Mensch sich mit der häufig anzutreffenden paradoxen Ambivalenz der Gefühle auseinandersetzen kann – der Ambivalenz, zur gleichen Zeit sowohl sterben wie leben zu wollen.

Für heftige Diskussionen hat die Debatte gesorgt, ob der assistierte Suizid auch in diakonischen Einrichtungen möglich sein sollte. In einem FAZ-Beitrag im Januar[5] haben Diakonie-Präsident Ulrich Lilie, die Theologieprofessorin Isolde Karle und der Theologieprofessor Reiner Anselm eine Diskussion darüber angestoßen, ob es sinnvoll sein könnte, dazu besondere Teams auszubilden und angemessene Verfahren zu entwickeln. So würde die Suizidbeihilfe nicht den Sterbehilfeorganisationen überlassen. Meines Erachtens ist es richtig, die Debatte zu führen. Dem Vorschlag folge ich jedoch nicht. Der assistierte Suizid sollte kein Regelangebot in diakonischen Einrichtungen sein. Wer in diakonische Einrichtungen geht, soll wissen: Hier wird alles für mich getan, um mich in allen Situationen gut zu begleiten. Und hier wird mir niemand den Suizid ungefragt als eine Option nahebringen. Zugleich sollte klar sein: Auch über Suizid darf ich hier sprechen, und umgekehrt darf angesprochen werden, ob jemand von suizidalen Gedanken bedrängt ist. Denn wir wissen heute, dass das Sprechen über die Sorgen und Nöte, die hinter Sterbewünschen stehen, selbst präventiven Charakter hat. Wer dann immer noch keinen anderen Ausweg für sich sieht – auch solche Fälle wird es leider immer geben –, darf und muss nicht des Hauses verwiesen werden. Orientierung am Evangelium heißt auf jeden Fall, auch in tragischen Situationen mit Liebe an der Seite von Menschen zu bleiben. Das heißt keineswegs, selbst Suizidhilfe zu leisten. Dazu kann auch niemand gezwungen und genötigt werden. In einzelnen, tragischen Fällen wird es aus evangelischer Sicht auf das Gewissen des Einzelnen ankommen. Und das Gewissen ist kein beliebiges Gefühl. Es braucht eine Rechtfertigung vor Gott, für die ich mit meiner ganzen Person einzustehen habe. Womit wir auch hier bei Luther wären.

---

[5]   https://www.faz.net/aktuell/politik/die-gegenwart/evangelische-theologen-fuer-assistierten-suizid-17138898.html, abgerufen am 20.04.2021.

4. Widerspruch – zur Lage geflüchteter Menschen

Luthers Verweigerung, in Worms seine Schriften zu widerrufen, ist im Evangelium von Jesus Christus begründet. Das Evangelium ist die mit dem Leben, dem Tod und der Auferstehung von Jesus Christus verbundene Botschaft von der Liebe Gottes zu allen Menschen. Luther ist wagemutig dafür eingetreten, dass dieses Evangelium den Menschen nicht vorenthalten werden darf. Da hat seine Kritik an der Kirche seiner Zeit angesetzt und dann auch an der politischen Macht, die diese Kirche stützte. Der in der Liebe Gottes verankerte Blick auf jedes einzelne Menschenleben hat das moderne, säkulare Verständnis von der Menschenwürde und von den Menschenrechten mitgeprägt. In Luthers Tradition sind Widerspruch und Widerstand überall dort gefordert, wo die Würde von Menschen verletzt oder missachtet wird. Ich denke zurzeit besonders an die Menschen in Belarus und Myanmar. Und auch an viele andere, die wegen ihres Glaubens, ihrer Weltanschauungen oder politischen Überzeugungen verfolgt, bedroht oder auch getötet werden. Es geht darum, die Augen nicht zu verschließen, zu protestieren und Hilfe zu leisten, wo Menschen ihrer Würde beraubt werden. Deshalb dürfen wir unsere Augen auch nicht vor dem Leid von geflüchteten, schutzsuchenden Menschen verschließen. Die Lage von Schutzsuchenden wird immer besorgniserregender, sowohl an den europäischen Außengrenzen als auch hier in Deutschland. Flüchtlingspolitik setzt immer stärker auf Abschottung und Abschreckung. Dabei geraten Menschen und Menschenrechte unter die Räder. Die Bilder von frierenden Menschen und durchgeregneten Zelten in europäischen Elendslagern sind erschreckend und beschämend. Tausende Geflüchtete, Frauen, Familien und Kinder sitzen an der Grenze zu Kroatien in Bosnien fest, nur notdürftig versorgt von zivilgesellschaftlichen Hilfsorganisationen. Beim Versuch, die Grenze zu überschreiten, werden Geflüchtete von der kroatischen Polizei systematisch misshandelt und in illegalen Pushbacks über die EU-Grenze nach Bosnien zurückgedrängt. Noch immer wird ihnen in Kroatien das Recht auf ein faires Asylverfahren in der EU systematisch verweigert. Und noch immer sitzen tausende Geflüchtete in den Lagern auf den griechischen Inseln fest.

Das ist kein schicksalhaftes tragisches Ereignis, sondern Ergebnis einer hochproblematischen Flüchtlingspolitik. Starke EU-Staaten haben das Flüchtlingsproblem an die schwachen Staaten im Süden und Osten der EU ausgelagert. Das ist nicht nur inhuman gegenüber den Geflüchteten, sondern auch unsolidarisch gegenüber EU-Staaten wie Griechenland. Abschottung ist hier offenbar wichtiger als die Menschenrechte, zu deren Einhaltung sich alle EU-Staaten verpflichtet haben.

Gleichzeitig ist auch eine zunehmende Verschärfung der Flüchtlingspolitik in Deutschland zu beobachten. Abgelehnte Asylbewerbende werden verstärkt mit Arbeitsverboten und zum Teil mit massiven Kürzungen der sozialen Leistungen sanktioniert. Trotz der Pandemie wird weiter abgeschoben, inzwischen auch gut integrierte Menschen unter anderem nach Somalia, Afghanistan und Pakistan. Landesaufnahmeprogramme in Hessen und Rheinland-Pfalz gibt es immer noch nicht, aber die Abschiebungshaft in Darmstadt wurde gerade weiter ausgebaut. Statt gelungene Integration zu fördern, wird so vermehrt Integration behindert.

In Zeiten der Corona-Pandemie werden Flüchtlinge in den Lagern an den Grenzen, aber auch in den Erstaufnahme- und Gemeinschaftsunterkünften in Deutschland hohen Risiken ausgesetzt. Abstand halten und Hygienemaßnahmen sind häufig nicht im erforderlichen Maß umsetzbar. In der Konsequenz mussten viele Schutzsuchende Wochen in Quarantäne verbringen und waren noch stärker eingeschränkt.

Gemeinsames kirchliches und zivilgesellschaftliches Engagement bleibt wichtig. Zusammen mit anderen Landeskirchen und der EKD dringt die EKHN darauf, dass Deutschland das Aufnahmeprogramm für besonders schutzbedürftige Menschen auf den griechischen Inseln fortsetzt. Das wäre ein Zeichen der Menschlichkeit und europäischer Solidarität. Der Weihnachtsappell für die Flüchtlingsaufnahme, der von mehr als 240 Bundestagsabgeordneten unterzeichnet wurde, das ständig wachsende »Bündnis Städte Sicherer Häfen«, sowie die konkreten Aufnahmezusagen von Bundesländern sind eindrucksvolle Beispiele für ein großes Engagement in unserer Gesellschaft. Die Stimmen der Bürgerinnen und Bürger, der Vereine, Städte und Kirchen, die sich seit Jahren für weitere Aufnahmen einsetzen, müssen endlich gehört werden. Gehört werden sollten auch die lauter werdenden Stimmen aller, die schlicht nicht nachvollziehen können, dass immer öfter gut integrierte junge Menschen abgeschoben werden. Zu diesen Stimmen gehören auch die Firmen und Betriebe, in denen diese Menschen beschäftigt sind. Nicht Ausgrenzung, sondern Menschenrechte, gelebte Humanität und Integration müssen endlich handlungsleitend in der Flüchtlingspolitik in Deutschland und Europa werden.

5. Autonomie und Gemeinsinn – Gesellschaft und Kirche in der Corona-Zeit

In einer großen historischen Perspektive gehört Luthers Auftritt vor dem Wormser Reichstag zu den Entwicklungen, die ein neues Verständnis des Menschen von sich selbst hervorgebracht hat. Die Berufung auf das persönliche Gewissen gegenüber den mächtigsten Institutionen seiner Zeit war ein starker Impuls für das moderne Verständnis der Menschen- und Freiheitsrechte jedes einzelnen Menschen. Oft wird Martin Luthers Berufung auf das Gewissen heute allerdings missverstanden. Das Gewissen steht bei Luther nicht für eine persönliche Meinung oder ein persönliches Interesse. Für Luther hat es sich geformt im Hören auf die Worte der Schrift und im Gebrauch der Vernunft. Klar war deshalb unter anderem: Menschen brauchen Bildung, um urteilsfähig zu werden – für ein gutes Verhältnis zu sich selbst, zu den anderen und zu dieser Welt. Luther hat es so gesehen: Menschen sind als einzelne von Gott gewürdigt dadurch, dass sie leben, und dadurch, dass Gott ihnen Gnade und Liebe zuspricht. Sie sind aber nicht dazu da, um ihren persönlichen Willen gegen andere durchzusetzen, sondern füreinander da zu sein.

Die Corona-Pandemie ist eine enorme Herausforderung. Sie stellt vieles infrage, was bisher selbstverständlich war. Um zu verhindern, dass sich das Virus immer weiter ausbreitet, waren und sind viele Einschränkungen nötig. Die Einschränkungen greifen zum Teil stark in persönliche Freiheitsrechte ein. Für die Freiheitsrechte gilt allerdings, dass sie keine absoluten Rechte sind, sondern ihre Grenze an der Freiheit der anderen finden. Die eigene Freiheit hat ihre Grenze darin, wo sie auf Kosten der Freiheit oder gar des Lebens anderer geht. In der Pandemie sind Einschränkungen darin begründet, dass sie Menschen schützen sollen. Selbstverständlich ist immer zu prüfen, was verhältnismäßig ist und was nicht. In einer Situation, die wir nicht überschauen, ist das keineswegs immer klar. Dem Urteil der medizinischen und biologischen Wissenschaften kommt hier eine besondere Bedeutung zu. Das ist nicht immer eindeutig. Alle Entscheidungen müssen zudem zu gesellschaftlichen, ökonomischen, sozial- und individualpsychologischen Faktoren ins Verhältnis gesetzt werden. Das alles ist sehr spannungsvoll und spannungsgeladen. Auch wenn manches sehr schwierig ist, kommen viele doch mit der Situation zurecht. Ich sage bewusst: viele kommen zurecht. Das ist anders als das Leben, das wir leben wollen. Sehr viele leiden unter den Einschränkungen. Besonders schwer ist es für alle, die direkt durch die Krankheit oder den Verlust von Angehörigen von der Pandemie betroffen sind. Und für diejenigen, die um ihre ökonomische Existenz fürchten. Auch für die, die in beengten Wohnverhältnissen leben, womöglich noch mit Homeschooling und Homeoffice belastet. Besonders groß ist die Belastung für Kinder und Jugendliche. Die Bildungsmöglichkeiten – nicht nur im schulischen Lernen – sind stark eingeschränkt. Es fehlen auch die so wichtigen sozialen Kontakte in den persönlichen Begegnungen. Es ist wichtig, dass wir auch in unserer kirchlichen Arbeit nach Kräften viele Wege gehen, besonders betroffene Menschen zu unterstützen.

Wir erleben in der hoch angespannten Situation oft extreme Polarisierungen. Da kann auf der einen Seite der Wunsch stehen, alles zentral zu regulieren und für maximale Beschränkung zu sorgen. Und auf der anderen Seite wird von manchen Menschen Freiheit ohne jede Einschränkung gefordert. Besonders schwierig wird es dann, wenn der Verzicht auf Einschränkungen damit begründet wird, dass es die pandemische Bedrohung gar nicht gibt. Extreme Positionierungen finden sich auch in manchen Forderungen wieder, die an uns als Kirche herangetragen wurden. Auch von Menschen, die sich in unserer Kirche engagieren. Da fordern die einen den Verzicht auf alle Präsenzgottesdienste und die anderen, Gottesdienste auf jeden Fall zu feiern – am besten ohne Masken und mit Gesang. Ich will deshalb diesen Bericht nutzen, um unsere Überlegungen in Kirchenleitung und Krisenstab kurz darzustellen. Wir haben immer gefragt, wie wir Schutz gewährleisten und möglichst viel individuelle Freiheit erhalten können. Deshalb geht es bei der Möglichkeit, Präsenzgottesdienste zu feiern, nicht darum, kirchliche Privilegien durchzusetzen. Es geht vor allen Dingen darum, Menschen trotz einschränkender Auflagen die Möglichkeit zu geben, sich wenigstens in »begrenzter« Gemeinschaft Gott zuwenden und so die seelischen Kräfte stärken zu können. Das war und ist vor allem für alleinlebende Menschen sehr wichtig. Bei allen Gottesdiensten haben die gebotenen hygienischen Vorsichtsmaßnahmen einen hohen Stellenwert. Wir haben immer Wert daraufgelegt, Gemeinden auch in der Entscheidung zu unterstützen, auf Präsenzgottesdienste zu verzichten, wenn die Kirchenvorstände dies vor Ort für erforderlich halten. Damit sind weder persönliche noch kirchliche Rechte absolut gesetzt. Auch Einschränkungen sind nicht absolut gesetzt. Selbstverständlich sind dann auch immer wieder Situationen umstritten. Meines Erachtens liegt unsere besondere kirchliche Aufgabe darin, gerade in dieser schwierigen Situation ideologische Verabsolutierungen zu vermeiden. Das bedeutet zu bejahen, dass Situationen umstritten sein können und Entscheidungen oft erst im Nachhinein beurteilt werden können. Als Christinnen und Christen verfügen wir in diesen Fragen nicht über eine bessere himmlische Einsicht. Wir haben aber mit dem Evangelium eine orientierende Botschaft, die unseren Blick auf die einzelnen Menschen und die Gemeinschaft lenkt. Diese Botschaft ist zugleich, wie Paulus es formuliert, eine Gotteskraft. Sie kann helfen, Spannungen auszuhalten und sich auch Unsicherheit und Fehler zuzugestehen. Gerade in so spannungsreichen Zeiten braucht es viele Menschen, die dazu beitragen, dass Spannungen ausgehalten werden können. Und es braucht Menschen, die versöhnen. Ich gehe davon aus, dass uns besonders die Fragen des Zusammenhalts in der Kirche und in der Gesellschaft noch lange – auch über Corona hinaus – bewegen werden.

In meinem Bericht bei unserer Synode im September habe ich die besonderen Herausforderungen für uns als Kirche in der Corona-Zeit beschrieben. Damals gab es die Hoffnung, dass wir die Pandemie in absehbarer Zeit in den Griff bekommen könnten. Diese Hoffnung hat sich nicht erfüllt. Auf Weihnachten hin entwickelte sich eine zweite Infektionswelle, und jetzt sind wir in einer dritten Welle. Die Situation ist nach wie vor bedrohlich. Allerdings zeichnen sich – vor allem durch die Impfungen – neue Perspektiven ab. Immer wieder war es in den letzten Monaten nötig, Pläne zu verwerfen und umzudisponieren. Dazu hat auch die Entscheidung gehört, eine zum Ökumenischen Kirchentag geplante Impulspost nicht zu versenden, sondern auch in diesem Jahr vor Ostern mit dem Brief »Osterhoffnung« alle evangelischen Haushalte anzuschreiben. Vor Ostern hat sich wie schon vor Weihnachten – auch in öffentlichen Debatten – die Frage nach den Präsenzgottesdiensten gestellt. Unsere Linie habe ich dargestellt. In den

Gemeinden wurden Hygienekonzepte weiterentwickelt und konsequent ange-
wendet. Daneben wurden digitale Formate etabliert. Seitens der Politik gab es
eine große Wertschätzung für das kirchliche Engagement und viel Vertrauen. Vor
Ort sind manchmal Entscheidungen schwergefallen. Manche Kirchenvorstände
sind dadurch in Zerreißproben geraten. Manche haben sich klarere Ansagen
aus »Darmstadt« gewünscht. Zugleich wurde es auch vielfach geschätzt, genau
diese Entscheidungen selbst treffen zu können. In manchen Gesprächen habe ich
gehört, dass Kirchenvorstände von sich sagen, daran gewachsen zu sein. Im
Krisenstab haben wir versucht, Entscheidungen zu unterstützen und dabei auch
immer wieder gefragt, wie wir vor allem die Kommunikation und die Beratung
verbessern können. Es ist großartig, wie flexibel in der Seelsorge, im Religionsunterricht, in der Konfirmanden- und Gemeindearbeit und auch in den
Gremien gearbeitet wurde und wie in allen Bereichen digitale Technologie eingesetzt wurde. Viel Neues ist entstanden. Erste Studien zeigen, dass Gottesdienste und auch Bildungsveranstaltungen deutlich größere Reichweiten erreicht
haben, als dies früher der Fall war. Erkennbar ist bereits jetzt, dass sich dadurch
auch vieles in der hoffentlich bald kommenden »Nach-Corona-Zeit« ändern wird.
Es ist offenkundig, dass die Formen der Verkündigung, aber auch kirchliche
Kommunikation insgesamt als Kommunikation des Evangeliums noch vielfältiger werden und sicher auch digitaler. Ich bin sehr gespannt darauf, wie die neue
Mischung von analoger und digitaler Begegnung und Kommunikation aussehen
wird. Auch wenn sicher nicht überall alles gut gelungen ist und auch Defizite zu
beklagen sind, hat mich die Corona-Zeit überzeugt, dass wir in unserer Kirche
sehr viel kreatives Potential haben.

Ich bin sehr dankbar, wie verantwortungsbewusst Gemeinden, Dekanate und
Einrichtungen handeln. Ich danke ausdrücklich allen, die in Leitungsgremien,
in Leitungsaufgaben und in ihrer täglichen Arbeit in den Gemeinden, in den
Kindertagesstätten, in den Schulen und Bildungseinrichtungen, in den Diakoniestationen und Pflegeeinrichtungen und nicht zuletzt in unseren Verwaltungen
so engagiert gearbeitet haben, dass vieles weiterlaufen konnte. Auch unserem IT-
Referat und allen, die an vielen Stellen dafür gesorgt haben, dass digital weitergearbeitet werden konnte, danke ich herzlich. Das ist in so schwieriger Zeit
nicht selbstverständlich.

6. Kommunikation des Evangeliums – ekhn2030

Wir haben viel kreatives Potential – auch wenn wir weniger werden. Davon bin
ich überzeugt. Trotzdem überschauen wir nicht, wie unser Weg nach Corona sein
wird und welche Auswirkungen die Krise auf unsere Arbeit und auch unsere
Ressourcen haben wird. Meines Erachtens ist es wichtig, in unserer Kirche, aber
auch und vor allem gesellschaftlich und ökonomisch, zu erkennen: Es kann kein

einfaches »Weiter-so-wie-vorher« geben! Die Digitalisierung wird vieles ändern, muss aber bewusst und kritisch eingesetzt und gestaltet werden. Nachhaltigkeit ist ein entscheidendes, wenn nicht das Zukunftsthema. Wir haben beides in unserem Zukunftsprozess als grundlegende Querschnittsthemen verankert – für die eigene Entwicklung und als unseren Beitrag zu den nötigen gesellschaftlichen Transformationsprozessen. Digitalisierung und Nachhaltigkeit sollten dabei nicht neben der Kommunikation des Evangeliums stehen. Wie wir Digitalisierung nutzen und wie wir nachhaltig leben und wirtschaften, ist Ausdruck der Kommunikation des Evangeliums. Glaubwürdig Evangelium zu kommunizieren heißt heute eben auch, sich an den Nachhaltigkeitszielen zu orientieren. In der Weiterarbeit in unserem Prozess ekhn2030 ist mir klar geworden: Wir müssen immer wieder verdeutlichen, was der für das Kirchenverständnis zentrale Begriff »Kommunikation des Evangeliums« bedeutet. Gerade die Rückbesinnung auf Luther in Worms, mit der ich begonnen habe, zeigt: Wir leben als Kirche aus dem Zuspruch und der Kraft des Evangeliums, und wir sind von Gott beauftragt, diese frohe Botschaft weiterzugeben – mit den Worten, die wir sagen, und mit dem Zeugnis unseres Lebens. Kommunikation des Evangeliums ist viel mehr als Verkündigung im engeren Sinn. Es ist Glaubenshaltung und Glaubenswerk. In manchen Debatten wird darüber nachgedacht, ob es nicht besser sei, auch die »Sendung Gottes« *(missio Dei)* in die Welt als orientierenden theologischen Begriff zu wählen. Sendung Gottes meint dabei die Bewegung Gottes in diese Welt hinein und den damit verbundenen Auftrag, diese Welt zu gestalten. Ich würde dies so aufnehmen: Die Sendung Gottes in die Welt ist Grundlage der Kommunikation des Evangeliums. Kommunikation des Evangeliums im umfassenden Sinn heißt, Kirche von Gott her und seinem Weg in diese Welt hinein zu verstehen – in der Geschichte seines Volkes Israel, in Jesus Christus und im Wirken des Heiligen Geistes. Dass dies dann konkret bedeutet, zu jedem einzelnen Menschen gesendet zu sein und beauftragt zu sein, diese Welt und das Zusammenleben in dieser Welt zu gestalten, beschreiben wir in der ekklesiologischen Grundlegung mit den Begriffen »Mitgliederorientierung« und »Gemeinwesenorientierung«. Gerade im Zusammenspiel dieser doppelten Orientierung wird deutlich, dass die Mitgliederorientierung nicht auf die Kirchenmitglieder im engeren Sinn beschränkt ist. Vielmehr müssen wir als Kirche für unsere Mitglieder UND für andere da sein, weil die Orientierung am Reich Gottes und die Hoffnung auf das Reich Gottes, das in dieser Welt bereits anbricht, nicht auf die Gemeinde als Gemeinschaft der Glaubenden beschränkt ist.

Ich bin sehr froh, wenn wir diese grundlegenden Debatten in unserem Prozess weiterführen. So fragen wir gemeinsam nach unserem Weg in die Zukunft, um gemeinsam herauszufinden, was wir weiter tun wollen, was wir neu beginnen wollen und was seine Zeit gehabt hat und nicht mehr weitergeführt werden soll.

Dass wir um diese zum Teil auch sehr schmerzlichen Fragen nicht herumkommen, zeigen die Ihnen vorliegenden weiteren Unterlagen zu unserem Prozess ekhn2030. Wir werden uns ihnen in einem eigenen Tagesordnungspunkt widmen. Insbesondere die Zusammenschau der bisher projektierten Einsparungen und der möglichen weiteren Optionen macht deutlich, wie schwer es ist, das miteinander verabredete strukturelle Einsparziel bis 2030 zu erreichen. Hierzu braucht es eine Reihe von Entscheidungen, für die wir jetzt die Weichen stellen können und müssen und die dann in den nächsten Jahren Schritt für Schritt zu debattieren und zu treffen sind – auch von den nächsten Synoden. Es ist erforderlich, dass manche Entscheidungen, etwa die Frage, wie regionale Kooperationsräume gebildet werden sollen, auch in den Regionen selbst diskutiert und Ideen entwickelt werden. Bei einigen Entscheidungen, die zu treffen sind, handelt es sich um strukturelle Entscheidungen. Da diese nicht von heute auf morgen umgesetzt werden können, ist es gut, dass wir mit unserem Entwicklungsprozess früh begonnen haben. Wir wollen als EKHN weiter eine öffentliche Kirche sein, die in vielfältiger Gestalt nah bei den Menschen ist. Nach meinem Eindruck ist dieses Kirchenverständnis von einem breiten Konsens getragen. Viele Rückmeldungen zeigen auch, dass der Weg, dabei stärker als bisher auf regionale und vernetzte Zusammenarbeit zu setzen, eine hohe Akzeptanz hat. Wesentliche Bestandteile sind dabei kooperative und professionelle Zusammenarbeit in Verwaltung und Organisation, das Zusammenwirken in multiprofessionellen Teams, von Ehrenamtlichkeit und Hauptamtlichkeit, die Kooperation mit anderen in der Region und Freiräume, um Neues zu erproben. Selbstverständlich gibt es im Einzelnen noch viele offene Fragen, und es gibt den Wunsch nach guter Begleitung in den Veränderungsprozessen. Das kann auch gar nicht anders sein, weil es sich nicht um ein fertiges Konzept handelt, das jetzt umgesetzt wird. Es geht darum, dass wir uns gemeinsam weiterentwickeln. Das schließt ein, dass wir uns auch darüber verständigen, welche Unterstützungssysteme es in den Dekanaten und auf der Ebene der Gesamtkirche braucht und welche Aufgaben überregional wahrgenommen werden müssen. In all dem wird sich unsere Kirche sehr verändern. Wir werden und müssen uns verändern, wenn wir unseren Auftrag, die Kommunikation des Evangeliums unter veränderten Bedingungen – mit weniger Mitgliedern und mit weniger Mitteln – wahrnehmen wollen. In der letzten Woche hatte ich ein Gespräch mit dem Vikariatskurs, der das Vikariat bisher nur unter Corona-Bedingungen absolviert hat. Die Vikarinnen und Vikare haben in dem Gespräch sehr deutlich gemacht: »Wir erleben jetzt eine schwierige Zeit. Aber wir haben auch in dieser Zeit viel gelernt, weil es viel Bereitschaft gab, Neues auszuprobieren. Wir lassen uns deshalb auch nicht davon abschrecken, dass vieles zurückgeht. Wir haben Lust und Freude auf unseren Beruf und wir wollen Kirche in kollegialer Gemeinschaft gestalten.« Mich hat das sehr gefreut, zumal das Thema unseres Gespräches ekhn2030 war. Ich habe den Vikarinnen und Vikaren gesagt: »Wir machen ekhn2030, damit Ihre Generation Handlungsspielräume hat, um auch wirklich gestalten zu können. Damit das gelingt, muss unser Gepäck leichter werden.«

Daran, liebe Geschwister, wollen wir weiterarbeiten – nicht verzagt und schwermütig, sondern zuversichtlich und wagemutig –, im Vertrauen auf Gottes Segen und in der Bitte um Gottes Hilfe. Lassen wir uns dazu am Schluss nochmal von Martin Luther bestärken. Der hat gesagt: »Glaube ist eine lebendige, verwegene Zuversicht auf Gottes Gnade [...] Und solche Zuversicht und Erkenntnis göttlicher Gnade macht fröhlich, mutig und voller Liebe zu Gott und allen Kreaturen.«[6] Und er war überzeugt: Die Gotteskraft des Evangeliums, die wir im Glauben empfangen, ist das, was uns trägt – auch in schwieriger Zeit.

Vielen Dank für Ihre Aufmerksamkeit.

---

[6] MARTIN LUTHER, Vorrede zum Römerbrief, 1522. WADB 7, 10, 16 ff.

Jesus Christus spricht: »Friede sei mit euch! Wie mich der Vater gesandt hat, so sende ich euch.«

Johannes 20,21 [2022] – 75 Jahre EKHN

In diesem Jahr wird die EKHN 75 Jahre alt. Am 30. September 1947 hat die Gründungsversammlung in der Burgkirche in Friedberg beschlossen: »Der Kirchentag der Evangelischen Kirche in Hessen, Nassau und Frankfurt bestätigt den Zusammenschluss der Evangelischen Kirchen im Gebiet der früheren Landeskirche Nassau-Hessen kirchlich und rechtlich. Die Kirche trägt den Namen: Evangelische Kirche in Hessen und Nassau. Der Kirchentag tritt als verfassungsgebende Synode zusammen.«[1] Einen Tag später wurde Martin Niemöller zum ersten Kirchenpräsidenten gewählt.

»Bestätigt« heißt es, weil der Zusammenschluss der drei Kirchen erneuert wurde, der 1933 zwangsweise von den Nationalsozialisten herbeigeführt wurde. Dass es ein Neuanfang werden sollte, markierte die Namensänderung. Aus Nassau-Hessen wurde Hessen-Nassau. In den Jahren danach wurde eine Kirchenordnung erarbeitet, die bewusst an die Erfahrungen der Bekennenden Kirche anknüpfte und gemeinschaftliche Leitungsstrukturen anstrebte. Damals wurden Weichen für die Entwicklung bis heute gestellt. Und Sie, liebe Synodale, egal ob schon erfahren oder heute das erste Mal im Plenum dabei, sind Teil dieser Geschichte.

Das alles geschah in einer Zeit, in der niemand wusste, wie es weitergehen würde. Vieles war durch den Krieg zerstört. Vor allem waren die Seelen der allermeisten Menschen verwundet. Heute sagen wir traumatisiert. Viele Menschen suchten in dieser Zeit Orientierung – besonders auch in den Kirchen. Heute sind wir in einem Jubiläumsjahr. Dieses Jubiläum so richtig zu feiern fällt schwer. Zu viel lastet auf uns: der entsetzliche Krieg in der Ukraine, immer noch die Corona-Pandemie und auch eine große Verunsicherung, was die Zukunft bringen wird. Wir sind in einer gesellschaftlichen Transformation – durch die neu gewonnenen Möglichkeiten der digitalen Technologie, durch die riesigen Herausforderungen des Klimawandels und weltweiter sozialer Ungerechtigkeit. Jetzt kommt noch

---

[1] Zitiert nach: KARL HERBERT, Durch Höhen und Tiefen. Eine Geschichte der Evangelischen Kirche in Hessen und Nassau, Frankfurt am Main 1997, 163.

hinzu, dass die Sicherheitsordnung in Europa, die wir für stabil hielten, zerstört ist. Und die Kirchen? Sie erleben sinkende Mitgliedszahlen und sind in einer großen Vertrauenskrise. Das hat verschiedene Gründe: Institutionen genießen grundsätzlich weniger Vertrauen. Sexualisierte Gewalt auch in den Kirchen hat viele Menschen erschüttert. Die lebensförderliche Kraft und die Relevanz von Religion und Glauben wird kritisch beurteilt. Auch ein Glaube an Gott steht vielfach in Frage. In einer Zeit großer Verunsicherung und großer Erschütterungen suchen wir als Kirche auf unserem Weg in die Zukunft selbst immer wieder neu Orientierung. Im Jubiläumsjahr der EKHN möchte ich vor dem Hintergrund dieser Situation und der vielen Fragen unsere Kirche charakterisieren.

1. Wer sind wir als EKHN?

Unsere Kirchenordnung beginnt mit den Worten: »Die Evangelische Kirche in Hessen und Nassau steht in der Einheit der einen heiligen allgemeinen und apostolischen Kirche Jesu Christi, die überall dort ist, wo das Wort Gottes lauter verkündigt wird und die Sakramente recht verwaltet werden.« Das bedeutet: Wir sind Kirche in der Nachfolge von Jesus Christus. Durch ihn sind wir hineingenommen in den jüdischen Glauben und die Verheißungen Gottes an sein Volk. Wir vertrauen auf seine Gegenwart und darauf, dass Gott in Wort und Sakrament durch seinen Geist uns selbst und andere Menschen berührt und im Glauben hält. Darin sind wir verbunden in einer weltweiten Gemeinschaft aller Christinnen und Christen und mit der Gemeinschaft aller Menschen.

Wir leben als Kirche nicht aus uns selbst, sondern durch Gottes Wort und Geist. So kommen wir zusammen, und wir bitten immer wieder darum, dass Gott unseren Glauben und unser Tun stärkt und leitet. Das Evangelium, die frohe Botschaft von der Liebe Gottes zu allen Menschen, ist unsere Lebenskraft und unser Auftrag zugleich. Das ist die grundlegende Hoffnung, mit der wir Kirche leben in allen menschlichen Unzulänglichkeiten, Gebrochenheiten und Verirrungen, aber auch mit allen Gaben und Begabungen, gutem Willen und Gestaltungkraft.

Wir leben als Kirche in der Nachfolge von Jesus Christus in ganz konkreten Bezügen: hier in unserem Kirchengebiet, in Hessen und Nassau, als eine sehr vielfältige Gemeinschaft von Menschen, die mit Gott unterwegs ist, in einer mittlerweile 75-jährigen Geschichte. Deshalb frage ich:

2. Wie sind wir und leben wir Kirche – in den vergangenen 75 Jahren und heute?

Ich will die EKHN in vier Abschnitten charakterisieren und dabei Rückblenden auf die 75-jährige Geschichte der EKHN mit dem Blick auf gegenwärtige Fragen und Zukunftsperspektiven verbinden.

2.1 Die EKHN ist eine vielfältige und offene Kirche.

Die EKHN ist geprägt von unterschiedlichen Regionen mit ganz unterschiedlichem Charakter. Dazu gehören viele ländliche Regionen und starke städtische Regionen mit dem Rhein-Main-Gebiet im Zentrum. Stadt und Land sind immer Thema in den Debatten der EKHN; manchmal kontrovers, aber meistens produktiv.

In der EKHN sind unterschiedliche konfessionelle Prägungen zu finden. Ob Gemeinden lutherisch, reformiert oder uniert sind, war in früheren Jahrzehnten für das Selbstverständnis von Gemeinden und Einzelnen in der Regel wichtiger als heute. Die EKHN ist formal eine sogenannte »Verwaltungsunion«. Das Verhältnis zur konfessionellen Tradition war immer pragmatisch, liberal und am Konsens und Zusammenleben orientiert. Bedeutsamer für die Debatten und die Diskurse in der EKHN waren und sind eher unterschiedliche Frömmigkeitsrichtungen. Und da gibt es ein breites Spektrum zwischen erwecktem Pietismus und Linksprotestantismus, das aber zunehmend mehr auch in meistens sympathischen Mischformen zu finden ist. Die EKHN ist dialogoffen. In der evangelisch-katholischen Ökumene gibt es im Kirchengebiet eine gute und vertrauensvolle Zusammenarbeit mit den Bistümern Mainz und Limburg. Dies gilt auch für die interkonfessionelle Ökumene, wie sie sich in der Arbeitsgemeinschaft Christlicher Kirchen (ACK) Rhein-Main abbildet. In der weltweiten Ökumene gibt es die Partnerschaftsbeziehungen nach Polen, Tschechien, Italien, Indien, Indonesien, Südkorea, Südafrika, Tansania, Ghana und in die Vereinigten Staaten von Amerika. Der christlich-jüdische Dialog hat starke Wurzeln in der EKHN. 1949 wurde der Koordinierungsrat der Gesellschaften für christlich-jüdische Zusammenarbeit in Bad Nauheim gegründet. Die EKHN hatte einen der ersten Beauftragten für den Dialog mit dem Islam. Der interreligiöse Dialog, unter anderem getragen vom Abrahamischen Forum, gehört fest zur EKHN.

In den Fragen der Geschlechtergerechtigkeit und der Wahrnehmung sexueller Vielfalt hat sich die EKHN mit einem frühen Beschluss zur Segnung gleichgeschlechtlicher Paare und dann auch zur Trauung als sehr offen erwiesen. Dies gilt auch für die Auseinandersetzung mit dem Thema Transidentität in den letzten Jahren.

Hinter vielen Themen stehen auch manchmal lange und kontroverse Diskussionsprozesse. Der Weg zur Ordination von Frauen war auch in der EKHN aus heutiger Sicht kein Ruhmesblatt (Vikarinnengesetz 1949, erste Ordinationen 1950, Amtsbezeichnung »Pfarrerin« erst ab 1959, Waltraud Frodien erste Dekanin 1980, Helga Trösken Pröpstin 1988). Auch die Debatten um die Segnung bzw. Trauung gleichgeschlechtlicher Paare waren von heftigen Auseinandersetzungen geprägt. Das gilt auch für die Debatten um die Änderung des Grundartikels Anfang der 90er Jahre, in dem ein Bekenntnis zur bleibenden Erwählung Israels in den Grundartikel aufgenommen wurde. Und es gilt etwa für die Debatten um die Bibel in gerechter Sprache. Vor dem Hintergrund dieses Rückblicks, der sicher nicht vollständig ist, greife ich drei aktuelle Fragen auf:

Die **evangelisch-katholische Ökumene** ist außerordentlich wichtig – für unsere Gemeinden und auch für die Wahrnehmung der Kirchen in der gesamten Gesellschaft. Sehr genau wurde registriert, dass vor wenigen Wochen erstmals die Zahl der Menschen, die der katholischen oder der evangelischen Kirche angehören, in Deutschland unter 50 % gesunken ist. Dazu haben die verstärkten Kirchenaustritte in den letzten Jahren beigetragen. Diese sind in den evangelischen Kirchen auf einem vergleichsweise hohen Niveau, noch etwas stärker sind sie das zurzeit in den katholischen Bistümern. Angesichts dieser Situation werden immer wieder Stimmen laut, die evangelische Kirche möge sich doch stärker von der katholischen Kirche abgrenzen. Es gebe doch wirkliche Unterschiede darin, wie Kirche verstanden und gelebt wird: Das betrifft vor allem das Amtsverständnis – einschließlich der Ordination von Frauen, der Beteiligungskultur und der unterschiedlichen Positionierung in sexualethischen Fragen. Es wird auch darauf hingewiesen, dass die evangelische Kirche anders von der sexualisierten Gewalt in der Kirche betroffen sei als die katholische Kirche. Ja, in all diesen Fragen gibt es Unterschiede. Und in der Tat wäre vor allem in den Medien eine differenziertere Wahrnehmung wünschenswert. Trotzdem ist Abgrenzung nicht der richtige Weg in der Ökumene. Das hat den tiefsten Grund darin, dass wir gemeinsam davon überzeugt sind, durch die Taufe in Christus miteinander verbunden zu sein. Auch wenn wir das Leben als Kirchen unterschiedlich gestalten, sind wir doch so aneinander verwiesen und beauftragt, gemeinsam den einen Glauben an Christus in dieser Welt zu bezeugen. Ich bin sehr dankbar, dass das in unseren Gemeinden vor Ort vielfach gelebt wird – auch wenn im Moment die Sorge groß ist, dass die strukturellen Veränderungen in der katholischen Kirche durch die größeren Pfarreien dies erschweren könnten. Ich bin zudem sehr dankbar für die guten Beziehungen zu den Bistümern, die sich durch den Ökumenischen Kirchentag mit allen Herausforderungen und durch alle Schwierigkeiten hindurch verstärkt haben. Mit großem Respekt sehe ich, wie unsere Geschwister in der katholischen Kirche sich auf den synodalen Weg begeben haben und um Veränderungen in ihrer Kirche ringen. Sie treffen dabei auf Widerstand in der eigenen Kirche und auch aus der Weltkirche. Unsere Rolle kann dabei nicht so sein, dass wir von außen raten oder fordern. Hier geht es um stärkende Begleitung. Vor allen Dingen ist es wichtig, dass wir dabei die eigenen Aufgaben nicht übersehen. Insbesondere im Blick auf die sexualisierte Gewalt ist es nötig, dass wir die Strukturen unserer Aufarbeitung weiter verbessern und uns auch den systemischen Fragen stellen, die es in unserer Kirche anders gibt als in der katholischen Kirche. Die es aber auch gibt. In der EKHN tun wir dies durch die Einrichtung einer Fachstelle Sexualisierte Gewalt, die Konstituierung einer Anerkennungskommission und die Einrichtung einer gemeinsamen Kommission für die regionale Aufarbeitung mit der EKKW. Außerdem beteiligen wir uns an der EKD-weiten Studie zur sexualisierten Gewalt in der evangelischen Kirche (ForuM-Studie).

Als zweiten Punkt will ich in diesem Abschnitt nennen, dass wir mit Freude und mit Spannung der **Vollversammlung des Ökumenischen Rates der Kirchen** vom 31. August bis zum 8. September in diesem Jahr in Karlsruhe entgegensehen. Im Vorfeld haben wir gemeinsam mit anderen Kirchen an Rhein und Ruhr – mit Baden, der Pfalz, dem Rheinland und Westfalen – einen Text zum Verhältnis Israel und Palästina erarbeitet.[2] Das Ziel war dabei, unsere doppelte Solidarität mit Israel und Palästina differenziert zu beschreiben, um zu zeigen, dass wir einerseits die Existenz des Staates Israel uneingeschränkt bejahen und einer antisemitisch konnotierten Kritik an der Politik Israels entgegentreten werden. Und dass wir andererseits das Leiden der Menschen in Palästina wahrnehmen und ihre Forderung nach einem eigenen Staat unterstützen. Es ist damit zu rechnen, dass es hierzu auf der Vollversammlung kontroverse Debatten geben wird. Aktuell wird erwartet, dass die Kontroverse um die russisch-orthodoxe Kirche und den Krieg in der Ukraine die Vollversammlung prägen wird.

Als dritten Punkt will ich hier Fragen benennen, die immer häufiger und zu Recht gestellt werden. Das ist zum einen die Frage, ob wir der Vielfalt der Menschen – insbesondere durch die Zuwanderung in den letzten Jahrzehnten – in unseren Gemeinden und auch unseren Leitungsgremien Rechnung tragen. Und es ist zum anderen die Frage, ob wir uns für die Anliegen der Internationalen Gemeinden im Gebiet unserer Kirche stärker öffnen können. Mit diesen Fragen ist die kritische Anfrage verbunden, ob nicht rassistische Einstellungen im Alltag und auch in unserer Kirche tiefer wirksam sind, als wir dies bei uns selbst und anderen wahrnehmen. Ich denke: Wir sollten und müssen uns diesen Fragen unbedingt stellen.

---

[2] Israel – Palästina. Leitgedanken und erläuternde Thesen. Ein Gesprächsimpuls aus den fünf Landeskirchen Baden, Hessen und Nassau, Pfalz, Rheinland sowie Westfalen. https://www.zentrum-oekumene.de/fileadmin/redaktion/Religionen/2021_11_03_Israel_-_Pal%C3%A4stina_-_November_2021.pdf, abgerufen am 13.05.2022.

2.2 Die EKHN ist eine Kirche, die von vielen Menschen gelebt und geprägt wird.

Die EKHN ist eine Kirche, die von vielen Menschen gemeinsam gelebt und geprägt wird. Von Anfang an gehörte es zum Selbstverständnis der EKHN, dass Hauptamtliche und Ehrenamtliche zusammenwirken – in nahezu allen Bereichen der kirchlichen und diakonischen Arbeit und in demokratisch legitimierten Leitungsorganen. Das gilt für Kirchenvorstände, Dekanatssynoden und Dekanatssynodalvorstände, Kirchensynode, Kirchensynodalvorstand und Kirchenleitung. Die hauptamtlich agierende Kirchenverwaltung wird in ihren Leitungspositionen von der Synode gewählt. Auch die Regionalverwaltungen werden von Gremien verantwortet, in denen Hauptamtliche und Ehrenamtliche gemeinsam Verantwortung übernehmen. Das gilt auch für die Trägerorgane der diakonischen Einrichtungen. Selbstverständlich gab es im Lauf der Geschichte der EKHN immer wieder Veränderungen. So wurde etwa in der zweiten Hälfte der sechziger Jahre des vergangenen Jahrhunderts die synodale Arbeit weiter »parlamentarisiert«, und im Zuge der Reform der Mittleren Ebene in den letzten Jahrzehnten wurden die Dekanatssynoden und Dekanatssynodalvorstände deutlich gestärkt. Vor allem aber wurde das Ehrenamt in der EKHN besonders aufgewertet und gefördert. Die EKHN war die erste Kirche in der EKD mit einem Ehrenamtsgesetz und mit einer Ehrenamtsakademie. Das wurde auch von außen als zukunftsweisend wahrgenommen. So hat etwa der damalige rheinland-pfälzische Ministerpräsident Kurt Beck zum 60. Jubiläum der EKHN gesagt:

»Was besonders beeindruckt, ist das große – oft ehrenamtliche – Engagement in christlichen Gemeinden und Gruppen. Dieses aktive Mittun strahlt weit über den innerkirchlichen Bereich hinaus in den diakonischen sowie politischen Bereich aus. Vorbildlich ist die Ehrenamtsakademie der EKHN, die gezielt ehrenamtliche Leitungskräfte für ihre Arbeit qualifiziert.«[3]

Wie wichtig und besonders die Ehrenamtsakademie ist, hat sich gerade jetzt in der Zeit der Corona-Pandemie gezeigt. Die Ehrenamtsakademie hat neue digitale Formate genutzt und damit die interne Kommunikation erheblich befördert. Viele, wirklich viele, die vor Ort auf unterschiedliche Weise Verantwortung tragen, haben die Webinare genutzt, um sich über neue Corona-Regelungen, unseren Zukunftsprozess ekhn2030 und zuletzt auch über unsere Angebote in der Situation des Ukraine-Krieges zu informieren. Außerdem wurden die Schulungsangebote zur Arbeit in den Leitungsgremien gerne aufgegriffen. Ich will an dieser Stelle unserer Ehrenamtsakademie mit Dr. Steffen Bauer und Ina Wittmeier ausdrücklich für die Vielfalt und Qualität der Angebote danken. Die EKHN setzt auf das Engagement und die Mitgestaltung von vielen. Das hebe ich

---

[3]   60 Jahre Evangelische Kirche in Hessen und Nassau. Jahresbericht 2006/2007. Hg. von der Kirchenleitung der EKHN, Darmstadt 2007, 11.

in diesem Bericht besonders hervor – auch deshalb, weil wir am Anfang einer neuen Synodalperiode stehen. Der Konstituierung dieser Synode sind Wahlen in die Kirchenvorstände, in die Dekanatssynoden und Dekanatssynodalvorstände vorangegangen. Die Dekanatssynoden wiederum haben Delegierte in die Kirchensynode gewählt. Die Kirchenleitung hat außerdem bisher elf Personen in die Synode berufen. Ein Berufungsplatz ist noch unbesetzt. Die Evangelische Jugend hat fünf Jugenddelegierte entsandt. Ich danke allen, die in unseren Leitungsgremien Verantwortung übernehmen. Sie stellen ihre Zeit, ihre Kompetenzen, ihr Engagement und vieles mehr so in den Dienst ihrer Kirche. Das ist gerade in Zeiten, in denen große Veränderungen zu gestalten sind, überhaupt nicht selbstverständlich. Deshalb: Vielen, vielen Dank! Die Kirchensynode hat in unserer Kirche eine zentrale Rolle. Sie ist das »maßgebende Organ der geistlichen und rechtlichen Leitung« unserer Kirche. Das bedeutet: Hier werden alle wesentlichen Dinge beraten und entschieden. Um dies im Jubiläumsjahr besonders zu dokumentieren und weil dies jetzt die konstituierende Tagung der Synode ist, möchte ich Ihnen ein paar Gedanken zur Zusammenarbeit von Kirchensynode und Kirchenleitung vortragen.

Die Kirchenleitung und mit ihr die Kirchenverwaltung arbeiten im Auftrag der Synode und sind der Synode rechenschaftspflichtig. Praktisch sieht das so aus, dass die Kirchenleitung mit Hilfe der Kirchenverwaltung die Entscheidungen der Synode vorbereitet und Beschlussvorlagen und Gesetzesvorlagen in die Synode einbringt. Auch der Haushalt mit den Stellenplänen hat den Rang eines Kirchengesetzes und wird von der Synode beraten und beschlossen. Auf Grundlage der hier getroffenen und so »maßgebenden« Entscheidungen handelt die Kirchenleitung dann ausführend – mit Hilfe der Kirchenverwaltung, auch so, dass sie manches an die Kirchenverwaltung delegiert.

Im Miteinander von Kirchensynode und Kirchenleitung ist dabei immer wieder einmal zu klären, was »operatives Geschäft« der Kirchenleitung ist und was synodal entschieden werden muss. Es hat sich in der Vergangenheit sehr bewährt, dass Kirchensynodalvorstand und Kirchenleitung hier in ständigem Austausch miteinander sind. Wir haben sehr bewusst ein kritisch-konstruktives Miteinander gepflegt, weil wir in unterschiedlichen Rollen als Kirchensynode und Kirchenleitung einen gemeinsamen Auftrag haben: nämlich diese Kirche zu leiten, und zwar nicht nur orientiert an den eigenen Vorstellungen und Wünschen. Sondern immer ausgerichtet an der Frage: Was ist unser Auftrag als Kirche in der Nachfolge von Jesus Christus? Was müssen wir tun, um diesen Auftrag möglichst gut zu erfüllen? So und in diesem Sinn möchte die Kirchenleitung auch in der neuen Synodalperiode mit der Kirchensynode und dem Kirchensynodalvorstand arbeiten. Wir setzen dabei darauf, dass die unterschiedlichen Perspektiven, Kompetenzen und Begabungen, die wir alle mitbringen, zusammenfließen und zusammenwirken in unseren Entscheidungen. Das stellt alle immer vor die große Aufgabe, das je Eigene einzutragen und zugleich immer für das Ganze zu denken und zu entscheiden. In den Verfahren selbst arbeitet die Synode parlamentsähnlich. Dazu gehören etwa die Arbeit in Ausschüssen und die Gesetzgebungsverfahren in drei Lesungen. Synode und Parlamente sind aber auch unterschieden. So gibt es in der Synode der EKHN keine Fraktionen. Außerdem gibt es neben den gewählten Mitgliedern auch die berufenen Mitglieder. Etwa ein Drittel der Mitglieder der Synode sind Pfarrerinnen und Pfarrer. Ein entscheidender Unterschied liegt allerdings in einem theologisch begründeten Selbstverständnis. Der ehemalige Bundespräsident Gustav Heinemann hat dies in seiner Gedenkrede zum 400-jährigen Jubiläum der Emder Synode klassisch beschrieben.[4] In Parlamenten dürfe jeder und jede für eigene Interessen und Positionen kämpfen, in Synoden komme es darauf an, gemeinsam nach dem Willen von Jesus Christus zu fragen. Denn Kirche ist ihrem Wesen nach kein vereinsmäßiger Zusammenschluss, sondern Stiftung Christi. Dieses Selbstverständnis findet einen wesentlichen Ausdruck darin, dass die Synoden fest mit Gottesdiensten und Andachten und insofern mit der Bitte um Gottes Geist für die gemeinsame Arbeit verbunden sind. Allerdings ist es wichtig zu sehen, dass die geistliche Dimension damit nicht über die Verfahren gestellt wird, in denen miteinander gearbeitet wird. Wir bitten darum, dass Gott in uns und durch uns wirkt in der Art, wie wir miteinander und manchmal auch gegeneinander debattieren und um Entscheidungen ringen. Der Unterschied von Synode und Parlament darf nicht genutzt werden, um einen grundsätzlichen Gegensatz von geistlicher und demokratischer Entscheidung zu proklamieren. In diese Richtung gingen die Abschiedsworte Martin Niemöllers vor der EKHN-Synode im Jahr 1968, an die unser langjähriger Präses Dr. Ulrich Oelschläger immer wieder gern erinnert. Niemöller sagte damals: »Meine Herren! Entweder lernen wir, lernen Sie in Ihrer Amtszeit hier als Kirche miteinander zu funktionieren oder Sie machen in Demokratie, gleich Parlamentarismus und allem anderen. Lassen Sie das um Himmels willen nicht in unserer Kirche einreißen!«[5] Natürlich ist klar, dass in der gemeinsamen Verpflichtung auf Schrift und Bekenntnis nicht alle Fragen in Mehrheitsentscheidungen geklärt werden können. Trotzdem halten wir daran fest, dass die gemeinsame Entscheidungsfindung in partizipativen Prozessen ein Weg ist, der dem Evangelium angemessen ist – auch wenn dieser Weg aufwändig ist und immer auch Zeit braucht. Selbstverständlich besteht immer die Herausforderung, auch die eigene Arbeitsweise zu prüfen und weiterzuentwickeln, wo sich bessere Wege auftun.

---

[4]   Gustav Heinemann, Synode und Parlament. Ansprache zum Gedenken an die Emder Generalsynode von 1571 (1971), in: Ders., Allen Bürgern verpflichtet. Reden des Bundespräsidenten 1969–1974, Frankfurt am Main 1975, 132–143.

[5]   Verhandlungen der Kirchensynode der EKHN. Vierte Kirchensynode, 2. Tagung vom 2.–6. Dezember 1968 in Frankfurt am Main, 356.

2.3 Die EKHN ist eine Kirche, die Menschen begleitet und Zusammenleben gestaltet.

Die EKHN war in ihrer 75-jährigen Geschichte geistliche Heimat für viele Menschen, und sie ist es auch heute. Sie ist dies durch das kirchliche und diakonische Leben in den Gemeinden und Einrichtungen, das im Lauf der Jahre vielfältiger wurde. Nicht selten gingen dabei von der EKHN auch innovative Impulse aus. Dazu zunächst ein paar eher plakative Hinweise.

- Heimat für viele Menschen ist die EKHN durch das vielfältige gottesdienstliche Leben mit der kirchenmusikalischen Arbeit – in Gemeindegottesdiensten und Kasualgottesdiensten. Neue Gottesdienstformen und auch neue geistliche Musik gehören zur Geschichte der EKHN.
- Heimat für viele ist die EKHN durch die seelsorgerliche Arbeit in den Gemeinden, Alten- und Pflegeeinrichtungen, Krankenhäusern und Kliniken. Neu entwickelt und besonders etabliert haben sich die Schulseelsorge und die Notfallseelsorge. Die EKHN war innovativ in der Weiterentwicklung der Seelsorge und in der Beratungsarbeit (Zentrum Seelsorge und Beratung, Gemeindeberatung / IPOS).
- Heimat ist die EKHN für viele durch ihr Engagement in der Bildungsarbeit in Gemeinden, Kindertagesstätten, Schulen, Hochschulen und darüber hinaus. Ich nenne hier nur die Stichwörter: Religionsunterricht, Konfirmandenunterricht, Evangelische Hochschule Darmstadt, Evangelische Studierenden-Gemeinden, Erwachsenenbildung, Bibelmuseum, Evangelische Akademie, Zentren, Familienbildungs- und Tagungsstätten.
- Heimat ist die EKHN für viele in Gemeindegruppen und in der Arbeit von Verbänden wie dem Verband der Evangelischen Frauen, dem Posaunenwerk und Berufsverbänden.
- Heimat ist die EKHN für viele durch ihre Arbeit von, mit und für Kinder(n) und Jugendliche(n). Besondere Markenzeichen der EKHN sind ihre Jugendkirchentage und die Jugendkulturkirche St. Peter in Frankfurt.
- Heimat ist die EKHN für viele durch diakonische Arbeit in den regionalen diakonischen Werken, Diakoniestationen, Beratungsstellen, Fördereinrichtungen und durch die Pflegeeinrichtungen und Krankenhäuser der großen diakonischen Träger. Dazu zählt auch die Diakonie in den Gemeinden – in unterschiedlichen Hilfsangeboten, der Unterstützung der Tafelarbeit und nicht zuletzt im Engagement bei der Flüchtlingsaufnahme und bei Kirchenasylen.
- Heimat ist die EKHN für viele Menschen durch ihre Kommunikation, von der Evangelischen Sonntagszeitung (in den Anfängen unter dem Namen »Weg und Wahrheit«) über das Mitgliedermagazin »Echt«, die Impulspost, die Verkündigung in Radio und Fernsehen bis hin zur Präsenz im Netz auf vielen Webseiten.

– Heimat ist die EKHN im Digitalen gerade in Zeiten der Pandemie auch durch gestreamte Gottesdienste auf YouTube bis zu vielen neuen Angeboten im Internet und den sozialen Medien geworden. Und das nicht nur für Jüngere.

Gerade diese Zusammenschau, die sicher nicht vollständig ist, macht deutlich, wie vielfältig in der EKHN der Auftrag des Evangeliums gelebt wurde und wird, für Menschen in unterschiedlichen Situationen des Lebens da zu sein. Neben vielem, was gelungen ist und gelingt, lassen sich dabei auch immer Defizite beschreiben. So gehört es zu den gegenwärtigen Herausforderungen, dem Anspruch gerecht zu werden, wirklich für alle da zu sein und inklusive Kirche zu sein und zu werden. Es wird auch deutlich, wie schwer es ist, angesichts zurückgehender Mitgliederzahlen und geringer werdender Ressourcen zu entscheiden, welche Arbeit nicht mehr fortgeführt werden kann. Dazu später mehr.

Menschen zu begleiten bedeutet auch immer, das Zusammenleben mitzugestalten. Das geschieht durch die konkrete Begleitung, und es geschieht auch durch das gesellschaftliche und politische Engagement einer Kirche. Dies hat in der EKHN immer eine bedeutende Rolle gespielt. In den ersten beiden Jahrzehnten der EKHN-Geschichte war dabei der erste Kirchenpräsident besonders prägend. Durch seine eigene Lebensgeschichte war er eine sehr bekannte und politisch sehr präsente Persönlichkeit. Niemöller war U-Boot-Kommandant im 1. Weltkrieg, anfänglicher Sympathisant, dann als Pfarrer in Berlin-Dahlem ein entschiedener Gegner der Nationalsozialisten. Er gründete mit anderen die Bekennende Kirche, war persönlicher Gefangener Adolf Hitlers in den Konzentrationslagern Sachsenhausen und Dachau. Nach der Befreiung war er Mitglied im ersten Rat der EKD und Leiter des Außenamtes der EKD und Kirchenpräsident der EKHN. Als einer der Mitautoren der Stuttgarter Schulderklärung von 1945 und des Darmstädter Wortes von 1947 – auch hier gibt es ein 75. Jubiläum – trug er wesentlich bei zur Auseinandersetzung mit der deutschen Schuldgeschichte. In der jungen Bundesrepublik positionierte er sich 1950 gegen die Wiederbewaffnung, auf Einladung des orthodoxen Patriarchen reiste er 1952 nach Moskau, 1959 stellte er sich in der Kasseler Rede gegen die atomare Bewaffnung und vertrat seit dieser Zeit einen radikalen Pazifismus. Niemöller polarisierte, auch in der EKHN. Aber auf seine Weise forderte und förderte er das gesellschaftspolitische Engagement der EKHN. Leitend wurde für viele seine berühmte Frage:

»Was würde Jesus dazu sagen?«. Das ist keine naive Frage nach dem historischen Jesus. Es ist die Frage: Was ist heute in jeweils konkreten Situationen und Herausforderungen vom Evangelium aus zu sagen? Das Evangelium ist eben nicht allein die Botschaft für das persönliche Seelenheil, es ist auch immer der Auftrag, diese Welt so zu gestalten, dass Gottes Liebe zu allen Menschen in dieser Welt Raum gewinnt. Niemöller war prägend. Aber es wäre falsch, diese Ausrichtung der EKHN auf Niemöller zu reduzieren. Das ist ebenso unangebracht wie eine unkritische »Heroisierung« Martin Niemöllers.

Auf dem weiteren Weg der EKHN hat sicher auch eine große Rolle gespielt, dass viele gesellschaftliche Fragen frühzeitig im Rhein-Main-Gebiet und insbesondere in Frankfurt zentral im Kirchengebiet der EKHN präsent waren und sind. Auch hier nur ein paar Stichwörter: Studentenbewegung, Auseinandersetzung mit der Apartheid in Südafrika, Anti-Rassismus-Programm, Konziliarer Prozess, Kampagne Erlassjahr, Startbahn West und Flughafenausbau, Occupy und Klimaproteste. Die Kirchenleitung, die Kirchenpräsidenten und vor allem auch die Kirchensynode sowie Dekanate und Kirchengemeinden beteiligten sich und beteiligen sich am gesellschaftlichen Diskurs. Dabei ist immer wieder eine Bewegung zwischen Mediation und Positionierung festzustellen. Ich füge auch hier ein Votum zum 60. Jubiläum der EKHN ein:

»Der Meinungsdiskurs ist eines ihrer Markenzeichen, und die Tradition der Beteiligung an der gesellschaftlichen Debatte ist Ausdruck der starken Stellung der Gemeindeglieder. In dieser Stärke liegt eine Chance für die kommenden Jahre und Jahrzehnte.«[6] Dieses Zitat stammt vom damaligen hessischen Ministerpräsidenten Roland Koch. Aktuell ist zu spüren, wie sehr der Krieg in der Ukraine viele Menschen bewegt. Kaum jemand hat mit dem gerechnet, was am 24. Februar dieses Jahres geschah. Auf Befehl des russischen Präsidenten Wladimir Putin hat Russland den Nachbarstaat Ukraine völkerrechtswidrig angegriffen. Seitdem erleben wir brutale Angriffe, die offenbar auch gezielt gegen die Zivilbevölkerung gerichtet sind. Die Menschen in der Ukraine verteidigen sich und ihr Land. Tausende auf beiden Seiten sterben oder werden schwer verwundet und traumatisiert. Millionen Menschen aus der Ukraine fliehen.

Eine Woche vor Beginn des Krieges hatte ich gemeinsam mit Bischöfin Beate Hofmann die Gemeinden in der EKHN und der EKKW zu Friedensgebeten aufgerufen. Dies haben viele aufgegriffen. Es ist gut, dass wir mit unseren Gebeten in den Andachten und Gottesdiensten vor Gott bringen, was uns erschreckt, entsetzt und mit Sorge und Angst erfüllt. Zugleich bitten wir Gott darum, dass alles gestärkt wird, was Frieden bringt. Dabei leitet uns die Grundüberzeugung unseres Glaubens, dass Gott ein Gott des Friedens ist (Röm 15,33 u. ö.). Die erste Vollversammlung des Ökumenischen Rates der Kirchen hat 1948 in Amsterdam formuliert: »Krieg soll nach Gottes Willen nicht sein.« Neben den Friedensgebeten haben sich viele Gemeinden schnell in der Aufnahme geflüchteter Menschen aus der Ukraine engagiert. Die 12. Synode hat in ihrer letzten Tagung die Mittel in unserem Flüchtlingsfonds um eine Million Euro aufgestockt. Ich kann berichten, dass etliche Anträge auf Unterstützung eingegangen sind und die bereitgestellten Mittel abgerufen werden. Außerdem werden Räumlichkeiten in Gemeinde und Pfarrhäusern zur Verfügung gestellt – zur Unterbringung oder auch etwa für Deutschkurse. Konfirmanden- und Gemeindegruppen engagieren

---

[6] 60 Jahre Evangelische Kirche in Hessen und Nassau. Jahresbericht 2006/2007. Hg. von der Kirchenleitung der EKHN. Darmstadt 2007, 11.

sich in der Unterstützung. In unseren Tagungshäusern in Höchst und Hohen-
solms sind geflüchtete Menschen aus der Ukraine untergebracht. Vieles ist durch
die Aktivierung der europäischen Richtlinie über den vorübergehenden Schutz
einfacher und integrationsfördernder als bei der Flüchtlingsaufnahme in den
vergangenen Jahren. Aus der praktischen Arbeit wissen wir, dass in Hessen eine
bessere Koordination der staatlichen Stellen und eine engere Zusammenarbeit
mit Verbänden und Kirchen nötig wäre. In Rheinland-Pfalz bestehen eine gute
Koordination und Kooperation zwischen verschiedenen Akteuren. Außerdem
ist es erforderlich, dem entgegenzusteuern, dass geflüchtete Menschen unterschiedlicher Herkunft ungleich behandelt werden. Vielmehr sollte das, was
dieses Mal einfacher und besser läuft, zukünftig auch anderen Flüchtlings-
gruppen zuteilwerden. Insbesondere die Studierenden aus afrikanischen und
asiatischen Ländern, die an Universitäten in der Ukraine eingeschrieben waren,
brauchen Perspektiven und Sicherheit, um ihr Studium abschließen zu können.
Auch Flüchtlinge aus Afghanistan brauchen jetzt Bleibe- und Integrationsper-
spektiven; noch immer warten Menschen in Afghanistan, denen eine Aufnahme
zugesagt wurde, auf Unterstützung und Ausreise.

Erforderlich sind nicht zuletzt Unterstützungsangebote für die vielen ehrenamtlich Helfenden. Hierzu leisten wir über die Seelsorge und Beratung einen
Beitrag. Grundsätzlich bleibt allerdings anzumerken, dass das freiwillige Engagement den dringend notwendigen Auf- und Ausbau hauptamtlicher Strukturen
weder ersetzen kann noch darf. In einem Webinar, das wir über die Ehrenamtsakademie angeboten haben, standen die praktischen Fragen im Vordergrund. Gleichwohl haben wir auch die friedensethischen Fragen angesprochen,
die mittlerweile verstärkt diskutiert werden. Wie auch in anderen gesellschaftlich sehr kontroversen Themen braucht es dringend Räume und Foren zur dif-
ferenzierten Auseinandersetzung. Als Kirche können wir solche Räume bieten –
etwa in der Evangelischen Akademie, aber auch in unseren Gemeinden und
Dekanaten. Dekanate haben bereits signalisiert, dass sie in ihren Synoden an den
friedensethischen Fragen weiterarbeiten wollen. Ich schlage vor, dass wir dies
auch in Tagungen dieser Synode tun. Die 12. Synode hat 2019 ein Impulspapier
zur Friedensethik verabschiedet.[7] Daran können wir anknüpfen. Ein Ergebnis
des Krieges in der Ukraine ist schon jetzt klar: Er hat die friedens- und sicherheitspolitische Architektur in Europa nachhaltig zerstört. Auch sicherheitspolitische Interessen Russlands rechtfertigen in keinem Fall den eklatanten Bruch
des Völkerrechts durch den Angriff auf die Ukraine. Russland hat dabei Ab-
kommen gebrochen, die aus deutscher Sicht Basis für die Kooperation mit
Russland waren. Auch wenn im Rückblick sicher kritisch zu analysieren ist, wo
klarere Abgrenzung und Widerstand nötig gewesen wäre, war es im Grund-

---

[7] https://www.ekhn.de/fileadmin/content/ekhn.de/download/presse/19/Impulspapier_
Frieden_online.pdf, abgerufen am 13. 05. 2022.

satz aus friedensethischer Perspektive vertretbar, auf Kooperation und Handel zu setzen. Evangelische Friedensethik ist am Frieden orientiert. Die Friedensdenkschrift der EKD aus dem Jahr 2007 gibt als Zielvorstellung den »gerechten Frieden« vor.[8] Dies bedeutet: Wer den Frieden will, muss den Frieden vorbereiten, und nicht den Krieg. Der Leitgedanke des »gerechten Krieges« ist zwar seit Augustin im Grundsatz eine Forderung, die den Krieg begrenzen soll. Trotzdem ist sie im Kern bestimmt von der Friedenssicherung durch Krieg. Der Leitgedanke des gerechten Friedens geht davon aus, dass wirklicher Frieden nicht durch Waffengewalt erreicht werden kann. Frieden braucht Recht und Gerechtigkeit. Deshalb wird zivilen Konfliktlösungen immer der Vorrang vor militärischen Interventionen gegeben. Gewaltanwendung ist in diesem friedensethischen Konzept allerdings nicht ausgeschlossen. Sie gilt als »letztes Mittel« *(ultima ratio)*, um Gewalt zu begrenzen, Recht durchzusetzen und Menschen zu beschützen. Dabei wird das auch im Rahmen des Völkerrechts festgehaltene Recht zur Selbstverteidigung nicht bestritten. Für andere Einsätze rechtserhaltender Gewalt werden Prüfkriterien formuliert: Erlaubnisgrund, Autorisierung, richtige Absicht, äußerstes Mittel, Verhältnismäßigkeit der Folgen, Verhältnismäßigkeit der Mittel, Unterscheidungsprinzip. Es ist falsch und unangemessen, der evangelischen Friedensethik einen wirklichkeitsfremden Pazifismus vorzuwerfen. Mit dem hier beschriebenen Verantwortungspazifismus ist vielmehr eine realistische Einschätzung auf die wirklichen Erfolgsaussichten militärischer Gewalt verbunden. Doch selbst ein militärischer Sieg stellt nicht einfach Frieden her. Dazu ist viel mehr nötig. Was heißt dies in der konkreten Situation des Angriffs auf die Ukraine? Das Selbstverteidigungsrecht der Ukraine ist unbestritten. Jede Forderung von außen, auf die eigene Verteidigung zu verzichten, ist unangemessen. Eine solche Entscheidung kann man immer nur für sich selbst treffen. Vor dem Hintergrund des Bruchs des Völkerrechts durch Russland ist eine Unterstützung der Ukraine legitim. Die Unterstützung erfolgt durch Sanktionen gegenüber dem Aggressor und auch durch Waffenlieferungen.

Ich halte es für sinnvoll, sowohl für die Sanktionen als auch für die Waffenlieferungen und andere Formen der Unterstützung die genannten Prüfkriterien anzuwenden. Das heißt: Es müssen Grund und Legitimation geprüft werden und auch die Verhältnismäßigkeit. Dazu gehört auch die Folgenabschätzung. Schließlich müssen Ziele definiert werden. Im Krieg in der Ukraine muss meines Erachtens das Ziel sein, die Ukraine so zu stärken, dass deren Selbstverteidigung die russische Regierung dazu bringt, die Angriffe einzustellen und mit der Ukraine zu verhandeln. Eine Zielbestimmung in den Kategorien von Sieg und Niederlage trägt die Gefahr unregulierter Militarisierung und Eskalation in sich. Daher sollten Sanktionen und Waffenlieferungen immer mit Bemühungen um die

---

Aus Gottes Frieden leben – für gerechten Frieden sorgen. Eine Denkschrift des Rates der Evangelischen Kirche in Deutschland, Gütersloh 2007.

Wiederaufnahme von Verhandlungen verbunden werden. Denn Krieg bedeutet nicht das Ende von Politik und Diplomatie. Bewertungen sind in der aktuellen Lage allerdings ausgesprochen schwierig, weil nicht absehbar ist, wie der Aggressor worauf reagiert. Diese Spannungen und die auch mit den Waffenlieferungen verbundenen ethischen Dilemmata wahrzunehmen und auszuhalten, gehört mit zu einer verantwortlichen friedensethischen Reflexion. Hierzu können und müssen wir als evangelische Kirche einen Beitrag leisten – gerade angesichts der sich verschärfenden und ausgrenzenden Debatten, die wir zurzeit auch erleben. Zugleich ist es unsere Aufgabe, auch hier die Frage wachzuhalten »Was würde Jesus dazu sagen?« – eben nicht in einem historisch naiven Sinn, sondern als Frage danach, was dem Evangelium entspricht. Im Epheserbrief werden in diesem Sinn Wahrheit, Gerechtigkeit und Frieden als »Waffenrüstung Gottes« bezeichnet (vgl. Eph 6,13–17). In einer weitergehenden Perspektive, die über den Krieg hinausdenkt, muss deshalb unbedingt neu bedacht werden, dass Friedenssicherung mehr sein muss als militärische Abschreckung. Auch angesichts der aktuellen Situation darf es zu keiner Militarisierung des Politischen kommen. So sollte etwa die Sicherung der Einsatzfähigkeit der Bundeswehr nicht zu Lasten anderer dringlicher Aufgaben wie des Klimaschutzes und entwicklungspolitischer Arbeit gehen. Abschließen möchte ich diesen Abschnitt aber nicht allein mit dieser ethischen Reflexion. Am Ende soll auch die klare theologische Aussage stehen, dass jede Form von religiöser Begründung des Angriffskrieges in eklatantem Widerspruch zum Evangelium steht. Die Argumentation des Moskauer Patriarchen Kyrill ist unerträglich und gotteslästerlich. Ich habe großen Respekt vor allen Menschen in der russisch-orthodoxen Kirche, die ihm hier entschieden widersprochen haben, und danke ihnen sehr. In der Verbindung mit Christus gilt unsere Solidarität all den Menschen, die Opfer von Gewalt und Krieg sind. Für sie erbitten wir den Beistand Gottes und seinen Frieden.

2.4 Die EKHN ist unterwegs und bereit, sich zu verändern.

In der EKHN wurden gesellschaftliche Veränderungen immer sehr aufmerksam wahrgenommen. Damit wurde immer zugleich gefragt, wie Kirche sich verändern muss – auch im Hinblick auf sich verändernde Herausforderungen und die Erwartungen der Kirchenmitglieder. Und es wurden immer wieder Reformprozesse angestoßen. Ende der sechziger Jahre hat unter anderem der damalige Kirchenpräsident Helmut Hild als Reaktion auf die ersten Kirchenaustrittswellen die Kirchenmitgliedschaftsuntersuchungen angestoßen. Die erste fand 1972 statt. Die weiteren dann im 10-Jahres-Rhythmus. Ende dieses Jahres werden die Befragungen zur 6. Kirchenmitgliedschaftsuntersuchung durchgeführt. Die EKHN war es übrigens auch, die 1970 das erste kirchliche Rechenzentrum in

Betrieb nahm. Was heute »Digitalisierung« heißt, hieß damals »Computerisierung«. In der EKHN wurde auf die gesellschaftlichen Veränderungen sehr früh durch Reformprozesse reagiert. 1992 wurde unter dem Titel »Person und Institution. Volkskirche auf dem Weg in die Zukunft« eine programmatische Schrift veröffentlicht, die Grundlage für viele Veränderungen in den letzten Jahrzehnten war. Die Grundthese war: Kirche muss auf die gesellschaftlichen Veränderungen der Individualisierung, des Traditionsabbruchs und der größeren Pluralisierung und Differenzierung reagieren, indem sie selbst vielfältiger wird und differenzierte Zugänge zum Glauben und zur Gemeinschaft ermöglicht. In der Folge sind die Angebote in den Gemeinden selbst vielfältiger geworden, und es haben sich unterstützend und ergänzend spezielle Arbeitsfelder entwickelt. Die EKHN zählte dabei zu den Kirchen, die für viele Bereiche impulsgebend waren. Ich nenne hier beispielhaft ein Umweltpfarramt, ein Friedenspfarramt, ein Sportpfarramt, den Hospizpfarrdienst. In den Zusammenhang der Differenzierung der kirchlichen Angebote gehören in der EKHN auch die Fach- und Profilstellen und die Arbeit der Zentren. In den kirchenpolitischen Debatten wurden und werden immer wieder der Pfarrdienst in den Gemeinden und in funktionalen Stellen einander gegenübergestellt. Dabei wird oft übersehen, wie wichtig es war und ist, ergänzend und miteinander auf gesellschaftliche Veränderungen zu reagieren. Veränderte Anforderungen in den Gemeinden und zurückgehende Mitgliederzahlen waren auch immer wieder der Anlass für die Veränderung der kirchlichen Strukturen. In den letzten beiden Jahrzehnten war es vor allem die Stärkung der Mittleren Ebene, der Dekanate, und auch der daran anschließende Reformprozess Perspektive 2025. Dabei war es ein Grundanliegen, Entscheidungen zu dezentralisieren und regionale Gestaltung zu stärken. Dem dienten auch Veränderungen in der kirchlichen Verwaltung. In diesem Jahr sind die Prozesse der Dekanatsfusionen an einem vorläufigen Zielpunkt angekommen. Wir haben in der EKHN jetzt 25 Dekanate bei 1,4 Millionen Mitgliedern. Begonnen hat die EKHN 1947 übrigens mit 1,8 Millionen Mitgliedern und 42 Dekanaten. Die Mitgliederzahlen waren in der Spitze Ende der 60er Jahre bei 2,4 Millionen. Damals gab es 61 Dekanate.

Dass die Dekanatsstrukturreform jetzt erst einmal abgeschlossen ist, ist eine gute Basis für die Veränderungen, in denen wir jetzt sind und die wir mit ekhn2030 begonnen haben. Die Mitgliedschaftsprognosen und die daran anschließenden Berechnungen über die voraussichtliche finanzielle Kraft zeigen, dass wir erhebliche strukturelle Veränderungen vornehmen müssen. ekhn2030 ist ein Weg mit harten Einsparungen. Zugleich sehen wir aber auch die dringliche Aufgabe, uns als Kirche weiterzuentwickeln. Deshalb ist ekhn2030 auch ein Prozess der Kirchenentwicklung. Wir wollen, dass die nächste Generation noch Freiräume zur Gestaltung hat. Dabei haben wir natürlich auch die Hoffnung, dass es uns gelingt, die Zahl der Austritte zu verringern und Menschen neu zu motivieren, wieder in die Kirche einzutreten. Wir sehen aber zugleich, dass wir gesellschaftliche Trends nicht einfach verändern können. Das kann immer eine Hoffnungsperspektive sein, aber keine Planungsperspektive. Zu ekhn2030 wird es einen eigenen Tagesordnungspunkt geben. Also: später mehr. Hier in diesem Bericht stelle ich ekhn2030 sehr bewusst hinein in die Reihe der Veränderungen in der 75-jährigen Geschichte der EKHN.

Veränderungen sind oft schwierig. Sie bedeuten meistens, sich von Vertrautem und Liebgewordenem zu verabschieden. Um Veränderungen muss auch gerungen werden. Die EKHN kann das. Das hat sie in ihrer Geschichte ein ums andere Mal bewiesen. Und sie wird es weiter können, wenn sie sich als Kirche versteht, die als Kirche in der Nachfolge von Jesus Christus unterwegs ist durch die Zeit, in die Gott sie hineingestellt hat. Und wenn sie Herausforderungen annimmt, auf Gott vertraut und offen ist und nah bei den Menschen. Zuversichtlich macht mich hier auch das, was sich in der Corona-Zeit gezeigt hat. Unsere Gemeinden und Einrichtungen haben sich mit viel Engagement dem gestellt, was hier zu bewältigen war. Es war oft schwer, mit den Corona-Beschränkungen irgendwie zurechtzukommen – im Gemeindeleben, in den Gruppen und Chören, in den Leitungsgremien, in den Kindertagesstätten und Schulen, in den diakonischen Einrichtungen und an vielen Stellen mehr. Da wurde mit großem persönlichem Einsatz und Verantwortungsbewusstsein, mit digitalen Mitteln und mit viel Kreativität viel geleistet. Auch das will ich in diesem Bericht in unserem Jubiläumsjahr festhalten und dafür herzlich danken. Und ich verbinde damit gleichzeitig auch die Hoffnung, dass dies das letzte Jahr mit Corona-Einschränkungen war.

Am Schluss nun:

3. Wo führt unser Weg hin?

Wir stellen uns der Realität. Wir werden derzeit weniger. Aber wir haben immer noch viel Gestaltungskraft. Vor allem: Wir leben aus der Kraft der Verheißung, dass Christus bei uns ist auf unserem Weg und uns in diese Welt sendet. Für die Zukunft ist entscheidend, dass wir aus diesem Glauben leben und so füreinander und zusammen mit anderen Menschen für diese Welt da sind.

Wir vertrauen auf die Kraft der Liebe Gottes, aus der wir leben. Wir werden uns deshalb in einer Welt, in der Gott nicht selbstverständlich ist, darauf besinnen, was wir glauben und wie wir diesen Glauben leben können. Dieser Glaube führt uns nicht nur nach innen. Dieser Glaube gibt Menschen Halt aneinander und Kraft, für andere da zu sein – und gemeinsam mit anderen das gesellschaftliche Zusammenleben zu gestalten. Wir trachten danach, sorgsam mit dieser Welt und ihren Gütern umzugehen. Wir trachten nach Frieden. Wir trachten nach Gottes Reich und seiner Gerechtigkeit. Wir setzen auf Gottes Geschichte mit uns. Als EKHN können wir gut an das anknüpfen, was unseren Weg bisher geprägt hat. Wir müssen vieles verändern, auch manches hinter uns lassen, um Neues zu entdecken. Wir müssen uns aber nicht völlig neu erfinden. Solange wir es können, wollen wir flächendeckend präsent bleiben – wenn auch mit einem etwas weiter gespannten Netz, anders organisiert, anders verknüpft, aber mit Gesichtern erkennbar.

Wir bauen auf unsere Gemeinschaft: Wir sind dabei vielfältig und offen. Wir sind eine Kirche, die Menschen begleitet und das Zusammenleben mitgestaltet. Wir leben Kirche gemeinsam mit vielen. Wir sind unterwegs und bereit, uns immer wieder zu verändern. Wir können das zuversichtlich tun. Es ist aber auch geistlich nötig zu sehen, dass dies manchmal auch ein schwerer Weg sein kann.

Der ehemalige Bischof der Kirchenprovinz Sachsen, Axel Noack, hat das in einer Predigt über die Nachfolge Christi einmal so gesagt. Er hat dabei über die Sturmstillung gepredigt: »So geht's, wenn Christus in das Schiff kommt, wird es nicht lange still bleiben. Und wir hatten uns das so schön gedacht – so schön im Abendsonnenschein ein wenig zu rudern über den See mit ein bisschen irischen Segen dahinter – so schön wäre das gewesen. Aber wenn Christus in das Schiff kommt, bleibt es nicht lange ruhig. Es wird sogar ziemlich stürmisch.«[9]

Das müssen wir, so denke ich, auch neu lernen. Die Pointe in der Geschichte ist die, dass diejenigen, die bei ihm sind, sich fürchten und dann Jesus wecken. Jesus redet dann vom Kleinglauben und stillt den Sturm. Axel Noack sagt in seiner Predigt, dass der Glaube klein ist, dass sie aber trotzdem das Richtige tun: Sie wecken Jesus und suchen seine Hilfe. Daran können wir uns immer wieder orientieren. In seinem Namen sind wir zusammen, in seinem Auftrag sind wir auf unserem Weg. Auf Jesus Christus vertrauen wir, weil er uns zuruft:

»Friede sei mit euch! Wie mich der Vater gesandt hat, so sende ich euch.« (Johannes 20,21)

---

[9] https://www.a-m-d.de/fileadmin/user_upload/Material/Dokumentation/Theologenkongress_2006/AMD-Kongress_Predigt_Noack-1.pdf, abgerufen am 07.05.2022.

»Jetzt ist die Zeit.«
Markus 1,15, Kirchentagsübersetzung [2023]

Sehr geehrte Frau Präses, hohe Synode!

Wie verstehen wir die Zeit, in der wir leben? Noch immer sind Auswirkungen der Corona-Pandemie zu spüren, die eine Zeit mit besonderen Herausforderungen war. Im vergangenen Jahr hat Bundeskanzler Olaf Scholz nach dem Beginn des Angriffs Russlands auf die Ukraine eine »Zeitenwende« ausgerufen. Junge Menschen, die sich gegen eine drohende Überhitzung dieses Planeten engagieren, nennen sich die »Letzte Generation«. Sie haben diesen Namen für ihre Bewegung gewählt, weil sie sich selbst als Angehörige einer letzten Generation verstehen, die noch etwas ändern kann. Der Name ruft zugleich endzeitliche, apokalyptische Gedanken auf. In wenigen Wochen findet der 38. Deutsche Evangelische Kirchentag in Nürnberg statt. Der Kirchentag hat die Losung »Jetzt ist die Zeit«. Ich greife dieses Bibelwort für meinen diesjährigen Bericht zur Lage von Kirche und Gesellschaft auf. Dabei möchte ich versuchen, theologisch-geistliche Perspektiven auf das Zeitgeschehen zu gewinnen.

»Jetzt ist die Zeit«. Das stammt aus dem ersten Satz, den Jesus im Markus-Evangelium wörtlich sagt. So beginnt sein öffentliches Wirken. In der Kirchentagsübersetzung klingt das so: »Nachdem Johannes gefangengenommen war, ging Jesus nach Galiläa und verkündete die frohe Botschaft Gottes. Er sprach: ›Jetzt ist die Zeit: Gottes gerechte Welt ist nahe. Kehrt um und vertraut der frohen Botschaft.‹« (Mk 1,14–15). Die Luther-Übersetzung ist vielen geläufiger: »Die Zeit ist erfüllt, und das Reich Gottes ist nahe herbeigekommen. Tut Buße und glaubt an das Evangelium!«

Die Übersetzung »Jetzt ist die Zeit« stellt deutlicher heraus, dass es darum geht, jetzt, im Hier und Heute, den Weg zu ändern und sich an der frohen Botschaft Gottes zu orientieren. Dass die Zeit erfüllt ist, markiert die Zeit als eine »letzte« Zeit. Entscheidend ist jeweils, die Gegenwart als die Zeit zu verstehen, in der Menschen herausgefordert sind und die zugleich erfüllt ist von der Nähe Gottes. Dass Jesus dies verkündigt, war für die Menschen damals ein besonderer Gottesmoment, ein Kairos. Aber was Jesus verkündigt und was sich in seinem Leben, in seinem Tod und in seiner Auferstehung zeigt, weist über die konkrete

Zeit seines irdischen Lebens hinaus. Das gilt auch für seine besondere Zeitansage. Die Gegenwart, jeder Tag, ist die Zeit, in die Gott Menschen stellt. Alle Zeit ist Gottes Zeit. So ist die Zeit Geschenk und Herausforderung zugleich. Sie will empfangen und gestaltet werden. Empfangen als Zeit von Gott und gestaltet als Zeit auf Gott hin. Wer die Zeit so lebt, bleibt nicht in der Vergangenheit hängen, sondern lebt die Gegenwart auf die kommende Zeit hin. Dabei kann der Blick auf die Vergangenheit keine selbstzufriedene Rückschau sein. Es geht darum, zu erkennen, was falsch war, und sich neu auszurichten. Es geht um Umkehr. Sehr verdichtet ist das in dem Gebet gegenwärtig, das Jesus die Seinen zu beten gelehrt hat. Da ist die Bitte »Dein Reich komme«. Sie richtet den Blick nach vorne, auf das Reich Gottes, dessen Nähe Jesus verkündigt. Und da ist die Bitte »Vergib uns unsere Schuld, wie auch wir vergeben unseren Schuldigern«. Sie bittet Gott darum, uns nicht auf unsere Vergangenheit festzulegen. Das ist nötig, um »jetzt« die Gegenwart leben und mit Vertrauen in die Zukunft gehen zu können. Die Ausrichtung auf die Zukunft geschieht nicht ins Blaue hinein, sie ist nicht inhaltslos. Sie hofft auf Gottes Reich und orientiert sich so – an Gottes kommender, an Gottes gerechter Welt. Christinnen und Christen vertrauen auf Gottes Reich mitten in dieser Welt. Sie stellen sich in das Kraftfeld dieses Reiches. Dabei wissen sie, dass sie dieses Reich nicht selbst verwirklichen können. Es bleibt Gottes Reich. Vollendet wird es nicht in dieser Welt und in dieser Zeit. Aber es ragt hinein in diese Zeit, durchdringt sie und schenkt Zukunft. Das christliche Verständnis der Zeit ist immer ein Verständnis, das sich nicht in der Zeitlichkeit erschöpft, weil es verbunden ist mit Gottes Ewigkeit. Gerade darin aber werden der besondere Wert und die besondere Herausforderung erkannt: »Jetzt ist die Zeit.«

Was heißt das für die besonderen Herausforderungen unserer Zeit? Darüber möchte ich in drei Abschnitten reden:
1. Zeit der Kirche – Kirche im Umbruch
2. Zeitenwende? – Kirche und Politik
3. Zeit der Umkehr – Kirche und Klimawandel

1. Zeit der Kirche – Kirche im Umbruch

Wir leben als Kirche in einer Zeit tiefgreifender Veränderungen – auch für uns als Kirche und in unserer Kirche. Im vergangenen Jahr hatten wir die höchsten Austrittszahlen in unserer Geschichte. 30.000 Menschen haben ihre Mitgliedschaft in der EKHN durch Kirchenaustritt beendet. Eintritte und Taufen sind gegenüber den Vorjahren leicht gestiegen. Trotzdem lag der Mitgliederrückgang bei fast 3 %. Ein Ende dieser Entwicklung ist leider nicht erkennbar. Die Gründe sind vielfältig. Das Thema sexualisierte Gewalt in den Kirchen und ökonomische Belastungen haben sicher in den letzten Jahren eine besondere Rolle gespielt. Das trifft aber mit einer Entwicklung zusammen, in der die Bindekraft der Kirchen und auch von anderen Institutionen deutlich zurückgegangen ist. Aus Studien wissen wir, dass religiöse Sozialisation im familiären Kontext seit Jahrzehnten abnimmt und die Mitgliedschaft in einer Kirche immer weniger selbstverständlich ist. Allerdings werden das kirchliche und insbesondere das diakonische Engagement vor Ort durchaus geschätzt. Es gibt sogar nach wie vor hohe Erwartungen an Kirchen und Diakonie. Die EKHN hat seit den siebziger Jahren des letzten Jahrhunderts auf die gesellschaftlichen Veränderungen reagiert. Die kirchlichen Angebote in den Gemeinden und Einrichtungen wurden vielfältiger. Das war auch gut und wichtig und hat angesichts der starken Säkularisierungstrends zu einer gewissen Stabilität beigetragen. Obwohl sie an Relevanz verloren haben, sind Kirchen nach wie vor wichtige Gesprächspartnerinnen der Politik und auch in der Zivilgesellschaft. Allerdings werden die Kirchen in der Öffentlichkeit oft anders wahrgenommen. Wahrgenommen werden die Fälle sexualisierter Gewalt und eine schleppende Aufarbeitung. Wahrgenommen werden die sinkenden Mitgliederzahlen und die damit verbundene Reduktion von Stellen und kirchlichen Angeboten. Viele Menschen, die in unserer Kirche ehrenamtlich und hauptamtlich arbeiten, leiden darunter sehr. Die guten Geschichten spielen medial zwar durchaus in der lokalen, bisweilen auch in der überregionalen Berichterstattung eine Rolle: die gute Arbeit in Kindertagesstätten und Schulen, die Arbeit mit Kindern, Jugendlichen und Familien, die Arbeit in den diakonischen Einrichtungen, in der Flüchtlingsaufnahme, in der Seelsorge bei Taufen, Trauungen, Beerdigungen, in besonderen Notfällen, in der Beratungsarbeit, in der vielfältigen Chorarbeit, in Konzerten und Kulturveranstaltungen und noch in manchem mehr. All das prägt aber nicht, wie Kirche als Ganzes wahrgenommen wird. Eine Medienberatung würde sicher sagen: Kirche hat ein Imageproblem. Bevor ich versuche, diese Situation theologisch-geistlich einzuordnen, möchte ich hier mit einigen Schlaglichtern beschreiben, was wir angesichts dieser Entwicklungen tun. Mit unserem Prozess ekhn2030 stellen wir uns darauf ein, dass sich die Rahmenbedingungen für unsere Arbeit durch den Rückgang der Mitgliederzahlen verändern werden. Wir versuchen dabei, nicht nur zu reduzieren und zu optimieren, sondern auch Strukturen zu verändern. Die Bildung von Nachbarschaftsräumen und die Zusammenarbeit in multiprofessionellen Teams sind solche Veränderungen. Es ist in der Tat eine der größten Veränderungen, wenn nicht gar die größte Veränderung in der Geschichte der EKHN. Mit dieser Veränderung sind wir in der Fläche präsent. Weil die Zahl der Kirchenmitglieder sinkt, bleibt – auch bei der Reduktion der Pfarrstellen – die durchschnittliche Zahl der Gemeindeglieder pro Pfarrstelle in etwa konstant. Nachbarschaftsräume sollen Kooperation stärken und zugleich in Verwaltung und Leitung entlasten. Damit geht eine Verringerung des Gebäudebestandes einher, um nachhaltige Entwicklung zu ermöglichen. Damit korrespondiert eine Veränderung gesamtkirchlicher Strukturen. Einiges davon muss in dieser Synode beraten und entschieden werden. Wir verfolgen das Ziel, jetzt und in der nächsten Generation Entwicklungsmöglichkeiten zu erhalten, um mitglieder- und gemeinwesenorientiert arbeiten zu können. Wir orientieren uns dabei an unserem Kernauftrag, das Evangelium in Wort und Tat zu leben. Die Veränderungen auf den Weg zu bringen, verlangt allerdings viel Einsatz. Ich bin sehr dankbar, wie vielerorts die Impulse aufgegriffen werden, und danke ausdrücklich für die große Bereitschaft und das große Engagement. Viele sehen darin Chancen, die Kräfte zu konzentrieren und uns als Kirche und unsere Arbeit weiterzuentwickeln. Ja, so ist es gedacht. Wir setzen nach wie vor auf gute Kommunikationsarbeit. Die EKHN hat in den letzten Jahrzehnten ein gutes Netz regionaler Öffentlichkeitsarbeit aufgebaut. Dies dient dazu, Gemeinden auf lokaler Ebene zu unterstützen. Außerdem trägt es zur internen und externen Kommunikation in unserer Kirche bei. Mit der Impulspost haben wir ein Kommunikationsinstrument, das prinzipiell an alle Mitglieder unserer Kirche adressiert ist. Viele Gemeinden nutzen dies und greifen die inhaltlichen Impulse auf. Wir können als Kirche inzwischen auch »Kampagne«. Die nächste Impulspost wird im September erscheinen. Sie wird eine Impulspost zu dem Thema sein, wie der Glaube in Krisen Kraft geben kann: »Du gibst mir Halt – Ermutigung in stürmischen Zeiten«. Über die bisherige Kommunikation hinaus arbeiten wir mit dem Philippus-Projekt daran, eine direkte, digitale Mitgliederkommunikation aufzubauen. Die braucht es ebenso dringend wie eine größere kommunikative Präsenz im digitalen Raum. Viele Gemeinden der EKHN haben die Initiative der EKD aufgegriffen und laden in diesem Jahr besonders zur Taufe ein. Schon seit einigen Jahren werden in etlichen Gemeinden besondere Tauffeste gefeiert. Das nimmt den Wunsch nach Taufgelegenheiten auf, die nicht mit dem Sonntagsgottesdienst verbunden sind und auch oft eine gemeinsame Feier ermöglichen. In der Corona-Zeit haben weniger Taufen stattgefunden. Die Taufinitiative regt an, neu zur Taufe einzuladen. Im Vordergrund steht dabei die geistliche Bedeutung der Taufe als entscheidender Schritt auf dem Weg des Glaubens. Wir arbeiten weiter konsequent gegen sexualisierte Gewalt in der Kirche. Dazu gehört die Präventionsarbeit. Wir verstehen sie als Leitungsaufgabe. Deshalb wurden und werden Fortbildungsveranstaltungen durchgeführt. Dass es eine besondere Leitungsaufgabe ist, bildet auch die Neukonzeption einer Fachstelle gegen sexualisierte Gewalt ab. Sie fasst diejenigen zusammen, die in unterschiedlichen Bereichen arbeiten, und wird ergänzt durch zwei Kolleginnen aus der Diakonie. Die Leitung liegt bei Oberkirchenrätin Dr. Petra Knötzele. Organisatorisch angebunden ist die Fachstelle direkt beim Kirchenpräsidenten und der Stellvertretenden Kirchenpräsidentin. In der Fachstelle arbeitet auch ein Betroffener mit, der die Kirchenleitung und andere Betroffene berät, begleitet und unterstützt. Berichten kann ich an dieser Stelle auch, dass seit Dezember letzten Jahres eine Anerkennungskommission ihre Arbeit aufgenommen hat. Sie hat die bisher bekannten Fälle der Vergangenheit bearbeitet und Anerkennungsleistungen zugesprochen oder führt hierzu mit Betroffenen entsprechende Gespräche. Leider konnte die mit der EKKW geplante sogenannte Regionale Aufarbeitungskommission noch nicht ihre Arbeit aufnehmen. Dies liegt daran, dass es noch keine mit der UBSKM (Unabhängige Beauftragte der Bundesregierung für Fragen des sexuellen Kindesmissbrauchs) abgestimmte Rahmenvereinbarung gibt. Als EKHN beteiligen wir uns an der sogenannten ForuM-Studie der EKD (Forschungsverbund zur Aufarbeitung von sexualisierter Gewalt und anderen Missbrauchsformen in der Evangelischen Kirche und Diakonie in Deutschland). Außerdem wurde von uns eine Forscherin beauftragt, eine Studie zu den sexualpädagogischen Diskursen seit den 60er Jahren des letzten Jahrhunderts zu konzipieren. In den gegenwärtigen Herausforderungen ist es dringend erforderlich, die Kooperation in der EKD weiter zu stärken. Ich versuche hierzu einen Beitrag als Vorsitzender der Union Evangelischer Kirchen in der EKD zu leisten. Wir arbeiten intensiv an der weiteren Integration der UEK in die EKD, um Arbeitsstrukturen zu vereinfachen und uns nicht zuletzt auch finanziell zu entlasten. Im Medienbereich ist die Verbindung des Medienhauses der EKHN mit dem GEP ein Schritt, von dem ich hoffe, dass dadurch weitere Kooperationen angestoßen werden. In der besseren Koordination von Aufgaben und auch in landeskirchlichen Kooperationen liegt meines Erachtens noch viel Potential in unseren Veränderungsprozessen. Ein wichtiger Punkt soll hier nicht unerwähnt bleiben, der sich nur EKD-weit auf den Weg bringen lässt: Das sind nötige Reformen im Hinblick auf das Theologiestudium. Angesichts des schwierigen Blicks auf die Kirchen wird immer wieder eine deutlichere Abgrenzung von der katholischen Kirche gefordert. Ich bin in meinem letzten Bericht hierauf ausführlicher eingegangen, möchte aber auch hier diesen Punkt aufgreifen. Es geht nicht darum, dass wir zurückhalten müssten, was uns von der katholischen Kirche unterscheidet. Wir ordinieren Frauen, Männer und Menschen eines anderen Geschlechts. Wir trauen auch gleichgeschlechtliche Paare. Wir sind als Kirche synodal verfasst. So arbeiten wir mit der römisch-katholischen Kirche zusammen und suchen vertiefte ökumenische Gemeinschaft. Das ist getragen von dem Glauben, dass wir in Christus miteinander verbunden sind. Ich habe mit großem Respekt den synodalen Weg der katholischen Kirche verfolgt und kann diejenigen gut verstehen, die mehr erwartet haben. Ich hätte mir auch mehr gewünscht. Zugleich sehe ich aber auch, dass innerhalb der gegebenen Möglichkeiten einiges erreicht wurde. Der Bewegungsraum zwischen dem Vatikan und konservativen Kräften in den eigenen Reihen ist offenbar doch begrenzt. Ich hoffe, dass es dem Synodalen Ausschuss in den nächsten beiden Jahren gelingt, die Einrichtung eines Synodalen Rates auf den Weg zu bringen. Nach wie vor bin ich überzeugt, dass für die Zukunft unserer Kirchen ein glaubwürdiges ökumenisches Zeugnis unerlässlich ist. Mit Dank schaue ich in diesem Jahr darauf zurück, dass es vor 50 Jahren gelungen ist, die Leuenberger Konkordie zu unterzeichnen und ihr der Kirchengemeinschaft innerhalb des Protestantismus herzustellen. Und ich bin dankbar für das Engagement der Arbeitsgemeinschaft christlicher Kirchen (ACK), die in diesem Jahr ihr 75-jähriges Jubiläum feiern konnte.

Wie lässt sich unsere Situation als Kirche theologisch-geistlich deuten? »Jetzt ist die Zeit«. Es ist in der Tat eine Zeit, in der sich Rahmenbedingungen sehr verändern. Wir sind eine Kirche im Umbruch. Wir sehen deutlich, dass wir nicht an Vergangenem festhalten können. Manchmal ist Trauerarbeit nötig und auch Aufarbeitung und kritische Selbstreflexion. Die Zeitansage Jesu fordert heraus, die Aufgabe, die uns jetzt gestellt ist, zu erkennen und anzunehmen. Sie fordert auch auf, dass wir uns neu orientieren, auch zur Umkehr, wo Umkehr nötig ist. Dabei darf das, was gut war, gut genannt werden. Aber jetzt geht es darum zu erkennen, was jetzt zu tun ist, und nicht zu übersehen, wo vielleicht längst schon Neues entsteht. Die Zeitansage Jesu richtet den Blick nach vorne – den Blick auf Gottes Reich und seine Gerechtigkeit. Als Kirche haben wir unsere Aufgabe und unsere Zukunft darin, nach diesem Reich zu trachten. Dazu gehört, dass wir uns eingestehen: Niemand von uns wird genau sagen können, wie die Situation in den nächsten Jahrzehnten sein wird. Es können immer Dinge geschehen, durch die sich die Situation völlig verändert. Deshalb ist es meines Erachtens gut, sorgsam die nächsten Schritte in die Zeit zu gehen, die wir einigermaßen überschauen können. Manche sagen – meistens mit ironischem Unterton: Ja, nach ekhn2030 kommt ekhn2040 und dann vielleicht ekhn2050. Ich frage dann gerne: Ja, und was ist daran schlecht? Meines Erachtens ist es geistlich auch wichtig, sich bewusst zu machen, dass Gottes Verheißung für die Seinen niemals die war, dass der Weg leicht sein würde. Zum Weg des Evangeliums und derer, die es verkünden, gehört auch, Widerstand zu erleben, manchmal sogar Feindschaft oder einfach Gleichgültigkeit. Immer aber geht es darum, sich gegenseitig zu bestärken, gemeinsam Halt zu suchen in Gottesdienst und Gebet. Und es geht darum, sich auf den Weg zu machen, weil Gottes Reich nah ist und immer wieder neu seine Kraft entfaltet.

2. Zeitenwende? – Kirche und Politik

Der Angriffskrieg Russlands gegen die Ukraine hat eine für verlässlich gehaltene Friedens- und Sicherheitsordnung zerstört. Vorangegangen sind allerdings russische Expansionsbestrebungen, die in ihrer Bedeutung ignoriert wurden. Bundeskanzler Olaf Scholz hat unmittelbar nach dem Beginn des Angriffs auf die Ukraine in seiner Rede im Bundestag von einer Zeitenwende gesprochen. Das war in diesem Zusammenhang ein politischer Begriff, der unter anderem dazu diente, über die Aufnahme zusätzlicher Schulden ein sogenanntes Sondervermögen von 100 Milliarden Euro zur Verfügung zu stellen, um die Bundeswehr neu auszurüsten. In unserem diesjährigen Gespräch mit den Leitungen der Landeskommandos Hessen und Rheinland-Pfalz wurde bestätigt, dass die Bundeswehr erheblichen Ausrüstungsbedarf hat, um die ihr zugewiesenen Aufgaben zu erfüllen. Die beiden Kommandeure haben erläutert, dass die direkte Landesverteidigung in den letzten Jahren kein strategisches Ziel mehr bei der Ausrüstung der Bundeswehr war. Wir berichteten, wie sehr das Erschrecken über den Krieg gegen die Ukraine und die Sorge vor einer Ausweitung des Krieges viele Menschen in unseren Kirchen bewegt. Selbstverständlich kam auch zur Sprache, dass innerhalb unserer Kirche unterschiedliche friedensethische Positionen vertreten werden. Wir haben dargestellt, dass nach unserer Einschätzung eine Mehrheit Waffenlieferungen an die Ukraine bejaht, und zwar im Rahmen der Unterstützung des legitimen Rechtes auf Selbstverteidigung. Allerdings wird von vielen auch kritische Prüfung angemahnt, um nicht eine unkontrollierte Eskalationsspirale zu befördern. Und es wird zugleich gefordert, alle diplomatischen Wege zu nutzen, um möglichst umgehend einen Waffenstillstand und Friedensverhandlungen zu erwirken. Daneben werden in der evangelischen und auch in der katholischen Kirche konsequent pazifistische Positionen vertreten. Waffenlieferungen werden mit dem Argument abgelehnt, dass Waffen jeden Tag töten und den Krieg verlängern. Die Gespräche mit den Landeskommandos, die wir übrigens gemeinsam mit der Pfälzer Kirche führen, sind für beide Seiten wertvoll. In der Bundeswehr wird nicht nur der Dienst der Militärseelsorge sehr geschätzt, sondern auch die differenzierte friedensethische Arbeit der Kirchen und ihre öffentliche Stimme. Dafür ist es für uns wiederum hilfreich, die Sicht und auch Probleme der Bundeswehr wahrzunehmen. Der Synode kann ich berichten, dass in vielen unserer Gemeinden seit Beginn des Krieges regelmäßige Friedensgebete gehalten werden, in den Sonntagsgottesdiensten für den Frieden gebetet wird. Daneben wurde und wird in Gemeinden, Pfarrkonferenzen, Dekanatssynoden und in vielen Veranstaltungen der Erwachsenen- und Jugendarbeit intensiv friedensethisch debattiert. Die Friedensarbeit im Zentrum Oekumene war und ist hier sehr gefragt. Sie konnte nicht alle Anfragen selbst bedienen, konnte aber auf Unterstützung von Kolleg(inn)en aus Akademien, der Erwachsenenbildung und von Brot für die Welt zählen oder auch wissenschaftliche Expertise zum Beispiel aus der Hessischen Stiftung Friedens- und Konfliktforschung vermitteln. Inhaltlich waren viele Debatten ein Spiegelbild der beschriebenen unterschiedlichen friedensethischen Positionen. In den Gemeinden war und ist die friedensethische Diskussion oft begleitet von diakonisch-praktischen Fragen zur Aufnahme und Unterstützung geflüchteter Menschen. Dies beschränkte sich allerdings nicht nur auf Menschen aus der Ukraine. Ich werde dies gleich noch vertiefen, will Ihnen aber an dieser Stelle einige Gedanken zur friedensethischen Debatte vortragen.

Die EKD-Denkschrift zur Friedensthematik aus dem Jahr 2007 trägt den Titel »Aus Gottes Frieden leben – für gerechten Frieden sorgen«. Das ist nach wie vor eine sehr gute Beschreibung des christlichen Friedensverständnisses. Der Glaube an das Evangelium ist verbunden mit der Hoffnung auf Gottes Reich – auf das Reich der Gerechtigkeit und des Friedens für alle Menschen. »Jetzt ist die Zeit« – die Zeitansage von Jesus Christus lenkt den Blick auf Gottes gerechte Welt. Für ihn selbst war das damit verbunden, Gewalt nicht mit Gewalt zu beantworten und auch mit der Forderung, Feinde zu lieben. Was Jesus individuell gelebt hat, lässt sich in der unerlösten Welt nicht gleichsam kollektiv leben, wenn Menschen Gewalt angetan wird. Dies würde Unrecht und Gewalt Raum geben. Gleichwohl ist mit dem, was Jesus gelebt hat, eine Richtung vorgegeben. Es ist die Grundorientierung, nach dem zu streben und zu suchen, was den Frieden fördert. Es gibt zweifellos auch Situationen, individuell oder auch in der politischen Auseinandersetzung, in denen der Verzicht auf Gewalt genau der richtige Weg ist. Andere erfordern als »ultima ratio« rechtserhaltende Gewalt. Evangelische Friedensethik orientiert sich am Leitbild des gerechten Friedens. Sie setzt auf einen nachhaltigen und positiven Frieden, der mehr ist als die Abwesenheit von Krieg. Die messbaren und politisch umzusetzenden Elemente eines gerechten Friedens sind: der Schutz vor Gewalt, der Abbau von Not, die Förderung der Freiheit, die Achtung kultureller und religiöser Vielfalt.

Diese Grundorientierung darf auch in der jetzigen Situation nicht aufgegeben werden. Eine sicherheitspolitische Zeitenwende darf nicht einseitig auf militärische Sicherheitsstrategien setzen. Rechtserhaltende Gewalt ist nötig, das Selbstverteidigungsrecht der Ukraine ist unbestritten, die Unterstützung durch Waffenlieferungen ist ethisch legitim. Aber grundsätzlich muss weiter gelten »Prävention vor Intervention, zivil vor militärisch«. Die Friedensdenkschrift sagt dazu: »Wer den Frieden will, muss den Frieden vorbereiten.«[1] Es ist deshalb sehr problematisch, wenn die Lösung des gegenwärtigen Krieges in den Kategorien von Sieg und Niederlage gesucht wird. Evangelische Friedensethik kritisiert deshalb sicherheitspolitische Konzepte, die nationalistisch und militaristisch geprägt sind. Einer Zeitenwende in diesem Sinn muss und kann auch mit der Zeitansage des Jesus von Nazareth widersprochen werden. Das ist dann kein naiver Pazifismus, sondern Pazifismus, der Verantwortung für die Friedensgestaltung übernimmt. Diese ist primär an menschlicher Sicherheit orientiert, was mehr umfasst als ein auf Staaten ausgerichteter Sicherheitsbegriff. Vor diesem Hintergrund ist es nötig, die Kriterien für den Einsatz rechtserhaltender Gewalt ernst zu nehmen und sie immer wieder neu zu bewerten. Diskussionen über die Lieferung von Waffen sind nötig. Die Verhältnismäßigkeit ist zu prüfen. Die Friedensdenkschrift von 2007 weist auch darauf hin, dass Exit-Strategien festgelegt werden sollten. Und selbstverständlich darf nicht nachgelassen werden, immer wieder neu nach Wegen zu suchen, die Waffen zum Schweigen zu bringen und nach Verhandlungslösungen zu suchen, denn nach der Friedensdenkschrift

---

[1] Aus Gottes Frieden leben – für gerechten Frieden sorgen. Eine Denkschrift des Rates der Evangelischen Kirche in Deutschland. Gütersloh 2007, 9.

muss der Einsatz rechtserhaltender Gewalt »durch das Ziel begrenzt sein, die Bedingungen gewaltfreien Zusammenlebens (wieder-)herzustellen, und muss über eine darauf bezogene Konzeption verfügen«.[2] Unabhängig davon ist uns mit dem Blick des Jesus von Nazareth aufgetragen, den Blick auf besonders vulnerable Menschen zu richten.

Ich bin sehr dankbar, dass in unseren Gemeinden und in unserer Diakonie dieser Blick vieles prägt. Ein Überblick über das Engagement von Kirche und Diakonie bei der Aufnahme und Integration von Geflüchteten soll dies verdeutlichen. Kirche und Diakonie engagieren sich mit rund 60 Stellen in Hessen, Rheinland-Pfalz und Thüringen (Schmalkalden) in der professionellen Beratung von Flüchtlingen. Dazu gehören die Verfahrensberatung in den Erstaufnahmeeinrichtungen in Gießen, Büdingen und Ingelheim, unabhängige regionale Flüchtlingsberatungsstellen in 19 der 26 hessischen Gebietskörperschaften, das Zentrum für Beratung und Therapie in Frankfurt, das traumatisierten Flüchtlingen Unterstützung und Therapie ermöglicht, Beratung in der Abschiebungshaft in Darmstadt und Ingelheim und die ökumenische Abschiebungsbeobachtung am Flughafen Frankfurt. Diese Arbeit wird in Hessen überwiegend aus kirchlichen Eigenmitteln finanziert. Bei der Asylverfahrensberatung werden demnächst dank eines neuen Bundesprogramms etwa 10 Stellen über Bundesmittel finanziert. In Rheinland-Pfalz engagiert sich das Land mit signifikanten Mitteln an der Migrations- und Flüchtlingsberatung sowie an der Begleitung und Behandlung traumatisierter Menschen. Außerdem arbeiten fünf Flüchtlingsseelsorger(innen) in Rheinhessen, der Propstei Oberhessen, in Frankfurt, in den Abschiebungshaftanstalten in Darmstadt und Ingelheim sowie am Frankfurter Flughafen. Den Landkreisen wurden von der EKHN und der EKKW bisher rund 700 Unterkunftsplätze in kirchlichen Immobilien zur Verfügung gestellt. Rund 500 Plätze gibt es derzeit in elf kirchen- und diakonieeigenen Unterkünften für Flüchtlinge. Außerdem haben im Rahmen der Aufnahme von Kriegsflüchtlingen aus der Ukraine knapp 50 Kirchengemeinden Immobilien zur Nutzung angeboten. Es gibt immer noch zahlreiche von der EKHN bezuschusste Projekte zur Förderung der Willkommenskultur in Gemeinden und Dekanaten. In allen wirken Ehrenamtliche mit. Schwerpunkte sind Sprachkurse, Hilfe bei Gängen zu Ämtern, Hilfen bei der Bewältigung des Alltags, Ausstattung mit Nötigem, Hausaufgabenbetreuung, allgemeine Willkommenskultur, Begegnungscafés, Fahrradwerkstätten mit Geflüchteten und ähnliches. Hinzu kommen Fortbildungsreihen zur Qualifizierung von freiwillig Engagierten. In Einzelfällen werden Flüchtlinge auch finanziell unterstützt – zum Beispiel, um ein Gutachten zum Nachweis einer Traumatisierung zu erhalten, um nach der Anerkennung als Flüchtling das Flugticket für die im Kriegsgebiet ausharrenden Kernfamilienmitglieder zu finanzieren oder um rechtliche Schritte gegen behördliche Ent-

---

[2] A. a. O., 69.

scheidungen einzuleiten. Im Zuge der gestiegenen Zahl der Flüchtlinge durch den Krieg gegen die Ukraine und auch durch die anhaltenden Konflikte in Syrien und Afghanistan im Jahr 2022 wurde verstärkt über die Flüchtlingspolitik debattiert. Besonders schwierig, weil populistisch, wird die Debatte dann, wenn mehr Abschiebungen gefordert werden. Dazu hilft ein nüchterner Blick auf die Zahlen. Hauptherkunftsländer von Flüchtlingen im Jahr 2022 waren die Ukraine, Afghanistan und Syrien. 93 Prozent der 2022 nach Deutschland geflüchteten, ca. 1,2 Millionen Menschen, werden einen Schutzstatus und damit eine mindestens vorübergehende Bleibeberechtigung erhalten. Selbst wenn – unter Missachtung aller menschenrechtlichen und organisatorischen Schwierigkeiten – die verbleibenden 7 Prozent in ihre Heimat zurückgeführt werden würden, wäre das keine wirkliche Entlastung für die Kommunen bei der Unterbringung. Außerdem zeigt sich, dass die Situation sehr unterschiedlich ist. Es gibt Kommunen, die besser auf Unterbringung und Integration vorbereitet sind. Deutlich wird vielfach im Zusammenhang der Aufnahme geflüchteter Menschen, dass es vielerorts eher eine Unterbringungskrise als eine Flüchtlingskrise gibt. Nötig sind verstärkter sozialer Wohnungsbau, Nutzung leerstehenden Wohnraums und auch die Abschaffung der Wohnsitzauflagen für Geflüchtete. In der Debatte ist Widerspruch vor allem dort nötig, wo Flüchtlinge zu Sündenböcken für Krisen gemacht werden, deren Leidtragende sie sind, aber nicht deren Ursache. Das letzte Jahr hat gezeigt, dass der aufenthaltsrechtliche Umgang mit Geflüchteten aus der Ukraine ein gutes Beispiel für eine sinnvolle, menschenwürdige und integrationsfördernde Unterbringung ist. Das sollte als Blaupause für die künftige Aufnahme von Flüchtlingen dienen: visumsfreie Einreise, Aufenthaltsrecht vom ersten Tag, keine Wohnpflicht in einer Erstaufnahmeeinrichtung, regulärer Anspruch auf SGB-Leistungen, unbeschränkter Zugang zum Arbeitsmarkt und zu Integrationsmaßnahmen. Veränderungen sind erforderlich. Das gilt für Deutschland und die europäische Zuwanderungspolitik insgesamt. Bei einem Solidaritätsbesuch in Thessaloniki und auf Lesbos bei Flüchtlingsorganisationen, mit denen wir zusammenarbeiten, waren wir von deren Engagement beeindruckt. Zugleich waren wir erschüttert, Berichte von Menschenrechtsverletzungen an den europäischen Außengrenzen zu hören. Hier ist eine Zeitenwende dringend angesagt. Jetzt habe ich den Begriff »Zeitenwende« auch politisch gebraucht. Ob und inwieweit eine Zeitenwende erfolgt ist, wird aber erst eine rückblickende historische Betrachtung zeigen. Nötig ist auf jeden Fall ein differenzierter Blick, um politische Absichten zu erkennen. Ein Maßstab aus christlicher Perspektive kann dabei immer die Zeitansage des Jesus von Nazareth sein, der zur Umkehr ruft und zur Orientierung an Gottes Reich und seiner Gerechtigkeit. Ich habe in diesem Abschnitt mit dem Krieg gegen die Ukraine und der Flüchtlingspolitik zwei Themen behandelt, die unsere politische Positionierung und unser politisches Engagement herausfordern. Das gilt auch für den letzten Abschnitt, in dem es um den Klimawandel geht. Exkursartig einschieben möchte ich an dieser Stelle wenigstens kurze Informationen über Themen, die auf der Agenda der gegenwärtigen Regierungskoalition stehen und zu denen wir uns verhalten müssen. Zurzeit laufen Vorbereitungen für ein Grundsätzegesetz zur Ablösung der sogenannten Staatsleistungen. Staatsleistungen sind staatliche Zahlungen an die Kirchen aufgrund historischer Rechtsverpflichtungen. Unsere Verfassung enthält den Auftrag, die Staatsleistungen abzulösen. Der Bund muss hierzu ein Grundsätzegesetz erlassen, die Ablösung erfolgt dann auf Länderebene.[3] Die Ablösung soll in »freundschaftlichem Einvernehmen«[4] mit den Kirchen erfolgen. Selbstverständlich arbeiten wir am Entwurf eines Grundsätzegesetzes mit. Dies geschieht zurzeit durch eine Ökumenische AG Staatsleistungen. Weil die mediale Darstellung hier oft verzerrt, will ich deutlich sagen: Es geht bei den Staatsleistungen nicht um kirchliche Privilegien, sondern um einen fairen Ausgleich für historisch bedingte Verpflichtungen. Die EKHN hat im vergangenen Jahr etwa 17 Millionen Euro von den Ländern Hessen und Rheinland-Pfalz erhalten. Im Zuge der Vorbereitungen des Grundsätzegesetzes haben die Länder allerdings deutlichen Widerstand aufgrund der zu erwartenden finanziellen Belastungen markiert. Deshalb wird es nötig sein, nach tragbaren, zeitlich gestreckten Finanzierungsmodellen zu suchen.

Die Regierungskoalition hat im vergangenen Monat eine Kommission zur Reproduktiven Selbstbestimmung und Fortpflanzungsmedizin berufen. Diese Kommission wird in zwei Arbeitsgruppen zum einen Möglichkeiten der Regulierung für den Schwangerschaftsabbruch außerhalb des Strafgesetzbuches erarbeiten und zum anderen Möglichkeiten der Legalisierung der Eizellspende und der altruistischen Leihmutterschaft prüfen. Die Kommission ist in ihren AGs mit Mitgliedern aus unterschiedlichen Wissenschaften besetzt. Eine kirchliche Beteiligung gibt es nicht. Der Abschlussbericht der Kommission soll in 12 Monaten vorliegen. Wir bereiten uns auf die dann zu erwartende Diskussion vor. In der EKHN arbeitet die AG Medizinethik im Auftrag der Kirchenleitung zunächst an den Fragen zum § 218 StGB. Ich gehe davon aus, dass uns die hier angesprochenen Themen im nächsten Frühjahr intensiver beschäftigen werden.

3. Zeit der Umkehr – Kirche und Klimawandel

Die Zeit-Perspektive, um die es jetzt geht, stellt alles Bisherige in Frage. Denn die Perspektive ist sehr grundsätzlich. Prognosen sagen: Wenn es nicht gelingt, Veränderungen herbeizuführen, sind die Lebensgrundlagen überhaupt in Frage gestellt. Dann reden wir nicht darüber, welche Form von Kirche es geben wird. Wir reden darüber, ob und in welcher Weise wir überhaupt noch auf diesem

---

[3]   S. hierzu Artikel 140 GG, über den Art. 138 Abs. 1 WRV inkorporiert wurde.

[4]   Art. 18 Reichskonkordat vom 20.07.1933.

Planeten leben können. Und wir reden darüber, dass Veränderungen der Lebensbedingungen zu Auseinandersetzungen und Wanderungsbewegungen führen, die alles Bisherige bei Weitem überbieten werden. Während der letzten Tagung unserer Synode habe ich kurz über die EKD-Synode berichtet, die kurz vorher stattgefunden hat. Der thematische Schwerpunkt der EKD-Synode war Klimaneutralität. Besonderes Aufsehen hat der Auftritt von Aimée van Baalen erregt. Sie ist eine Aktivistin der Gruppe, die sich »Letzte Generation« nennt. Und natürlich der Beschluss der EKD-Synode, für eine Selbstverpflichtung zu einem Tempolimit bei Dienstfahrten zu werben und generell politische Bemühungen für ein zeitnahes Tempolimit zu unterstützen. Aimée van Baalen hat vor der EKD-Synode um Hilfe von Einzelpersonen und um Hilfe durch die Kirche geworben. Sie hat dabei unter anderem auf Jesus verwiesen. Sie hat wörtlich gesagt: »Letztendlich war Jesus selbst ein Widerständler, der sich gesellschaftlichen Regeln und Normen entgegensetzte, wenn seine moralische Pflicht es verlangte. Er setzte sich für unterprivilegierte Menschen ein, und er riskierte letztendlich dafür den Tod.«[5] Um Unterstützung durch die evangelische Kirche haben auch eine Aktivistin und ein Aktivist der Letzten Generation gebeten, mit denen ich in diesem Jahr ein ausführliches Gespräch in Darmstadt hatte. Der Ansatzpunkt der Letzten Generation ist eine entschiedene Zeitansage. Die Gruppe argumentiert: Wir sind dabei, unsere Lebensgrundlagen zu zerstören. Und sie beruft sich dabei auf die Berichte des Weltklimarates. Die besagen: Es gibt nur noch wenig Zeit, um die Auswirkungen des Klimawandels wirkungsvoll abzumildern. Sie halten provokante, illegale Aktionen für nötig, um die Politik und die Gesellschaft zu einem Umdenken und vor allem zum Tun zu bewegen. Sie berufen sich dabei auf die Tradition des zivilen Ungehorsams. Sie verpflichten sich zur Gewaltlosigkeit, wollen keine Menschen gefährden und sind bereit, für die Folgen ihres Handelns aufzukommen. Ihre Aktionen seien ein weitaus geringeres Unrecht als das Unrecht, das die Politik dadurch begehe, die Klimaziele nicht einzuhalten. Hierzu berufen sie sich auf das Urteil des Bundesverfassungsgerichts aus dem Jahre 2021. Darin wurde damals festgestellt, dass das deutsche Klimaschutzgesetz die Grundrechte zukünftiger Genrerationen missachtet.Die Rede Aimée van Baalens vor der EKD-Synode und die Aktivitäten der Letzten Generation wurden vielfach kritisiert. Sie haben unter anderem heftige theologische Kritik hervorgerufen. Die Gruppe sei mit ihrer endzeitlichen Zeitansage religiös, die Berufung auf Jesus sei völlig unangemessen und moralisierend. Bei dieser Gruppe, aber auch beim kirchlichen Engagement für den Klimaschutz bestehe die Gefahr, die Frage des Klimawandels zu überhöhen und damit eine Ökoreligion zu etablieren. In der Auseinandersetzung mit der Letzten Generation wird so eine Grundfrage ins

---

[5] Aimée van Baalen, Impulsreferart zum Thema: Evangelische Kirche(n) auf dem Weg zur Klimaneutralität 2035. https://www.ekd.de/impulsreferat-ekd-synode-2022-aimee-van-baalen-76146.htm, abgerufen am 18.04.2023.

Zentrum gerückt, die in der Tat der theologischen Debatte bedarf. Ich spitze die Problemstellung zu: Was ist die Aufgabe der Kirche? Muss die Kirche dazu beitragen, das Leben auf dieser Welt zu erhalten? Oder ist es nicht die Aufgabe, Menschen auf die Ewigkeit vorzubereiten?[6] Im Horizont dieser Fragen möchte ich zunächst auf das Anliegen und die Aktivitäten der Letzten Generation schauen. Dann versuche ich, die kirchliche Aufgabe zu bestimmen. Schließlich werde ich noch über unsere konkreten und geplanten Maßnahmen reden.

Zum Anliegen und zu den Aktivitäten der Letzten Generation. Ich halte das Anliegen dieser Gruppe und anderer Gruppen, die sich gegen den Klimawandel engagieren, für berechtigt. Menschliche Aktivitäten haben eindeutig die globale Erwärmung verursacht, vor allem durch die Emission von Treibhausgasen. Der vom Menschen verursachte Klimawandel wirkt sich bereits auf viele Wetter- und Klimaextreme in allen Regionen der Welt aus. Betroffen sind vor allem verwundbare Bevölkerungsgruppen, die historisch am wenigsten zum Klimawandel beigetragen haben. Insbesondere in den Entwicklungsländern stehen zu wenig Mittel bereit, um Anpassungsoptionen umzusetzen. Die globalen Treibhausgasemissionen im Jahr 2030, die sich aus den bis Oktober 2021 angekündigten national festgelegten Beiträgen ergeben, machen es wahrscheinlich, dass die Erwärmung im Lauf des 21. Jahrhunderts 1,5 Grad Celsius überschreitet, und erschweren die Begrenzung auf unter 2 Grad Celsius. Klimatische und nichtklimatische Risiken werden sich voraussichtlich verstärken und schwerer beherrschbar sein. Bereits jetzt ist klar, dass einige künftige Veränderungen unvermeidbar und nicht umkehrbar sind. Sie können aber durch eine tiefgreifende, rasche und anhaltende Minderung der globalen Treibhausgasemissionen begrenzt werden. Je länger allerdings Anpassungen, die heute machbar sind, hinausgeschoben werden, umso weniger wirksam werden sie sein. Tiefgreifende, schnelle und anhaltende Minderungsmaßnahmen und eine beschleunigte Umsetzung von Anpassungen in diesem Jahrzehnt würden die projizierten Verluste und Schäden für Menschen und Ökosysteme verringern und viele positive Nebeneffekte, insbesondere für die Luftqualität und die Gesundheit, bringen. Ein schneller und weitreichender Wandel in allen Sektoren und Systemen ist notwendig, um anhaltende Emissionsreduktionen zu erreichen und eine lebenswerte und nachhaltige Zukunft für alle zu sichern. Dies bedeutet, dass Klimagerechtigkeit und soziale Gerechtigkeit politisch zu priorisieren sind. Es braucht größere politische Entschlossenheit, gut abgestimmte Steuerung und Koordination auf allen Ebenen und natürlich die Bereitschaft, dafür auch Kapital einzusetzen. Klimaaktivist(inn)en weisen darauf eindrücklich hin. Das Engagement ist bei vielen darin begründet, dass sie über den Klimawandel und die Folgen zutiefst in

---

[6] S. hierzu auch GABRIELE und PETER SCHERLE: »und das ewige Leben«. Die christliche Hoffnung und der Kampf um die Bewohnbarkeit der Erde. https://zeitzeichen.net/node/10273, abgerufen am 18.04.2023.

ihrem Grundvertrauen in eine gute Zukunft erschüttert sind. Sie sorgen sich um die eigene Zukunft und noch viel mehr um die ihrer Kinder und Enkelkinder. Einer der Aktivisten hat in unserem Gespräch gesagt: »Ich will meinen Kindern in die Augen schauen können und sagen können: Ich habe mich dafür eingesetzt, eine Katastrophe zu verhindern.« Nicht wenige übernehmen mit hohem persönlichen Einsatz Verantwortung. Ich habe davor großen Respekt und halte es auf jeden Fall für geboten, Gespräche zu führen und miteinander zu überlegen, wie die Politik zu entschlossenerem Handeln bewegt werden kann und wie wir selbst in unserer Kirche entschlossener die notwendigen Maßnahmen ergreifen können. Der Mainzer Professor für Neues Testament, Ruben Zimmermann, hat in einem bemerkenswerten Beitrag zur theologischen Debatte dargelegt, dass eine Verbindung zum Auftreten und der Verkündigung des Jesus von Nazareth keineswegs abwegig ist. Natürlich habe es vor 2.000 Jahren noch keinen menschlich verursachten Klimawandel gegeben. Allerdings sei die Predigt Jesu vom Reich Gottes auch eine Umkehrpredigt gewesen. Jesus rufe zur Umkehr und zum Glauben auf. Er berufe sich auf die Tora und mache mehrfach »diese Generation«, das heißt: die zu seiner Zeit lebenden Menschen, für Missstände und Fehlentwicklungen verantwortlich. Zimmermann wörtlich: »In der ältesten Schicht der Jesusüberlieferung finden sich mehrfach harte, generalisierende Gerichtsworte gegen ›diese Generation‹ ... Jesus klingt hier wie ein Endzeitprophet ohne jedes Erbarmen, wenn er ›wettert‹: ›Diese Generation ist eine böse Generation!‹ (Lukas 11,29)«.[7] Für Zimmermann ist es keine Frage, dass Jesus »ein Apokalyptiker, ein Prophet der Endzeit« war, »der vom nahen Ende der Welt sprach (Markus 13)«. Das Ende der Welt wird von Jesus »sowohl mit Gott als auch mit dem Verhalten der Menschen in Verbindung gebracht«. Allerdings, und das ist ganz entscheidend, werde das Ende der Welt von Jesus nicht als unausweichlich verkündigt. Ich zitiere noch einmal: »Die wütende Mahnung an ›diese Generation‹ ist deshalb Jesu radikalisierter Ruf zur Umkehr. Die Gerichtsansage dient – wie bei den Prophet:innen – letztlich dazu, den Eintritt des Gerichts noch zu verhindern.« Und schließlich macht Zimmermann darauf aufmerksam, wie sehr Jesus »ein Meister der Symbolhandlungen« war, »mit denen er seine Gegenüber überraschte und herausforderte«. Dazu zählt er das Umstoßen der Tische der Geldwechsler im Vorhof des Tempels und auch den Einzug in Jerusalem auf einer Eselin. Ruben Zimmermann zieht im Hinblick auf die »Letzte Generation« folgendes Fazit: »Die Aktivist:innen der letzten Generation werden oft als destruktive Unheilspropheten oder gar ›Klimaterroristen‹ beschimpft. Doch genau das Gegenteil ist der Fall. Die Letzte Generation führt in aller Dringlichkeit die unausweichlichen biologischen, geologischen und sozialen Folgen des Klimawandels vor Augen. ...

---

[7] RUBEN ZIMMERMANN, Jesus und die »letzte Generation«. Ein exegetisch und kirchenpolitisch »inkorrekter« Zwischenruf, https://zeitzeichen.net/node/10331, abgerufen am 18.04.2023.

Aber ›Klimareligion‹ oder ›Endzeitsekte‹, wie dies diffamierend behauptet wurde, ist sie deshalb noch lange nicht und will es auch nicht sein.« Ich stimme dem Urteil Ruben Zimmermanns uneingeschränkt zu. Trotzdem stelle ich Fragen an die Aktivist(inn)en der »Letzten Generation«. Ich frage, ob die Aktivitäten nicht eine so große Eigendynamik entfalten, dass sie zwar mediale Aufmerksamkeit wecken, aber von der eigentlichen Auseinandersetzung mit dem, was gegen den Klimawandel zu tun ist, wegführen. Außerdem finde ich die Zielsetzungen der Letzten Generation im Hinblick auf die politischen Prozesse, die angestoßen werden sollen, unklar. Ursprünglich waren die Ziele das 9-Euro-Ticket und das Tempolimit. Jetzt wird ein Gesellschaftsrat gefordert, dessen Ergebnisse dann vom Parlament aufgegriffen werden sollen, um notwendige Gesetzänderungen auf den Weg zu bringen. In unserem Gespräch haben wir über diese Punkte geredet. Dabei habe ich eine große Offenheit und Diskussionsbereitschaft erlebt. Wir haben verabredet, in Kontakt zu bleiben.

Ich komme zum zweiten Punkt in diesem Abschnitt. Der ist kürzer, weil einiges schon angesprochen wurde. Es ist unmöglich, den kirchlichen Auftrag von den gegenwärtigen Herausforderungen des Klimawandels zu lösen. Wie wir uns den Herausforderungen stellen, ist Teil der Glaubwürdigkeit unserer Botschaft. Diese Welt ist die uns von Gott anvertraute Welt, sie ist Schöpfung Gottes, die Gott geschaffen hat und erhält. Die Welt ist Gabe Gottes, die Gott uns anvertraut, und zwar so, dass Gott uns mit in die Verantwortung für diese Welt und das Leben auf dieser Welt nimmt. Dazu gehört, dass wir sorgsam mit der uns anvertrauten Welt umgehen, dass wir sie nicht ausbeuten und ruinieren. Dazu gehört, dass wir uns um die gerechte Teilhabe aller Menschen auf dieser Welt bemühen. Gerade der Glaube daran, dass Gottes Reich nahe ist und seine Kraft in dieser Welt entfaltet, nimmt mit hinein in die Sorge um diese Welt und das Leben der Menschen. Die Zeitansage Jesu ist der Ruf, Missstände, Fehler, Sünde und Schuld zu erkennen und umzukehren. Das Handeln ist getragen von der Bereitschaft, Verantwortung zu übernehmen – in der Hoffnung, dass Gott Zukunft schenkt. Diese Zukunft ist auch Zukunft in der Ewigkeit, sie ist aber auch Zukunft dieser Welt, solange Gottes Verheißung diese Welt trägt, dass nicht aufhören sollen »Saat und Ernte, Frost und Hitze, Sommer und Winter, Tag und Nacht« (1. Mose 8,22). Die besondere Perspektive des Glaubens ist die Perspektive, dass sich das Leben nicht in der Begrenztheit dieser Welt erschöpft, dass aber diese Welt *Gottes Welt* für uns ist und deshalb ein unendlich wertvolles Gut.

Aus dieser Perspektive ergeben sich auch für uns als Einzelpersonen und für uns als Kirche sehr praktische Aufgaben. So kann zum Beispiel jede und jeder für sich entscheiden, sich ein Tempolimit zu setzen und anderes zu tun, um Emissionen zu verringern. Als Kirche sind wir auf dem Weg zu einem Klimaschutzgesetz. Das wird sich an der Klimaschutzrichtlinie der EKD mit dem Ziel orientieren, die Treibhausgas-Emissionen bis 2035 um 90 % und bis 2045 vollständig zu reduzieren. Es soll dieser Synode spätestens im Frühjahr 2024 vorgelegt werden. Im Rahmen unseres Prozesses ekhn2030 arbeiten wir, orientiert an den Nachhaltigkeitszielen des Agenda-2030-Prozesses, gegenwärtig auch an einer Nachhaltigkeitsstrategie. Diese bettet das Klimaschutzgesetz ein in den weiteren Kontext einer sozial-ökologischen Transformation. Und die braucht es. Nicht unerwähnt soll bleiben, dass die EKHN Mitglied der Klima-Allianz Deutschlands und Mitglied der *Churches for Future* ist. In diesem Kontext haben wir uns im Rahmen des Ökumenischen Netzwerks Klimagerechtigkeit dezidiert mit *Fridays for Future* solidarisiert. Zur Gruppe *Christians for Future Rhein-Main* gab und gibt es regelmäßige Kontakte – auch in gemeinsamen Veranstaltungen.

Hohe Synode, liebe Geschwister, die Zeit, in der wir leben, können wir in allen ihren Dimensionen nicht wirklich verstehen. Wir sehen und spüren, dass wir mitten drin sind in der Zeit großer Veränderungen. Es sind Veränderungen, in die wir hineingestellt sind und die wir gestalten müssen. Es sind Veränderungen, die große Unsicherheit bedeuten und auf die es klug und angemessen zu reagieren gilt. Es sind Veränderungen, die wir herbeiführen müssen, damit das Leben lebenswert bleibt. »Jetzt ist die Zeit« – Jesus ruft dazu auf, die Zeit zu erkennen als Zeit der Umkehr und des Glaubens und damit als Zeit, die Gott schenkt und füllt. Johann Sebastian Bach hat das in einer seiner Kantaten so ausgedrückt: »Gottes Zeit ist die allerbeste Zeit.«

Ich danke Ihnen für Ihre Aufmerksamkeit.

»Alles, was ihr tut mit Worten oder mit Werken, das tut alles in dem Namen des Herrn Jesus und danket Gott, dem Vater, durch ihn.«

Kolosser 3,17 [2024]

Sehr geehrte Frau Präses, hohe Synode, liebe Gäste!

»Alles, was ihr tut mit Worten oder mit Werken, das tut alles in dem Namen des Herrn Jesus und danket Gott, dem Vater, durch ihn.« (Kolosser 3,17) Diese Worte aus dem Kolosserbrief stehen über unserer Kirchenordnung, die vor 75 Jahren von der Synode beschlossen wurde. Dieser biblische Vorspruch wurde auch 2010 bei der Revision der Kirchenordnung beibehalten. Der Kolosserbrief fordert die Gemeinde auf, sich in allem an Christus zu orientieren. Das gründet darin, dass Kirche als Leib Christi verstanden wird. In diesem Leib sind alle Getauften als Glieder dieses Leibes in ihrer Vielfalt miteinander verbunden. Das Haupt ist Christus. Kirche ist so eine weltweite Gemeinschaft. Zugleich ist die Kirche sehr konkret die Gemeinschaft der Menschen, die in einer Gemeinde miteinander leben. Diese »Kirche vor Ort« soll nun diese Gemeinschaft in Christus auch leben. Indem sie dies tut, dankt sie Gott. Kirche lebt aus dem Dank dafür, von Gott beschenkt zu sein – beschenkt mit der Liebe Gottes, die Menschen durch Christus erfahren haben und die sie miteinander verbindet. Die geistliche Gemeinschaft in Christus wird aber immer inmitten dieser Welt gelebt. Kirche ist immer Kirche in der Welt und deshalb auch immer von den Mächten dieser Welt bedroht, von innen und von außen. So ist sie immer in Gefahr, in die Irre zu gehen. Der Kolosserbrief mahnt deshalb eindrücklich, sich selbst immer wieder neu an Christus auszurichten – im Hören auf das Wort Christi und im Lobpreis Gottes. Das zeigt der Zusammenhang, in dem die Worte über unserer Kirchenordnung stehen: »Lasst das Wort Christi reichlich unter euch wohnen: Lehrt und ermahnt einander in aller Weisheit; mit Psalmen, Lobgesängen und geistlichen Liedern singt Gott dankbar in euren Herzen. Und alles, was ihr tut, mit Worten und mit Werken, das tut alles in dem Namen des Herrn Jesus und dankt Gott, dem Vater, durch ihn.« (Kolosser 3,16–17)

Mit der Kirchenordnung stellt die EKHN all ihr eigenes Tun, mit dem sie Kirche gestaltet, ordnet und lebt, unter diesen Zuspruch und Anspruch. Ich erinnere uns daran in der Einleitung zu diesem Bericht – nur beiläufig mit Blick auf das Jubiläum unserer Kirchenordnung, vor allem aber darum, weil ich in diesem Bericht auf Fragen eingehen möchte, die uns als Kirche grundlegend betreffen.

In den drei Teilen des Berichtes geht es darum, wo wir als Kirche versagt haben. Es geht darum, wie wir uns als Kirche auf die Zukunft hin ausrichten können. Und es geht darum, wo wir als Kirche in der Welt aktuell politisch herausgefordert sind.

1. Wo wir als Kirche versagt haben: Sexualisierte Gewalt und andere Missbrauchsformen

Wir geben in dieser Synodaltagung dem Thema »Sexualisierte Gewalt in unserer Kirche« Raum. Das hat bereits den Gottesdienst heute Morgen geprägt. Im Gottesdienst haben wir Gott darum gebeten, dass wir die nötige Kraft und Geisteskraft bekommen, um zuzuhören, hinzuschauen und dann auch die nötigen Konsequenzen zu ziehen. Und wir haben im Gottesdienst gehört und gespürt, wie schwer es gerade im Angesicht Gottes ist, eine Sprache zu finden für erfahrenes Unrecht und Leid. Eine Kirche, die alles, was sie tut, mit dem Anspruch tut, es »im Namen des Herrn Jesus« zu tun, darf es nicht hinnehmen, wenn Menschen Gewalt erfahren. Sie darf es nicht hinnehmen, wenn verantwortungslose Personen Kirche mit ihren Strukturen, Orten, Räumen und Ämtern nutzen, um Taten zu begehen, die andere Menschen an Leib und Seele verletzen. Das steht völlig im Gegensatz zur Botschaft des Evangeliums, zum »Wort Christi«, das darauf zielt, Menschen in ihrem Vertrauen zu Gott und ihrer Verantwortung füreinander zu stärken.

Heute, in unserer Synodaltagung, hören wir zu. Und wir reden über das, was wir gehört haben, damit wir aufmerksamer und klarer werden, um Menschen vor Gewalt zu schützen, aufzuklären, Täter zu identifizieren und dafür zu sorgen, dass sie bestraft werden. Es ist beschämend zu sehen, wo wir schuldig geworden sind, weil Täter oder die Institution geschützt wurden. In unserer Tagung wollen wir kritisch bedenken, was wir bisher getan haben, was wir weiter tun und gegebenenfalls auch anders machen müssen.

Ich danke allen, die den Gottesdienst vorbereitet und gestaltet haben, und allen, die den Nachmittag konzipiert haben. Besonders danke ich allen, die von ihren Erfahrungen berichtet haben und berichten werden. »Von meiner Geschichte zu erzählen, ist für mich jedes Mal neu schwierig und kostet viel Kraft.« So hat es mir vor Kurzem eine betroffene Person gesagt. Andere haben mir gesagt: »Es ist gut, dafür gedankt zu bekommen. Aber ich will keinen Dank. Ich will, dass ihr etwas tut, damit andere das nicht wie ich erleben müssen.« Es ist in der Tat bedrückend zu sehen, dass wir uns schon so lange mit dem Thema der sexualisierten Gewalt in unserer Kirche beschäftigen, aber dies offenbar nicht konsequent genug getan haben. Das betrifft sowohl die Prävention, die Intervention als auch die Aufarbeitung einschließlich der Aufklärung und der Anerkennung. All das geht unter anderem aus der ForuM-Studie hervor, die am 25. Januar dieses Jahres veröffentlicht wurde.

Zur ForuM-Studie und zur Arbeit unserer Fachstelle gegen sexualisierte Gewalt liegen der Synode grundlegende Informationen im schriftlichen Bericht der Kirchenleitung vor. Dort finden Sie auch eine Darstellung über die Arbeit unserer Anerkennungskommission. Diese möchte ich mit meinem Bericht nicht doppeln. Ich werde heute Nachmittag dazu noch einige Erläuterungen geben. In diesem Bericht möchte ich herausheben, was ich zur Einordnung der ForuM-Studie und für die weitere Arbeit für besonders wichtig halte.

Zunächst ein kurzer Rückblick: Für die Auseinandersetzung mit dem Thema Sexualisierte Gewalt in der Kirche war das Jahr 2010 ein Schlüsseljahr. Der Leiter des Berliner Canisius-Kollegs, Pater Klaus Mertes, hat Missbrauchsfälle aus den 70er und 80er Jahren öffentlich gemacht. In der Folge davon meldeten sich Menschen, die sexualisierte Gewalt erlitten hatten, bei den katholischen Bistümern und auch bei den evangelischen Landeskirchen. Weitere Aufmerksamkeit entstand durch die Gewalterfahrungen in der Odenwaldschule. Ende Mai 2010 habe ich der Synode davon berichtet, dass sich auch bei unserer Kirche von sexualisierter Gewalt betroffene Personen gemeldet haben und welche Maßnahmen wir gemeinsam mit dem Diakonischen Werk Hessen-Nassau ergriffen haben, um die Meldungen systematisch zu erfassen, betroffene Menschen zu begleiten, Täter zu bestrafen und die Prävention zu verstärken. In den Folgejahren haben wir jede Meldung aufgenommen und gemeinsam mit den jeweils Betroffenen bearbeitet, und zwar immer unter der Maßgabe des Willens der betroffenen Personen. Im sogenannten »Heimkinderprojekt« haben wir uns, ebenfalls mit dem Diakonischen Werk Hessen-Nassau, der Aufarbeitung der besonderen Situation in den Heimen in kirchlich-diakonischer Trägerschaft gewidmet. Fachtage zum Thema Kindeswohl in der EKHN und die Einrichtung einer besonderen Fachberatung »Kinderschutz« gehörten zu weiteren Schritten. Trotz aller Maßnahmen war klar, dass sexualisierte Gewalt kein Thema der Vergangenheit ist. Es gab immer wieder Meldungen zu vergangenen und auch aktuellen Fällen. Wir machten auch die Erfahrung, dass die Aufarbeitung vergangener Fälle zum Teil ausgesprochen schwierig ist. Zum einen ermitteln staatliche Behörden aufgrund der Verjährungsfristen nicht mehr, zum anderen stoßen kirchliche Disziplinarverfahren an Grenzen. Sie sind insbesondere nicht an den betroffenen Menschen orientiert und werden von diesen als hoch belastend und intransparent erlebt. Wie überhaupt unser kirchliches Handeln von betroffenen Personen immer wieder als »behördlich« erfahren wird und damit als unsensibel für ihre besondere Situation.

Im Jahr 2018 hat die Synode der EKD einen Elf-Punkte-Plan zur systematischen Aufarbeitung von Fällen sexualisierter Gewalt in der evangelischen Kirche beschlossen. Dieser Plan nennt an erster Stelle, dass es unbedingt erforderlich ist, bei allen weiteren Schritten zur Aufarbeitung und Prävention betroffene Personen zu beteiligen. Nachdem ein erster Versuch eines Betroffenenbeirates gescheitert ist, wurde mittlerweile ein Beteiligtenforum als zentrales Organ des weiteren Prozesses auf EKD-Ebene etabliert. Zu den 2018 beschlossenen Maßnahmen gehörte auch, dass eine »externe wissenschaftliche Gesamtstudie« beauftragt und durchgeführt wird, die »systemisch bedingte Risikofaktoren speziell der evangelischen Kirche analysiert«[1]. Diese liegt mit der Studie des Forschungsverbundes ForuM vor. Sie hat den Titel »Forschung zur Aufarbeitung von sexualisierter Gewalt und anderen Missbrauchsformen in der Evangelischen Kirche und Diakonie in Deutschland«.[2] Es ist wichtig zu betonen, dass der Forschungsverbund unabhängig gearbeitet hat und auch unabhängig die Form der Veröffentlichung bestimmt hat. Besonders wertvoll ist die Studie durch die Beteiligung betroffener Personen als Co-Forschende. So entstehen tiefe Einblicke in Fallkonstellationen aus der Sicht betroffener Menschen. Die Studie ist allerdings keine Studie zum Dunkelfeld in der Evangelischen Kirche. Im Hinblick auf die Anzahl der Fälle wurden die Disziplinarakten aller Landeskirchen ausgewertet. Bei einer Landeskirche, der Reformierten Kirche, alle Personalakten. Dieses Verfahren war so von den Forschenden vorgeschlagen worden, nachdem klar war, dass eine ursprünglich vorgesehene stichprobenartige Sichtung von allen Personalakten und von allen kirchlichen Berufsgruppen im vorgesehenen Zeitraum nicht durchführbar gewesen wäre. Im schriftlichen Bericht finden Sie hierzu genauere Erläuterungen – unter anderem auch den Hinweis, dass in der EKHN neben den Disziplinarakten auch die bei uns seit den 50er Jahren geführten Beschwerdeakten durchgesehen wurden. Ein Zugang zu den Personalakten der Gesamtkirche war für die Forschenden jederzeit möglich. Eine Dunkelfeldstudie, wie sie der Elf-Punkte-Plan vorsieht, bleibt ein Desiderat.

Die Studie hatte insbesondere das Ziel, systemische Risikofaktoren in der evangelischen Kirche zu identifizieren. Die Analysen und Hinweise sind sehr differenziert und hilfreich. Die Studie weist zwar grundsätzlich darauf hin, dass Täter es verstehen, das jeweilige System, in dem sie sich befinden, auszunutzen. Gerade das muss aber dazu führen, die systemischen Risiken zu erkennen und entgegenzusteuern. Als besonderes systemisches Risiko der evangelischen Kirche wird das eigene Selbstbild bewertet. Das Selbstverständnis der evangelischen Kirche, progressiv und hierarchiearm zu sein sowie ein gutes partizipatives Miteinander zu pflegen, kann dazu führen, sexualisierte Gewalt nicht wahrzunehmen, sie zu verdecken oder sogar zu ermöglichen. So werden nach außen Harmonie und Sicherheit dargestellt und gegebenenfalls auch verteidigt. Das

---

[1] https://ekd.de/11-punkte-plan-missbrauch-evangelische-kirche-44841.htm, abgerufen am 22.04.2024.

[2] https://www.forum-studie.de/wp-content/uploads/2024/02/Abschlussbericht_ForuM_21-02-2024.pdf, abgerufen am 22.04.2024.

eröffnet Tätern die Möglichkeit, genau diesen vermeintlich sicheren Raum auszunutzen. So kann zum Beispiel das Pfarrhaus ein sicherer Ort sein und so auch
nach außen ausstrahlen. Genau dadurch aber kann es zu einem Ort werden, der
Tätern einen Tatraum gibt. Und es ist richtig – wie die Studie zeigt –, hier von
Tätern zu reden, da es sich fast ausschließlich um Männer handelt. Mit dem
typisch evangelischen Selbstbild, das zum Beispiel flache Hierarchien heraus-
stellt, sind nach den Analysen der Studie auch Verantwortungsdiffusion und
Verantwortungsdelegation verbunden sowie Grenzverschiebungen und ein un-
angemessener Umgang mit Nähe und Distanz. Real vorhandene Machtkonstel-
lationen und Abhängigkeitsverhältnisse werden ausgenutzt. Dazu gehört etwa
eine verschleierte Pastoralmacht in Seelsorgebeziehungen. Zu beobachten ist
auch, dass im Umgang mit sexualisierter Gewalt immer wieder eine Schuld-
umkehr stattfindet. Das heißt, Betroffene werden zu Tätern und Täterinnen gemacht. Ihnen wird dann etwa vorgeworfen, Gewalt provoziert oder das Miteinander gestört zu haben. Ein besonderes Risiko wird dort gesehen, wo theologische
Argumentationen wie Vergebung und Rechtfertigung von Tätern beansprucht
werden oder moralisierend und täterschützend eingesetzt werden. Ich füge mit
Blick auf das eingangs beschriebe Kirchenverständnis hinzu: Es gibt auch ein
falsches Verständnis von in Christus gelebter Gemeinschaft, dann nämlich, wenn
die Gemeinschaft sich unter eben jenen Harmoniezwang stellt. Aus Sicht der
Betroffenen werden der landeskirchliche Föderalismus und der damit verbundene unterschiedliche Umgang mit Betroffenen und kaum durchschaubare Zu-
ständigkeiten als erhebliches systemisches Problem der evangelischen Kirche
markiert.

Zu manchen der von der Studie beschriebenen Risiken haben wir bereits
Gegenmaßnahmen ergriffen. Das Thema ist mittlerweile fester Bestandteil der
Ausbildung im Vikariat. Außerdem gibt es neben den Grundsätzen im Gewalt-
präventionsgesetz, die für alle Mitarbeitenden gelten, mittlerweile die »Leitlinien
zur Prävention sexualisierter Gewalt und anderer grenzüberschreitender Ver-
haltensweisen«, die berufsethische Standards für den Pfarrdienst definieren. Alle
mit Seelsorge Betrauten sind aufgefordert, hierzu eine besondere Selbstver-
pflichtungserklärung zu unterzeichnen.

In der weiteren Arbeit mit den Ergebnissen der ForuM-Studie ist es nun
erforderlich, dass wir uns auf allen Ebenen unserer Kirche mit den in der Studie
beschriebenen systemischen Risiken auseinandersetzen – von der Synode bis hin
zu jeder Kirchengemeinde und Einrichtung. Es braucht die Grundhaltung, sexualisierte Gewalt und andere Gewaltformen nicht als ein Problem der Vergangenheit zu sehen, sondern als eine permanent bestehende Gefährdung. Dazu
gehört, die Schutzkonzepte umzusetzen und sie immer wieder neu zu bearbeiten
und zu verbessern. Ich möchte hier noch einmal unterstreichen, was ich Anfang
Februar in einem Brief an Kirchenvorstände, Propsteien, Dekanate, Pfarrerinnen
und Pfarrer, Zentren und Einrichtungen unserer Kirche geschrieben habe: »Es

darf nicht unser Ziel sein, unsere Kirche, unsere Einrichtungen und unsere Gemeinden zu schützen. Es geht darum, Menschen vor Übergriffen und Gewalt zu schützen. Das entspricht unserem Auftrag, die Botschaft von der Liebe Gottes zu allen Menschen in Wort und Tat zu bezeugen und zu leben.«

2. Wie wir uns als Kirche ausrichten können: Die 6. Kirchenmitgliedschaftsuntersuchung (KMU)

Unser Anspruch als Kirche ist hoch: Wir wollen mit Worten und Werken im Namen und damit im Sinn von Jesus und seiner Botschaft handeln. Dabei wissen und erleben wir, dass wir als einzelne und als Kirche immer wieder hinter diesem Anspruch zurückbleiben. Dass dies so ist, bringen wir mit jedem Gottesdienst, den wir feiern zum Ausdruck. Darin bitten wir um neue Orientierung, um Gottes Geist und Segen, dies leben zu können, was uns selbst Halt gibt. Ungeachtet dessen, dass wir selbst die eigene Gebrochenheit wahrnehmen, wird an dem, was wir sagen und tun, gemessen, wie glaubwürdig und vertrauenswürdig wir sind.

Die 6. Kirchenmitgliedschaftsuntersuchung (KMU) lässt das deutlich erkennen. Das geht unter anderem aus ersten zentralen Ergebnissen hervor, über die ich hier berichten möchte. Ich will damit auch die Frage verknüpfen, wie sich aus den Ergebnissen strategische Perspektiven für unsere Kirchenentwicklung gewinnen lassen.

Die 6. KMU verdient deshalb besondere Aufmerksamkeit, weil der Kreis der Befragten deutlich erweitert wurde. Erstmals hat sich auch die katholische Kirche beteiligt. Im Zeitraum vom 14. Oktober bis 22. Dezember 2022 wurden 5.282 Personen ab dem 14. Lebensjahr befragt. Die Untersuchung ist für die in Deutschland lebende Bevölkerung repräsentativ. Die EKHN war wie bei den vorangegangenen Untersuchungen besonders beteiligt. Wir fördern die Untersuchung finanziell, unsere Geographin und Sozialwissenschaftlerin Dr. Katharina Alt begleitet die Untersuchung fachlich, ich bin einer der Vorsitzenden des wissenschaftlichen Beirates.

Erste Ergebnisse wurden zur EKD-Synode im November veröffentlicht.[3] Sie zeigen, dass die Kirchen in einer Vertrauenskrise stecken. Beim Vertrauensverlust haben beide Kirchen Anteil an dem generellen Vertrauensverlust von Institutionen. Die Themen »Reformen« und insbesondere »Sexualisierte Gewalt«

---

[3]   Wie hältst du's mit der Kirche? Zur Bedeutung der Kirche in der Gesellschaft. Erste Ergebnisse der 6. Kirchenmitgliedschaftsuntersuchung. Hg. v. EKD, Leipzig 2023, https://kmu.ekd.de/fileadmin/user_upload/kirchenmitgliedschaftsuntersuchung/PDF/Wie_h%C3%A4ltst_du%E2%80%99 s_mit_der_Kirche_%E2%80%93_Zur_Bedeutung_der_Kirche%E2%80%93in%E2%80%93der%E2%80%93Gesellschaft_KMU_6.pdf, abgerufen am 22.04.2024.

sowie der Umgang damit spielen gerade bei den Kirchen eine besondere Rolle. Wie sich die Veröffentlichung der ForuM-Studie auf das Vertrauen in die evangelische Kirche auswirkt, lässt sich zurzeit nicht sagen. Grundsätzlich gilt aber, dass der Rückgang des Vertrauens auch dazu führt, dass die Kirchenbindung nachlässt. Auch bei der evangelischen Kirche ist ein starker Anstieg der Bereitschaft zu sehen, aus der Kirche auszutreten. Während 2012 bei der Befragung der 5. KMU 74 % der Evangelischen sagten, dass für sie ein Kirchenaustritt nicht in Frage kommt, sagten das 2022 nur 35 %. Es ist deshalb zu befürchten, dass die Zahl der Kirchenaustritte konstant auf dem jetzigen Niveau bleiben könnte oder sich gar erhöht. Befragt man die austrittswilligen Teilnehmenden der Befragung, was die Kirche tun müsste, damit sie nicht austreten, erfährt die Forderung, dass sich die Kirchen deutlich stärker bekennen müssen, wie viel Schuld sie auf sich geladen haben, die höchste Zustimmung.

Dass wir weiterhin mit hohen Austrittsraten rechnen müssen, könnte auch deshalb so sein, weil nicht nur die Kirchenbindung zurückgeht, sondern die Religiosität insgesamt. 56 % der Menschen in Deutschland geben an, dass für sie Religiosität in ihrem Leben keine Rolle spielt. Sie werden in der Typisierung der KMU als säkular bezeichnet. Von den Säkularen sind übrigens 35 % Mitglieder der katholischen Kirche und 39 % Mitglieder der evangelischen Kirche. Dem stehen nur 13 % der Bevölkerung gegenüber, die als kirchlich-religiös bezeichnet werden, für die also das kirchliche Leben und Religiosität im Leben sehr relevant sind. Die meisten von ihnen sind hochaltrige Kirchenmitglieder. Daher wird sich diese Gruppe vermutlich allein aus demographischen Gründen zukünftig verkleinern. 25 % der Bevölkerung sind religiös-distanziert. Sie sind überwiegend Kirchenmitglieder. Für sie schließen sich Zweifel und Distanz sowie Bindung zur Kirche in ihrer alltäglichen Weltanschauung nicht aus. Zum vierten Orientierungstypus, den Alternativen, gehören Menschen, die stärker als die anderen kirchenfernen Religiositätsformen zuneigen. Sie machen mit 6 % einen nur geringen Anteil in der Gesamtbevölkerung aus.

Eine weitergehende Betrachtung zeigt: Es ist in der Regel nicht so, dass Menschen, die aus der Kirche austreten, anderswo religiöse Anbindung suchen. Außerdem spielen Konfessionswechsel, ein Wechsel in Freikirchen oder andere Religionen keine große Rolle. Strittig diskutiert wird die Frage, ob es Formen individualisierter Religiosität gibt, die durch die Fragen der KMU nicht erfasst werden. Dahinter steht die grundlegende Frage, ob Religion etwas ist, was zum Menschen gehört oder ob Religion im Wesentlichen kulturell geprägt ist. Ich selbst halte es für angemessener, davon auszugehen, dass viele Menschen sich nicht als religiös verstehen. In der Grundhaltung käme es dann viel mehr darauf an, kein religiöses Defizit zu unterstellen, sondern in Gesprächen über Lebensfragen zu zeigen, wo man selbst die religiöse Dimension solcher Fragen sieht. Dies gilt umso mehr angesichts dessen, dass auch viele Kirchenmitglieder sich selbst als säkular verstehen.

Die KMU zeigt deutlich, dass das säkulare Selbstverständnis vieler Menschen wächst. Zugleich gibt es aber auch bei den Menschen, die dies erfahren haben, eine hohe Wertschätzung für die religiöse Sozialisation in den Gemeinden etwa in der Konfirmationszeit oder auch im Religionsunterricht und auch in Jugendgruppen, und zwar neben der familiären Prägung. Ebenso gibt es nach wie vor hohe Erwartungen an das Engagement der Kirchen. Im Zentrum steht dabei, dass Engagement für Menschen in Not und Unterstützung bei der Kindererziehung erwartet werden. Dazu gehört, dass Kirchen Beratungsstellen für Menschen mit Lebensproblemen betreiben, sich konsequent für geflüchtete Menschen einsetzen und Kindertageseinrichtungen unterhalten. Erwartet wird darüber hinaus von 78 % aller Evangelischen ein klares Engagement für den Klimaschutz. Dem steht insbesondere bei den Kirchenmitgliedern eine klare Absage an die Forderung gegenüber, dass die Kirchen sich auf die Beschäftigung mit religiösen Fragen beschränken sollten.

Die Erwartungen an die Kirchen sind im Hinblick auf die evangelische und die katholische Kirche nahezu identisch. Wie überhaupt die KMU 6 zeigt, dass die konfessionellen Stereotype für die meisten Kirchenmitglieder keine Rolle mehr spielen, so dass mit gewissem Recht vom Übergang in eine »postkonfessionelle Gesellschaft«[4] gesprochen werden kann. Dem entspricht dann die Erwartung, dass die »evangelische und katholische Kirche mehr zusammenarbeiten sollten und nicht so sehr ihr eigenständiges Profil betonen sollten«. Das erwarten 87 % aller Evangelischen und 93 % aller Katholischen. Damit korrespondieren auch hohe Reformerwartungen an beide Kirchen, die bei der katholischen Kirche etwas deutlicher ausgeprägt sind. Dass sich »die (jeweils eigene) Kirche grundlegend verändern muss, wenn sie eine Zukunft haben will«, erwarten 80 % aller Evangelischen und 96 % aller Katholischen. Verstärkt wird diese Aussage auch durch die befragten Austrittswilligen. 66 % stimmen der Aussage zu, dass sie nicht austreten würden, wenn sich die Kirche radikal reformiert. Hier wird also noch ein Handlungsspielraum eröffnet. Einige Veränderungen in den Kirchen werden wahrgenommen. Für 78 % aller Evangelischen gehen diese auch in die richtige Richtung. In der katholischen Kirche sehen das 49 % so. Positiv bewertet wird bei der evangelischen Kirche etwa die Bereitschaft, homosexuelle Paare zu segnen. Bei der katholischen Kirche richten sich die Veränderungswünsche auch auf die Bereitschaft der Segnung homosexueller Paare und auf die Abschaffung des Zölibats. Für beide Kirchen gilt gleichermaßen, dass ihre religiöse Reichweite zurückgeht. Zugleich haben sie nach wie vor durch vielfältige Kontakte über Mitarbeitende in Kirche, Diakonie und Caritas eine relative hohe soziale Reichweite. Zur Reichweite der Kirchen gehört auch, dass Menschen, die Kirchenmitglieder sind, überdurchschnittlich ehrenamtlich engagiert sind, und zwar nicht nur in der Kirche. Wenn man nach den religiösen Orientierungstypen

---

[4] A.a.O., 70.

differenziert, ergibt sich folgendes. Ich zitiere aus dem Auswertungsband: »61 %
der Kirchlich-Religiösen engagieren sich ehrenamtlich, 48 % der Distanzierten,
42 % der Alternativen und 33 % der Säkularen. Ob sich jemand ehrenamtlich
engagiert, auch außerhalb der Kirche, wird zu ganz erheblichen Teilen durch
kirchliche Religiosität bestimmt.«[5] Die strategische Auswertung der KMU muss
fest in unserem Prozess ekhn2030 verankert werden. Mit dem Auswertungsband
vom November liegen bisher erste Ergebnisse vor. Zurzeit werden regionale
Auswertungen durchgeführt. Zusammen mit ausführlicheren Analysen, die
voraussichtlich im September veröffentlicht werden, bilden sie wichtige empi-
rische Grundlagen für unsere Kirchenentwicklung. Das setzt natürlich voraus,
sich grundsätzlich bei der Kirchenentwicklung auch an den Erwartungen von
Mitgliedern und Nicht-Mitgliedern orientieren zu wollen, und zwar auch mit dem
Ziel, sie als Mitglieder zu halten oder zu gewinnen. Theologisch ist es richtig zu
sagen, dass die Kirchenmitgliedschaft nicht das primäre Ziel kirchlichen Handelns sein kann und sein darf. Es geht darum, als Kirche aus dem Evangelium
heraus zu leben und das Evangelium in Wort und Tat in dieser Welt so zu bezeugen, dass es als Kraft Gottes Menschen erreichen und berühren kann, so wie
Gott will. Dies tun wir unter der Verheißung, dass Jesus seine Kirche baut und
nicht verlässt. Diese Kirche Jesu Christi geht niemals völlig in einer konkreten
organisatorischen Gestalt von Kirche auf. Sie existiert aber auch nicht ohne
sie. Eine konkrete Kirche wie die EKHN ist deshalb immer herausgefordert, ihre
organisatorische Gestalt zu prüfen und zu verändern, wenn dies erforderlich ist.
Eine Kirche darf und muss deshalb auch daran interessiert sein, dass Menschen
ihr verbunden sind, um als Kirche füreinander und für andere da sein zu können.
Mit diesen Unterscheidungen halte ich es für wichtig, sich als Kirche auch daran
zu orientieren, was Menschen von ihr erwarten, und zwar durchaus in dem Sinn
der Frage, die Jesus selbst gestellt hat, als der blinde Bartimäus vor ihm stand:
»Was willst du, dass ich für dich tun soll?« (Markus 10,51) Es gehört zum
Kernbestand der Kirchenmitgliedschaftsuntersuchungen, in diesem Sinn nach
den Erwartungen von Menschen in der Kirche und außerhalb der Kirche zu
fragen. Dies bedeutet nun nicht zwangsläufig, dass Kirche rein erwartungs- oder
bedürfnisorientiert arbeiten sollte. Es gibt vielleicht auch Erwartungen, die nicht
erfüllbar oder auch mit dem Evangelium nicht vereinbar sind. Aber Erwartungen
zeigen an, wo für Menschen Kirche lebensrelevant ist, und damit auch, wo sie das
Evangelium für lebensrelevant halten. Erwartungen zu erheben, gibt die Möglichkeit, in unserem Prozess ekhn2030 Kirche empirisch fundiert weiterzuentwickeln. Aus meiner Sicht ergeben sich für die EKHN aus den bisherigen Ergebnissen der KMU einige strategische Perspektiven. Die will ich hier kurz
beschreiben: Angesichts der weiter voranschreitenden Säkularisierung ist es
richtig, dass wir uns darauf einstellen, eine kleinere Kirche mit weniger Mit-

---

[5] A. a. O., 91.

gliedern und weniger Ressourcen zu werden. Es wäre falsch, darauf zu setzen, mit veränderter Arbeit einen Trend umkehren zu können. Es geht zugleich aber darum, das säkulare Selbstverständnis von Menschen ernst zu nehmen und auf der Ebene der gemeinsamen Lebensfragen religiöse Dimensionen zu erschließen. Und es geht darum, immer wieder neue, überraschende Begegnungen mit dem Evangelium zu eröffnen. Das Evangelium ist Ursprung, Kraftquelle und Auftrag. Im Prozess ekhn2030 haben wir von dort aus Mitgliederorientierung, Gemeinwesenorientierung und Regionalisierung als Perspektiven entwickelt. Diese können wir unter Aufnahme der Ergebnisse der KMU sehr gut vertiefen.

Unsere Mitglieder und viele andere Menschen erwarten, dass wir auch als kleiner werdende Kirche für den gesamtgesellschaftlichen Zusammenhalt einstehen und das auch kommunizieren. Das schaffen wir durch religiöse, aber auch durch nichtreligiöse Angebote. Zur Mitgliederorientierung gehören daher Angebote der Lebensbegleitung, insbesondere an den Wendepunkten des Lebens, in den persönlichen Kontakten und auch in der Gemeinschaft der Gemeinde. Die KMU legt nahe, in besonderer Weise Familien bei der Erziehung der Kinder zu unterstützen und die kirchlichen Bildungsangebote zu pflegen und wo möglich auch zu intensivieren. Die Konfirmationszeit ist eine ausgesprochen wichtige Zeit, in die viel haupt- und ehrenamtliche Energie fließen sollte. Und weil das Bildungshandeln der Kirche so wichtig ist, muss alles dafür getan werden, dass Kirche ein sicherer Ort ist. Ich verweise auf die Ausführungen zum ersten Punkt. Ganz klar sind auch die Erwartungen im Hinblick auf unser gesellschaftliches, diakonisches und damit gemeinwesenorientiertes Engagement. Die KMU hat deutlich gemacht, dass es gelebte Nächstenliebe ist, die Menschen mit dem Christsein verbinden. Hierin zeigt sich für viele zu Recht, ob das Evangelium eine wirkliche Kraft entfaltet. Es ist fast so etwas wie ein Prüfstein, ob Kirche »im Namen des Herrn Jesus« handelt oder nicht. Dazu gehört es, für hilfsbedürftige Menschen da zu sein und zugleich, wie etwa beim Klimaschutz, sich auch für nachhaltige und gerechte Lebensbedingungen einzusetzen. Strategisch bedeutet es meines Erachtens, zum einen Kirche und Diakonie vor Ort viel enger miteinander zu verschränken. Und es bedeutet zum anderen auch, sehr konsequent an den Fragen der Nachhaltigkeit und des Klimaschutzes zu arbeiten. Das ist kein zusätzliches, vielleicht auch verzichtbares Engagement. Es ist auch eine Frage der Glaubwürdigkeit. Bei den Beratungen über das Klimaschutzgesetz und den nötigen Konsequenzen, sind wir bereits in dieser Synodentagung am Thema.

In ekhn2030 ist der dritte strategische Punkt die Entwicklung der Regionen, eng verbunden mit der Gemeinwesenorientierung. Hier geht es darum, in einer kleiner werdenden Kirche die soziale Reichweite zu erhalten und zugleich Räume für Innovatives zu schaffen. Meines Erachtens ist es erforderlich, noch weitreichender als bisher kooperativ zu denken und zu arbeiten, auch und besonders - wo dies möglich ist - ökumenisch. Ökumenische Kirchenentwicklung heißt hier das Stichwort, unter dem es bereits erste Aufbrüche gibt. Ökumenische Kooperation und auch kommunale und zivilgesellschaftliche Kooperationen sind ein wichtiger Beitrag zur Stärkung des Gemeinwesens und damit auch der Demokratie. Und darum soll es jetzt im dritten Punkt gehen.

3. Wo wir als Kirche politisch gefordert sind: Demokratie und Frieden

Am 23. Mai vor 75 Jahren trat das Grundgesetz in Kraft. Es ist seitdem die Grundlage eines freiheitlich-demokratischen Gemeinwesens, in dessen Zentrum steht, dass die Würde jedes Menschen unantastbar ist. Kirchen und Religionsgemeinschaften leisten ihren Beitrag zur Gestaltung des Gemeinwesens. Zwar hat es in der evangelischen und der katholischen Kirche durchaus eine Weile gedauert, bis das grundsätzliche Ja zur freiheitlichen Demokratie auch in offiziellen Texten seinen Niederschlag gefunden hat. Mittlerweile ist aber völlig unumstritten, dass beide Kirchen gemeinsam für die Demokratie einstehen. Dies hat zuletzt das Gemeinsame Wort der Deutschen Bischofskonferenz und des Rates der EKD aus dem Jahr 2019 gezeigt. Unter dem Titel »Vertrauen in die Demokratie stärken«[6] wurde gemeinsam angesichts insbesondere der rechtspopulistischen Angriffe auf die Demokratie zu mehr Engagement für die Demokratie aufgerufen. Wie nötig dies ist, zeigt ein von vielen nicht für möglich gehaltenes Erstarken rechtspopulistischer und rechtsextremer Kräfte, insbesondere der »Alternative für Deutschland« (AfD). Diese Kräfte streben klar erkennbar einen Rechtsruck der Gesellschaft an, und zwar in internationaler Vernetzung. Dabei wird nicht nur die demokratische Grundordnung in Frage gestellt, sondern auch die Bedeutung der Europäischen Union. Dies wahrzunehmen und sich dem entgegenzustellen, ist angesichts der am 9. Juni 2024 anstehenden Europawahl und zahlreicher Kommunalwahlen am gleichen Tag, unter anderem auch in Rheinland-Pfalz, wichtig. Dies gilt natürlich auch mit Blick auf die Landtagswahlen im September in Brandenburg, Sachsen und Thüringen.

Mittlerweile hat sich klar und öffentlich eine Bewegung gegen die Alternative für Deutschland und andere rechtsextreme Gruppierungen formiert. Nachdem ein Treffen von Rechtsextremisten unter Teilnahme führender AfD-Leute in Potsdam bekannt wurde, bei dem Pläne zur sogenannten »Remigration« vorgestellt und programmatisch bearbeitet wurden, sind vielerorts Menschen in Demonstrationen auf die Straße gegangen. Sie haben lautstark gegen diese menschenverachtenden und diskriminierenden Pläne zur Vertreibung von Millionen Menschen aus Deutschland demonstriert und klar für ein vielfältiges, die Würde aller Menschen achtendes Gemeinwesen votiert. Vielfach waren Gemeinden und

---

[6] https://www.ekd.de/ekd_de/ds_doc/gemeinsame_texte_26_demokratie_2019.pdf, abgerufen am 22.04.2024.

Dekanate nicht nur beteiligt, sondern gehörten zu denen, die Demonstrationen initiiert haben. Die Diakonie Hessen hat die Kampagne »Noch kannst Du ...« mit auf den Weg gebracht. Die Gemeinde Ober-Eschbach – Ober-Erlenbach hatte Anfang des Jahres die Idee, Banner und Flaggen für Kirchtürme und andere Gebäude zu entwerfen. Die Banner und Flaggen tragen die Aufschrift »Unser Kreuz hat alle Farben. Für Demokratie, Toleranz, Menschenwürde und eine offene Gesellschaft«. Über die Öffentlichkeitsarbeit des Dekanats wurde die Aktion weiter verbreitet. Mittlerweile haben sich über 200 Gemeinden und Einrichtungen in der EKHN beteiligt, das Material wird darüber hinaus sogar bundesweit angefragt. Ziel der Aktion ist es, ganz deutlich zu zeigen, dass die EKHN sich für Demokratie, Vielfalt und eine offene Gesellschaft einsetzt und sich damit klar gegen rechtsextreme Gedanken positioniert. Ich unterstütze die Aktion gerne und bin für das große Engagement in Kirche und Diakonie sehr dankbar. Ausdrücklich sage ich deshalb hier: Vielen Dank allen, die so klar und entschieden für unsere Demokratie und gegen jede Form von Diskriminierung einstehen!

Das muss in den nächsten Wochen fortgesetzt werden. Im Hinblick auf die Europawahl ist ein gemeinsamer Wahlaufruf der Deutschen Bischofskonferenz, der EKD und erstmals auch der Arbeitsgemeinschaft Christlicher Kirchen in Deutschland (ACK) geplant. Gemeinsam mit der Evangelischen Kirche von Kurhessen-Waldeck (EKKW) werden wir in der Europawoche in den Sozialen Medien ab dem 6. Mai Statements aus unseren Kirchen und unseren europäischen Partnerkirchen veröffentlichen, die sich klar zur Europäischen Union und den damit verbundenen Werten bekennen.

Ich bin sehr froh, dass wir als EKHN seit 2017 mit dem Projekt »Demokratie stärken« im Zentrum Gesellschaftliche Verantwortung Beratung für Gemeinden, Dekanate und Einrichtungen anbieten, Vernetzung mitgestalten und Bildungsangebote machen. Das Zentrum Oekumene und der Stabsbereich Chancengleichheit arbeiten in Kooperation daran, dass wir in der EKHN sensibler dafür werden, wenn Menschen diskriminiert werden. Das bedeutet auch, selbstkritisch zu fragen, ob wir in Kirche und Diakonie in unseren Angeboten tatsächlich offen, antirassistisch, vielfältig und demokratisch sind. Und es bedeutet zu fragen, was wir tun können, um offener für Menschen zu werden, die von Diskriminierung betroffen sind, um an ihre Seite zu treten und sie zu stärken. Antisemitismus, Muslimfeindlichkeit, Angriffe auf queere Menschen und Rassismus mitten in unserer Gesellschaft machen mir große Sorgen. Ich bin überzeugt, dass wir in unserer Kirche einen breiten antirassistischen Diskurs brauchen. Wir müssen wahrnehmen, wo rassistische Denkmuster in uns und unserer theologischen Reflexion verankert sind, und wie wir dies verändern können. Der Synode liegt in dieser Tagung eine Resolution für Demokratie, Vielfalt, Menschenwürde und gegen Rechtspopulismus vor. Sie ist die Chance, hier ein klares Zeichen zu setzen.

Sehr konkret geht es zurzeit auch darum, das Verhältnis zur Alternative für Deutschland (AfD) zu bestimmen. Hierzu einige Gedanken: Die Synode der EKD hat in ihrer letzten Tagung mit Beschluss vom 5. Dezember dazu aufgerufen, ausschließlich »Parteien aus dem demokratischen Spektrum zu wählen, die sich für eine offene Gesellschaft der Vielfalt und ein gerechtes, demokratisches Gemeinwesen einsetzen«. Sie hat dazu festgestellt: »Die menschenverachtenden Haltungen und Äußerungen insbesondere der rechtsextremen Kräfte innerhalb der AfD sind mit den Grundsätzen des christlichen Glaubens in keiner Weise vereinbar.« Auf ihrer Vollversammlung im Februar dieses Jahres haben die deutschen katholischen Bischöfe einstimmig eine Erklärung verabschiedet. Sie hat den Titel »Völkischer Nationalismus und Christentum sind unvereinbar«.[7] Hier wird dezidiert erklärt, dass die AfD für Christinnen und Christen nicht wählbar ist und sie kein Ort ihrer politischen Betätigung sein kann. Das heißt in Konsequenz auch, dass Mitglieder der AfD in kirchlichen Ämtern nicht tragbar sind. Die amtierende Ratsvorsitzende, Bischöfin Kirsten Fehrs, hat diese Erklärung zu Recht begrüßt, weil sie auf der Linie der Erklärung der EKD-Synode liegt. Ich selbst habe mehrfach die AfD im Ganzen als »rechtsextrem« bezeichnet. Da folge ich der Einschätzung einer Studie des Deutschen Instituts für Menschenrechte[8] die zeigt, dass auch in den programmatischen Formulierungen der AfD die national-völkische Grundeinstellung erkennbar ist, wenngleich sie dort durch geschickte Formulierungen verdeckt wird. Ich hoffe sehr, dass dies in den laufenden Verfahren bestätigt wird. Es wird dann perspektivisch die Frage eines Parteiverbotes neu gestellt werden müssen. Meines Erachtens ist allerdings – vorbehaltlich dieser anstehenden Klärung – ein Grundsatzbeschluss zum Ausschluss von Mitgliedern der AfD aus kirchlichen Ämtern zurzeit nicht sinnvoll. Sehr wohl ist aber die Prüfung jedes Einzelfalles erforderlich – mit dem Ziel, die inhaltliche Unvereinbarkeit festzustellen und dann daraufhin auch Konsequenzen zu ziehen. Völlig klar ist allerdings, dass die Unvereinbarkeit festgestellt werden muss, wenn Menschen mit rechtsextremen Parolen offen rassistisch und antisemitisch agieren. Für kirchliche Veranstaltungen sollte als Grundlinie gelten, der AfD keine Plattform zur Verbreitung rechtsextremer Einstellungen und Positionen zu bieten. Debatten über kontroverse Themen müssen geführt werden, aber dafür muss es klare Regeln geben. Eine Kirche, die sich als Gemeinschaft in Christus versteht, kann es nicht hinnehmen, wenn sich Menschen in ihr diskriminierend und menschenfeindlich verhalten. Dies widerspricht der Got-

---

[7] https://www.dbk.de/fileadmin/redaktion/diverse_downloads/presse_2024/2024-023a-Anlage1 Pressebericht-Erklaerung-der-deutschen-Bischoefe.pdf, abgerufen am 22.04.2024.

[8] https://www.institut-fuer-menschenrechte.de/fileadmin/Redaktion/Publikationen/Analyse_Studie/Analyse_Warum_die_AfD_verboten_werden_koennte.pdf, abgerufen am 22.04.2024.

tesebenbildlichkeit aller Menschen und der von Christus ausgehenden Zuwendung zu allen Menschen.

Im Zuge der Polarisierung ist auch zu beobachten, wie die fürchterlichen Kriege in der Ukraine sowie in Israel und Gaza für politische Profilierungen genutzt werden. Als Kirche haben wir die Aufgabe, Menschen, die ausgegrenzt werden, beizustehen und friedensstiftende Kräfte zu stärken. Was heißt das konkret?

Russlands Angriffskrieg gegen die Ukraine dauert nun schon fast zweieinhalb Jahre. In unserer Kirche wird in unseren Gemeinden für den Frieden gebetet – in Friedens- und Fürbittengebeten. Für den 2. Jahrestag des Kriegsbeginns gab es aus unseren Zentren eigenes liturgisches Material. Nach wie vor sind wir in Kirche und Diakonie bei der Unterstützung von Flüchtlingen engagiert – von der Seelsorge am Flughafen bis hin zu konkreten Hilfen in Gemeinden und der regionalen Diakonie. In diesem Zusammenhang stellen wir mit Besorgnis fest, dass einzelne Behörden ukrainischen Staatsangehörigen die Einreise verweigern, sie in Asylverfahren drängen oder sie in Länder außerhalb des Schengenraums ausweisen. Wir gehen diesen Fällen zurzeit weiter nach. In dieser furchtbaren Kriegssituation darf der Schutz für Menschen aus der Ukraine nicht kleinmütig beschränkt werden.

Das Zentrum Oekumene unterstützt Gemeinden bei Gemeindeveranstaltungen zu friedensethischen Themen. Oft wird dabei die Frage gestellt, ob und wie man heute noch Pazifist sein kann. Auf Ebene der EKD gibt es eine Friedenswerkstatt unter der Leitung des Friedensbeauftragten des Rates der EKD, dem mitteldeutschen Landesbischof Friedrich Kramer. Ziel ist es, in vier Konferenzen in multiprofessioneller Zusammensetzung bis 2025 ein Grundlagenpapier zur Friedensethik zu erarbeiten. Unumstritten ist der bisherige Leitgedanke des »Gerechten Friedens«. Allerdings hat der Angriffskrieg Russlands gegen die Ukraine, der ein fundamentaler Rechtsbruch ist, manche Fragen neu aufgeworfen: Was ist zu tun, wenn eine Konfliktpartei internationales Recht nicht anerkennt? Welche Bedeutung hat eine internationale Organisation wie die Vereinten Nationen (UN) angesichts zunehmender innerstaatlicher Kriege, angesichts von Terrorismus und Globalisierung? Was bedeutet die Veränderung der globalen politischen Sicherheitsarchitektur? Was bedeutet das veränderte Bewusstsein für geostrategische Überlegungen und postkoloniale Kritik? Wie ist der Zusammenhang von Klima und Frieden? Diese und andere Fragen werden auf der Grundlage des Ansatzes der Friedensdenkschrift von 2006 neu gestellt. Einfache Antworten wird es dabei nicht geben können. Hier genau zeigt sich aber auch, welchen Beitrag wir als Kirche leisten können: Es geht um die konsequente und unaufgebbare Orientierung am gerechten Frieden und eine darin begründete differenzierte und differenzierende friedensethische Argumentation. Das ist die Absage an jeden Versuch, Waffeneinsatz als Mittel der Konfliktlösung aufzuwerten. Zivile Konfliktlösung muss immer den Vorrang haben. Das bedeutet nach wie vor, die Rüstungsexportkontrolle aufrechtzuerhalten. Neue Debatten um atomare Massenvernichtungswaffen dürfen nicht primär militärstrategisch geführt, sondern sie müssen politisch und friedensethisch geführt werden. Ich erinnere hier daran, dass wir als EKHN in unserer friedensethischen Resolution die Ächtung aller Atomwaffen stark gemacht hatten. Die Gefahr ist groß, dass angesichts der neuen sicherheitspolitischen Konstellationen eine grundlegende friedensethische Orientierung zugunsten militärstrategischer Planungen aufgegeben wird.

Im Hinblick auf die Ukraine geht es weiter darum, in internationaler Gemeinschaft die Ukraine in ihrem Selbstverteidigungsrecht zu stärken und sich zugleich diplomatisch darum zu bemühen, dass Russland den Angriffskrieg beendet. Waffenlieferungen sind immer wieder neu hinsichtlich möglicher Folgen ethisch zu bewerten. Leider sind kirchliche Initiativen, wie etwa das Bemühen des Ökumenischen Rates der Kirchen um einen Runden Tisch Ukraine-Russland im Herbst 2023, gescheitert. Unbeeindruckt von aller Kritik hat die Russisch-Orthodoxe Kirche ihre Kriegsrhetorik verstärkt und von einem »Heiligen Krieg« gesprochen. Das ist erneut eine Blasphemie, die vom Ökumenischen Rat der Kirchen auch als solche benannt werden sollte. Die Konferenz Europäischer Kirchen (KEK) hat ihrerseits eine Initiative »Pathways to Peace« gestartet, die auf kirchliche Begegnungen vor Ort und den Austausch mit politischen Akteuren setzt. Bescheiden mögen auch die kirchlichen Möglichkeiten angesichts der Gewalt und des Krieges in Israel und Palästina erscheinen. Gleichwohl ist es gut, sich bewusst zu machen, was wir hier tun können.

Angesichts des äußerst brutalen Terrorakts der Hamas gegen Israel am 7. Oktober letzten Jahres hat diese Synode eine Resolution verabschiedet, die den Überfall der Hamas aufs Schärfste ohne jedes einschränkende »Ja, aber« verurteilt hat. In Frankfurt haben Präses Dr. Birgit Pfeiffer und ich die Resolution im Namen von Synode und Kirchenleitung an Rabbiner Julien Chaim Soussan übergeben. Er hat uns verdeutlicht, wie wichtig die Resolution insbesondere für die jüdischen Gemeinden hier in Deutschland ist. Der Angriff der Hamas ist für Jüdinnen und Juden in aller Welt eine traumatische Erfahrung, die sie an Pogrome und den Völkermord durch das nationalsozialistische Deutschland erinnert. Propalästinensische Reaktionen in Deutschland haben Jüdinnen und Juden hier in Deutschland in Angst und Schrecken versetzt. Bei aller Wertschätzung für unsere Solidarität hat Rabbiner Soussan auch klar gesagt, dass es in den jüdischen Gemeinden eine große Enttäuschung gab, weil es keinen schnellen und lauten öffentlichen Aufschrei gab. Der Terrorakt der Hamas und der damit verbundene auf Israel bezogene Antisemitismus hätte dies erfordert, weil dies in jeder Beziehung ein Angriff auf die Menschenwürde war. Ich halte das für eine sehr wichtige Perspektive: Antisemitismus ist wie jede Form von Diskriminierung und gruppenbezogener Menschenfeindlichkeit ein Angriff auf die Würde von Menschen. Antisemitismus ist aus Sicht des Glaubens Sünde. Es ist nach wie vor nötig, jeder Form von Antisemitismus und Rassismus entschieden entgegenzutreten. Das gilt aufgrund der menschenrechtlichen Sicht, und es gilt aufgrund unserer besonderen durch Jesus begründeten Beziehung zu den jüdischen Geschwistern. In politischer Perspektive gehört dazu ein uneingeschränktes Ja zum Existenzrecht des Staates Israel.

In Jesus begründet ist allerdings auch unsere Beziehung zu palästinensischen Christinnen und Christen. Ihr Leiden und das Leiden der palästinensischen Zivilbevölkerung bewegt uns sehr, und zwar eben auch aus menschenrechtlicher Sicht. Insbesondere von den palästinensischen Christinnen und Christen erreichen uns verzweifelte Hilferufe und Rufe nach Solidarität. In unserer doppelten Verbundenheit sehen wir die Tragik des Konflikts, der alle Menschen in dieser Region betrifft. Dieser Konflikt hat eine Komplexität, die wir nicht auflösen können, sondern aushalten müssen. Wir tun dies in einer doppelten Solidarität. Das bedeutet, ohne einseitige Schuldzuweisungen offen zu sein für die Geschichten beider Seiten. Da stehen auf der einen Seite die traumatischen Erfahrungen und das daraus resultierende Sicherheitsbedürfnis Israels, und da steht auf der anderen Seite die Geschichte der Nakba, das Leben unter der Besatzung und die Sehnsucht nach Freiheit und Selbstbestimmung in einem eigenen Staat. Dazu gehört auch, die Sorge über wachsende nationalistisch-religiöse Haltungen auf beiden Seiten auszudrücken. Gemeinsam mit vier anderen Landeskirchen (Baden, Pfalz, Rheinland, Westfalen) haben wir als EKHN in unseren »Leitgedanken Israel – Palästina« im Jahr 2021 als Vision formuliert: »Wir versammeln uns um die Vision eines unbedrängt und anerkannt lebenden Staates Israel Seite an Seite mit einem souveränen Staat Palästina inmitten eines befriedeten Mittleren Ostens. Die sich gewaltfrei um dieses Ziel bemühen, finden unsere ungeteilte Unterstützung.«[9] Damit gilt unser Mitgefühl weiterhin den Menschen in Israel und der leidenden Zivilbevölkerung im Westjordanland und in Gaza. Wir nehmen ihre Lebenswirklichkeit und ihr Leid wahr.

Diese doppelte Solidarität drücken wir auch in der Projektförderung aus. Wir unterstützen gemeinsam mit der EKKW die humanitäre Hilfe der Diakonie Katastrophenhilfe in Gaza. Zugleich unterstützen wir – ebenfalls gemeinsam mit der EKKW – über den Jüdischen Nationalfonds ein Projekt zur Traumatherapie in der Region Sha'ar HaNegev, das sich an Angehörige der Opfer des 7. Oktobers richtet. Als EKHN unterstützen wir noch die Rabbiner für Menschenrechte, die Nahrungsmittelpakete im Westjordanland an bedürftige Menschen verteilen. Ich kann uns alle nur bitten: Lasst uns dazu beitragen, dass die Lage in Israel und Palästina hier bei uns nicht weiter jüdische Menschen in Gefahr bringt. Lasst uns dazu beitragen, dass die große Tragik nicht politisch instrumentalisiert wird. Lasst uns weiter beten für Frieden im Heiligen Land!

---

[9] https://www.zentrum-oekumene.de/fileadmin/redaktion/Religionen/2021_11_03_Israel_-_Pal%C3%A4stina_-_November_2021.pdf, abgerufen am 22.04.2024.

Hohe Synode, das war mein 16. und letzter Bericht zur Lage in Kirche und Gesellschaft. Ich habe mit diesem Bericht bewusst keinen Rückblick auf meine Amtszeit als Kirchenpräsident gehalten. Das möchte ich gerne – so ist es mit dem Kirchensynodalvorstand verabredet – in der November-Synode tun, allerdings in kürzerer Form.

Den Blick auf die Themen heute und die damit verbundene Erinnerung an den Zuspruch und Anspruch, unter den wir uns mit unserer Kirchenordnung gestellt haben, möchte ich mit einer weiteren Erinnerung schließen. Unsere Kirchenordnung hat auch einen biblischen Schlussakkord. Im Wissen darum, dass wir Kirche nicht aus uns selbst sind, und im Wissen darum, dass wir darauf angewiesen sind, dass Gott uns segnet, schließt die Kirchenordnung mit einem Vers aus Psalm 90. Dieser Vers ist eine Bitte an Gott. Ich stimme ein in diese Bitte – für unsere Synodentagung jetzt und für alles, was wir tun: »Der Herr, unser Gott, sei uns freundlich und fördere das Werk unserer Hände bei uns. Ja, das Werk unserer Hände wollest du fördern.« (Psalm 90,17).

Ich danke Ihnen für Ihre Aufmerksamkeit!

»Wo ist euer Glaube?«

Lk 8, 25a [2024]

Sehr geehrte Frau Präses, hohe Synode!

Im April 2009 berichtete ich erstmals hier vor der Synode zur Lage in Kirche und Gesellschaft. Das biblische Leitwort war damals die Frage »Wo ist euer Glaube?«. Die Frage stammt aus der Geschichte von der Stillung des Sturms, und zwar in der Version des Evangelisten Lukas (Lk 8,22–25). Die Jünger sind mit Jesus auf dem See Genezareth unterwegs. Erst ist der See ruhig. Dann bricht ein Sturm los. Jesus liegt im Boot und schläft. Sie wecken ihn auf und schreien ihn an: »Meister, Meister, wir kommen um!«. Jesus steht auf, stillt den Sturm, beruhigt die Wellen und fragt: »Wo ist euer Glaube?«. Es ist die Geschichte einer Krise.

Die Krise, deren Wellen im April 2009 hochschlugen, war die weltweite Finanzkrise. Weitere Themen waren der Ausbau des Frankfurter Flughafens und die Aufnahme von geflüchteten Menschen aus dem Irak. Besonders die Finanzkrise hat viele tief verunsichert. Auch als Kirche wussten wir nicht, was diese Krise für uns noch bringen würde. Die Frage von Jesus habe ich damals gewählt, um die Krise als Anfrage an unser Gottvertrauen zu verstehen. Denn das sind Krisen ja nun wirklich auch. Sie stellen Fragen an den Glauben. Früher hat man das »Anfechtung« genannt. Eine Krise stellt die Frage, ob wir in unserem Glauben Halt finden – als Einzelne und auch als Gemeinschaft. Sie stellt die Frage, ob wir im Boot bleiben oder bei der nächsten Gelegenheit das Boot verlassen, um eventuell anderswo Schutz zu suchen. Wenn ich heute auf die vergangenen sechzehn Jahre meiner beiden Amtszeiten zurückschaue, dann sehe ich, dass es immer wieder besondere Krisen gab. Die Krisen reichen vom Atomunglück in Fukushima bis zur Corona-Pandemie und den Kriegen in der Ukraine und im Nahen Osten. In den letzten Jahren reden wir von multiplen Krisen. Durchgängig stellte sich die Frage nach der Aufnahme von geflüchteten Menschen und dem Umgang mit dem Klimawandel. In der Gesellschaft und besonders in der Kirche hat uns erschüttert, dass Menschen sexualisierte Gewalt erfahren haben. Die Vertrauenskrise hat die Entwicklung verstärkt, dass unsere Kirche kleiner wird.

Es kommt hinzu, dass sich unsere Gesellschaft sehr dynamisch verändert. Sie ist noch vielfältiger geworden. Die Digitalisierung hat nicht nur die Kommunikationsmöglichkeiten gesteigert und vervielfältigt. Sie verändert das Leben durchgreifend. Die großen Veränderungen und die Krisen setzen Menschen und Gesellschaften unter Druck – auch die Kirchen. All das hat unter anderem dazu geführt, dass extreme politische Kräfte stärker wurden, die Ängste und Sorgen aufgreifen und verstärken. Zugleich versprechen sie in der Regel, vermeintlich Verlorenes wiederherzustellen – durch die Reduktion von Vielfalt und die Rückkehr zu nationalen Identitäten. Das ist besorgniserregend. Ich denke in diesen Tagen oft daran, dass im Januar 2009 Barack Obama als 44. Präsident der Vereinigten Staaten eingeführt wurde. Im Januar 2025 wird Donald Trump erneut als Präsident eingeführt. Gerade die Gegenüberstellung dieser beiden Namen steht für mich geradezu symbolisch für eine bedrohliche Entwicklung. (Wir sind weit genug weg und dann auch zu unbedeutend, so dass ich nicht befürchten muss, dass Verbindungen zu meiner Amtsführung als Kirchenpräsident hergestellt werden.)

Mit diesem Bericht heute möchte ich rückblickend und sicher unvollständig beschreiben, wie wir als Kirche auf Entwicklungen und Herausforderungen reagiert haben. Ich will daran anschließend die Frage nach unserem Glauben stellen und dann darauf schauen, wo ich uns gegenwärtig besonders gefordert sehe.

1. Wie haben wir als EKHN auf gesellschaftliche Entwicklungen und Herausforderungen reagiert?

Die EKHN hat seit den siebziger Jahren des vergangenen Jahrhunderts versucht, gesellschaftliche Entwicklungen wahrzunehmen und darauf zu reagieren. Sie hat die Kirchenmitgliedschaftsuntersuchungen mit initiiert, um zu erkennen, was Menschen von der Kirche erwarten und wie sie ihre Mitgliedschaft leben. Ziel war dabei immer, Kirche weiterzuentwickeln und sich auch an den Erwartungen und Bedürfnissen der Kirchenmitglieder und der Nicht-Kirchenmitglieder zu orientieren.

Dabei wurde mitbedacht und aufgenommen, was in der soziologischen Fachsprache als Säkularisierung, Individualisierung und Deinstitutionalisierung beschrieben wird. Im Kern geht es dabei darum, dass Menschen ihr Leben viel individueller und zunehmend unabhängiger von Institutionen und Religion gestalten. Die letzte Kirchenmitgliedschaftsuntersuchung hat noch einmal sehr deutlich gezeigt, dass sich dieser Trend fortsetzt. Ich zeichne jetzt wirklich nur die groben Linien, wenn ich sage: Die EKHN hat versucht, diese Entwicklungen auch positiv zu würdigen, weil sie Ausdruck dafür sind, dass Menschen ihr Leben mündig und in eigener Verantwortung gestalten. Darauf, dass die Gesellschaft und das Leben von Menschen sich immer weiter ausdifferenzieren, hat die EKHN reagiert, indem die kirchlichen Angebote vielfältiger wurden. Das gilt für die Angebote in den Gemeinden und die Angebote der Gesamtkirche. In den vergangenen zwei Jahrzehnten wurde die »Mittlere Ebene«, die Ebene der Dekanate, gestärkt. Ziel war es, das kirchliche Leben in den Regionen nah bei den Menschen zu gestalten, und zwar im Zusammenspiel von Gemeinden und gemeindeübergreifenden Angeboten. Dazu gehörte auch, intensiver und besser in die mediale Öffentlichkeit zu kommunizieren – zum einen durch die regionale Öffentlichkeitsarbeit und dann auch nach der Mitgliederzeitschrift »Echt« durch die Impulspost als ein Instrument der Mitgliederkommunikation. Eine gerade abgeschlossene Evaluation hat übrigens gezeigt, dass die Impulspost von der Mehrheit der Kirchenmitglieder sehr geschätzt wird. Es ist meines Erachtens wichtig, den Weg der direkten Kommunikation mit Mitgliedern und allen, die den Kontakt wollen, weiterzuentwickeln. Sehr deutlich ist zu erkennen, dass es nötig ist, in den Regionen und Gemeinden die Zusammenarbeit von Kirche und Diakonie zu stärken.

Mir persönlich lag sehr daran, die begonnene Dekanatsstrukturreform weiterzuführen und die Zahl der Dekanate deutlich zu reduzieren, damit Dekanate wirkliche Gestaltungsräume sein können. Dabei war übrigens damals schon im Blick, in einem nächsten Schritt in den Dekanaten die Kooperation der Gemeinden zu stärken. Dies geschieht jetzt in den Nachbarschaftsräumen. Die Idee ist: Hier wird kirchliches Leben gestaltet – orientiert an den lokalen Anforderungen und Bedürfnissen. Natürlich geht es auch darum, Kräfte zu bündeln. Aber ich verstehe diese Veränderungen nicht vorrangig als Einsparmaßnahmen. Sie stehen für mich in engem Zusammenhang mit den gesellschaftlichen Veränderungen und unserem Anspruch, eine offene Kirche nah bei den Menschen zu sein.

Wir sind Kirche und leben Kirche, indem wir Leitungsverantwortung gemeinsam als Ehrenamtliche und Hauptamtliche tragen. Das ist sehr gut, und es ist anspruchsvoll. Hier muss vieles ineinandergreifen – in der Arbeit der Kirchenvorstände, der Dekanatssynodalvorstände und Dekanatssynoden, der Kirchenleitung und letztlich des maßgebenden Organs, der Kirchensynode. Es braucht unterstützende Verwaltung auf allen Ebenen. Auch hier ist es nötig, dass sich unsere Kirche weiterentwickelt. In der Form, in der wir Kirche leben, gehört es dazu, auch Regelungen in Verordnungen und Gesetzen zu treffen. Das hat eine bürokratische Seite, die manchmal lähmend erscheint. Sie gewährleistet aber auch, dass wir Ressourcen miteinander teilen und solidarisch Kirche sind. Wir haben in den vergangenen anderthalb Jahrzehnten vieles angepasst und verändert – auch die grundlegenden Texte wie Kirchenordnung und Lebensordnung. »Die Kirche einmal durchreformiert«, so hat der damalige Theologische Referent der Synode Lothar Triebel die Arbeit der 11. Kirchensynode beschrieben. Dieser Bericht lässt sich weiterschreiben. In den großen Prozessen »Perspektive 2025«

und »ekhn2030« ging es und geht es darum, Kirche gemeinsam zukunftsfähig zu gestalten. In jedem Prozess gibt es immer mehrere Ziele: Es geht darum, verantwortlich mit unseren Möglichkeiten und Ressourcen umzugehen – mit Geld und Gut und vor allem mit den Menschen, die in unserer Kirche und für unsere Kirche arbeiten – haupt- und ehrenamtlich. Es geht immer darum, auch in Zukunft handlungsfähig zu bleiben. Und es geht vor allem darum, Kirche so zu gestalten, dass Menschen in ihr eine geistliche Heimat finden können und darin gestärkt werden, ihren Glauben so zu leben, wie sie Glauben leben wollen. Dazu gleich noch etwas mehr.

Eines möchte ich aber an dieser Stelle noch deutlich markieren. Dazu, wie wir hier in Deutschland zurzeit Kirche sind, gehört, dass wir als Körperschaft des öffentlichen Rechtes verlässlich handeln. Ja, wir sind durch die historische Prägung in unserer Organisation und Verwaltung staatsanalog aufgestellt. Dies hat über viele Jahrzehnte bedeutet und bedeutet es immer noch, dass wir zuverlässig sein können – für Menschen, die hauptamtlich in unserer Kirche und ihren Einrichtungen arbeiten, und auch für den Staat und in anderen Kooperationen. Als Beispiele nenne ich die Kindertagesstätten, den Religionsunterricht in den Schulen, unsere Schulen, die Evangelische Hochschule Darmstadt sowie vielfältige Beratungs- und Hilfsangebote. Das Religionsverfassungsrecht trennt Kirche und Staat. Das ist richtig und gut. Es setzt aber auch darauf, dass Religionsgemeinschaften mit dem Staat kooperieren. Wir tun meines Erachtens gut daran, gerade in den aktuellen Debatten zu betonen, dass die Grundkonstruktion sinnvoll und leistungsfähig ist. Zugleich ist in den Blick zu nehmen, dass sich in den nächsten Jahrzehnten die Rahmenbedingungen auch ändern können.

Auf jeden Fall ist es erforderlich, unsere Kirche weiterzuentwickeln. Dazu gehört, dass wir die digitalen Möglichkeiten in Kommunikation und Verwaltung konsequenter nutzen und auch mit unseren Nachbarkirchen und EKD-weit entschlossener kooperieren. Das hätte zum Beispiel auch bei der Umstellung auf die Doppik helfen können, große Fehler, die wir gemacht haben, zu vermeiden. Die gemeinsamen Einrichtungen mit der Evangelischen Kirche von Kurhessen-Waldeck, das Zentrum Oekumene in Frankfurt und das Religionspädagogische Institut in Marburg, haben sich bewährt – ebenso wie die Fusion der beiden Diakonischen Werke zur Diakonie Hessen. Weitere Kooperationen wären sinnvoll – ggf. auch mit anderen benachbarten Kirchen. Ich denke hier besonders an die Ausbildung im Vikariat. Einen wichtigen Kooperationsschritt sind wir in der Verbindung des Medienhauses der EKHN mit dem Gemeinschaftswerk der Evangelischen Publizistik, einer Einrichtung der EKD, gegangen.

Dem Blick darauf, wie wir als EKHN organisatorisch auf gesellschaftliche Entwicklungen reagiert haben und reagieren, will ich in ein paar Schlaglichtern an die Seite stellen, wie wir nach außen auf Herausforderungen und Krisen reagiert haben.

In der EKHN sind die Themen Migration und Integration geflüchteter Menschen sehr präsent. Die Synode hat immer wieder aktuelle Herausforderungen aufgegriffen. Sie hat sich dabei für eine Flüchtlingspolitik eingesetzt, die sich an den Menschenrechten und der Menschenwürde orientiert. Das ist daraus gespeist, dass uns die biblische Tradition das Schicksal geflüchteter Menschen besonders ans Herz legt. Dem stimmen viele Menschen in unserer Kirche zu, andere kritisieren dies scharf, bisweilen hasserfüllt. Wir haben immer wieder deutlich gemacht, dass das Asylrecht und der Flüchtlingsschutz nicht in Frage gestellt werden dürfen. Ich bin dankbar, dass sich viele Menschen und Gemeinden auch ganz praktisch in der Hilfe für geflüchtete Menschen engagieren. Das war ganz besonders im Jahr 2015 so. Etliche Kirchengemeinden waren und sind bereit, Menschen in einem Kirchenasyl Zuflucht zu gewähren. Damit stellen sie sich nicht gegen das Recht. Sie verweisen den Staat auf die eigenen Grundlagen. Das bedeutet: Sie bitten in ganz konkreten Einzelfällen den Staat zu prüfen, ob mit einer Abschiebung die Würde und das Recht der jeweils betroffenen Menschen gewahrt bleibt. Grundsätzlich bin ich sehr dankbar, dass wir in der EKHN immer wieder Mittel bereitgestellt haben und dies hoffentlich auch künftig tun, um geflüchtete Menschen durch Beratung und konkrete Hilfe zu unterstützen. Damit setzen wir Mittel, die uns anvertraut sind, nicht für uns selbst ein, sondern für Menschen, die Hilfe brauchen.

Mit dem Engagement für geflüchtete Menschen geht einher, dass wir uns als Kirche gegen jede Form von Diskriminierung von Menschen stellen. Hier gilt es, aufmerksam und entschieden zu bleiben. Jüdische Menschen brauchen unsere Solidarität – gerade jetzt, wo der zunehmende Antisemitismus dazu führt, dass Juden und Jüdinnen darüber nachdenken, ob sie in Deutschland wirklich noch sicher sind. Das ist furchtbar und beschämend. Es gilt aber auch, sich gegen jede Form des Hasses gegen muslimische Menschen oder andere Menschengruppen zu stellen. Es kann einfach nicht sein, dass Menschen in Deutschland wegen ihrer Religionszugehörigkeit diskriminiert werden. Es ist gut, dass wir begonnen haben – ich muss hinzufügen: endlich begonnen haben, uns mit Rassismus in der Gesellschaft und auch in unserer Kirche auseinanderzusetzen, um eine rassismuskritische und rassismusfreie Kirche zu werden und Diversität auch sichtbar zu machen.

Zu den Entwicklungen in unserer Gesellschaft gehört, dass eine größere Sensibilität für geschlechtliche Vielfalt entwickelt wurde. Wir haben hier Beiträge geleistet, indem wir für Chancengleichheit und den sogenannten erweiterten Familienbegriff eingetreten sind. Und indem wir die Segnung und dann Trauung gleichgeschlechtlicher Paare ermöglicht haben, dem Thema Transsexualität Raum gegeben und in der Synode ein Schuldbekenntnis gegenüber queeren Menschen verabschiedet haben.

Ich lege Wert darauf festzuhalten: Mit all dem haben wir in den gesellschaftlichen Debatten nicht einfach politische Forderungen übernommen oder verstärkt. Wir haben vielmehr zum Ausdruck gebracht, dass wir lernfähig sind und besser verstehen, was es bedeutet, an die Liebe Gottes zu allen Menschen zu glauben.

Weil dies die Botschaft ist, für die wir stehen, trifft es uns besonders, wenn Menschen in unserer Kirche Gewalt erfahren. Das Thema Sexualisierte Gewalt hat uns in der Präventionsarbeit schon vor dem Jahr 2010 beschäftigt. Im Frühjahr 2010 sind die Gewalterfahrungen, vor allem von Kindern und Jugendlichen, aber nicht nur von diesen, besonders in den Blick geraten. Das war sehr schmerzlich, aber extrem wichtig. Wir haben versucht, den Menschen, die sich in der Folge bei uns gemeldet haben, gerecht zu werden. Dies ist uns bestimmt nicht in allen Fällen so gelungen, wie es unser Anspruch war. Auch hier haben wir in den vergangenen 15 Jahren viel gelernt und lernen wir immer noch. Wir arbeiten weiter intensiv daran, Menschen zu begleiten, sofern sie das wünschen, und wir arbeiten an einer Kulturveränderung, die dazu beiträgt, dass Kirche und diakonische Einrichtungen sichere Orte für Menschen sind. Rückblickend bedaure ich, dass wir den Fragen nach systemischen Risiken nicht früher mehr Raum gegeben haben, um daraus Konsequenzen zu ziehen. Die Fachstelle gegen sexualisierte Gewalt neu aufzustellen war ein richtiger und guter Schritt. Ich bin auch sehr dankbar, dass neben der Anerkennungskommission, die bereits seit zwei Jahren arbeitet, ab März eine Unabhängige Aufarbeitungskommission ihre Arbeit aufnehmen wird. Die Unabhängige Aufarbeitungskommission bilden wir zurzeit im Verbund mit der Evangelischen Kirche von Kurhessen-Waldeck und der Diakonie Hessen.

Eine Krise, die alle in besonderer Weise gefordert hat, war die Corona-Pandemie. Sie ist in ihren Auswirkungen immer noch spürbar. Insbesondere junge Menschen hatten sehr unter den Maßnahmen zu leiden, die ergriffen wurden, um Infektionen möglichst zu verhindern. Wie in vielen anderen Bereichen brachten die Schutzvorkehrungen tiefe Eingriffe in das kirchliche Leben mit sich. Als Kirche haben wir die staatlichen Vorgaben mitgetragen. Menschen zu schützen war auch für uns als Kirche die oberste Maxime. Immer wieder gab es enge Abstimmungen. Die Maßnahmen folgten in der Regel dem, was Wissenschaftlerinnen und Wissenschaftler empfahlen. Es ist aufs Ganze gesehen gelungen, ein massenhaftes Sterben zu verhindern, wie es zu befürchten war.

Dafür haben wir unter anderem in Kauf genommen, dass Gottesdienste in Präsenz gar nicht oder nur eingeschränkt gefeiert werden konnten. Auch persönliche Begegnungen waren in manchen Pflegeeinrichtungen zeitweise nicht möglich. Zurzeit wird immer wieder danach gefragt, ob wir dies alles nicht evaluieren müssten. Das können wir nicht alleine. Hierzu braucht es eine interdisziplinäre, wissenschaftliche Gesamtbewertung. Dabei wird sich bestimmt im Rückblick auch zeigen, dass manches nicht nötig gewesen wäre, anderes aber sehr wohl und vielleicht sogar noch ausgeprägter. Daraus lässt sich für die Zukunft lernen, wenngleich die Herausforderungen dann auch wieder ganz anders sein können. Besonders beeindruckt und bewegt hat mich in dieser Zeit, wie entschlossen in unserer Kirche von vielen die medialen und digitalen Möglichkeiten genutzt wurden, um weiter zu arbeiten, um Gottesdienste zu feiern, um zu unterrichten und Seelsorge zu leisten und vieles mehr. Dabei war auch zu erleben, wie theologisch und geistlich darum gerungen wurde, in der Krise immer wieder neu Halt zu finden.

Erst mit größerem Abstand wird sich vermutlich wirklich bewerten lassen, was in dieser Zeit gelungen ist und was nicht. Wenn ich an rückblickende Bewertungen denke, frage ich mich, ob spätere Generationen nicht viel kritischer auf das schauen werden, was wir gegen die von Menschen verursachten Klimaveränderungen getan haben – oder auch wider besseres Wissen unterlassen haben. Bewahrung der Schöpfung ist schon lange ein großes Thema auch in unserer Kirche. Zugleich sehen wir auch, wie schwierig es ist, hier das Nötige zu tun. Wir werden uns auch in dieser Synode damit beschäftigen. Ein Klimaschutzgesetz und dann auch Maßnahmen, die dies umsetzen, gehören meines Erachtens zu dem, woran beurteilt wird, wie glaubwürdig wir handeln.

Noch manches ließe sich hier jetzt anfügen. Wir waren und sind als Kirche immer wieder herausgefordert, unseren Weg zu suchen und zu gehen. Dazu gehört auch, dass wir uns in den großen gesellschaftlichen Fragen positionieren. Die Friedensethik beschäftigt uns, mittlerweile im Blick auf einen Krieg, von dem viele dachten, dass es einen solchen Krieg in Europa nicht mehr geben würde. Es ist und bleibt christliche Aufgabe, die Vision vom gerechten Frieden aufrechtzuerhalten und von ihr aus bewaffnete Gewalt kritisch zu beurteilen und nach Möglichkeit zu begrenzen. Außerdem sind wir herausgefordert, die ökonomische, die medizinische, die technische und jetzt vor allem die digitale Entwicklung immer wieder neu zu bewerten. Maß müssen die menschliche Würde und die Freiheit bleiben, die in der Gottesebenbildlichkeit begründet ist.

2. Wo ist euer Glaube?

In all dem stellt sich die Frage, die Jesus gestellt hat: »Wo ist euer Glaube?«, und zwar in einer doppelten Hinsicht. Es geht zum einen darum, ob wir im Glauben Kraft in allen Umbrüchen finden, und zum anderen, ob wir uns aus dem Glauben heraus orientieren können.

Mir lag immer sehr daran, dass in dem, wie wir Kirche leben und wie wir uns als Kirche positionieren, deutlich wird: Es geht nicht darum, irgendetwas im Gleichklang mit der einen oder anderen politischen Partei zu fordern. Kirche muss sagen und leben, was der Glauben an den dreifaltigen Gott für Menschen und das Zusammenleben bedeutet. Und sie kann das nur als etwas sagen, was sie für sich selbst hier und jetzt als orientierend erkannt hat. Im pluralen Staat bringt sie damit ihre Stimme als christliche Perspektive in einen vielstimmigen Diskurs ein. Damit steht evangelische Kirche in der Glaubenstradition der Reformation.

Meine beiden Amtszeiten waren geprägt durch den Weg, der zum Reformationsjubiläum 2017 geführt hat und von Impulsen, die davon ausgingen. Dazu gehörte ganz zentral die Frage nach Gott und ihrer Bedeutung für unser Leben. In einigen Berichten zur Lage in Kirche und Gesellschaft habe ich bewusst diese reformatorische Tradition zur Sprache gebracht. Dabei lag mir auch an der kritischen Auseinandersetzung mit der eigenen Tradition. So hatten wir auf dem Weg zum Reformationsjubiläum als EKHN eine Vorreiterrolle darin, dass wir uns kritisch mit dem Antijudaismus und auch Antisemitismus in den Schriften Luthers auseinandergesetzt haben. Ich fand es außerordentlich wichtig, dass es gelungen ist, das Reformationsjubiläum auch als ein Christusfest ökumenisch zu feiern. Auf der letzten EKD-Synode konnte ich gemeinsam mit dem Limburger Bischof Georg Bätzing noch einmal bekräftigen, was auf diesem Weg ökumenisch geleistet wurde und wie dieser Weg weitergegangen werden kann. Dass die Kirchen sich nicht gegeneinander profilieren, sondern gemeinsam arbeiten, ist nicht nur eine zentrale Erwartung von Kirchenmitgliedern und Nichtmitgliedern. Es ist ein Auftrag, der aus der Verbindung mit Christus und der Gemeinschaft in Christus kommt. Es gibt viel mehr, was uns verbindet als uns trennt. Gerade jetzt und gerade in diesen Zeiten, wo für viele Menschen Religion grundsätzlich fragwürdig ist, geht es darum, gemeinsam aus der Kraft des Glaubens zu leben und den Glauben in dieser Welt zu bezeugen. Dass wir dies aufgrund der Corona-Pandemie in Frankfurt 2021 nicht in Präsenz in einem Ökumenischen Kirchentag feiern konnten, tut mir heute noch weh. Immerhin ist es gelungen, den Kirchentag digital zu gestalten und dann – wenn auch begrenzt – in Präsenz ökumenische Gastfreundschaft am Tisch des Herrn zu erleben. Dabei war die Ökumene nicht auf die beiden großen Kirchen beschränkt, sondern wurde im Verbund der Arbeitsgemeinschaft Christlicher Kirchen gelebt.

Wie sehr der Glaube verbindet, zeigt sich nicht nur in der Verbindung der Konfessionen hierzulande. Als EKHN leben wir sehr bewusst in einem Netz weltweiter kirchlicher Verbindungen. Wie wichtig und erfahrungsreich diese Verbindungen sind, hat sich ganz besonders während der Corona-Pandemie gezeigt. Wir haben in regelmäßigen Videokonferenzen aneinander Anteil genommen, wir haben uns gegenseitig informiert, wir haben uns unterstützt, wir haben miteinander gebetet und Gottesdienste gefeiert – in aller Verschiedenheit, verbunden in dem einen Herrn – in dem Herrn, auf den die Jünger damals im Boot geschaut haben und verwundert gefragt haben: »Wer ist dieser, dass er auch dem Wind und dem Wasser gebietet und sie sind ihm gehorsam?«

Die Geschichte von der Sturmstillung lädt ein, sich diesem, »der dem Wind und dem Wasser gebietet«, anzuvertrauen. Es ist eine Botschaft für diejenigen, die Jesus nachfolgen, auf ihrem Weg durch die Zeit. Und sie hat Menschen Kraft gegeben in schwersten Zeiten. Die Französisch-Reformierte Gemeinde in Offenbach, eine Flüchtlingsgemeinde, hat in diesem Jahr ihr 325-jähriges Jubiläum gefeiert. Sie hat ein Gemeindewappen, auf dem Jesus und die Jünger inmitten des Sturms abgebildet sind. Das Bild ist umschrieben mit dem Hilferuf »Herr, hilf, wir verderben!«. So hat der Evangelist Matthäus den Hilferuf wiedergegeben. Mit dem Wappen hält die Gemeinde sich vor Augen, dass der Weg in der Nachfolge auch bedeuten kann, in schwere See zu geraten.

Martin Luther hat in einer Predigt über die Geschichte beschrieben, dass es in ihr etwas über den Glauben zu lernen gibt:

> »Diese Geschichte sollen wir gut merken, auf dass wir wissen, wie es sich anlässt, wenn die Lehre vom Glauben auf den Plan kommt, und gleich ein Sprichwort daraus machen und sagen: So gehts, kommt Christus in das Schiff, so wird's nicht lange still bleiben, es wird ein Wetter und Ungestüm kommen, die Sonne scheint nicht mehr, und das Meer wütet und tobt.«[1]

Zum Glück wütet das Meer nicht immer. Trotzdem ist es gut, sich zu vergegenwärtigen, dass Krisen und schwierige Zeiten nicht bedeuten, von Gott verlassen zu sein. Jesus Christus, der Wind und Wellen gebietet, ist mit im Boot. Auf unserem Weg in die Zukunft wird wichtig sein, ob Menschen spüren, dass unsere Kirche aus der Kraft des Glaubens lebt und was dieser Glaube für das Leben bedeutet.

Und so möchte ich zum Schluss kurz beschreiben, wo ich uns als Kirche zurzeit mit Blick nach vorne besonders gefordert sehe.

3. Wo wir gefordert sind

Drei Punkte:

1. Es geht darum, die Frage nach Gott wach zu halten und sie auch neu zu wecken. Das gelingt nicht, indem beklagt wird, dass Religiosität schwindet. Es braucht Menschen, es braucht eine Kirche, die ihren Glauben überzeugt und überzeugend lebt. Es braucht eine Kirche, an der zu erkennen ist, dass der Glaube Herzen berührt, tröstet, stärkt und bewegt. Bewegt, nicht bei sich selbst zu bleiben und um sich selbst zu kreisen. Sondern Menschen bewegt, füreinander und für Menschen in Not da zu sein. Und Menschen bewegt, dazu beizutragen, dass Menschen gut, gerecht und friedlich zusammenleben und verantwortungsvoll haushalten mit dieser Welt als einer guten Gabe Gottes.

2. Zurzeit sind wir besonders herausgefordert, die Demokratie zu stärken, weil sie die Staatsform ist, die allen Menschen gleiche Rechte einräumt und zu

---

[1] Luther Deutsch. Die Werke Martin Luthers in neuer Auswahl für die Gegenwart. Hg. Kurt Aland, Band 8, Stuttgart / Göttingen 1965, S. 96.

einem Miteinander verpflichtet. Damit geht einher, für die unantastbare Würde aller Menschen einzutreten. Karen Georgia Thompson, Kirchenpräsidentin der United Church of Christ, hat dies auf der Vollversammlung der UEK in Würzburg vor wenigen Tagen sehr deutlich gesagt. Das Evangelium von der Liebe Gottes zu allen Menschen ist und bleibt unser Auftrag und das bedeutet angesichts von Diskriminierungen und Rassismus unmissverständlich zu sagen: Alle bedeutet Alle!

3. Es kommt darauf an, dass Menschen Kirche als stärkende Gemeinschaft erfahren – als Gemeinschaft, die ein sicherer Ort für alle ist; als Gemeinschaft, in der alle Menschen willkommen sind; als Gemeinschaft, die gemeinsam nach Gott sucht und fragt und darauf vertraut, dass Gottes Kraft in ihr und durch sie wirkt, und als Gemeinschaft, die Menschen darin stärkt, ihr Leben zu leben – in der herrlichen Freiheit der Kinder Gottes.

Deshalb ist es gut, wenn wir immer wieder bitten:

»Komm, Herr segne uns, dass wir uns nicht trennen, / sondern überall uns zu dir bekennen. / Nie sind wir allein, stets sind wir die Deinen. / Lachen oder Weinen wird gesegnet sein.« (EG 170,4)

Ich danke Ihnen.